Special Purpose Acquisition Companies

Schriften zum Gesellschafts-, Bilanz- und Unternehmensteuerrecht

Herausgegeben von Joachim Hennrichs

Band 11

PETER LANG

Frankfurt am Main · Berlin · Bern · Bruxelles · New York · Oxford · Wien

Tobias Strohmeier

Special Purpose Acquisition Companies

SPACs im Spannungsfeld von deutschem Aktien-und Kapitalmarktrecht

PETER LANG
Internationaler Verlag der Wissenschaften

Bibliografische Information der Deutschen Nationalbibliothek
Die Deutsche Nationalbibliothek verzeichnet diese Publikation in der Deutschen Nationalbibliografie; detaillierte bibliografische Daten sind im Internet über http://dnb.d-nb.de abrufbar.

Zugl.: Köln, Univ., Diss., 2012

Umschlaggestaltung:
© Olaf Glöckler, Atelier Platen, Friedberg

Gedruckt auf alterungsbeständigem,
säurefreiem Papier.

D 38
ISSN 1867-500X
ISBN 978-3-631-63939-9

www.peterlang.de

Für meine Eltern

Vorwort

Die vorliegende Arbeit wurde im Wintersemester 2011/2012 von der Rechtswissenschaftlichen Fakultät der Universität zu Köln als Dissertation angenommen. Literatur und Rechtsprechung konnten bis Juni 2012 berücksichtigt werden.

Ganz besonderer Dank gebührt dabei meinem Doktorvater, Herrn Prof. Dr. Michael Schlitt. Seine Anregungen und Hinweise waren stets eine große Hilfe bei der Erstellung dieser Arbeit. Auch in meiner Zeit als sein Mitarbeiter bekam ich wertvolle Einblicke in die Praxis des Aktien- und Kapitalmarktrechtes. Ich werde ihm stets verbunden sein.

Frau Professor Dr. Grunewald möchte ich für die zügige Erstellung des Zweitgutachtens danken.

Herrn Prof Dr. Hennrichs danke ich für die Aufnahme meiner Arbeit in seine Schriftenreihe.

Danken möchte ich auch meiner Freundin Rebecca Erken, die mich während des gesamten Promotionsvorhabens begleitet und unterstützt hat. Auch meinen Freunden aus Kempen, Bonn und Frankfurt, die mich während dieser Zeit begleitet haben, möchte ich herzlich danken.

Schließlich möchte ich meinen Eltern und Großeltern einen ganz besonderen Dank aussprechen. Ihr ständiger Rückhalt hat mich stets auf meinem Weg gestärkt und durch ihre liebevolle Unterstützung haben sie diese Arbeit erst ermöglicht. Ihnen ist diese Arbeit gewidmet.

Bonn, 25.06.2012 Tobias Strohmeier

Inhaltsverzeichnis

A. Einleitung

Special Purpose Acquisition Companies (im Folgenden „SPACs")[1] sind Akquisitionsvehikel und gelten als eine neue Anlageform auf dem deutschen Kapitalmarkt. Da die Struktur dieser Gesellschaften nicht spezialgesetzlich geregelt ist, fällt die Formulierung einer einheitlichen Definition schwer. Das Konzept eines SPACs lässt sich wie folgt umreißen:

Bei einem SPAC handelt es sich um eine börsennotierte Mantelgesellschaft (*shell company*) ohne eigenes operatives Geschäft, deren einziges Ziel darin besteht, mit Hilfe der beim Börsengang eingeworbenen Mittel ein oder mehrere nicht börsennotierte Unternehmen zu übernehmen oder sich mit diesen zusammenzuschließen.[2]

Da diese Kurzdefinition nur eine erste Einordnung erlaubt, bedarf es einer ausführlicheren Untersuchung, um die typischen Wesensmerkmale eines SPACs herauszuarbeiten.

SPACs in der heute bekannten Struktur wurden erstmals wieder 2004 in den USA gelistet.[3] Gemessen an der Gesamtzahl aller Börsengänge in den Vereinigten Staaten im Jahr 2007, wurden über 25 Prozent aller Börsengänge von SPAC-Gesellschaften durchgeführt. Das Durchschnittsvolumen dieser SPAC-Börsengänge lag bei 183,2 Millionen Dollar.[4] Mit der Germany1 Ltd. wurde 2008 erstmals ein SPAC gegründet, dessen Gründer sich vorrangig an deutsche Anleger richteten und ein Zielunternehmen ausschließlich im deutschsprachigen Raum suchten. Gelistet wurde die Germany1 Ltd. jedoch nicht an einer deutschen Börse, sondern an der Euronext in Amsterdam. Erst 2010 entschieden sich erstmals die Gründer zweier SPACs für einen Börsengang in Deutschland. Die Helikos SE und die European CleanTech I SE wurden als erste SPACs im regulierten Markt der Frankfurter Wertpapierbörse notiert. In beiden Fällen wurde das streng regulierte Teilsegment des Prime Standards gewählt. Beide Gesellschaften wurden als europäische Aktiengesellschaften in Luxemburg gegründet. Bislang wurde noch kein SPAC in einer deutschen Rechtsform gegründet.

---

1 Angepasst an den allgemeinen Sprachgebrauch und der Klassifizierung des Begriffes „SPAC" als Eigennamen, der weitgehend losgelöst von dem ursprünglichen Genus (feminin abgestellt auf „company") in der maskulinen Form genutzt wird. Die Literatur behandelt den Begriff uneinheitlich, diese Arbeit orientiert sich am Sprachgebrauch in der Praxis (insbesondere den Medien) und somit dem maskulinen Geschlecht („der SPAC").

2 Ähnlich auch *Just*, ZIP 2009, 1698; *Harrer/Janssen*, FB 2009, 46; *Selzner*, ZHR 174 (2010), 318; *Thiergart/Olbertz*, BB 2010, 1547; *Zanner/Siebert*, CFl 2010, 224.

3 Vgl. *Riemer*, WULR 2007, 931, 947 ff. Eine erste Generation von SPACs konnte bereits Anfang der 1990er Jahre beobachtet werden, hierzu im Folgenden unter B. I. 3.

4 Vgl. *Korzilius*, GP-SB, 10.

I. Ziel der Untersuchung

Ziel dieser Untersuchung ist die Beantwortung der Frage, ob ein SPAC in der Rechtsform einer deutschen Aktiengesellschaft aufgelegt werden kann und der Börsengang einer solchen Gesellschaft an der Frankfurter Wertpapierbörse rechtlich zulässig ist.

II. Gang der Untersuchung

Die Untersuchung erfolgt auf der Grundlage einer Analyse der Grundcharakteristika einer SPAC-Gesellschaft, im Rahmen derer zunächst die Ursprünge dieser Anlageform in den USA, sowie die spätere Reaktion der dortigen Börsen und Regulierungsbehörde untersucht werden. Anschließend richtet sich der Blick auf die Situation in Europa und speziell auf Deutschland, wobei anhand von drei Fallbeispielen die grundlegenden Charakteristika eines SPAC weiter eingegrenzt werden sollen. Anhand der gewonnenen Erkenntnisse werden die Strukturmerkmale eines SPAC in der Folge einzeln dargestellt. Es folgt eine Bewertung der einzelnen Merkmale und der Anlageform, insbesondere im Vergleich zu anderen Formen von Beteiligungsgesellschaften.

Gegenstand der weiteren Untersuchung sind die kapitalmarktrechtlichen Aspekte eines Börsengangs an der Frankfurter Wertpapierbörse. Schwerpunkte sind hier die Anforderungen, die an den Wertpapierprospekt einer deutschen SPAC-Gesellschaft zu stellen sind, und die Voraussetzungen, unter denen eine SPAC-Gesellschaft an der Deutschen Börse zugelassen werden kann. Auch die Möglichkeiten einer Notierung des SPAC im Freiverkehr und die Verwendung eines europäischen Passes finden Berücksichtigung. Des Weiteren widmet sich die Untersuchung den speziellen kapitalmarktrechtlichen Ad-hoc-Pflichten, die nach erfolgreicher Börsenzulassung für einen SPAC besondere Relevanz haben.

Auf Grundlage der so herausgearbeiteten Grundcharakteristika eines SPACs wird geprüft, ob sich eine deutsche Aktiengesellschaft als Rechtsform für einen SPAC eignet und ob das deutsche Aktienrecht ausreichend Spielraum bietet, um, möglicherweise mit Modifikationen, einen SPAC in Deutschland zu strukturieren. Ein Schwerpunkt liegt dabei auf der Frage, in welchem Rahmen eine Emission von Units[5] mit dem deutschen Recht vereinbar ist und wie die in diesem Rahmen emittierten Optionsrechte abgesichert werden können. Unter anderem muss die Vereinbarkeit der aktienrechtlichen Regelungen zur Kompetenzordnung der Aktiengesellschaft, zu den Kapitalmaßnahmen, zur Liquidation oder zur Kapitalerhaltung mit den typischen Merkmalen einer SPAC-Gesellschaft untersucht werden. Auch übernahmerechtliche Aspekte

---

5 Bei einer Unit handelt es sich um eine mit einem Optionsschein gekoppelte Aktie, vgl. *Harrer/Janssen*, FB 2009, 46; *Heyman*, EBLJ 2007, 531, 548; *Just*, ZIP 2009, 1698, 1700; *Riemer*, WULR 2007, 931, 952.

und Maßnahmen zur Transaktionssicherung finden Berücksichtigung. Schließlich wird den Fragen nachgegangen, ob sich eine SE mit Sitz in Deutschland oder eine deutsche Investmentaktiengesellschaft als Rechtsform für einen SPAC eignen.

B. Entwicklung und Definition der SPACs

Für Special Purpose Acquisition Companies gibt es weder eine einheitliche Definition noch eine einheitliche Ausgestaltungsform. Mangels gesetzlicher Regelung dieser Anlageform sind SPACs unterschiedlich ausgestaltet, so dass eine generelle Beurteilung schwer fällt. Entstanden ist das Konzept der Schaffung einer börsennotierten Mantelgesellschaft zu Akquisitionszwecken bereits vor den ersten Notierungen von SPACs. Im folgenden Teil dieser Arbeit soll anhand der Ursprünge dieser Gesellschaften und der gesetzlichen beziehungsweise börsenrechtlichen Rahmenbedingungen in den USA der Versuch unternommen werden, die Grundcharakteristika von SPACs herauszuarbeiten. Die Untersuchung dreier Fallbeispiele von SPACs mit deutschem Bezug soll ebenfalls weiteren Aufschluss über die wesentlichen Merkmale dieser Anlageform geben. Auf Grundlage dieser herausgearbeiteten Merkmale sollen Vor- und Nachteile dieser Anlageform insbesondere gegenüber anderen Beteiligungsgesellschaften dargelegt werden.

I. Entwicklung der SPACs in den USA

Zunächst soll der Ursprung der SPAC untersucht werden, um auf dieser Basis die typischen Strukturmerkmale eines SPACs zu abstrahieren.

1. Blank Check Companies und Marktmissbrauch

Die Ursprünge der SPACs finden sich in den USA der 1980er Jahre.[6] In diesem Jahrzehnt häuften sich die Gründungen von sogenannten Blank Check Companies.[7] Hierbei handelte es sich um Unternehmenshüllen (*shell companies*) ohne eigenes operatives Geschäft, die, wie die heutigen SPACs, darauf abzielten, ein anderes, nicht börsennotiertes, profitables Unternehmen zu übernehmen.[8] Auch hier sollte zur Finanzierung das bei der Gründung eingesammelte Kapital dienen.[9] Allerdings zeichneten sich diese Gesellschaften auch durch negative Charakteristika aus, wie die nur geringe Kapitalausstattung (Penny Stocks),[10] den hohen Anteil von Gründern und Brokern mit kriminellem Hin-

---

6 Zum gesamten US-Marktumfeld in den 80er Jahren vgl. *Riemer*, WULR 2007, 931, 934 ff.

7 *Castelli*, BCLR 2009, 237, 239; *Riemer*, WULR 2007, 931, 933f.; *Sjostrom jr.*, 743, 756.

8 *Castelli*, BCLR 2009, 237, 239; *Heyman*, EBLJ 2007, 531, 533; die Legaldefinition der Blank Check Companies folgte erst im Zuge der Regulierung.

9 *Castelli*, BCLR 2009, 237, 239; *Heyman*, EBLJ 2007, 531, 533.

10 Zur Definition von *penny stocks* siehe Rule 3a51-1 des Securities Exchange Act von 1934.

tergrund und die nur geringen Informationsmöglichkeiten für Investoren.[11] Zu Beginn der 1980er Jahre wurde der in diesem Zusammenhang entstehende Markt für Penny Stocks (*penny stock market*) von der Securities and Exchange Comission (im Folgenden SEC) als nur regionales Phänomen ignoriert, was sich allerdings änderte, als sich dieser mit dem technischen Fortschritt im Laufe des Jahrzehnts über die ganzen USA ausdehnte.[12]

Die Blank Check Companies wurden zum Marktmissbrauch instrumentalisiert, indem die Aktien im Zuge eines öffentlichen Angebotes zu minimalen Preisen angeboten und häufig von den Gründern bei befreundeten Brokern platziert wurden.[13] Jene trieben den Preis durch Scheingeschäfte und falsche Gerüchte in die Höhe,[14] um daraufhin gezielt unerfahrene Investoren auf unlautere Weise anzusprechen. [15] Durch die Schädigung zahlreicher Anleger, gerieten die Blank Check Companies in Verruf und zwangen die Behörden zu reagieren.

2. Regulierung der Blank Check Companies durch die Securities and Exchange Comission und Rule 419

Der Kongress reagierte auf das marktschädliche Verhalten und schuf mit dem Penny Stock Reform Act (PSRA) einen Rahmen für die Regulierung von Blank Check Companies durch die Securities and Exchange Comission (SEC).[16] Den so geschaffenen Rahmen nutzte die SEC, indem sie die auf Blank Check Com-

---

11 Vgl. *Castelli*, BCLR 2009, 237, 245: *„Congress identified two characteristics of the penny stock market that facilitated fraud: (1) an information gap in which investors were given little useful information on which to base an investment decision, thus allowing for easy manipulation by a few insiders; and (2) an extraordinary number of market participants who were either repeat offenders of state or federal securities laws, convicted felons, or persons with ties to organized crime."* Vgl. auch Bericht des Repräsentantenhauses: H.R.REP.No. 101-617, 101. Cong., 2d Sess. 9 (1990), 22 f. = 1990 U.S.C.C.A.N. 1408, 1424 f.

12 *Castelli*, BCLR 2009, 237, 244.

13 Vgl. zu dieser Vorgehensweise und der daraus resultierenden Regulierungsbedürftigkeit den betreffenden Bericht des Repräsentantenhauses: H.R.REP.No. 101-617, 101. Cong., 2d Sess. 9 (1990), 22f. = 1990 U.S.C.C.A.N. 1408, 1424 f.

14 H. R. REP. No. 101-617, 14(s. Fn. 11); Castelli, 237, 246; *Heyman*, 531, 535; *Feldman*, BLB 2007, 34, 37.

15 Dabei erhielten diese zuhause einen unangekündigten Anruf (cold calling), bei dem der Broker von der bevorstehenden hochprofitablen Unternehmensfusion berichtete und gleichzeitig auf einen schnellen Aktienerwerb drängte, um die Chance und vermeintlich einmalige Gewinnmöglichkeit nicht verstreichen zu lassen (sog. *boiler room operations*). Sobald sich die Gerüchte als falsch erwiesen, stürzte der Kurs ab und nur die Broker, die ihre Papiere vorher veräußert hatten, profitierten von der Blank Check Company, während die Anleger hohe Verluste erlitten. Vgl. hierzu: H. R. REP. No. 101-617, 12(s. Fn. 11); *Castelli*, BCLR 2009, 237, 246; *Feldman*, BLB 2007, 34, 37; *Heyman*, EBLJ 2007, 531, 535.

16 *Castelli*, BCLR 2009, 237, 248; *Hazen* § 14.19 [1]; *Heyman*, EBLJ 2007, 531, 533; *Pavkov*, BBLJ 2006, 475, 497 f.; *Riemer*, WULR 2007, 931, 940 f.; *Sjostrom jr.*, 743, 756.

panies zugeschnittene Rule 419[17] entwickelte. Dort wurde zunächst festgelegt, unter welchen Voraussetzungen eine Blank Check Company vorliegt. Es muss sich um ein Unternehmen in der Entwicklungsphase handeln, das keinen Geschäftsplan (*business plan*) oder Zweck hat, außer sich mit einem oder mehreren anderen noch unbekannten Unternehmen zusammenzuschließen.[18] Darüber hinaus müssen Penny Stocks nach der Definition der Rule 3a51-1 des Securities Exchange Act von 1934 ausgegeben werden.[19] Nach Rule 3a51-1 liegt eine Penny Stock Emission vor, wenn das Eigenkapital (*net assets*) des Emittenten unter der 5-Millionen-US-Dollar-Marke liegt. Im Folgenden sollen die Anforderungen der Rule 419 kurz dargestellt werden, da diese Einfluss auf die erst später entwickelten SPACs hatte.

Liegen die oben genannten Voraussetzungen vor und es handelt sich bei der betreffenden Gesellschaft um eine Blank Check Company, greifen die Rechtsfolgen der Rule 419. Die Gründer sind verpflichtet, die Erlöse des öffentlichen Angebotes abzüglich der laufenden und tatsächlichen Kosten[20] auf ein Treuhandkonto einzuzahlen. Eine Auszahlung oder Verwendung soll erst nach der Unternehmenszusammenführung möglich sein.[21] Darüber hinaus erhalten die Aktionäre neben detaillierten Finanzinformationen zum Zielunternehmen, die Gelegenheit von der (bevorstehenden) Übernahme Abstand zu nehmen und so ihre Einlagen abzüglich der tatsächlich angefallenen Kosten vom Treuhänder zurückzuerhalten.[22] Sobald ein potenzielles Zielunternehmen gefunden ist, und eine Akquisition wahrscheinlich wird, muss ein spezieller Prospektnachtrag veröffentlicht werden (*post-effective amendment*), der die Einzelheiten der Finanzierung und die wirtschaftlichen Situation des Zielunternehmens beschreibt.[23] Der Marktpreis für das Zielunternehmen muss mindestens 80 Prozent der auf dem Treuhandkonto gehaltenen Emissionserlöse entsprechen.[24] Erfolgt die Übernahme nicht innerhalb von 18 Monaten nach der Gründung, ist das Treuhandkonto aufzulösen und die Einlagen an die Investoren zurückzuzahlen.[25]

---

17 17 C.F.R. § 230.419 Ch. II (2007).

18 Voraussetzungen nach Rule 419 – 17 C.F.R. § 230.419(a)(2) (2007).

19 Vgl. 17 C.F.R. § 230.419(a)(2)(i) (2007).

20 Maximal 10 Prozent des Erlöses darf für die mit dem öffentlichen Angebot verbundenen und laufenden Kosten zurückgehalten werden: 17 C.F.R. § 230.419(b)(2)(vi) (2007).

21 17 C.F.R. § 230.419(e)(3) (2007).

22 17 C.F.R. § 230.419(e)(2) (2007).

23 17 C.F.R. § 230.419(d) (2007). Vgl. zum *post-effective amendment* auch *Werlen* in Habersack/Mülbert/Schlitt, § 37 Rn. 38.

24 Bezogen auf den *„fair market value"* oder die *„net assets"*, vgl. 17 C.F.R. § 230.419(a)(1) (2007).

25 17 C.F.R. § 230.419(e)(2)(iv) (2007).

3. Reaktionen auf Rule 419

Wegen der strengen Reglementierung endete der Marktmissbrauch durch die Blank Check Companies in der oben beschriebenen Form.[26] Nachdem die Blank Check Companies vom Markt verschwunden waren, entstand Anfang der 1990er Jahre eine erste Generation von SPACs,[27] die als die Nachfolger der Blank Check Companies betrachtet werden können.[28] Um das Vertrauen der Anleger in Mantelgesellschaften zurück zu gewinnen, wurden diese SPACs so strukturiert, dass sie freiwillig die Anforderungen der Rule 419 erfüllten, obwohl sie aufgrund eines Eigenkapitals von regelmäßig über 5 Millionen US-Dollar nicht unter die Definition einer Blank Check Company fielen.[29] Als sich allerdings ab dem Ende der 1990er Jahre die Zahl erfolgreicher Börsengänge auch kleinerer Unternehmen häufte, verschwanden die SPACs vom Markt, da Anleger und mögliche Zielunternehmen durch das positive Marktumfeld einen direkten Börsengang in der Regel vorzogen.[30] Dies ließ sich damit begründen, dass auch mit den Aktien kleinerer Unternehmen zu dieser Zeit sehr hohe Erlöse an den Börsen erzielt werden konnten und bei den Alteigentümern der Gesellschaften wenig Interesse daran bestand, ihre Anteile bereits vor dem Gang an die Börse zu einem „Festpreis" an eine SPAC-Gesellschaft zu verkaufen.

4. SPACs in der „zweiten Generation"

Ab dem Jahr 2004 wurden in den USA wieder die ersten SPACs gelistet und es entstand eine zweite Generation von SPACs.[31] Die Zahl der Börsengänge von SPACs in den USA stieg von 2004 bis zu ihrem vorläufigen Höhepunkt im Jahr 2007. Waren es 2004 noch zwölf gelistete SPACs, folgten 2005 schon 28 Gesellschaften. 2006 waren es 37 SPACs und 2007 machten 66 SPAC-Börsengänge insgesamt über ein Viertel aller Börsengänge in den USA aus.[32] Gleichzeitig stieg auch das durchschnittliche Emissionsvolumen der SPACs von noch 40,4 Millionen US-Dollar im Jahr 2004 auf 183,2 Millionen US-Dollar im Rekordjahr 2007.[33] Im Jahr 2008 lag das durchschnittliche Emissionsvolumen bei ca. 225,9 Millionen US-Dollar und neben der absoluten Zahl der Börsen-

---

26 *Feldman*, BLB 2007, 34, 37; *Heyman*, EBLJ 2007, 531, 540; *Riemer*, WULR 2007, 931, 943.

27 *Heyman*, EBLJ 2007, 531, 540; *Feldman*, BLB 2007, 34, 38. Die ersten SPACs wurden von David Nussbaum als Vorsitzender von GKN Securities entworfen, der zwischen 1993 und 1994 13 SPACs gründete, von denen zwölf erfolgreich ein Unternehmen akquirierten. Vgl.: *Riemer*, WULR 2007, 931, 945.

28 Besonders deutlich *Sjostrom jr.*, 743, 756: „SPACs represent the reincarnation of blank check companies[...]".

29 *Riemer*, WULR 2007, 931, 945.

30 *Riemer*, WULR 2007, 931, 946.

31 Vgl. hierzu *Riemer*, WULR 2007, 931, 947 ff.

32 Vgl. *Korzilius*, GP-SB, 10; *Riemer*, WULR 2007, 931, 947.

33 Vgl. *Korzilius*, GP-SB, 10.

gänge sank auch die der SPACs (17 SPAC-Börsengänge).[34] Hieraus lassen sich aber keine Rückschlüsse auf die Bewertung des Konzeptes „SPAC" ziehen, da im Zuge der Finanzkrise eine zunehmende Zurückhaltung der Anleger zu beobachten war und sich das Marktumfeld für Börsengänge stark verschlechtert hatte. Ebenfalls der Finanzkrise geschuldet, ist in den Jahren 2009 und 2010 jeweils nur ein SPAC in den USA an eine Börse gegangen.[35]

Mit zunehmender Anzahl von SPAC-Börsengängen begannen auch die American Stock Exchange (AMEX), die National Association of Securities Dealers Automated Quotations (NASDAQ) sowie die New York Stock Exchange (NYSE), Wertpapiere von SPACs zuzulassen.

II. Regulierung und Börsennotierung von SPACs in den USA

Im Folgenden wird untersucht, welche Voraussetzungen die NASDAQ und die NYSE, die beiden größten Börsen in den USA, an die Notierung eines SPACs stellen. Die SEC hielt sich mit einer Beurteilung von SPACs bislang zurück und setzte sich ausschließlich mit den Anträgen der Börsen auf Änderung ihrer Selbstregulierungsvorschriften auseinander.

1. Anforderungen der SEC an SPACs

Das Eigenkapital eines SPAC überschreitet regelmäßig 5 Millionen US-Dollar, weshalb SPACs nicht als Blank Check Companies im Sinne von Rule 419 zu qualifizieren sind. Da sich aber sowohl die Strukturen der SPACs als auch die Zulassungsvoraussetzungen der genannten Börsen weitgehend freiwillig an Rule 419 orientieren, widersprach die SEC der Zulassung von SPACs nicht[36] und sieht bislang von der Schaffung eigener, auf SPACs zugeschnittener Vorschriften im Rahmen ihrer Ermächtigung zur Durchsetzung des Securities Act und des Exchange Act ab.[37] So wurde den Anträgen der oben genannten Börsen auf Änderung ihrer Selbstregulierungsvorschriften (*Listed Company Manual*) zur Aufnahme von SPACs durch die SEC zugestimmt.[38]

Dennoch sind die allgemeinen, für öffentliche Angebote geltenden Vorschriften zu berücksichtigen.

---

34 Vgl. *Bozicevic/Bönig*, AG 2010, R457, R458.

35 Vgl. *Bozicevic/Bönig*, AG 2010, R457, R458.

36 Vgl. hierzu SECURITIES AND EXCHANGE COMMISSION, Release No. 34-58228, File No. SR-NASDAQ-2008-013, S. 8 ff.

37 *Castelli*, BCLR 2009, 237, 262; *Heyman*, EBLJ 2007, 531, 540 f.; *Riemer*, WULR 2007, 931, 951.

38 Vgl. hierzu die Billigung der Anträge der NASDAQ und NYSE auf Änderung ihrer Selbstregulierungsvorschriften durch die SEC: SECURITIES AND EXCHANGE COMMISSION, Release No. 34-58228, File No. SR-NASDAQ-2008-013, S. 3 und SECURITIES AND EXCHANGE COMMISSION, Release No. 34-57785, File No. SR-NYSE-2008-17.

In den USA unterliegt ein öffentliches Angebot von Wertpapieren der Pflicht zur Registrierung bei der SEC.[39] Der Registrierungsantrag setzt sich inhaltlich aus mehreren Formularen (*forms*) zusammen.[40] In der für amerikanische Emittenten anwendbaren *Form S-1* zur Zulassung der Aktien müssen neben Details zu den Wertpapieren, auch Angaben dazu gemacht werden, ob es sich um eine Blank Check Company handelt und gegebenenfalls auf welchem Sektor oder nach welchen Kriterien ein Zielunternehmen gefunden werden soll, wer zum Management-Team gehören soll und welche vorhersehbaren Risiken drohen.[41] Darüber hinaus soll der Antrag bezeichnenderweise eine Gegenüberstellung der Anforderungen von Rule 419 und dem Angebot des SPAC enthalten.[42]

Des Weiteren muss das Management nach dem öffentlichen Angebot seinen laufenden Berichterstattungspflichten aus *Form 8-K* gegenüber der SEC nachkommen.[43] Aus diesem Bericht soll hervorgehen, dass das Eigenkapital (*net assets*) des SPAC die 5-Millionen-Dollar-Marke überschreitet und er nicht unter Rule 419 fällt.[44] Soll zu einem späteren Zeitpunkt ein getrennter Handel der bei dem Börsengang als Units ausgegebenen Optionsscheine und Aktien ermöglicht werden, muss das Management des SPAC zunächst einen aktuellen Bericht nach *Form 8-K* einreichen.[45] Wenn eine Zielgesellschaft gefunden wurde und mit dieser eine Unternehmenszusammenführung durchgeführt werden konnte, muss ebenfalls ein Bericht nach *Form 8-K* an die SEC folgen.[46]

Bevor eine Abstimmung der Aktionäre über eine vorgeschlagene Zielgesellschaft erfolgen darf, muss das Management des SPAC ein sogenanntes *proxy statement*[47] mit allen relevanten Informationen über das Zielunternehmen, bei der SEC einreichen.[48]

---

39 Vgl. zur Registrierung in den USA, *Werlen* in Habersack/Mülbert/Schlitt, § 37 Rn. 23 ff.

40 *Werlen* in Habersack/Mülbert/Schlitt, § 37 Rn. 29.

41 *Riemer*, WULR 2007, 931, 950 f.

42 *Riemer*, WULR 2007, 931, 951.

43 Zu *Form 8-K* vgl.: „http://www.sec.gov/answers/form8k.htm". Zuletzt abgerufen am 31.10.2011.

44 *Castelli*, BCLR 2009, 237, 254; *Heyman*, EBLJ 2007, 531, 541.

45 *Hale*, JCAF Jan/Feb 2007, 67, 69.

46 *Castelli*, BCLR 2009, 237, 253.

47 Eine solches *proxy statement* ist vor jeder ordentlichen oder außerordentlichen Hauptversammlung erforderlich, vgl. „http://www.sec.gov/answers/proxy.htm". Zuletzt abgerufen am 31.10.2011. Das US-amerikanische *proxy statement* nach SEC-Standards geht in seinem Umfang und Aufwand weit über den eines „normalen" Wertpapierprospektes hinaus, vgl. auch *Zanner/Siebert*, CFL 2010, 224, 230.

48 *Berger*, JACF 2008, Vol. 20, 68, 70.

2. Anforderungen der US-Börsen an SPACs

Die AMEX begann 2005 SPACs unter bestimmten Voraussetzungen zu notieren, 2008 folgte zunächst die NASDAQ und schließlich auch die NYSE.[49] Im Folgenden sollen die speziellen Voraussetzungen der beiden letztgenannten Börsen für die Notierung eines SPAC umrissen werden.

a. Anforderungen der NASDAQ

Die NASDAQ stellt Mindestkriterien für die Notierung und die anschließende Aufrechterhaltung der Notierung eines SPAC auf.[50] Die Voraussetzungen der NASDAQ für die Notierung eines SPAC sind die Einzahlung von mindestens 90 Prozent der Erlöse des öffentlichen Angebotes auf ein Treuhandkonto, dass die beabsichtigte Unternehmenszusammenführung innerhalb von 36 Monaten erfolgt und hierbei mindestens 80 Prozent des treuhänderisch gehaltenen Vermögens eingesetzt werden.[51] Die Mehrheit der Aktionäre und die Mehrheit der unabhängigen Direktoren[52] muss der Unternehmenszusammenführung zustimmen.[53] Schließlich muss den die Unternehmenszusammenführung ablehnenden Aktionären ein Umtauschrecht ihrer Aktien gegen einen entsprechenden pro-rata-Anteil an dem Treuhandkonto eingeräumt werden.[54] Diese Voraussetzungen müssen auch nach der Notierung dauerhaft bis zu einer etwaigen Unternehmenszusammenführung gegeben sein.

b. Anforderungen der NYSE

Auch die NYSE als Börse mit der weltweit höchsten Marktkapitalisierung,[55] ermöglicht die Börsennotierung von SPACs.[56] Die NYSE stellt zum Teil noch weitergehende Anforderungen als die NASDAQ an die Struktur des die Notierung anstrebenden SPAC. So soll sowohl ein ausreichender Anlegerschutz als auch eine hinreichende Liquidität der betreffenden Wertpapiere für einen

---

49 *Castelli*, BCLR 2009, 237, 261 f.

50 Die sogenannten NASDAQ Marketplace Rules, vgl. *Werlen* in Habersack/Mülbert/Schlitt, § 37 Rn. 134.

51 SECURITIES AND EXCHANGE COMMISSION, Release No. 34-58228, File No. SR-NASDAQ-2008-013, S. 2 f.

52 Im monistischen System Direktoren, die nicht aktiv an der Geschäftsführung teilnehmen.

53 SECURITIES AND EXCHANGE COMMISSION, Release No. 34-58228, File No. SR-NASDAQ-2008-013, S. 3; *Castelli*, BCLR 2009, 237, 261 f.

54 SECURITIES AND EXCHANGE COMMISSION, Release No. 34-58228, File No. SR-NASDAQ-2008-013, S. 3.

55 Vgl. *Werlen* in Habersack/Mülbert/Schlitt, § 37 Rn. 139.

56 Grundsätzlich gehen die Mindestkriterien für eine Notierung an der NYSE aus dem NYSE Listed Company Manual hervor, vgl. *Werlen* in Habersack/Mülbert/Schlitt, § 37, Rn. 131.

funktionierenden Markt sichergestellt werden.[57] Zum Teil gleichen die Voraussetzungen der NYSE denen der NASDAQ: Auch bei einer Notierung an der NYSE müssen 90 Prozent der Erlöse des öffentlichen Angebotes auf ein Treuhandkonto eingezahlt werden und der Unternehmenszusammenschluss ein Volumen erreichen, das mindestens 80 Prozent der eingezahlten Erlöse entspricht.[58] Die Mehrheit der bei der Hauptversammlung anwesenden Aktionäre muss für den Zusammenschluss stimmen und den ablehnenden Aktionären ist ein Umtauschrecht nach dem Unternehmenszusammenschluss einzuräumen.[59] Der Unternehmenszusammenschluss darf nicht durchgeführt werden, wenn mehr Aktionäre von ihren Umtauschrechten Gebrauch machen wollen, als von den Gründern vorgesehen. Die Gründer des SPAC können bereits vor der Börsennotierung den Prozentsatz der Aktionäre festlegen, der maximal von seinem Umtauschrecht Gebrauch machen darf, ohne dass die Unternehmenszusammenführung scheitert. Diese Höchstgrenze muss nach den Vorgaben der NYSE bei mindestens 10 Prozent der Erlöse des öffentlichen Angebots liegen; wollen jedoch mehr als 40 Prozent der Aktionäre von ihrem Umtauschrecht Gebrauch machen, darf die Unternehmenszusammenführung nicht durchgeführt werden.[60] Somit kann eine Grenze zwischen 10 und 40 Prozent festgelegt werden. Will ein dem entsprechender Prozentsatz von Aktionären seine Umtauschrechte ausüben, scheitert der Unternehmenszusammenschluss unabhängig davon, ob eine Mehrheit der Aktionäre für ihn gestimmt hat.

Eine weitere Voraussetzung ist die Befristung des SPAC. Akquiriert der SPAC nicht innerhalb von höchstens drei Jahren oder einer selbst bestimmten kürzeren Zeitspanne erfolgreich ein Zielunternehmen, muss die Satzung des SPAC die Liquidation der Gesellschaft vorsehen.[61] Im Falle der Liquidation des SPAC dürfen die Gründer keine Ansprüche aus ihren Aktien oder Optionen geltend machen und erhalten keine Anteile des treuhänderisch gehaltenen Vermögens.[62] Sind die vorgenannten Punkte erfüllt, entscheidet die NYSE im Rahmen einer Einzelfallentscheidung über die Notierung des SPAC.

Voraussetzung für die Börsennotierung an der NYSE ist weiter, dass der SPAC eine Marktkapitalisierung von mindestens 250 Millionen US-Dollar vorweisen kann und über einen Streubesitz (*free float*) in Höhe von 200 Millionen US-

---

57 Vgl. SECURITIES AND EXCHANGE COMMISSION, Release No. 34-57785, File No. SR-NYSE-2008-17, S. 12.

58 Vgl. SECURITIES AND EXCHANGE COMMISSION, Release No. 34-57785, File No. SR-NYSE-2008-17, S. 3.

59 Vgl. SECURITIES AND EXCHANGE COMMISSION, Release No. 34-57785, File No. SR-NYSE-2008-17, S. 3.

60 Vgl. SECURITIES AND EXCHANGE COMMISSION, Release No. 34-57785, File No. SR-NYSE-2008-17, S. 3 f.

61 Vgl. SECURITIES AND EXCHANGE COMMISSION, Release No. 34-57785, File No. SR-NYSE-2008-17, S. 4.

62 Vgl. SECURITIES AND EXCHANGE COMMISSION, Release No. 34-57785, File No. SR-NYSE-2008-17, S. 4 f.

Dollar beim öffentlichen Angebot verfügt.[63] Vor der Unternehmenszusammenführung wird die NYSE den SPAC vom Börsenhandel ausschließen, wenn an 30 aufeinanderfolgenden Handelstagen seine weltweite Aktienmarktkapitalisierung (*aggregate global market capitalization)* unter 125 Millionen US-Dollar liegt oder seine durchschnittliche weltweite Aktienmarktkapitalisierung im Verhältnis zu den ausgegebenen Aktien *(average aggregate global market capitalization to its publicly held shares)* unter 100 Millionen US-Dollar liegt.[64] Gleiches gilt, wenn die Gesamtzahl der Aktionäre unter 400 oder die Gesamtzahl der Aktionäre unter 1200 fällt und zusätzlich das monatliche Handelsvolumen in den letzten zwölf Monaten unter 100.000 Aktien lag.[65] Ein Ausschluss erfolgt auch, wenn die Anzahl der vom Publikum gehaltenen Aktien (die Aktien aller Aktionäre, die weniger als 10 der Aktien halten und nicht zum Management-Team gehören) unter 600.000 fällt oder der SPAC nicht innerhalb einer Dreijahresfrist, beziehungsweise der selbst gesetzten kürzeren Frist, eine Unternehmenszusammenführung vollzieht.[66]

Nach der Zustimmung der Aktionäre aber vor der Vollendung der Unternehmenszusammenführung prüft die NYSE, ob die Börsennotierung des SPAC nach der Unternehmenszusammenführung noch dem Interesse der Börse und der Öffentlichkeit entspricht.[67] Sollte dies nicht der Fall sein oder ein sogenanntes *back door listing* vorliegen, besteht ein weiter Ermessenspielraum der NYSE, die Wertpapiere des SPAC vom Börsenhandel auszuschließen.[68]

3. Zwischenergebnis

Die Voraussetzungen der NYSE für die Notierung eines SPAC sind hinsichtlich der verlangten Mindest-Volumina und des Streubesitzes strenger als die der NASDAQ. Die NYSE und die NASDAQ orientieren sich bei den von ihnen verlangten Strukturen an Rule 419. So werden im Grunde die ohnehin üblichen Strukturen von SPACs normiert und gleichzeitig dem Missbrauch durch die Gründer vorgebeugt. Der Aktionärsschutz wird durch die Mitspracherechte bei der Transaktionsentscheidung, die Mindestanforderungen an ein Zielunternehmen und die Ausstiegsmöglichkeiten gestärkt. Vor diesem Hintergrund sieht die SEC von einer eigenen Regulierung ab und vertraut auf die

63 Vgl. SECURITIES AND EXCHANGE COMMISSION, Release No. 34-57785, File No. SR-NYSE-2008-17, S. 2 f.

64 Vgl. SECURITIES AND EXCHANGE COMMISSION, Release No. 34-57785, File No. SR-NYSE-2008-17, S. 6.

65 Vgl. SECURITIES AND EXCHANGE COMMISSION, Release No. 34-57785, File No. SR-NYSE-2008-17, S. 6.

66 Vgl. SECURITIES AND EXCHANGE COMMISSION, Release No. 34-57785, File No. SR-NYSE-2008-17, S. 7.

67 Vgl. SECURITIES AND EXCHANGE COMMISSION, Release No. 34-57785, File No. SR-NYSE-2008-17, S. 7 f.

68 Vgl. SECURITIES AND EXCHANGE COMMISSION, Release No. 34-57785, File No. SR-NYSE-2008-17, S. 8 f.

von ihr geprüften Selbstregulierungsvorschriften der jeweiligen Börsenplätze. Sollte sich in der Zukunft zeigen, dass diese nicht ausreichen, um Missbrauchsfälle zu vermeiden, wird die SEC mit großer Wahrscheinlichkeit selbst regulierend eingreifen.

Die Orientierung der Selbstregulierungsvorschriften an Rule 419 kann als Lehre aus dem Marktmissbrauch durch die Blank Check Companies in den 1980er Jahren gesehen werden. Auf diese Weise sollen marktmissbräuchliche und anlegerschädigende Vorgehensweisen verhindert werden, ohne die Grundidee einer börsennotierten Mantelgesellschaft mit Akquisitionszielen aufzugeben.

III. SPACs in Europa

Die zahlreichen Börsengänge von SPACs in den USA haben auch das Interesse des europäischen Kapitalmarktes geweckt. Dennoch liegt die Zahl der börsennotierten SPACs in Europa deutlich unter der Zahl der bisher in den USA gelisteten SPACs.

1. Börsennotierungen von SPACs in Europa

Im Oktober 2005 wurden mit der International Metal Enterprises und der Energy XXI Acquisition Corporation die ersten SPACs in Europa am nur teilweise regulierten Alternative Investment Market (AIM) in London gelistet.[69] Es folgten sechs weitere SPACs am AIM, bis im Juni 2007 mit der Pan-European Hotel Acquisition Company (Zielvolumen 115 Millionen Euro)[70] in der Rechtsform einer niederländischen „Naamloze Venootschap" (NV) der erste SPAC an der Euronext in Amsterdam gelistet wurde.[71] Im Februar 2008 folgte der bislang größte europäische SPAC mit der Liberty International Acquisition Company, die ein Volumen von 600 Millionen Euro erreichte und in der Rechtsform einer Gesellschaft nach dem Recht der Cayman Islands mit Sitz auf den Virgin Islands gegründet wurde.[72]

---

69 Bei dem AIM handelt es sich um einen sogenannten Exchange Regulated Market (vgl. Freiverkehr der Frankfurter Wertpapierbörse), der nicht unter die Regelungen der EU-Prospektrichtlinie fällt. Dennoch handelt es sich bei dem AIM um ein multilaterales Handelssystem. Ursprünglich wurde dieses Marktsegment für junge Wachstumsunternehmen geschaffen, für welche die hohen Zulassungsvoraussetzungen und die hohen Zulassungsfolgepflichten des Main Board der Londoner Stock Exchange ungeeignet waren. Der AIM wird von der Londoner Stock Exchange selbst geregelt. Vgl. *Harrer/Müller*, WM 2006, 653, 659.

70 Zu den Volumina der bisher in Europa gelisteten SPACs: *Benz/Wulf*, GP-SB, 14, 15.

71 *Dorenbos/Struycken*, BJIBFL 2007, 618.

72 Vgl. Börsenzeitung vom 07.02.2008, S. 11: „600 Mill. Dollar für die Katze im Sack"; Pressemitteilung der NYSE Euronext „NYSE Euronext welcomes Liberty International Acquisition Company to its European Market", abrufbar unter „http://www.nyse.com/press/1202296397730.html". Zuletzt abgerufen am 31.10.2011.

2. SPACs in Deutschland

Drei SPACs sind bislang als „deutsche" SPACs bekannt geworden,[73] namentlich die Germany1 Limited, die Helikos SE und die European CleanTech I SE. Der deutsche Bezug von Germany1 liegt darin, dass es sich bei den Gründern mit Roland Berger, Florian Lahnstein und Thomas Middelhoff um deutsche Staatsbürger handelt und dass ein Zielunternehmen im deutschsprachigen Raum gesucht wurde. Bei der Helikos SE, einer luxemburgischen Gesellschaft, ist der deutsche Bezug vor allem durch den Börsengang an der Frankfurter Wertpapierbörse im Februar 2010 gegeben. Gleiches gilt für die European CleanTech I SE als luxemburgische Gesellschaft, die im Oktober 2010 an der Frankfurter Wertpapierbörse notiert wurde. Bisher gab es jedoch noch keinen SPAC, der in einer deutschen Rechtsform aufgelegt worden ist. Da sich diese drei SPACs in erster Linie an Anleger in Deutschland richten und Zielunternehmen in Deutschland suchten und suchen, sollen sie als Fallbeispiele für eine nähere Untersuchung einer SPAC-Struktur dienen, die am deutschen Kapitalmarkt Akzeptanz findet.

a. Fallbeispiel 1: Germany1 Ltd.

Germany1 wurde in der Rechtsform einer Limited nach dem Recht Guernseys gegründet und im Februar 2008 an der Euronext in Amsterdam gelistet.[74] Bei dem Börsengang wurden sogenannte Units zu je 10 Euro angeboten, die aus jeweils einer Aktie und einem Optionsschein bestanden.[75] Das erreichte Volumen lag bei 250 Millionen Euro,[76] wobei 275 Millionen Euro als Zielvolumen angestrebt worden waren.[77] Das Management-Team erhielt statt einer Vergütung einen Aktienanteil (ohne gekoppelte Optionsscheine) am SPAC, der bei der Übernahme der Zielgesellschaft 20 Prozent des SPAC-Volumens betragen sollte.[78] Bei diesen Aktien handelt es sich um sogenannte Gründeraktien, die das Management-Team im Rahmen einer Privatplatzierung zu einem Preis von 0,013 Euro pro Aktie erwarb.[79] In gleicher Weise erwarb das Management-Team 6 Millionen sogenannter Gründeroptionsscheine zu je 1 Euro.[80] Bei einem Scheitern des SPAC sollten sowohl die Gründeraktien als auch die Gründeroptionsscheine (wie auch die übrigen Optionsscheine) wertlos verfallen.[81] Den Aktionären stand das Recht zu, über das vom Management-Team vorge-

---

73 Vgl. FAZ vom 22.07.2008, S. 21: „Dem ersten deutschen SPAC gelingt der Börsengang".

74 Wertpapierprospekt der Germany1 Acquisition Limited vom 02.07.2008, S. 1.

75 Vgl. Wertpapierprospekt der Germany1 Acquisition Limited vom 02.07.2008, S. 75.

76 Vgl. FAZ vom 22.07.2008, S. 21: „Dem ersten deutschen SPAC gelingt der Börsengang".

77 Vgl. Wertpapierprospekt der Germany1 Acquisition Limited vom 02.07.2008, S. 1.

78 Vgl. Wertpapierprospekt der Germany1 Acquisition Limited vom 02.07.2008, S. 112.

79 Vgl. Wertpapierprospekt der Germany1 Acquisition Limited vom 02.07.2008, S. 75 f.

80 Vgl. Wertpapierprospekt der Germany1 Acquisition Limited vom 02.07.2008, S. 77 f.

81 Vgl. Wertpapierprospekt der Germany1 Acquisition Limited vom 02.07.2008, S. 76 für die Gründeraktien und S. 78 für die Gründeroptionsscheine.

schlagene Zielunternehmen abzustimmen.[82] Bei Erreichen der erforderlichen Mehrheit für einen Unternehmenszusammenschluss, hätten die ablehnenden Aktionäre ihre Einlage (gegen Rückgewähr der Aktie) zurückverlangen können.[83] Innerhalb von 24 Monaten nach der Ausgabe der Units musste entweder eine Abstimmung über eine Zielgesellschaft erfolgen oder es musste zumindest eine unterschriebene Absichtserklärung vorliegen, wonach eine von den Gründern ausgewählte Zielgesellschaft eine Unternehmenszusammenführung mit dem SPAC beabsichtigt.[84] Wäre in dieser Zeit keine Zielgesellschaft gefunden worden, hätte Germany1 aufgelöst werden müssen und die Aktionäre hätten ihre Anteile pro rata von einem Treuhandkonto, auf welches die Emissionserlöse nach dem Börsengang eingezahlt worden sind, zurückerhalten.[85] Bereits im Juli 2009 wurde jedoch mit der AEG Power Solutions eine Zielgesellschaft gefunden, die für 392 Millionen Euro erworben wurde.[86] Dabei flossen 200 Millionen Euro von dem Treuhandkonto in bar an die Verkäufer um den US-Finanzinvestor Ripplewood, sowie 19.208.955 aus einer Sachkapitalerhöhung stammende, neue Aktien an Germany1.[87] So behielten die Eigentümer von AEG Power Solutions 33 Prozent der Anteile in Form von neuen Germany1-Aktien.[88] Entgegen anfänglicher Aussagen von Germany1 hat das Unternehmen seinen Sitz zunächst nicht nach Deutschland, sondern nach Luxemburg verlegt, um dort in 3W Power umzufirmieren.[89] Die Aktie der 3W Power wurde schließlich im Dezember 2010 im Regulierten Markt an der Frankfurter Wertpapierbörse gelistet.[90]

b) Fallbeispiel 2: Helikos SE

Der erste an einer deutschen Börse notierte SPAC war die Helikos SE,[91] deren Aktien (Prime Standard) und Optionsscheine (General Standard) im Februar 2010 an der Frankfurter Wertpapierbörse zum Handel zugelassen worden

---

82 Vgl. Wertpapierprospekt der Germany1 Acquisition Limited vom 02.07.2008, S. 56 f.

83 Vgl. Wertpapierprospekt der Germany1 Acquisition Limited vom 02.07.2008, S. 56 f.

84 Vgl. Wertpapierprospekt der Germany1 Acquisition Limited vom 02.07.2008, S. 130.

85 Vgl. Wertpapierprospekt der Germany1 Acquisition Limited vom 02.07.2008, S. 49.

86 Vgl. Börsenzeitung vom 24.07.2009, S. 18: „AEG Power Solutions kommt Huckepack an die Börse; SPAC Germany1 kauft Mittelständler von Ripplewood".

87 Vgl. Pressemitteilung der Germany1 vom 23.07.2009, abrufbar unter: „http://www.aegps.com/aeg/export/sites/aegpowersolutions/en/investor/investor_news/downloads/090723-sapphire_press_release-german.pdf". Zuletzt abgerufen am 31.10.2011.

88 Vgl. Pressemitteilung der Germany1 vom 23.07.2009 (S. Fn. 87).

89 Vgl. Börsenzeitung vom 17.02.2010, S. 10: „Aus Germany1 wird 3W Power".

90 Zuletzt war Germany1 mit 16 Prozent an der 3W Power beteiligt, vgl. FAZ vom 08.11.2010, Nr. 260, S. 17: „ AEG Solutions kommt an die Börse in Frankfurt"; Pressemitteilung der 3 W Power vom 17.12.2010, abrufbar unter: „http://www.aegps.de/aeg/export/sites/aegpowersolutions/en/investor/investor_news/2010/downloads/3wp_AEGPS_filingand_nominationFinal1712_GER.pdf". Zuletzt abgerufen am 31.10.2011.

91 Zu SPACs in der Rechtsform einer SE insbesondere bei grenzüberschreitenden Verschmelzungen, vgl. *Thiergart/Olbertz*, BB 2010, 1547 ff.

sind.[92] Helikos wurde als eine in Luxemburg gegründete Societas Europaea mit Sitz in Luxemburg errichtet.[93] Da das SE-Recht weitgehend auf das jeweilige nationale Gesellschaftsrecht verweist, ist hier das luxemburgische Gesellschaftsrecht maßgeblich. Der angestrebte Erlös des öffentlichen Angebots lag bei 250 Millionen Euro, tatsächlich erreicht wurden 200 Millionen Euro.[94] Angeboten wurden auch hier Units zu je 10 Euro, bestehend aus einer Publikums-Aktie (Aktie der Gattung A) und einem Publikums-Optionsschein.[95] Das Management-Team erhielt ebenfalls keine Vergütung, sondern sogenannte Gründeraktien (Aktien der Gattung B), die bei dem Eintritt bestimmter Ereignisse (Unternehmenszusammenführung und anschließendes Erreichen bestimmter Kursziele) in maximal drei Tranchen automatisch in Publikumsaktien (Aktien der Gattung A) gewandelt werden.[96] Der Erlös jeder Tranche entspricht jeweils 8 Prozent des Ursprungsvolumens des SPAC bei Börsennotierung, so dass das Management-Team maximal 24 Prozent der Aktienanteile, gemessen am Ursprungsvolumen des SPAC nach dem Börsengang, erreichen kann.[97] Das Management-Team erwarb die Gründeraktien im Rahmen einer Privatplatzierung zu einem Nominalpreis von 0,0152 Euro pro Gründer-Aktie[98] und 10 Millionen Gründer-Optionsscheine zu einem Nominalpreis von 1 Euro je Gründer-Optionsschein.[99] Wie bei Germany1 hatte das Management 24 Monate Zeit, ein passendes Zielunternehmen zu finden.[100] Die Publikumsaktionäre hatten das Recht über die Unternehmenszusammenführung abzustimmen[101] und die Publikumsaktionäre, die sich gegen die Transaktion aussprachen, hatten unter den oben genannten Umständen die Möglichkeit, ihre Einlage zurückzuerhalten.[102] Allerdings mussten die dissentierenden Publikumsaktionäre bereits vor der Hauptversammlungsabstimmung der Gesellschaft mitteilen, dass sie gegen das Zielunternehmen stimmen wollen.[103] In

---

92 Vgl. Ad-hoc-Mitteilung der Helikos SE vom 2. Februar 2010. Abrufbar unter „http://www.helikosgroup.com/files/Ad-hoc%20-%20Helikos%20SE%20ver%C3%B6ffentlicht%20Details%20zum%20B%C3%B6rsengang.pdf". Zuletzt abgerufen am 31.10.2011.

93 Vgl. Wertpapierprospekt der Helikos SE vom 11.01.2010, S. 31.

94 Vgl. Ad-hoc-Mitteilung der Helikos SE vom 2. Februar 2010. Abrufbar unter „http://www.helikosgroup.com/files/Ad-hoc%20-%20Helikos%20SE%20ver%C3%B6ffentlicht%20Details%20zum%20B%C3%B6rsengang.pdf". Zuletzt abgerufen am 31.10.2011. Bei den 64 Investoren soll es sich im Wesentlichen um institutionelle Investoren und *Family Offices* gehandelt haben, vgl. *Simon*, CFL 2010, 219, 222.

95 Vgl. Wertpapierprospekt der Helikos SE vom 11.01.2010, S. 92.

96 Vgl. Wertpapierprospekt der Helikos SE vom 11.01.2010, S. 94 f.

97 Vgl. Wertpapierprospekt der Helikos SE vom 11.01.2010, S. 94 f.; *Simon*, CFL 2010, 219, 222.

98 Vgl. Wertpapierprospekt der Helikos SE vom 11.01.2010, S. 94.

99 Vgl. Wertpapierprospekt der Helikos SE vom 11.01.2010, S. 102.

100 Vgl. Wertpapierprospekt der Helikos SE vom 11.01.2010, S. 67.

101 Vgl. Wertpapierprospekt der Helikos SE vom 11.01.2010, S. 74 f.

102 Vgl. Wertpapierprospekt der Helikos SE vom 11.01.2010, S. 75 f.

103 Vgl. Wertpapierprospekt der Helikos SE vom 11.01.2010, S. 76.

diesem Fall konnten die Gründer der Helikos SE eine Kaufoption (*Founders' Purchase Option*) auf diese Publikumsaktien ausüben und in der Hauptversammlung mit diesen Publikumsaktien für die Transaktion stimmen.[104] Wäre innerhalb von 24 Monaten kein passendes Zielunternehmen gefunden worden, hätte der SPAC aufgelöst werden müssen und die Aktionäre hätten einen Anspruch auf Rückzahlung ihrer Einlagen pro rata vom Treuhandkonto gehabt.[105]

Im Juni 2011 gaben die Gründer der Helikos SE bekannt, ein Zielunternehmen gefunden zu haben und eine Übernahme des Technologieunternehmens Exceet Group AG anzustreben.[106] Die Gründer erwarben bereits vor der Abstimmung im Rahmen ihrer Kaufoption (*Founders' Purchase Option*) Publikumsaktien von Publikumsaktionären, die ankündigten gegen den Zusammenschluss zu votieren. Die Gründer erwarben so viele Publikumsaktien dass noch maximal 25,51 Prozent der Publikumsaktionäre gegen die Übernahme stimmen konnten und von ihren Umtauschrechten Gebrauch hätten machen können.[107] Hätten mehr als 35 Prozent der Publikumsaktionäre gegen das Zielunternehmen gestimmt, wäre die Übernahme gescheitert.[108] Als Kaufpreis wurden 110,5 Millionen Euro in bar, 3,1 Millionen neue Helikos Publikumsaktien (Aktien der Gattung A) und 9 Millionen neue, wandelbare Earn-out-Aktien (Aktien der neu geschaffenen Gattung C) vereinbart.[109] Nach dem Vollzug der Transaktion hielten die Gründer 32,5 Prozent und die Verkäufer 49,5 Prozent der stimmberechtigten Aktien der Helikos SE, die gleichzeitig in die exceet Group SE umbenannt wurde.[110]

---

104 Der Kaufpreis entspricht dem Pro-Rata-Anteil des Publikumsaktionärs am Treuhandkonto, vgl. Wertpapierprospekt der Helikos SE vom 11.01.2010, S. 76.

105 Vgl. Wertpapierprospekt der Helikos SE vom 11.01.2010, S. 76 ff.

106 Vgl. Ad-hoc-Mitteilung der Helikos SE vom 7. Juni 2011. Abrufbar unter „http://www.helikosgroup.com/templates/contenuhelikos/Ad-hoc_-_Helikos_SE_beabsichtigt_die_Ubernahme_des_Technologieunternehmens_Exceet_Group_AG.pdf". Zuletzt abgerufen am 31.10.2011.

107 Vgl. Ad-hoc-Mitteilung der Helikos SE vom 11. Juli 2011. Abrufbar unter „http://www.helikosgroup.com/files/Ad-hoc_Ausubung_der_Kaufoption_durch_Oranje_Nassau_Participaties_BV_vereinbart.pdf". Zuletzt abgerufen am 31.10.2011. Der Erwerb erfolgte über die Oranje Nassau Participaties BV, die eine 100-prozentige Tochter der Wendel SA ist. Die Wendel SA gehört zu den Gründern der Helikos SE und hielt beim Börsengang 88 Prozent der Gründeraktien.

108 Vgl. Wertpapierprospekt der Helikos SE vom 11.01.2010, S. 74.

109 Vgl. Ad-hoc-Mitteilung der Helikos SE vom 7. Juni 2011. Abrufbar unter „http://www.helikosgroup.com/templates/contenuhelikos/Ad-hoc_-_Helikos_SE_beabsichtigt_die_Ubernahme_des_Technologieunternehmens_Exceet_Group_AG.pdf". Zuletzt abgerufen am 31.10.2011.

110 Vgl. Ad-hoc-Mitteilung der Helikos SE vom 26. Juli 2011. Abrufbar unter „http://www.helikosgroup.com/files/PI_HELIKOS_SE_VOLLENDET_ZUSAMMENSCHLUSS_MIT_EXCEET.pdf". Zuletzt abgerufen am 31.10.2011. Die stimmberechtigten Aktien setzen sich sowohl aus den Gründer- als auch den Publikums- und Earn-out-Aktien zusammen.

c) Fallbeispiel 3: European CleanTech I SE

Auch die European CleanTech I SE (im Folgenden ECT SE) wählte die Rechtsform der SE mit Sitz in Luxemburg. Im Oktober 2010 erfolgte die Notierung der Aktien im Prime Standard und der Optionsscheine im General Standard der Frankfurter Wertpapierbörse. In Folge des öffentlichen Angebotes wurden 11,5 Millionen Publikumsaktien der Gattung A zu je 10 Euro ausgegeben, was einem Gesamtemissionsvolumen von 115 Millionen Euro entspricht.[111] Auch hier wurde an jede Aktie ein Publikumsoptionsschein als Unit gekoppelt, der zu einem Ausübungspreis von 11,50 Euro ausgeübt werden kann.[112] Ebenfalls erhielt das Management keine laufende Vergütung, sondern Gründeraktien der Gattung B („Sponsor-Aktien"), die zu einem niedrigen Nominalpreis (0,024 Euro pro Gründeraktie) im Rahmen einer Privatplatzierung vor der Börsennotierung erworben wurden.[113] Die Gründeraktien sind voll stimmberechtigt und werden automatisch in maximal drei Tranchen zu je 6,66 Prozent bei dem Erreichen bestimmter Ziele in Publikumsaktien gewandelt.[114] Die Gründeraktien werden von einer Gesellschaft der Gründer („Sponsor S.á. r.l.") gehalten.[115] Zudem haben die Gründer 4,97 Millionen Gründeroptionsscheine („Sponsor-Optionsscheine") zu einem Nominalpreis von je einem Euro, ebenfalls im Rahmen einer Privatplatzierung, vor dem Börsengang erworben.[116] Die Gründer haben sich im Rahmen einer *Lock-up*-Vereinbarung verpflichtet, ihre Gründeraktien nicht vor Ablauf eines Jahres nach einem Unternehmenszusammenschluss zu veräußern.[117] Die Gründeroptionsscheine hingegen können unmittelbar nach der avisierten Unternehmenszusammenführung veräußert werden.[118] Nach dem Wertpapierprospekt muss das oder die Zielunternehmen aus dem Bereich „saubere Technologien" stammen und seinen Sitz im Europäischen Wirtschaftsraum (EWR) haben.[119] Zudem muss der Wert *(fair market value)* des zu erwerbenden Zielunternehmens oder der zu erwerbenden Beteiligung mindestens 80 Prozent der auf dem Treuhandkonto gehaltenen

---

111 Vgl. Ad-hoc-Mitteilung der European CleanTech I SE vom 18.10.2010, abrufbar unter: „http://www.ectse.com/images/stories/ect/presse/ECT1_Ad-hoc-Meldung_Ergebnis%20Boersengang_101018_175375_7_FF.pdf". Zuletzt abgerufen am 21.10.2010. Angestrebt war ursprünglich ein Volumen von 150 Millionen Euro, vgl. Pressemitteilung der ECT SE vom 31.10.2011, abrufbar unter „http://www.ectse.com/images/stories/ect/presse/ECT1-Pressemitteilung_174579_6_FF.pdf". Zuletzt abgerufen am 31.10.2011.

112 Vgl. Wertpapierprospekt der European CleanTech I SE vom 01.10.2010, S. 109.

113 Vgl. Wertpapierprospekt der European CleanTech I SE vom 01.10.2010, S. 111 f.

114 Vgl. Wertpapierprospekt der European CleanTech I SE vom 01.10.2010, S. 111 f.

115 Vgl. Wertpapierprospekt der European CleanTech I SE vom 01.10.2010, S. 111.

116 Vgl. Wertpapierprospekt der European CleanTech I SE vom 01.10.2010, S. 119 f. und Ad-hoc-Mitteilung vom 18.10.2010 (Fn. 111).

117 Vgl. Wertpapierprospekt der European CleanTech I SE vom 01.10.2010, S. 112.

118 Vgl. Wertpapierprospekt der European CleanTech I SE vom 01.10.2010, S. 119 f.

119 Vgl. Wertpapierprospekt der European CleanTech I SE vom 01.10.2010, S. 58.

Erlöse des öffentlichen Angebotes entsprechen.[120] Damit eine Unternehmenszusammenführung zustande kommt, muss die Mehrheit der Publikumsaktionäre in einer Hauptversammlung für das potenzielle Zielunternehmen stimmen. Eine Besonderheit bei der European CleanTech I SE liegt darin, dass es für die Akquisition des Zielunternehmens keine Rolle spielt, wie viele Aktionäre ihren Anspruch auf Rückzahlung der Einlage geltend machen, solange die einfache Mehrheit der Transaktion zustimmt und nicht die Exit-Option nutzt.[121] Kommt es innerhalb von 24 Monaten[122] zu keinem Unternehmenszusammenschluss, so wird die European CleanTech I SE liquidiert und die Aktionäre erhalten ihre Anteile pro rata vom Treuhandkonto ausgezahlt.[123] Die Mittel auf dem Treuhandkonto werden in deutsche Staatsanleihen mit einer maximalen Laufzeit von zwölf Monaten investiert.[124] Auf die resultierenden Zinserträge können die Gründer, im Gegensatz zu den sonstigen Geldern auf dem Treuhandkonto, bis zu einer Höhe von 4 Millionen Euro als Betriebskapital zugreifen.[125]

3. Zwischenergebnis

Wie sich an den bisherigen Notierungen von SPACs an europäischen Börsenplätzen ablesen lässt, bietet auch in Europa ein attraktives Marktumfeld für diese Anlageform. Die Fallbeispiele von Germany1, Helikos und ECT lassen Parallelen insbesondere bei den ausgegebenen Wertpapieren (Units), der Management-Beteiligung (Gründeraktien) und der Ausgestaltung der Aktionärsrechte erkennen. Die Gründer der genannten SPACs profitieren nur im Falle eines erfolgreichen Unternehmenszusammenschlusses von dem SPAC. Auch die Aktionäre profitieren nur von dem SPAC, wenn es den Gründern gelingt, den Investoren erfolgreich ein Zielunternehmen vorzuschlagen. Die Investoren gehen letztlich eine Art „Wette auf das Management"[126] ein und müssen die „Katze im Sack"[127] kaufen.

---

120 Vgl. Wertpapierprospekt der European CleanTech I SE vom 01.10.2010, S. 80 f.

121 Vgl. Wertpapierprospekt der European CleanTech I SE vom 01.10.2010, S. 83 f.

122 Vgl. Wertpapierprospekt der European CleanTech I SE vom 01.10.2010, S. 61.

123 Vgl. Wertpapierprospekt der European CleanTech I SE vom 01.10.2010, S. 84 f.

124 Vgl. Wertpapierprospekt der European CleanTech I SE vom 01.10.2010, S. 56.

125 Vgl. Wertpapierprospekt der European CleanTech I SE vom 01.10.2010, S. 62 f.

126 So *Röder/Walkshäusl*, FB 2008, 641. Ähnlich auch *Bozicevic*, GP 2/2010, 16: „Investieren in Köpfe".

127 So beispielweise die Börsenzeitung vom 07.02.2008, S. 11: „600 Mill. Dollar für die Katze im Sack".

IV. Strukturmerkmale eines SPAC

Es gibt bislang keine spezialgesetzliche Regulierung für SPACs in Deutschland. Es gilt der allgemeine gesetzliche Rahmen.[128] Eine Orientierung für die Strukturierung stellen jedoch die Voraussetzungen dar, welche die NYSE und die NASDAQ, sowie die Frankfurter Wertpapierbörse an die Notierung eines SPAC knüpfen. Auf Grundlage der oben dargestellten Fallbeispiele von Germany1, Helikos und ECT I lassen sich zudem Anhaltspunkte für wiederkehrende Strukturmerkmale erkennen.

1. Typische Gründer eines SPAC

Bei den Gründern von SPACs handelt es sich regelmäßig um am Kapitalmarkt anerkannte Manager, Investmentbanker und andere renommierte Marktakteure.[129] Zusammen bilden die Gründer das Management- oder auch Sponsoren-Team,[130] dessen Kernaufgabe in der Suche nach einem passenden Zielunternehmen besteht. Die Investoren müssen schließlich darauf vertrauen, dass das Management-Team in der Lage ist, einen nicht börsennotierten sogenannten Hidden Champion zu finden[131] und durch Verhandlungsgeschick einen möglichst günstigen Preis für die Beteiligung oder Übernahme auszuhandeln. Dies setzt zum einen eine gute Vernetzung der Sponsoren voraus, zum anderen ausgeprägte Verhandlungserfahrung und Verhandlungsgeschick. Nicht zuletzt bedarf es auch einer gesellschaftlichen Akzeptanz der Personen des Management-Teams, da die Investoren nur profitieren, wenn die Sponsoren den Investoren erfolgreich eine Zielgesellschaft vorstellen können.

---

128 Vgl. *Kramer/Winkeler*, GP-SB, 22.

129 Differenzierend und mit Beispielen für typische Gründer: *Berger*, JACF 2008, Vol. 20, 68 ff.; beispielhaft seien auch ehemalige Private-Equity-Manager, Hedgefondslenker, altgediente Unternehmer und „bekannte Wirtschaftsgrößen" genannt, vgl. Manager-Magazin vom 11.06.2008: „Private Equity 2.0", abrufbar unter „www.manager-magazin.de/geld/geldanlage/0,2828,558527,00.html". Zuletzt abgerufen am 31.10.2011. Ebenfalls beispielhaft Private-Equity- oder Fonds-Manager nennend: *Weber*, IRZ 2010, 71.

130 Klarstellend bleibt festzuhalten, dass die Begriffe Gründer, Sponsoren, Management-Team und, je nach Rechtsform, Vorstand regelmäßig die gleiche hier beschriebene Personengruppe bezeichnen. Vgl. *Selzner*, ZHR 174 (2010), 318, 320; *Simmat/Siebert*, CFL 2010, 13, 14; *Simon*, CFL 2010, 219, 220. Im Folgenden werden Manager, Gründer und Sponsoren als personengleich betrachtet.

131 Vgl. *Davidoff*, CBLR 2008, 172, 238 f. Beispielhaft in diesem Zusammenhang lässt sich Prof. Hermann Simon als einer der Gründer der Helikos SE nennen, der nach den Angaben im Prospekt bereits mehrere Studien zu sogenannten „Hidden Champions" veröffentlicht hat, vgl. Wertpapierprospekt der Helikos SE vom 11.01.2010, S. 81.

2. Börsennotierung des SPAC

Grundsätzlich sind SPACs börsennotiert. Der avisierte Börsengang ermöglicht es den Gründern, im Rahmen des öffentlichen Angebots eine große Zahl von potenziellen Investoren gleichzeitig anzusprechen und anschließend ausreichende Mittel für die spätere Unternehmenszusammenführung einzuwerben. Des Weiteren schafft die Börsennotierung für das Zielunternehmen den Anreiz eines zügigen und vom Marktumfeld unabhängigen Börsengangs.[132] Die für einen „normalen" Börsengang erforderlichen Grundlagen gesellschaftsrechtlicher, kapitalmarktrechtlicher und vertraglicher Natur, sowie die Erarbeitung einer Emissionsstruktur fallen nur zum Teil an und nehmen nicht, wie im Normalfall, mehrere Monate in Anspruch.[133] Diesen Anforderungen ist der SPAC bereits bei seinem Börsengang nachgekommen. Allerdings gelangt die Zielgesellschaft bei diesem indirekten Börsengang nicht selbst an die Börse, sondern ihre Anteile werden von dem börsennotierten SPAC gehalten. Nach der Unternehmenszusammenführung kommt das Zielunternehmen neben der Eigenkapitalaufnahme in den Genuss der weiteren Vorzüge einer Börsennotierung, wie den Finanzierungsmöglichkeiten des Kapitalmarktes[134] und einer wachsenden Bekanntheit am Markt.[135] Aus Sicht der Investoren spricht für die Börsennotierung, dass sie grundsätzlich einen liquiden Markt schafft, und damit die Möglichkeit bietet, die Anteile am SPAC kurzfristig und weitgehend werthaltig wieder zu veräußern.[136] Für die Möglichkeit der kurzfristigen und werthaltigen Veräußerung spricht auch, dass der Kurs von SPACs in der Vergangenheit vor der Ankündigung einer Unternehmenszusammenführung weitgehend stabil war.[137]

Bei der Unternehmenszusammenführung hat der SPAC die Möglichkeit, einen Teil des Kaufpreises für die Beteiligung oder Übernahme des Zielunternehmens in eigenen Aktien zu begleichen.[138] Die eigenen Aktien fungieren in diesem Fall als Akquisitionswährung.[139] So können die im Rahmen einer Sachkapitalerhöhung beim SPAC entstandenen neuen Aktien an die Eigentümer der Zielgesellschaft ausgegeben werden, während diese ihre Gesellschaftsanteile als Einlage erbringen.

---

132 Vgl. *Simmat/Siebert*, CFL 2010, 13, 15; *Steinbach/Rieß*, GP-SB, 12; *Simon*, CFL 2010, 219, 220.

133 Zu den üblichen Vorbereitungsmaßnahmen eines Börsengangs: *Singhof/Weber* in Habersack/Mülbert/Schlitt, § 2 Rn. 3 ff. Zum zeitlichen Ablauf eines Börsengangs: *Ries* in Grunewald/Schlitt, S. 43.

134 Vgl. *Singhof/Weber* in Habersack/Mülbert/Schlitt, § 3 Rn. 1; *Schanz*, § 2 Rn. 4.

135 Vgl. *Ries* in Grunewald/Schlitt, S. 19; *Schanz*, § 2 Rn. 10 f.

136 Vgl. *Simmat/Siebert*, CFL 2010, 13, 15; *Bozicevic*, GP 2/2010, S. 17; FAZ vom 11.04.2008, S. 23: „Blankoschecks für die Börse".

137 Vgl. *Röder/Walkshäusl*, FB 2008, 641, 643; *Bozicevic*, GP 2/2010, S. 17.

138 So geschehen beispielsweise bei Germany1, siehe oben unter B.III.2.a.

139 Vgl. *Simmat/Siebert*, CFL 2010, 13, 14.

3. Eingrenzung der möglichen Zielunternehmen

Da das Zielunternehmen beim Börsengang noch nicht identifiziert ist, kann es im Prospekt nur grob umrissen werden. Häufig wird eine Branche angegeben, die bei der Unternehmenssuche im Fokus des Managements steht.[140] Auch ist es möglich, keine Einschränkung in Bezug auf den Unternehmensgegenstand, sondern auf die geographische Lage des Unternehmens vorzunehmen.[141] Exemplarisch wurden bei Germany1 Familienunternehmen, Portfolio-Unternehmen von Private-Equity-Fonds oder auch ausgegliederte Unternehmensteile größerer Konzerne (*corporate spin-offs*) genannt.[142] Eine Eingrenzung kann auch über den Unternehmenswert des Zielunternehmens erfolgen, falls im Prospekt hierzu Mindestgrößen angegeben werden.[143] Jedoch sieht die Satzung in der Regel vor, dass von diesen Zielgrößen abgewichen werden kann.[144]

Bindend hingegen ist regelmäßig, dass der Wert des Zielunternehmens mindestens 80 Prozent des Guthabens auf dem Treuhandkonto (auf welchem die Erlöse des öffentlichen Angebotes angelegt sind) zu entsprechen hat.[145] Wie bereits aufgezeigt, ist diese Schwelle eine der Voraussetzungen für ein Listing

---

140 Zu den Vorgaben der bisher in Europa gelisteten SPACs: *Benz/Wulf*, GP-SB, 14, 15. Insbesondere die ECT SE konzentriert sich bei ihrer Suche nach einem Zielunternehmen auf Unternehmen, deren Geschäftskonzept mit sogenannten „sauberen Technologien" zusammenhängt, vgl. Wertpapierprospekt der European CleanTech I SE vom 01.10.2010, S. 58 ff.

141 So beschränkte sich das Management-Team von Germany1 bei der Unternehmenssuche auf den deutschsprachigen Raum, vgl. Wertpapierprospekt der Germany1 Acquisition Limited vom 02.07.2008, S. 47. Ebenso die Zielsetzung bei der Helikos SE, die ein deutsches Zielunternehmen sucht, vgl. Wertpapierprospekt der Helikos SE vom 11.01.2010, S. 67. Für die ECT SE hingegen kommt der gesamte EWR für ein Zielunternehmen in Frage, vgl. Wertpapierprospekt der European CleanTech I SE vom 01.10.2010, S. 58.

142 Wertpapierprospekt der Germany1 Acquisition Limited vom 02.07.2008, S. 47. Ebenfalls typische Zielunternehmen in diesem Bereich nennend, *Simmat/Siebert*, Corporate Finance spezial 1/2010, 8, 9.

143 Im Prospekt der Helikos SE wurde der angestrebte Unternehmenswert (*enterprise value*) des Zielunternehmens mit 300 Millionen bis zu einer Milliarde Euro angegeben, vgl. Wertpapierprospekt der Helikos SE vom 11.01.2010, S. 67. Germany1 hingegen zielte auf Unternehmen mit einem Unternehmenswert zwischen einer und drei Milliarden Euro ab, vgl. Wertpapierprospekt der Germany1 Acquisition Limited vom 02.07.2008, S. 67. Die ECT SE zielt auf Unternehmen mit einem Wert von 500 Mio. Euro bis zu 1,5 Mrd. Euro ab, vgl. Wertpapierprospekt der European CleanTech I SE vom 01.10.2010, S. 60.

144 So wich auch Germany1 von der Zielgröße ab, da die gewählte Zielgesellschaft nach eigenen Angaben von Germany1 „lediglich" einen Unternehmenswert von 532 Millionen Euro hatte, vgl. Pressemitteilung der Germany1 vom 23.07.2009 (siehe Fn. 87). Auch die ECT SE behält sich vor, von den Zielvorgaben abzuweichen, vgl. Wertpapierprospekt der European CleanTech I SE vom 01.10.2010, S. 61.

145 Vgl. auch *Sjostrom*, 743, 758; *von Ilberg/Neises*, GP-SB, 26; *Röder/Walkshäusl*, FB 2008, 641, 643; *Selzner*, ZHR 174 (2010), 318, 326. Zum Treuhandkonto später unter B.IV.5.

an der NASDAQ oder der NYSE.[146] Auch die den SPAC-Strukturen als Vorbild dienende Rule 419 schreibt die 80-Prozent-Schwelle für Blank Check Companies vor.[147] Zwar setzt nach bisheriger Praxis die Frankfurter Wertpapierbörse diese Schwelle nicht voraus,[148] doch haben sich auch die an der Frankfurter Wertpapierbörse notierten SPAC-Gesellschaften Helikos SE und ECT SE an dieser Schwelle orientiert.[149] Mithin kann auch in Zukunft davon ausgegangen werden, dass sich SPACs an dieser Schwelle orientieren und die Frankfurter Wertpapierbörse ihre Anforderungen in dieser Hinsicht nach den Vorbildern der NASDAQ und der NYSE modifiziert. Anderenfalls besteht die Gefahr, dass andere Schutzvorschriften zugunsten der Investoren umgangen werden. So könnte, wenn die erforderlichen Mehrheiten zustande kommen, das Management ein sehr kleines Unternehmen auswählen, um Zugriff auf das hierfür nur zum Teil benötigte treuhänderisch verwahrte Kapital zu bekommen.[150] Auch wäre auf diese Weise eine Umgehung der Befristung des SPAC möglich,[151] da die übrigen finanziellen Mittel für eine weitere, spätere Akquisition genutzt werden könnten.

4. Ausgabe von Units beim Börsengang

Eine Besonderheit der SPACs liegt in der Ausgabe von sogenannten Units beim Börsengang. Eine Unit besteht typischerweise aus einer Aktie und einem (oder mehreren) Optionsscheinen.[152] Je ein Optionsschein berechtigt zum Erwerb einer weiteren Aktie des SPAC zum Nominalpreis, der regelmäßig unter dem Emissionspreis für die Unit liegt.[153] Bei der Ausgestaltung der Ausübungsbedingungen der Optionsscheine besteht ein großer Spielraum. Regelmäßig können die Optionsscheine jedoch erst nach der angestrebten Unternehmenszusammenführung ausgeübt werden. Erfolgt die Unternehmenszusammenführung bereits im ersten Jahr nach der Börsenzulassung, können die Optionsscheine frühestens nach Ablauf eines Jahres nach dem Tag der Börsennotierung ausgeübt werden. Üblicherweise wird die Ausübungszeit auf

146 Vgl. B.II.b.i. und ii.

147 Vgl. B.I.3. und Fn. 24.

148 Vgl. Deutsche Börse Listing Guide, November 2011, Bestell-Nr.: 1111-4250, Nr. 1.1.4. zu den Voraussetzungen für ein SPAC-Listing.

149 Vgl. Wertpapierprospekt der Helikos SE vom 11.01.2010, S. 69 und Wertpapierprospekt der European CleanTech I SE vom 01.10.2010, S. 80 f. Auch Germany1 grenzte die Zielunternehmen mit der 80-Prozent-Schwelle ein, vgl. Wertpapierprospekt der Germany1 Acquisition Limited vom 02.07.2008, S. 49.

150 Vgl. auch *Selzner*, ZHR 174 (2010), 318, 326.

151 Zur Befristung des SPACs später unter B. IV. 9.

152 *Harrer/Janssen*, FB 2009, 46; *Just*, ZIP 2009, 1698, 1700; *Riemer*, WULR 2007, 931, 952. Zum Teil werden auch zwei Optionsscheine ausgegeben, vgl. *Heyman*, EBLJ 2007, 531, 548.

153 Zur Ermittlung des rechnerischen Wertes der Option nach Trennung von der Aktie ausführlich: *Röder/Walkshäusl*, FB 2008, 641, 643 ff.

vier Jahre beschränkt.[154] Zudem können die Optionsbedingungen derart ausgestaltet sein, dass nur eine bargeldlose Ausübung möglich ist.[155] In diesem Fall würde der Ausübungspreis nicht bar gezahlt. Stattdessen erfolgt die Aktienausgabe gegen die Rückgabe von mehreren Optionsscheinen, deren Wert in der Summe dem Ausübungspreis entspricht. Sollte keine Unternehmenszusammenführung zustande kommen, verfallen die Optionsscheine wertlos.

Die Optionsscheine werden ebenfalls zugelassen, so dass sie nach der Börsenzulassung getrennt von den Aktien gehandelt werden können.[156] Für mögliche Investoren bieten Optionsscheine einen zusätzlichen Anreiz zum Erwerb der Units: Bei einer erfolgreichen Unternehmensakquisition und einer Kurssteigerung kann ein zusätzlicher Hebeleffekt ausgenutzt werden. Liegt der Ausübungspreis unter dem Kurswert der Aktie, können die Investoren durch die Ausübung des Optionsscheines einen zusätzlichen Gewinn in Höhe der Differenz generieren. Im Fall einer erfolgreichen Unternehmenszusammenführung, welche die Erwartungen der Investoren erfüllt, könnten die Investoren unabhängig vom Börsenkurs auch im Nachhinein noch ihre jeweilige Beteiligung am SPAC aufstocken. Dieser Hebeleffekt kann jedoch durch die Ausgestaltung der Ausübungsbedingungen dahingehend begrenzt werden, dass das Management-Team berechtigt ist, den Optionsinhabern eine mehrtägige Frist zu setzen, in der die Optionsscheine ausgeübt werden müssen.[157] Wird die Option innerhalb dieser Frist nicht gezogen, kauft die Gesellschaft die Optionsscheine zu einem festgelegten, minimalen Kaufpreis zurück.[158] Hierzu ist das Management-Team jedoch nur berechtigt, wenn der Kurs der Aktie an einer bestimmten Anzahl von aufeinander folgenden Börsentagen über einem fest-

154 *Harrer/Janssen*, FB 2009, 46; *Röder/Walkshäusl*, FB 2008, 641, 642; *Simmat/Siebert*, CFL 2010, 13, 14. Anders jedoch bei der Helikos SE, deren Optionsscheine erst fünf Jahre nach dem Börsengang ablaufen, und bei der ECT SE, deren Optionsscheine fünf Jahre nach einer etwaigen Unternehmenszusammenführung verfallen, vgl. Wertpapierprospekt der Helikos SE vom 11.01.2010, S. 100 und Wertpapierprospekt der European CleanTech I SE vom 01.10.2010, S. 118.

155 *Simmat/Siebert*, CFL 2010, 13, 21. So zum Beispiel bei der Helikos SE, vgl. Wertpapierprospekt der Helikos SE vom 11.01.2010, S. 100. Bei der ECT SE haben die Publikumsaktionäre die Wahl zwischen einer Barausübung und einer bargeldlosen Ausübung, vgl. Wertpapierprospekt der European CleanTech I SE vom 01.10.2010, S. 117 f.

156 *Heyman*, EBLJ 2007, 531, 542; *Riemer*, WULR 2007, 931, 953; *Röder/Walkshäusl*, FB 2008, 641, 642; *Harrer/Janssen*, FB 2009, 46. Anders bei Germany1, wo Aktien und Optionsscheine erst nach Ablauf einer Wartefrist nach der Börsenzulassung getrennt gehandelt werden konnten, vgl. Wertpapierprospekt der Germany1 Acquisition Limited vom 02.07.2008, S. 75.

157 So bei Germany1, Helikos und ECT, vgl. Wertpapierprospekt der Germany1 Acquisition Limited vom 02.07.2008, S. 76; Wertpapierprospekt der Helikos SE vom 11.01.2010, S. 100; Wertpapierprospekt der European CleanTech I SE vom 01.10.2010, S. 118.

158 Bei der Helikos SE und der ECT SE liegt der festgelegte Kaufpreis bei 0,01 Euro pro Optionsschein, vgl. Wertpapierprospekt der Helikos SE vom 11.01.2010, S. 100 und Wertpapierprospekt der European CleanTech I SE vom 01.10.2010, S. 118.

gelegten Wert liegt.[159] So können negative Kurseffekte bei einer zu hohen Differenz zwischen Ausübungspreis und tatsächlichem Kurswert abgemildert werden.

Darüber hinaus sind in den USA weitere Entwicklungen zu erkennen, wonach eine Erhöhung der Ausübungspreise und eine verlängerte Laufzeit der Optionsscheine angestrebt wird, beziehungsweise die Optionsscheine bei SPACs ganz abgeschafft werden sollen. Auch wird erwogen, dass Investoren die von ihrem Umtauschrecht Gebrauch machen, nicht nur ihre Aktien, sondern auch ihre Optionsscheine, zurückgeben müssen.[160]

5. Treuhandkonto

Da SPACs vor einer Unternehmenszusammenführung keinerlei operatives Geschäft betreiben, drängt sich die Frage auf, was mit den Emissionserlösen bis zum geplanten Erwerb der Zielgesellschaft geschieht. Nach den beschriebenen Missbrauchsfällen in den USA verlangt Rule 419 für Blank Check Companies, dass die Erlöse des Börsengangs – mit Ausnahme von den für das öffentliche Angebot angefallenen Kosten vom höchstens 10 Prozent des Emissionserlöses[161] – auf einem festverzinsten Treuhandkonto angelegt werden und ein Zugriff des Managements nur zum Zwecke einer Unternehmenszusammenführung möglich sein soll.[162] Diese Regelung übernahmen SPACs, um das Vertrauen der Anleger in eine Mantelgesellschaft zu gewinnen und eine Akzeptanz der jeweiligen Börsen zu erreichen.[163]

Die Implementierung eines Treuhandkontos zur Einzahlung der Emissionserlöse ist ein wesentliches Strukturmerkmal von SPACs. Gestaltungsfreiheit besteht jedoch in einem größeren Umfang bei der Höhe der Erlöse, die auf dem Treuhandkonto verwaltet werden, wobei dies vor dem Hintergrund der oben genannten Börsenanforderungen beispielsweise der NYSE oder der NASDAQ mindestens 90 Prozent sein müssen. Die übrigen Emissionserlöse würden in diesem Fall für die mit dem Börsengang verbundenen und laufenden Kosten verwendet. Denkbar ist auch die Einzahlung von bis zu 100 Prozent, sofern die sonst mit dem öffentlichen Angebot anfallenden Kosten anderweitig gedeckt

---

159 Vgl. Wertpapierprospekt der Helikos SE vom 11.01.2010, S. 100 und Wertpapierprospekt der European CleanTech I SE vom 01.10.2010, S. 118.

160 Vgl. zu diesen Entwicklungen *Simmat/Siebert*, CFL 2010, 13, 16 m. w. N.

161 Vgl. 17 C.F.R. § 230.419(b)(2)(vi) (2007) und oben unter B.I.3.

162 Vgl. 17 C.F.R. § 230.419(e)(3) (2007) und oben unter B.I.3.

163 Sowohl die NASDAQ als auch die NYSE verlangen jeweils die Einzahlung von 90 Prozent der Erlöse auf einen *trust account*, vgl. SECURITIES AND EXCHANGE COMMISSION, Release No. 34-58228, File No. SR-NASDAQ-2008-013, S. 2 f. und SECURITIES AND EXCHANGE COMMISSION, Release No. 34-57785, File No. SR-NYSE-2008-17, S. 3.

werden können.[164] Teilweise sind die Konsortialbanken auch bereit, ihre Forderungen zu stunden und erst geltend zu machen, wenn eine Akquisition erfolgreich durchgeführt wurde.[165]

Zum Teil wird auch in kurzfristige Staatsanleihen als festverzinsliche Anlagen investiert.[166] Wichtig ist, dass im Falle einer Unternehmenszusammenführung ein schneller Zugriff auf die Mittel möglich ist.

6. Unternehmenszusammenführung („De-SPAC“)

Bei der Ausgestaltung der anstehenden Unternehmensakquisition besteht ein großer Gestaltungsspielraum. Bereits die Begrifflichkeiten „Akquisition“ oder „Unternehmenszusammenführung“ (*business combination*) lassen alle Möglichkeiten offen, von einer Minderheitsbeteiligung bis hin zu einer vollständigen Übernahme des Zielunternehmens. Deshalb hat sich für die Unternehmenszusammenführung der Begriff des „De-SPAC“ eingebürgert, der auf den Übergang von der Mantelgesellschaft zur operativ tätigen Gesellschaft abzielt.[167]

Die typische Struktur der Unternehmenszusammenführung stellt sich so dar, dass der SPAC alle Anteile der Altgesellschafter an der Zielgesellschaft erwirbt und diese – vergleichbar mit einem sogenannten indirekten Börsengang oder auch *reverse IPO* – an die Börse gelangt.[168] Hierbei wird nicht die Zielgesellschaft selbst an der Börse notiert, sondern eine bereits an der Börse notierte Gesellschaft (hier der SPAC) übernimmt alle Geschäftsanteile der Zielgesellschaft. So können anstelle der Geschäftsanteile der Zielgesellschaft die Aktien des SPAC gehandelt oder später der SPAC und die Zielgesellschaft verschmolzen werden. Ähnlich verlief der De-SPAC bei Germany1.[169]

Dabei führt die SPAC-Gesellschaft in der Regel eine Sachkapitalerhöhung durch, bei der die Altgesellschafter des Zielunternehmens einen Teil ihrer Ge-

---

164 Hierfür bietet sich das durch die Gründer im Rahmen einer Privatplatzierung zum Erwerb sogenannter Gründer-Optionsscheine eingebrachte Kapital an, hierzu später mehr unter B. IV. 11.

165 So zum Beispiel die Deutsche Bank bei den Börsengängen der Germany1 Ltd. und der Helikos SE, vgl. Wertpapierprospekt der Germany1 Acquisition Limited vom 02.07.2008, S. 38 und Wertpapierprospekt der Helikos SE vom 11.01.2010, S. 58. Bei der ECT SE hingegen beglich das Management zunächst die Gebühren der Emissionsbanken (*underwriting commissions*) und stundete die Rückzahlung gegenüber der ECT SE selbst, vgl. Wertpapierprospekt der European CleanTech I SE vom 01.10.2010, S. 153.

166 So etwa die ECT SE, vgl. Wertpapierprospekt der European CleanTech I SE vom 01.10.2010, S. 56. Siehe auch *von Ilberg/Neises*, GP-SB, 26.

167 Vgl. *Bozicevic*, GP 2/2010,16; *Kramer/Winkeler*, GP-SB, 22, 23; *Simmat/Siebert*, CFL 2010, 13, 15. Börsenzeitung vom 01.07.2008, S. 11: „Erster „SPAC“ für Deutschland will sich rasch akquirieren“.

168 Vgl. *Sjostrom*, 756, 758; *Just*, ZIP 2009, 46; *Seiler/Just*, GP-SB, 18; *Simon*, CFL 2010, 219, 220. Zum *reverse IPO* siehe auch *Schanz*, § 14 Rn. 34 ff.

169 Siehe oben unter B. III. 2. a.

sellschaftsanteile als Sacheinlage in den SPAC einbringen und hierfür junge Aktien des SPAC erhalten.[170] Die übrigen Gesellschaftsanteile erwirbt der SPAC von den Altgesellschaftern im Zuge einer Bar-Akquisition. So werden die Altgesellschafter des Zielunternehmens zu neuen Aktionären des SPAC, unter Umständen sogar zu Mehrheitsaktionären. Der SPAC hält wiederum im Ergebnis gleich einer Holding alle Anteile der Zielgesellschaft und zu einem späteren Zeitpunkt könnte der SPAC umfirmieren oder eine Verschmelzung erfolgen.[171] Denkbar ist aber auch, falls ein kleineres Zielunternehmen ausgewählt wurde, dass die Barmittel des SPAC ausreichen, um alle Gesellschaftsanteile der Zielgesellschaft zu erwerben.[172]

Nach der hier vertretenen Auffassung soll der Wert (*fair market value*) des Zielunternehmens mindestens 80 Prozent der auf dem Treuhandkonto angelegten Erlöse entsprechen.[173] In der Satzung und im Prospekt können zudem Mindestgrößen der Beteiligung festgeschrieben werden, wie zum Beispiel bei Germany1, wo bereits im Prospekt eine Minderheitsbeteiligung am Zielunternehmen ausgeschlossen wurde.[174] Möglich ist aber auch, dass eine Minderheitsbeteiligung nicht ausgeschlossen wird und eine Beteiligungshöhe von beispielsweise mindestens einem Drittel[175] oder einem Viertel[176] in Satzung und Prospekt vorgegeben werden.

7. Abstimmung über Unternehmenszusammenführung

Die Aktionäre des SPAC haben das Recht, vor der Unternehmenszusammenführung über das vom Management vorgeschlagene Zielunternehmen abzustimmen. So können die Aktionäre entscheiden, ob das vom Management-Team ausgewählte Unternehmen eine geeignete Zielgesellschaft ist. Damit die Unternehmenszusammenführung tatsächlich durchgeführt werden darf, müssen in der Regel zum einen mehr als 50 Prozent der Aktionäre für die Unter-

---

170 Vgl. hierzu die Ausführungen zum Übernahmerecht bei *Simmat/Siebert*, CFL 2010, 13, 18 f.

171 Zu dieser Vorgehensweise vgl. *Schanz*, § 14 Rn. 36.

172 Vgl. zu den Fallkonstruktionen vor dem Hintergrund der bilanziellen Bewertung nach IFRS: *Weber*, IRZ 2010, 71, 75 f.

173 Siehe bereits oben unter B.IV.3.

174 So kann dem Prospekt von Germany1 entnommen werden, dass die angestrebte Beteiligung am Zielunternehmen größer als 50 Prozent sein soll, vgl. Wertpapierprospekt der Germany1 Acquisition Limited vom 02.07.2008, S. 52.

175 So bei der Helikos SE, die eine Minderheitsbeteiligung nicht ausschließt und der eine Mindestbeteiligung von einem Drittel am Zielunternehmen ausreicht. Vgl. Wertpapierprospekt der Helikos SE vom 11.01.2010, S. 67.

176 So bei der ECT SE, die mindestens 25 Prozent der Anteile einer Zielgesellschaft erwerben und Einfluss auf die Unternehmensführung erlangen will. Vgl. Wertpapierprospekt der European CleanTech I SE vom 01.10.2010, S. 79.

nehmenszusammenführung stimmen.[177] Zum anderen darf nicht mehr als ein festgelegter Anteil der Aktionäre gegen die Akquisition stimmen und in der Folge Gebrauch von ihrem Umtauschrecht[178] machen. Diese Voraussetzungen müssen kumulativ vorliegen. Lehnt die Mehrheit der Aktionäre die Unternehmenszusammenführung ab, wird sie nicht durchgeführt. Das Management-Team muss weiter nach einem passenden Zielunternehmen suchen, solange der vorgegebene Zeitraum noch nicht ausgeschöpft ist.[179] Das Erfordernis der Zustimmung der einfachen Aktionärsmehrheit ist fester Bestandteil der SPAC-Struktur und aufgrund der Börsenanforderungen unumgänglich.[180]

Ein großer Gestaltungsspielraum besteht bei der zweiten Schwelle, welche festlegt, wie viele Aktionäre maximal gegen die Unternehmenszusammenführung stimmen und von ihrem Umtauschrecht Gebrauch machen dürfen. Nicht alle Börsen sehen eine solche Schwelle zwingend vor.[181] Die Schwellen variieren bei einem Anteil zwischen 19, 99 Prozent und 40 Prozent von Aktionären, die ihre Umtauschreche geltend machen können, ohne dass die Unternehmenszusammenführung scheitert.[182] In der jüngeren Vergangenheit war zu beobachten, dass Grenzen von 30 Prozent[183] oder auch 35 Prozent[184] gewählt

177 *Just*, FB 2009, 46; *Kramer/Winkeler*, GP-SB, 22, 23; *Röder/Walkshäusl*, FB 2008, 641, 643; *Simmat/Siebert*, CFL 2010, 13, 15; *Von Ilberg/Neises*, GP-SB, 26.

178 Zum Umtauschrecht der Aktionäre später unter B. IV. 8.

179 Vgl. Wertpapierprospekt der Germany1 Acquisition Limited vom 02.07.2008, S. 57. Zur Befristung von SPACs später unter B. IV. 9.

180 NASDAQ, NYSE und die Deutsche Börse verlangen für die Notierung eines SPAC als zwingende Voraussetzung, dass für einen erfolgreichen Unternehmenszusammenschluss mehr als 50 Prozent der Aktionäre zustimmen müssen. Für NASDAQ siehe oben unter B. II. 1. b. i.; für NYSE siehe oben unter B. II. 1. b. ii.; für Deutsche Börse vgl. Listing Guide der Deutschen Börse (siehe Fn. 148), Nr. 1.1.4. *Simmat/Siebert* sehen hingegen neuere Entwicklungen, die dahingehen, dass eine positive Zustimmung nicht mehr erforderlich sein soll, sondern lediglich eine Höchstgrenze für widersprechende Aktionäre, vgl. *Simmat/Siebert*, CFL 2010, 13, 16. Aufgrund der oben genannten Börsenvoraussetzungen ist insoweit jedoch keine Flexibilität vorhanden.

181 Nur die NYSE verlangt, dass die zulässige Schwelle ablehnender Aktionäre zwischen 10 und 40 Prozent liegen darf, siehe oben unter B.II.1.b.ii. Aus dem Listing Guide der Deutschen Börse (siehe Fn. 148) lassen sich keine Angaben hierzu entnehmen.

182 Für 20 Prozent: *Röder/Walkshäusl*, FB 2008, 641, 643. Von in der Regel bis zu 30 Prozent ausgehend: *Harrer/Janssen*, FB 2009, 46. Davon ausgehend, dass in der Regel nicht mehr als 19, 99 Prozent der Aktionäre ihre Einlagen zurückverlangen dürfen: *Riemer*, WULR 2007, 931, 953; *Heyman*, EBLJ 2007, 531, 543; *Castelli*, BCLR 2009, 237, 255; *Von Ilberg/Neises*, GP-SB, 26. Regelmäßig von 20-35 Prozent ausgehend: *Simmat/Siebert*, CFL 2010, 13, 15. Darüber hinaus sollen nach *Simmat/Siebert* neuere Tendenzen dahingehen, dass die Schwelle bei 40 Prozent anzusetzen ist, um zu verhindern, dass kleinere Gruppen von Investoren die Unternehmenszusammenführung verhindern: Vgl. *Simmat/Siebert*, CFL 2010, 13, 16.

183 So bei Germany1, vgl. Wertpapierprospekt der Germany1 Acquisition Limited vom 02.07.2008, S. 55. Ebenso setzte die Liberty International Acquisition Company als bislang größter europäischer SPAC voraus, dass maximal 30 Prozent der Aktionäre von ihren Umtauschrechten Gebrauch machen, vgl. Wertpapierprospekt der Liberty International Acquisition Company vom 25.01.2008, S. 55.

wurden. Möglich ist jedoch auch, dass in diesem Zusammenhang kein Schwellenwert festgelegt wird.[185] Da jedoch die Mehrheit der Publikumsaktionäre für die Unternehmenszusammenführung stimmen muss, und nur den Aktionären ein Umtauschrecht eingeräumt wird, die gegen die Transaktion votieren, können in diesen Fällen maximal 50 Prozent der Publikumsaktionäre (minus eine Aktie) Umtauschrechte geltend machen, ohne dass die Transaktion scheitert.

Da die Entscheidung über eine Unternehmenszusammenführung nicht ausschließlich in den Händen des Management-Teams liegt, ist es möglich, dass vor der Abstimmung bereits einzelne Großaktionäre angesprochen werden,[186] um Stimmbindungsvereinbarungen zu treffen.[187] So will das Management Planungssicherheit für seine Verhandlungen mit dem Zielunternehmen gewinnen und dessen Gesellschaftern eine hinreichende Wahrscheinlichkeit für einen positiven Vertragsschluss bieten. Das Interesse des Managements an solchen Vereinbarungen liegt insbesondere darin begründet, dass der finanzielle Anreiz an einer erfolgreichen Unternehmensakquisition bei den Gründern deutlich höher ist als bei den Investoren, wie sich mit Blick auf die Management-Beteiligung zeigen wird.

8. Rückgewähr der Einlagen an ablehnende Aktionäre

Wenn die erforderlichen Mehrheiten für eine Unternehmenszusammenführung zustande kommen, haben die ablehnenden Aktionäre eine Art Umtauschrecht. Das Umtauschrecht gibt den dissentierenden Aktionären das Recht, ihre Anteile am SPAC „zurückzugeben" und dafür ihren Anteil am treuhänderisch gehaltenen Emissionserlös zurückzuerhalten.[188] Ob dieser Anteil der ursprünglichen Einlage entspricht, ist zum einen von der Zinsentwicklung des Treuhandkontos abhängig, zum anderen davon, ob bei der Einrichtung des Treuhandkontos 100 Prozent der Erlöse des Börsengangs eingezahlt wurden oder ein Teil für laufende Kosten (*working capital*) zurückgehalten worden ist. Aus Sicht der SPAC-Gesellschaft bedeutet dies, dass eine Verpflichtung zur Rücknahme der eigenen Aktien begründet wird. Die beim Bör-

---

184 So bei Helikos, vgl. Wertpapierprospekt der Helikos SE vom 11.01.2010, S. 74.

185 So bei der ECT SE, vgl. Wertpapierprospekt der European CleanTech I SE vom 01.10.2010, S. 83 f.

186 Zur Zulässigkeit solcher Absprachen später unter C.IX.1.a.

187 So hatte das Management-Team von Germany1 bereits vor der Abstimmung über die Unternehmenszusammenführung Stimmbindungsvereinbarungen mit einem 71,1 Prozent entsprechenden Anteil der Aktionäre getroffen, vgl. Pressemitteilung der Germany1 vom 23.07.2009, abrufbar unter: „http://www.aegps.com/aeg/export/sites/aegpowersolutions/en/investor/investor_news/downloads/090723-sapphire_press_release-german.pdf". Zuletzt abgerufen am 31.10.2011.

188 *Kramer/Winkeler*, GP-SB, 22, 23; *Steinbach/Rieß*, GP-SB, 12; *Just*, FB 2009, 46; *Simmat/Siebert*, CFL 2010, 13, 15.

sengang zusätzlich ausgegebenen Optionsscheine hingegen dürfen die ablehnenden Aktionäre, sofern sie noch deren Inhaber sind, regelmäßig behalten.[189]

Dieses Strukturmerkmal dient ausschließlich dem Aktionärsschutz und ist eine Kompensation für den Vertrauensvorschuss in das Management. Auch diese zusätzliche Ausstiegsmöglichkeit geht auf Rule 419 und die von den US-Börsen aufgestellten Zulassungsvoraussetzungen zurück.

9. Befristung des SPAC/Liquidation

SPACs haben eine befristete Laufzeit, innerhalb derer eine Unternehmenszusammenführung durchgeführt werden muss, um ein Scheitern des SPAC zu verhindern. Das Management muss bis zum Ablauf der festgelegten Frist (*Business Combination Deadline*) den Aktionären ein zum Erwerb verfügbares Zielunternehmen vorschlagen, damit die Aktionäre über den Unternehmenszusammenschluss abstimmen können. Eine Verlängerung der Frist ist häufig für den Fall vorgesehen, dass das Management am Ende der Laufzeit zwar kurz vor der Einigung mit einem Zielunternehmen steht, aber das Unternehmen aufgrund der noch nicht abgeschlossenen Verhandlungen nicht mehr innerhalb der Laufzeit den Aktionären vorgeschlagen werden kann.[190] In diesem Fall kann das Management eine Absichtserklärung (*Letter of Intent*)[191] mit dem Inhalt abgeben, dass es in Verhandlungen zu einem Vertragsabschluss mit einem potenziellen Zielunternehmen steht.[192] So ist in der Praxis eine Verlängerung der Frist um maximal sechs Monate möglich.[193]

Wird innerhalb der Frist kein passendes Zielunternehmen gefunden, muss der SPAC liquidiert werden und alle Aktionäre erhalten ihren Pro-Rata-Anteil vom Treuhandkonto wieder ausgezahlt.[194] In den USA scheitern ca. 10 Prozent

---

189 Neuere Entwicklungen sollen dahingehen, dass zukünftig für die Geltendmachung des Umtauschrechts nicht nur die Aktien, sondern auch eine bestimmte Anzahl von Optionsscheinen zurückgegeben werden muss: Vgl. *Simmat/Siebert*, CFL 2010, 13, 16.

190 So auch bei Germany1 und Helikos, vgl. Wertpapierprospekt der Germany1 Acquisition Limited vom 02.07.2008, S. 6; Wertpapierprospekt der Helikos SE vom 11.01.2010, S. 4. Im Prospekt der ECT SE hingegen ist eine solche Verlängerungsmöglichkeit nicht zu finden.

191 Vgl. zu Form, Zweck und Inhalt eines Letter of Intent, *Lutter*, S. 10 ff.

192 Vgl. *Von Ilberg/Neises*, GP-SB, 26.

193 Bei Germany1 hätten nach der Unterzeichnung einer Absichtserklärung noch die Mehrheit der Publikumsaktionäre der Fristverlängerung zustimmen müssen, vgl. Wertpapierprospekt der Germany1 Acquisition Limited vom 02.07.2008, S. 6. Bei Helikos hingegen reichte die Unterzeichnung einer solchen Absichtserklärung für die Fristverlängerung aus, die Zustimmung der Publikumsaktionäre war nicht erforderlich, vgl. Wertpapierprospekt der Helikos SE vom 11.01.2010, S. 67. Bei der ECT SE hingegen ist eine Verlängerung der Liquidationsfrist nicht vorgesehen.

194 *Berger*, JACF 2008, Vol. 20, 68, 69; *Castelli*, BCLR 2009, 237, 255; *Heyman*, EBLJ 2007, 531, 543; *Jenkinson/Sousa*, 6; *Riemer*, WULR 2007, 931, 960; *Harrer/Janssen*, FB 2009, 46; *Röder/Walkshäusl*, FB 2008, 641, 643; *Steinbach/Rieß*, GP-SB, 12.

aller SPACs und werden liquidiert.[195] Die Optionsscheine hingegen verfallen wertlos.

Die Laufzeiten beziehungsweise Befristungen von SPACs beginnen mit dem Börsengang und variieren meist zwischen 18 und 36 Monaten.[196] Die Gründer von Germany1, Helikos und ECT entschieden sich für eine Frist von 24 Monaten.[197]

10. Management-Beteiligung

Charakteristisch an der SPAC-Struktur ist, dass das Management-Team beziehungsweise die Gründer des SPAC keine laufende feste Vergütung für ihre Tätigkeit erhalten.[198] Ihre Incentivierung besteht darin, dass sie im Rahmen einer Privatplatzierung vor dem Börsengang des SPAC einen Aktienanteil (*sponsor promote*) zum Nominalwert erwerben können,[199] der erheblich unter dem Preis, zu dem die Units beim Börsengang den Investoren angeboten werden, liegt.[200] Der Ausgabepreis pro Aktie liegt hier im Cent- beziehungsweise Penny-Bereich.[201] Die Besonderheit bei den vom Management-Team erworbenen Aktien liegt darin, dass es sich um sogenannte Gründeraktien (*founding shares*) handelt, die erst nach einer Unternehmenszusammenführung unter festzulegenden Voraussetzungen automatisch in Publikumsaktien (*public shares*) gewandelt werden. Die Gründeraktien entsprechen nach vollständiger Umwandlung in Publikumsaktien einem Anteil von ca. 20 Prozent der beim

---

195 Vgl. *Bozicevic/Bönig*, AG 2010, R457, R458.

196 Vgl. *Harrer/Janssen*, FB 2009, 46; *Simmat/Siebert*, CFL 2010, 13, 15: 18-24 Monate. *Just*, ZIP 2009, 1698; *Ahlers*, GP-SB, 6: 12, 18 oder 24 Monate. *Weber*, IRZ 2010, 71, 72: „meistens 2 Jahre". *Kramer/Winkeler*, GP-SB, 22, 23: 24-36 Monate. *Von Ilberg/Neises*, GP-SB, 26: 18-24 Monate.

197 Vgl. Wertpapierprospekt der Germany1 Acquisition Limited vom 02.07.2008, S. 6; Wertpapierprospekt der Helikos SE vom 11.01.2010, S. 4; Wertpapierprospekt der European CleanTech I SE vom 01.10.2010, S. 71.

198 *Berger*, JACF 2008, Vol. 20, 68, 70; *Lewellen*, 6; *Riemer*, WULR 2007, 931, 959; *Ahlers*, GP-SB, 6, 7; *Hirschberg*, GP-SB, 28, 29; *Kramer/Winkeler*, GP-SB, 22, 23; *Simmat/Siebert*, CFL 2010, 13, 15 f.

199 Zum„sponsors' promote", vgl. *Lewellen*, 6.

200 Vgl. *Simmat/Siebert*, CFL 2010, 13, 14.

201 Im Fall von Germany1 haben die Sponsoren 7.500.000 Gründungsaktien zu einem Gesamtpreis von 10.000 € erworben, was einem Einzelpreis von 0,0013 € entspricht, vgl. Wertpapierprospekt der Germany1 Acquisition Limited vom 02.07.2008, S. 75 f. (siehe auch oben unter B.III.2.a.) Bei der Helikos SE haben die Sponsoren 9.473.684 Gründungsaktien zu einem Gesamtpreis von 144.000 € erworben, was einem Einzelpreis von 0,0152 € entspricht, vgl. Wertpapierprospekt der Helikos SE vom 11.01.2010, S. 94 (siehe auch oben unter B.III.2.b.). Bei der ECT SE haben die Gründer 5.156.250 Gründeraktien zu einem Gesamtpreis von 123.750 Euro erworben, was einem Einzelpreis von 0,024 Euro entspricht, vgl. Wertpapierprospekt der European CleanTech I SE vom 01.10.2010, S. 111 (siehe auch oben unter B.III.2.c.).

Börsengang ausgegeben Aktien.[202] Die mit den Gründeraktien verbundenen Rechte sind unterschiedlich ausgestaltet. Zum Teil wird sichergestellt, dass vor der Unternehmenszusammenführung keinerlei Rechte aus den Gründeraktien geltend gemacht werden können.[203] Grundsätzlich ist, unabhängig von der individuellen Ausgestaltung, ausgeschlossen, dass die Gründer an der Abstimmung über die Unternehmensakquisition teilnehmen.[204] Sollte das Management-Team jedoch Publikumsaktien am Markt erwerben, darf es mit diesen Publikumsaktien auch an der Abstimmung teilnehmen.

Kommt bis zum Ablauf der Befristung des SPAC keine Unternehmenszusammenführung zustande, berechtigen die Gründeraktien entweder gar nicht[205] oder lediglich in Höhe des geringen Erwerbspreises[206] zur Teilnahme am Erlös des Treuhandkontos. Keinesfalls nehmen die Gründeraktien jedoch gleichberechtigt mit den Publikumsaktien am Liquidationserlös teil. Diese Ungleichbehandlung findet seine Rechtfertigung darin, dass von den Gründern eine deutlich geringere Einlage geleistet wurde. Ist eine Beteiligung am Liquidationserlös ausgeschlossen, erhält das Management-Team keinerlei Kompensation für seine Gründeraktien. Der im Rahmen der Privatplatzierung geleistete, wenn auch nur relativ geringe, Erwerbspreis wird nicht amortisiert. Dieses Risiko begründet ein hohes persönliches Interesse des Managements an einer erfolgreichen Unternehmensakquisition.[207] Um Missbräuchen vorzubeugen, sind mit den Gründeraktien zum Teil Halteverpflichtungen (*Lock-up*) verbunden, die es dem Management verbieten, ihre Anteile vor dem Ablauf einer bestimmten Frist am Markt zu veräußern.[208] So soll das langfristige Interesse der Aktionäre an einer positiven Geschäftsentwicklung an das finanzielle Inte-

---

202 Vgl. *Jenkinson/Sousa*, 6; *Lewellen*, 6; *Hirschberg*, GP-SB, 28, 29; *Harrer/Janssen*, FB 2009, 46; *Just*, ZIP 2009, 46; *Simmat/Siebert*, CFL 2010, 13, 16. Bei der Helikos SE sollen in drei Wandlungstranchen sogar insgesamt 24 Prozent erreicht werden: Wertpapierprospekt der Helikos SE vom 11.01.2010, S. 94.

203 Beispielsweise wurden Gründeraktien und –optionsscheine bei Germany1 von einer Stiftung treuhänderisch gehalten, um sicherzustellen, dass die Gründer keine Rechte aus diesen Wertpapieren geltend machen, vgl. Wertpapierprospekt der Germany1 Acquisition Limited vom 02.07.2008, S. 78.

204 So ist bei der ECT SE, unabhängig von der Stimmabgabe der Gründer, die einfache Mehrheit der Publikumsaktien zur Durchführung des Unternehmenszusammenschlusses erforderlich, vgl. Wertpapierprospekt der European CleanTech I SE vom 01.10.2010, S. 112. Gleiches gilt für die Helikos SE, vgl. Wertpapierprospekt der Helikos SE vom 11.01.2010, S. 74.

205 Von einem wertlosen Verfall ausgehend: *Berger*, JACF 2008, Vol. 20, 68, 70; *Lewellen*, 6; *Riemer*, WULR 2007, 931, 959; *Röder/Walkshäusl*, FB 2008, 641, 643; *Von Ilberg/Neises*, GP-SB, 26, 27; *Simmat/Siebert*, CFL 2010, 13, 14.

206 So bei der Helikos SE und der ECT SE, vgl. Wertpapierprospekt der Helikos SE vom 11.01.2010, S. 95 und Wertpapierprospekt der European CleanTech I SE vom 01.10.2010, S. 112.

207 Vgl. *von Ilberg/Neises*, GP-SB, 26, 27.

208 *Röder/Walkshäusl*, FB 2008, 641, 643; *Simmat/Siebert*, CFL 2010, 13, 16. *Kramer/Winkeler* sehen hier mit Blick auf die US-Situation einen üblichen Rahmen von 6 Monaten bis zu drei Jahren, *Kramer/Winkeler*, GP-SB, 22, 23.

resse der Gründer auch über die Unternehmensakquisition hinaus gekoppelt werden. Ebenfalls möglich ist die Bindung an bestimmte Kursziele nach der Unternehmenszusammenführung, vor deren Erreichen die Gründeraktien nicht in Publikumsaktien gewandelt werden (*staggered promote structure*).[209]

11. Optionen für das Management

Zusätzlich erwirbt das Management ebenfalls im Rahmen einer Privatplatzierung sogenannte Gründeroptionsscheine (*sponsor warrants*) zu einem Nominalpreis.[210] In der Regel liegt der Gegenwert der Optionsscheine bei circa 3 Prozent des Emissionserlöses.[211] Der Erlös der Privatplatzierung kann auch dem Treuhandkonto zufließen oder aber für die mit dem öffentlichen Angebot verbundenen Kosten verwendet werden.[212] Die Gründeroptionsscheine berechtigen die Gründer zum Erwerb jeweils einer Publikumsaktie des SPAC zu einem festen Ausübungspreis. Ab wann die Ausübung möglich ist, hängt von den jeweiligen Optionsbedingungen ab. Sollte keine Unternehmenszusammenführung zustande kommen, verfallen die Gründeroptionsscheine, ebenso wie die beim Börsengang ausgegebenen Publikumsoptionsscheine (*public warrants*).[213]

Die Gründeroptionsscheine stellen für das Management-Team die größte Investition vor dem Börsengang dar, da der Nominalpreis für die Optionsscheine regelmäßig über dem der Gründeraktien liegt. Insofern liegt hier das größte finanzielle Risiko für die Gründer, deren Investition in die Optionsscheine als Risikokapital (*capital at risk*) gesehen werden muss.[214] Auf der einen Seite steigert diese Investition die Motivation des Managements, eine erfolgreiche Unternehmensakquisition voranzutreiben, da sich in diesem Fall ihre Investition mit hoher Wahrscheinlichkeit vervielfacht, zum anderen dürfte es positiv auf die Investoren wirken, wenn das Management-Team ein eigenes unternehmerisches Risiko eingeht, welches vergleichsweise höher als das eigene ist. Das Management profitiert stärker von einer erfolgreichen Unternehmenszusammenführung als die Publikumsaktionäre.[215]

---

209 Vgl. *Simmat/Siebert*, CFL 2010, 13, 16. So bei der Helikos SE, Wertpapierprospekt der Helikos SE vom 11.01.2010, S. 94 und der ECT SE, Wertpapierprospekt der European CleanTech I SE vom 01.10.2010, S. 111.

210 *Castelli*, BCLR 2009, 237, 256; *Simmat/Siebert*, CFL 2010, 13, 16; *Röder/Walkshäusl*, FB 2008, 641, 643. Wie bereits erörtert, so auch bei Germany1, Helikos und ECT, vgl. Wertpapierprospekt der Germany1 Acquisition Limited vom 02.07.2008, S. 76 f.; Wertpapierprospekt der Helikos SE vom 11.01.2010, S. 102; Wertpapierprospekt der European CleanTech I SE vom 01.10.2010, S. 119 f.

211 *Just*, ZIP 2009, 1698; *Steinbach/Rieß*, GP-SB, 12. Sogar von 4 bis 6 Prozent ausgehend: *Zanner/Siebert*, CFL 2010, 224, 225.

212 *Simmat/Siebert*, CFL 2010, 13, 15 f.

213 *Ahlers*, GP-SB, 6, 7; *Röder/Walkshäusl*, FB 2008, 641, 643; *Simmat/Siebert*, CFL 2010, 13, 15.

214 Vgl. *Hirschberg*, GP-SB, 28, 29; *Simmat/Siebert*, CFL 2010, 13, 14.

215 Vgl. *von Ilberg/Neises*, GP-SB, 26.

Der Erlös aus der Privatplatzierung der Gründeraktien und Gründeroptionsscheine kann für die mit der Errichtung des SPAC und dem Börsengang verbundenen Kosten verwendet werden.[216] So können unter diesen Umständen sogar 100 Prozent der Erlöse aus dem öffentlichen Angebot auf das Treuhandkonto fließen. Ob von diesem *capital at risk* auch mögliche *Break-Fees* beim Scheitern einer Übernahme beglichen werden sollen, ist wohl vom Einzelfall abhängig.

12. Kurzübersicht der wesentlichen Strukturmerkmale eines SPAC

- SPACs sind Mantelgesellschaften ohne eigenes operatives Geschäft, deren einziger Zweck darin besteht, ein nicht börsennotiertes Zielunternehmen ganz oder teilweise zu übernehmen.
- Die Aktien von SPACs sind börsennotiert. So können beim Börsengang die Mittel für eine spätere Unternehmensakquisition eingeworben werden und die SPAC-Aktien als Akquisitionswährung genutzt werden. Die Börsennotierung steigert die Attraktivität für Zielunternehmen.
- Häufig, aber nicht zwingend, grenzen die Gründer die Auswahl potenzieller Zielunternehmen geographisch oder nach Branchen ein.
- Der Wert (*fair market value*) des Zielunternehmens muss in der Regel mindestens 80 Prozent des Emissionserlöses entsprechen.
- Bei dem Börsengang eines SPAC werden Units an die Investoren ausgegeben, die jeweils aus einer (Publikums-)Aktie und einem oder mehreren (Publikums-)Optionsscheinen bestehen, die nach der Börsennotierung selbstständig handelbar sind.
- Die Erlöse des öffentlichen Angebotes werden zu mindestens 90 Prozent auf einem festverzinslichen Treuhandkonto angelegt. Das Management darf nur zum Zweck einer Unternehmenszusammenführung oder im Fall der Liquidation auf dieses Konto zugreifen.
- Ziel des SPAC ist die Unternehmenszusammenführung mit einem nicht börsennotierten Unternehmen. Zur Höhe der Beteiligung können im Prospekt Vorgaben gemacht werden, die technische Durchführung kann individuell gestaltet werden.
- Die typische Struktur der Unternehmenszusammenführung (De-SPAC) stellt sich wie folgt dar: Im Rahmen einer Kapitalerhöhung der SPAC-

216 *Weber*, IRZ 2010, 71, 72; *Simmat/Siebert*, CFL 2010, 13, 14.

Gesellschaft bringen die Eigentümer der Zielgesellschaft einen Teil ihrer Anteile als Sacheinlage in den SPAC ein und erhalten im Gegenzug junge Aktien des SPAC. Die übrigen Anteile der Zielgesellschaft erwirbt der SPAC im Rahmen einer Bar-Akquisition mithilfe des auf dem Treuhandkonto befindlichen Kapitals.

- Mindestens 50 Prozent der Aktionäre plus eine Aktie müssen der Unternehmenszusammenführung zustimmen.
- In der Regel darf nicht mehr als ein von den Gründern festzulegender Prozentsatz der Aktionäre, meist zwischen 20 Prozent und 40 Prozent, gegen die Unternehmenszusammenführung stimmen und von ihren Umtauschrechten Gebrauch machen.
- Kommt die Unternehmenszusammenführung zustande, haben die ablehnenden Aktionäre das Recht, ihre Aktien gegen ihren Pro-Rata-Anteil am Treuhandkonto einzutauschen.
- Die Unternehmenszusammenführung muss innerhalb einer festen Frist erfolgen, die in der Regel zwischen 18 und 36 Monaten liegt. Regelmäßig ist eine Verlängerung um 6 Monate möglich, wenn das Management-Team eine Absichtserklärung (*letter of intent*) abgibt.
- Kommt innerhalb der Frist keine Unternehmenszusammenführung zustande, wird der SPAC liquidiert und die Aktionäre erhalten ihren Pro-Rata-Anteil vom Treuhandkonto ausgezahlt.
- Das Management erhält keine laufende Vergütung, sondern erwirbt vor dem Börsengang im Wege einer Privatplatzierung sogenannte Gründeraktien zu einem sehr geringen Nominalpreis, die im Falle des De-SPAC zu Publikumsaktien gewandelt werden und dann ca. 20 Prozent des ursprünglichen SPAC-Volumens entsprechen. Bei einer Liquidation verfallen die Gründeraktien in der Regel wertlos.
- Zudem erwirbt das Management, ebenfalls im Rahmen einer Privatplatzierung, regelmäßig sogenannte Gründeroptionsscheine zu einem Nominalpreis, die bei einem Scheitern des SPAC ebenfalls wertlos verfallen.

B. Bewertung von SPACs

Da SPACs in Europa ein noch junges Finanzierungsinstrument sind, soll im Folgenden der Blick auf mögliche Vor- und Nachteile dieser Anlageform gerichtet werden. Insbesondere stehen SPACs in Konkurrenz zu anderen Beteiligungsgesellschaften wie Private-Equity- und Venture-Capital-Unternehmen. Private-Equity-Fonds sind nicht börsennotierte Beteiligungsgesellschaften, die mit den Mitteln ihrer Anleger verschiedene Zielunternehmen erwerben oder sich an ihnen beteiligen. Während Private-Equity-Fonds typischerweise Zielunternehmen mit hohen Cashflows und günstigen Rendite-Risiken bevorzugen, investieren Venture-Capital-Gesellschaften vorrangig in junge Unternehmen mit guten Zukunftsperspektiven. Regelmäßig sind diese Investitionen mit einem sehr hohen Risiko verbunden.

1. Vorteile von SPACs

Im Folgenden sollen zunächst die Vorteile einer SPAC-Gesellschaft gegenüber anderen Beteiligungsgesellschaften aus der Perspektive von Investoren und Zielunternehmen erörtert werden.

a. Ausstiegsmöglichkeiten für Investoren

Wie bereits dargestellt, bieten SPACs ihren Investoren die Möglichkeit, über den Erwerb des Zielunternehmens abzustimmen, sowie für den Fall, dass sie „überstimmt“ werden, ihre Investition zurückzuerhalten. Auch im Falle eines Scheiterns des SPAC und einer Liquidation erhalten die Anleger ihre Investitionen weitgehend werthaltig zurück. Hinzu kommt die Möglichkeit, die Anteile über die Börse noch vor der Ankündigung einer Unternehmensakquisition wieder zu veräußern.[217] Bei dieser Entscheidung können auch die strengeren Offenlegungspflichten einer börsennotierten Gesellschaft eine entscheidende Rolle spielen. Solche Ausstiegsmöglichkeiten bieten Private-Equity-Fonds, zum Teil schon mangels einer Börsennotierung, nicht.[218] Der Handel mit den Anteilen an einem Private-Equity-Fond ist in der Praxis eher selten und setzt voraus, dass es sich nicht um einen geschlossen Fond handelt.[219] Gleiches gilt

---

217 *Simmat/Siebert* sprechen in diesem Zusammenhang auch von einer „Option auf einen Börsengang mit Kapitalschutz“ für die Investoren, *Simmat/Siebert*, Corporate Finance spezial 1/2010, 8, 9.

218 Nur vereinzelt führten in der Vergangenheit Private-Equity-Fonds einen Börsengang durch: *Feldhaus* in Ff-Komm Private Equity, Kap.1 Rn. 17.

219 Vgl. *Feldhaus* in Ff-Komm Private Equity, Kap.1 Rn. 166.

für das Mitentscheidungsrecht der Investoren hinsichtlich des Zielunternehmens, welches Private-Equity-Gesellschaften fremd ist.[220]

b. Optionsscheine für die Investoren

Einen besonderen Wert für die Investoren haben auch die selbstständig handelbaren Optionsscheine. Sie geben den Investoren nach dem öffentlichen Angebot noch die Möglichkeit, Einfluss auf den Umfang ihrer Investition zu nehmen. So können sie die Optionsscheine veräußern, behalten oder bei Eintritt der Optionsbedingungen ausüben. Aus Sicht der Sponsoren dienen die Optionsscheine vorrangig dem Zweck, die Attraktivität der SPAC-Aktien zu steigern und eine Kompensation für den Vertrauensvorschuss in das Management anzubieten. Diese Möglichkeit bieten Private-Equity-Anlageformen in der Regel nicht.

c. Unabhängigkeit von Fremdkapital

Private-Equity-Unternehmen finanzieren die Beteiligung an Zielunternehmen regelmäßig zu einem großen Teil mit Fremdkapital.[221] So besteht eine Abhängigkeit von den jeweils aktuellen Marktkonditionen für Fremdkapital. Zudem können sich die laufenden Rückzahlungsverpflichtungen, die nach der Übernahme häufig auf das Zielunternehmen übertragen oder mit dessen Vermögen besichert werden (sog. *debt push-down*)[222], negativ auf die langfristige Entwicklung des Unternehmens auswirken.[223]

Es ist nicht ausgeschlossen, dass die Übernahme durch einen SPAC auch mit Mitteln aus Fremdkapital erfolgt, wenn größere Unternehmen übernommen werden sollen.[224] Dies ist jedoch nicht die Regel, da bei einer Übernahme oder Beteiligung durch den SPAC die Barmittel bereits in der Vergangenheit beim

---

220 Zwar könnte der Investor dort die Bereitstellung der Gelder verweigern, würde sich dann aber vertragswidrig verhalten. Vgl. hierzu *Simmat/Siebert*, Corporate Finance spezial 1/2010, 8, 9.

221 Dies gilt insbesondere beim Leveraged Buyout, vgl. *Weinheimer* in Hölters, Teil XII Rn. 24; *Feldhaus* in Ff-Komm Private Equity, Kap.1 Rn. 236. Zu den rechtlichen Grenzen von Leveraged-Buyout-Finanzierungen, *Beisel* in Beisel/Klumpp, § 13 Rn. 14.

222 Beim sogenannten *debt push-down* übernimmt die Zielgesellschaft die aus der Übernahme entstehenden Kreditverbindlichkeiten der Erwerbsgesellschaft durch eine befreiende Schuldübernahme. Die befreiende Schuldübernahme wird zwischen der Zielgesellschaft und den Kreditgebern nach § 414 BGB vereinbart. Alternativ kann auch eine befreiende Schuldübernahme zwischen der Zielgesellschaft und der Erwerbsgesellschaft vereinbart werden, wobei allerdings nach § 415 BGB die Zustimmung der Kreditgeber erforderlich ist. Hierzu ausführlich *Diem*, § 49 Rn. 56 ff.

223 Vgl. *Eidenmüller*, DStR 2007, 2116, 2117; *Schneider*, NZG 2007, 888, 890.

224 Vgl. Wertpapierprospekt der Helikos SE vom 11.01.2010, S. 73 und Wertpapierprospekt der European CleanTech I SE vom 01.10.2010, S. 81. Das Fremdkapital würde zusätzlich zum auf dem Treuhandkonto gehaltenen Eigenkapital aufgenommen, so dass im Ergebnis keine reine Fremdfinanzierung sondern eine Mischfinanzierung vorläge.

Börsengang eingeworben worden sind und dem Zielunternehmen so keine direkten Rückzahlungsverpflichtungen auferlegt werden müssen.[225] Auch in Zeiten restriktiver Kreditvergaben können SPACs Zielunternehmen mit größerem Kapitalaufwand übernehmen oder sich mit ihnen zusammenschließen. Gleichzeitig bieten sie für kleinere oder mittlere Unternehmen, die ebenfalls unter restriktiven Kreditvergaben leiden, eine Alternative zu klassischen Finanzierungsstrukturen.[226]

d. Börsengang für Zielunternehmen

Die Unternehmenszusammenführung mit einem SPAC kann sich auch für das Zielunternehmen und deren Gesellschafter als attraktiv erweisen. Wollen die Aktionäre des SPAC beispielsweise im Ergebnis nur eine Minderheitsbeteiligung an der Zielgesellschaft erwerben, halten die Altgesellschafter der Zielgesellschaft nach dem De-SPAC die Mehrheit am SPAC und können dennoch bei der Unternehmenszusammenführung einen Teil ihrer eigenen Anteile gewinnbringend veräußern.[227] Zwar gelangt die Zielgesellschaft nur indirekt an die Börse, doch besteht dafür gegenüber einem üblichen Börsengang keine Abhängigkeit und Unsicherheit bezüglich des Marktumfeldes.[228] Man profitiert hinsichtlich der besonderen Anforderungen, die eine Börsennotierung mit sich bringt, vom Know-how der SPAC-Gründer. Ebenso entfallen unter Umständen langwierige Umstrukturierungsmaßnahmen, die Prospekterstellung oder die Erarbeitung einer Emissionsstruktur.[229]

Das Zielunternehmen kommt schließlich in den Genuss der Vorteile einer Börsennotierung, die zusätzliche Finanzierungsmaßnahmen, Expansionsmöglichkeiten und einen erhöhten Bekanntheitsgrad nach sich ziehen kann.[230] Langfristig sollen auch die Investoren von erhofften positiven Entwicklungen, die sich in der Rendite niederschlagen, profitieren.

---

225 Ebenso *Simmat/Siebert*, Corporate Finance spezial 1/2010, 8, 9. Gleichwohl eine Verwässerung der Gesellschaftsanteile im Zuge der Management-Beteiligung eintritt, s. hierzu unter B.V.2.a.

226 Zu den Vorteilen einer Börsennotierung hinsichtlich der Eigenkapitalbeschaffung, vgl. *Meyer* in Marsch-Barner/F. Schäfer, § 7 Rn. 5.

227 Ist beispielsweise der Wert der Zielgesellschaft dreimal höher als die Summe der auf dem Treuhandkonto gehaltenen Barmittel, könnten die Altgesellschafter der Zielgesellschaft ein Drittel ihrer Anteile gegen Zahlung eines Kaufpreises in Höhe dieser Summe an den SPAC veräußern. Die übrigen zwei Drittel ihrer Anteile könnten sie im Rahmen einer 200-prozentigen Kapitalerhöhung (mit Bezugsrechtsausschluss) des SPAC als Sacheinlage einbringen und hierfür junge Aktien des SPAC erhalten. Im Ergebnis hätten sie ein Drittel ihrer Anteile veräußert und wären mir einem Anteil von zwei Dritteln am SPAC beteiligt.

228 Vgl. *Selzner*, ZHR 174 (2010), 318, 352; *Zanner/Siebert*, CFL 2010, 224; *Simmat/Siebert*, Corporate Finance spezial 1/2010, 8, 9. Insbesondere für Unternehmen aus den Emerging Markets soll dieser Weg an die Börse attraktiv sein, vgl. *Hirschberg*, GP-SB, 28 f.

229 Vgl. auch oben unter B.IV.2.

230 Vgl. *Simmat/Siebert*, CFL 2010, 12, 15.

Nicht zuletzt ist es wahrscheinlich, dass die Führungsstruktur der Zielgesellschaft weitgehend aufrecht erhalten bleibt. Denkbar ist lediglich eine Neubesetzung des Finanzvorstandes, da sich das Anforderungsprofil an diesen durch die neue Gesellschaftsform und die Börsennotierung ändert. Ein kompletter Austausch des Managements, wie es bei Private-Equity-Übernahmen von Familienunternehmen häufig der Fall ist, dürfte die Ausnahme bleiben.[231] Dies gilt insbesondere, wenn der SPAC nur eine Minderheitsbeteiligung anstrebt beziehungsweise erreicht.

e. Unternehmerisches Risiko beim Management

Hervorzuheben ist bei dieser Anlageform, dass das Management eigenes Kapital in Aktien und Optionen investiert, ohne entsprechend abgesichert zu sein (*capital at risk*).[232] Die Gründer profitieren nur vom SPAC, wenn es tatsächlich zu einem Unternehmenszusammenschluss kommt. Im Erfolgsfall kann ihr Gewinn einem Vielfachen ihres eingebrachten Kapitals entsprechen.[233] Allerdings verlieren die Gründer auch ihre gesamte Investition, wenn es zu keiner Unternehmenszusammenführung kommt und der SPAC scheitert. Anders liegt es bei Private-Equity-Gesellschaften, bei denen das Management sowohl von einer erfolgsunabhängigen Vergütung (*management fee*) profitiert als auch in Form einer Gewinnbeteiligung (*carried interest*), die in der Regel 20 Prozent des Gewinns entspricht.[234] Anzumerken ist in diesem Zusammenhang jedoch, dass die Vergütung des SPAC-Management-Teams zwar abhängig von einer erfolgreichen Unternehmenszusammenführung ist, aber nicht in erster Linie von den sich hieraus möglicherweise ergebenden Gewinnen.[235] Indirekt profitieren sie aber auch langfristig von positiven Kursentwicklungen, da so der Wert ihrer Anteile weiter steigt und die Ausübung ihrer Gründeroptionsscheine attraktiv wird. Die Motivation der SPAC-Manager liegt nicht in der

---

231 Vgl. zu Mitverwaltungsvereinbarungen bei Private-Equity-Übernahmen: *Weinheimer* in Hölters, Teil XII Rn. 93 ff. Vgl. zu der Situation bei SPACs, *Selzner*, ZHR 174 (2010), 318, 353. Auch nach dem Zusammenschluss der AEG Power Solutions und Germany 1 blieb Bruce Brock Chief Executive Officer.

232 Vgl. *Hirschberg*, GP-SB, 28, 29; *Simmat/Siebert*, CFL 2010, 13, 14; *dieselben*, Corporate Finance spezial 1/2010, 8, 9.

233 Im optimalen Fall ergäben sich für die Gründer von Helikos 100 Mio. Euro auf der Basis von eingesetzten 10 Mio. Euro, vgl. Bozicevic, GP 2/2010, 16, 19 f.

234 Die *management fee* entspricht in der Regel 2-3 Prozent der von den Investoren geleisteten Summe. Zusätzlich investiert das Management-Team oder die Anteilseigner der Management-Gesellschaft noch selbst in den Private-Equity-Fond in Höhe von circa 1 Prozent der Gesamteinlagen, vgl. *Feldhaus* in Ff-Komm Private Equity, Kap.1 Rn. 163.

235 Anders bei der *staggered promote structure* der Helikos SE und der ECT SE (siehe bereits oben unter B.IV.10.), bei welcher der Wandel von Gründeraktien in Publikumsaktien vom Erreichen bestimmter Kursziele abhängig gemacht wird. Die Struktur ist vergleichbar mit der von Private-Equity-Fonds bei denen die Gewinnbeteiligung auch vom Erreichen bestimmter Mindestrenditen (*hurdle rates*) abhängig gemacht wird, vgl. *Feldhaus* in Ff-Komm Private Equity, Kap.1 Rn. 163.

Abschöpfung des Gewinnes des Unternehmens, sondern in dem Erwerb von Anteilen am Unternehmen selbst.

2. Nachteile von SPACs

Bei genauerer Betrachtung stehen den genannten Vorteilen auch eine Reihe von Nachteilen gegenüber, die nachfolgend kurz skizziert werden sollen.

a. Verwässerung

Die dargestellte Struktur von SPACs hat nicht unerhebliche Verwässerungseffekte für die Anteile der Investoren und das Zielunternehmen zur Folge. Grund hierfür ist in erster Linie die Form der Management-Beteiligung: Nach der Unternehmenszusammenführung werden die Gründeraktien in Publikumsaktien gewandelt. So erhalten die Gründer einen Anteil von 20 Prozent aller Publikumsaktien (vor dem De-SPAC). Dementsprechend wird der Wert der übrigen Publikumsaktien verwässert. Denn auf die Gründeraktien wurde nur ein Bruchteil von der Einlage geleistet, die auf die Publikumsaktien geleistet wurde. Das häufig genannte Argument, der Verwässerungseffekt werde durch einen, dem guten Management geschuldeten, überaus günstigen Übernahmepreis einer bislang weitgehend unbekannten, aber erfolgreichen Zielgesellschaft (sog. Hidden Champion) kompensiert,[236] trifft nicht immer zu: Ein günstiger Übernahmepreis setzt voraus, dass die Gesellschafter der Zielgesellschaft ihre Anteile unter Wert veräußern, obwohl auch ihre neuen Anteile am SPAC durch die Management-Beteiligung verwässert werden. Verstärkt wird der Verwässerungseffekt noch durch die Bedienung der Publikums- und Gründeroptionsscheine, die nach der Unternehmenszusammenführung ausgeübt werden können. Aus diesen Gründen haben die Altgesellschafter sogar ein verstärktes Interesse daran, ihre Anteile werthaltig zu veräußern und die Wahrscheinlichkeit eines günstigen Übernahmepreises ist gering. Schließlich werden die Altgesellschafter der Zielgesellschaft die spätere Verwässerung der jungen SPAC-Aktien, die sie als Akquisitionswährung im Rahmen der Sachkapitalerhöhung erhalten, bei dem Verkaufspreis einkalkulieren.

Auch in ökonomischer Hinsicht kann sich die große Zahl der Gründer- und Publikumsoptionsscheine für das Zielunternehmen nachteilig auswirken: Die Inhaber werden ihre Optionen nur ausüben, wenn der Kurs der SPAC-Aktien über dem Ausübungspreis liegt, und sich auf diese Weise durch die anschließende Veräußerung der Aktien ein Gewinn realisieren lässt. Auf der einen Seite erhält das Unternehmen frisches Eigenkapital, auf der anderen gibt es aber

236 Helikos weist im Prospekt ausdrücklich auf die Kompetenz seiner Sponsoren bezüglich der Identifizierung solcher Hidden Champions hin, vgl. Wertpapierprospekt der Helikos SE vom 11.01.2010, S. 7 f.

Aktien unter Wert aus, die bei einer ordentlichen Kapitalerhöhung einen höheren Erlös erzielt hätten.

b. Kursentwicklung nach dem De-SPAC (Performance)

Die Kursentwicklung der SPACs sind in den USA nach dem De-SPAC sehr unterschiedlich verlaufen, was nicht zuletzt der individuellen Ausgestaltung, der Qualität und dem Verhandlungsgeschick des Management-Teams geschuldet ist. Eine überdurchschnittlich gute Performance war jedenfalls im Durchschnitt nicht zu erwarten.[237]

Von den SPACs mit deutschem Bezug hat bisher nur die Germany1 Ltd. eine Unternehmenszusammenführung durchführen können. Auch hier konnte kein positiver Effekt beobachtet werden und die Aktie verlor nach der Unternehmenszusammenführung erheblich an Wert.[238]

c. Konkurrenz durch Venture-Capital-Beteiligungen

Aus Sicht der Investoren könnte sich eine Private-Equity–Investition gegenüber einer SPAC-Investition als überlegen erweisen, da Private-Equity-Gesellschaften ihre Investitionen streuen und in mehrere Zielgesellschaften investieren. SPACs hingegen investieren in der Regel nur in eine Zielgesellschaft, so dass von deren Entwicklung einzig die Rendite abhängt.[239] Dafür haben die Investoren allerdings Mitspracherechte bei der Auswahl des Zielunternehmens. Zudem sprechen Private-Equity-Gesellschaften vorrangig institutionelle Investoren wie Banken, Versicherungen oder Pensionskassen an.[240] SPACs hingegen sind aufgrund ihrer Börsennotierung einem breiteren Anlegerpublikum zugänglich.[241]

Aus Sicht der Gesellschafter potenzieller Zielgesellschaften bedeutet der Verkauf an einen Private-Equity-Fond, dass sie ihr gesamtes Unternehmen veräu-

---

237 Vgl. *Ahlers*, GP-SB, 6, 7; *Bozicevic*, GP 2/2010, 17. Von 2003 bis Mitte 2008 wiesen SPACs in den USA im Durchschnitt (gesamter Lebenszyklus eines SPAC) eine Rendite von -4,7 Prozent p.a. auf: *Röder/Walkshäusl*, FB 2008, 641, 643. Von einem durchschnittlichen Minus von 18 Prozent, abgestellt auf SPACs nach einer Unternehmenszusammenführung, in den USA ausgehend, *Bozicevic/Bönig*, AG 2010, R457, R458.

238 Vgl. Börsenzeitung vom 01.09.2010, Nr. 167, S. 8: „Die Katze lässt das Mausen nicht"; vgl. auch *Bozicevic/Bönig*, AG 2010, R457, R458.

239 Ebenso *Bozicevic*, GP 02/2010, 17.

240 *Feldhaus* in Ff-Komm Private Equity, Kap.1 Rn. 50.

241 Wenn auch bei SPACs häufig institutionelle Anleger und Hedgefonds aufgrund der Liquidität der Anlage einen Großteil der Investoren ausmachen, vgl. *Korzilius*, GP-SB, 10; *Lewellen*, 25 f.; Handelsblatt vom 26.01.2009: „Das Tor zur Börse öffnet sich", abrufbar unter „www.handelsblatt.com/das-tor-zur-boerse-oeffnet-sich;2052578", zuletzt abgerufen am 31.10.2011; New York Times v. 05.01.2009: „Special purpose IPO firms in race against time", abrufbar unter „http://www.nytimes.com/2009/01/05/business/worldbusiness/05iht-deal06.1.19084886.html", zuletzt abgerufen am 31.10.2011.

ßern und so kein weiteres Interesse an der Fortführung der Gesellschaft haben.[242] SPACs sprechen eher Gesellschafter an, die weiterhin am Unternehmen beteiligt bleiben und in den Genuss der oben genannten Vorzüge kommen wollen. Aus der Perspektive von Gesellschaftern, die weiter an der Zielgesellschaft beteiligt bleiben wollen, stehen SPACs eher in Konkurrenz zu Venture-Capital-Gesellschaften, da diese lediglich eine gewinnbringende (Minderheits-) Beteiligung anstreben und frisches Kapital für Investitionen bereitstellen.[243] Hier kommt das eingesetzte Kapital dem Unternehmen und dem operativen Geschäft zu Gute. Die Gesellschafter profitieren nur bei einer langfristig positiven Entwicklung der Gesellschaft im Rahmen der Wertsteigerung ihrer Anteile. Bei der Kombination mit einem SPAC fließt ein großer Teil des eingesetzten Kapitals direkt an die Gesellschafter. Die Entscheidung hängt hier stark vom Einzelfall und den individuellen Zielen der jeweiligen Gesellschafter ab.

Auf Gesellschafter, die sich in einem besonders hohen Maß mit ihrer Gesellschaft identifizieren, wirkt die Struktur einer SPAC-Beteiligung jedoch nachteilig: Für sie ist es unattraktiv ihre Gesellschaftsanteile gegen die Aktien eines für sie bisher wenig bekannten SPACs „einzutauschen". Dies betrifft insbesondere Gründer oder Eigentümer traditionsreicher Familiengesellschaften, die möglicherweise in diesem Fall den Einstieg einer Venture-Capital-Gesellschaft bevorzugen oder bei günstigem Marktumfeld einen direkten Börsengang vorziehen.

Ein struktureller Nachteil von SPAC-Gesellschaften gegenüber anderen Beteiligungsgesellschaften ist zudem, dass die endgültige Transaktionsentscheidung erst am Ende eines langwierigen Entscheidungsprozesses getroffen wird. Das Erfordernis der Aktionärszustimmung zur Zielgesellschaft macht einen aufwendigen und zeitintensiven Hauptversammlungsbeschluss erforderlich. Bei einer deutschen Aktiengesellschaft muss zwischen dem Einberufungstag und dem Tag der Hauptversammlung eine Zeitspanne von mindestens 30 Tagen liegen.[244] Bei Einberufung der Hauptversammlung müssen die Konditionen der Unternehmenszusammenführung bereits feststehen und die Gesellschafter der Zielgesellschaft müssen ihr Angebot während der gesamten Zeitspanne aufrecht erhalten. Dabei steht nicht fest, ob der SPAC das Angebot annimmt, bis die Investoren mit der erforderlichen Mehrheit für den Unternehmenszusammenschluss stimmen. Insbesondere bei Auktionsverfahren dürfte dies einen erheblichen Nachteil im Verhältnis zu den bisher aus dem

---

242 Zur Motivation der Gesellschafter einer Zielgesellschaft zum Verkauf an einen Private-Equity-Investor, vgl. *Feldhaus* in Ff-Komm Private Equity, Kap.1 Rn. 21 ff.

243 In der Regel liegen die Beteiligungshöhen hier zwischen 20 und 35 Prozent, vgl. *Feldhaus* in Ff-Komm Private Equity, Kap.1 Rn. 7.

244 Zur genauen Berechnung der Frist vgl. *Reichert/Balke* in Semler/Volhard/Reichert, Hdb. HV, § 4 Rn. 70.

Markt bekannten Beteiligungsgesellschaftsformen sein.[245] Hier sind nämlich die Bieter als potenzielle Erwerber in der nachteiligen Position, dass sie ihr bindendes Angebot bis zum Ablauf einer ausgehandelten Frist aufrechterhalten müssen, während die Gesellschafter der Zielgesellschaft das lukrativste Angebot auswählen können. Dafür haben SPACs aber bei einem M&A-Auktionsverfahren einen strukturellen Vorteil in kartellrechtlicher Hinsicht, da sich bei einer Erstakquisition selten Fragen der Zusammenschlusskontrolle stellen.

Durch die Umtauschrechte der die Akquisition ablehnenden Aktionäre kann zudem eine Finanzierungslücke bei der avisierten Transaktion entstehen. Schließlich müssen die aussteigenden Aktionäre abgefunden werden, wobei das auf dem Treuhandkonto eingezahlte Kapital auch dem Beteiligungserwerb dienen soll. Erst kurz vor der Übernahme steht fest, ob und wie viel Fremdkapital möglicherweise für die Transaktion oder die Abfindung der aussteigenden Aktionäre erforderlich ist. Andere Beteiligungsgesellschaften könnten ihre Finanzierung durch die längere Vorbereitungszeit flexibler ausgestalten.

d. Interessenungleichgewicht

Die Sponsoren haben ein deutlich stärkeres Interesse daran, dass es zu einer Unternehmenszusammenführung kommt als die Investoren. Die Sponsoren verlieren bei einem Scheitern des SPAC ihre gesamte Investition. Die Publikumsaktionäre hingegen haben in diesem Fall einen Anspruch auf Auszahlung ihres Pro-Rata-Anteils an den auf dem Treuhandkonto gehaltenen Barmitteln. So besteht die Gefahr, dass die Sponsoren gegen Ende der Laufzeit des SPAC eine Unternehmenszusammenführung „um jeden Preis" erwirken wollen, auch wenn der Übernahmepreis möglicherweise zu hoch oder absehbar ist, dass das Unternehmen langfristig nicht die erwartete Rendite erwirtschaften wird.[246] Zwar soll diesem Interessenungleichgewicht zum Teil mit Haltefristen für die Aktien und Optionsscheine der Gründer entgegengewirkt werden,[247] doch ist hierdurch ein Interessengleichlauf kaum zu erwarten. Selbst ein durchschnittliches oder schlechtes Investment ist aus Sicht der Sponsoren besser als der Totalverlust ihrer Investition.

---

245 Vgl. zum Auktionsverfahren, *Weber-Rey* in Semler/Volhard, § 11 Rn. 54 ff. Zum in der Praxis nur seltenen Auktionsverfahren in Zusammenhang mit der Preisermittlung der zu emittierenden Aktien, vgl. nur *Schlitt/Ries* in FS Schwark, 241, 248 f.

246 Vgl. auch *von Ilberg/Neises*, GP-SB, 26, 27; *Simmat/Siebert*, CFL 2010, 13, 16; *Selzner*, ZHR 174 (2010), 318, 353.

247 Vgl. *Simmat/Siebert*, CFL 2010, 13, 16.

e. Stimmenkauf (*greenmailing*)

Die Kombination aus dem Zustimmungserfordernis der Hauptversammlung zur Unternehmenszusammenführung und der Struktur der Management-Beteiligung birgt Missbrauchsgefahren. Das sehr hohe Interesse des Managements am Erfolg des SPAC bleibt auch Investoren nicht verborgen, die je nach Umfang der Beteiligung, großen Einfluss darauf haben, ob der SPAC erfolgreich ist und das Management profitiert.[248] So liegt die Gefahr auf der Hand, dass Investoren ihre Zustimmung von Zahlungen abhängig machen, während das Management oder Großaktionäre dem großen Anreiz unterliegen, dem missbräuchlichen Angebot nachzugeben.[249] Durchaus bekannt sind solche Vorgehensweisen insbesondere bei Investoren aus dem Segment der Hedgefonds.[250] Der aus dem US-Recht bekannte Begriff des *greenmailing*[251] für den Stimmenkauf wurde bereits für SPACs als *SPACmailing* adaptiert.[252]

3. Zwischenergebnis

Die Vorteile eines SPAC gegenüber anderen Beteiligungsgesellschaften liegen vor allem darin, dass die Anleger auch nach der Investitionsentscheidung noch direkten Einfluss auf ihre Investition nehmen können. Die Beteiligung der Investoren an der Akquisitionsentscheidung hebt den SPAC von anderen Beteiligungsgesellschaften ab, die ihren Anlegern diese Möglichkeit nicht bieten. Dieses Strukturmerkmal entspricht dem Interesse von Anlegern, die auch nach dem Anteilswerb weiter Einfluss auf die Akquisitionsentscheidung nehmen wollen und diese nicht wie bei Private-Equity-Fonds dem Management überlassen wollen.

Ein weiterer Vorteil ist die Handelbarkeit der SPAC-Aktien, die an der Börse bis zur Transaktionsentscheidung jederzeit und weitgehend werthaltig veräußert werden können. Daneben bieten SPACs ihren Aktionären eine zusätzliche Exit-Möglichkeit in Form eines Umtauschrechtes, falls die übernommene Zielgesellschaft nicht die Zustimmung des einzelnen Aktionärs gefunden hat. So haben Investoren verschiedene Möglichkeiten ihre SPAC-Aktien ohne Verluste wieder zu veräußern. Zugleich bieten die Publikumsoptionsscheine die Möglichkeit, die Investition nach der Unternehmenszusammenführung zu erhöhen. Durch die Ausübung kann auch die SPAC-Gesellschaft profitieren, da ihr zusätzliches Eigenkapital in Höhe des Ausübungspreises zufließt.

---

248 Vor dem Hintergrund des *greenmailing* empfiehlt *Selzner* bereits bei der Auswahl der Investoren, möglichst solche zu wählen, bei denen nur ein geringes *greenmailing*-Risiko besteht, vgl. *Selzner*, ZHR 174 (2010), 318, 360.

249 Vgl. auch *von Ilberg/Neises*, GP-SB, 26, 27.

250 *Lewellen*, 25.

251 Ausführlich und auch auf die Rechtslage in den USA eingehend, *Gärtner*, 141 ff. Vgl. auch *F. W. Schaefer/Eichner*, NZG 2003, 150, 152.

252 *Lewellen*, 25.

SPACs ermöglichen einen indirekten und vom Marktumfeld unabhängigen Börsengang. Dies kann für Zielunternehmen vorteilhaft sein, da so die Gefahr des Scheiterns eins direkten Börsengangs umgangen wird. SPAC-Akquisitionen sind zudem weniger von Fremdkapital abhängig als dies bei Private-Equity-Fonds häufig der Fall ist. Ein geringer Einsatz von Fremdkapital bei der Unternehmenszusammenführung setzt die Zielgesellschaft nicht zusätzlichen Gefahren aus, wie es mitunter bei Übernahmen im Private-Equity-Bereich der Fall ist.

Nachteile ergeben sich insbesondere durch die Verwässerung, die durch die Struktur der Management-Beteiligung entsteht. Auch die große Anzahl von Publikums- und Gründeroptionsscheinen verstärkt den Verwässerungseffekt zu Lasten der Publikumsaktionäre und der Altgesellschafter der Zielgesellschaft (nach der Unternehmenszusammenführung). Eine überdurchschnittliche Performance war von SPACs bisher nicht zu erwarten. Gegenüber anderen Beteiligungsgesellschaften besteht zudem der Nachteil, dass sich der SPAC in der Regel nur auf eine Zielgesellschaft konzentriert und nicht mehrere Beteiligungen in verschiedenen Branchen zum Zwecke der Risikostreuung erwirbt. Auch der Einsatz von SPAC-Aktien als Akquisitionswährung kann sich nachteilig auswirken: Für die Altgesellschafter der Zielgesellschaft dürfte es zumindest psychologisch ein Nachteil sein, dass sie die Anteile „ihres" Unternehmens gegen die Anteile eines SPAC tauschen müssen. Zudem setzt die Vergütungsstruktur des SPAC falsche Anreize für die Sponsoren. Der Kern ihres Interesses liegt darin, eine Unternehmenszusammenführung herbeizuführen. Welches Unternehmen hierbei gewählt wird, spielt nur eine untergeordnete Rolle. Der Interessenschwerpunkt der Investoren liegt hingegen darin, dass der SPAC ein Unternehmen akquiriert, welches sich langfristig positiv entwickelt und Gewinne erwirtschaftet. Für die Sponsoren spielt das Potenzial der Zielgesellschaft vor dem Hintergrund des drohenden Totalverlustes der eigenen Investition eine sekundäre Rolle. Dieser Umstand schafft einen Nährboden für etwaige Missbräuche, insbesondere im Bereich des Stimmenkaufes.

VI. Ergebnis

SPACs zeichnen sich durch eine Vielzahl von Strukturmerkmalen aus, die zum Teil individuell variieren können. Dennoch haben sich Grundcharakteristika herausgebildet, die einen Konsens zwischen den Interessen der Investoren und der Gründer zu schaffen scheinen. Während die Blank Check Companies in den USA zu Beginn der 1980er Jahre noch einseitig die Gründer bevorteilten und Missbrauchsfälle provozierten, konnte das Konzept einer börsennotierten Mantelgesellschaft mit Akquisitionsabsichten durch die Strukturierung von SPACs wieder aufgegriffen werden. Die in den USA geschaffenen Regulierungsvorschriften (Rule 419) zur Bekämpfung des Missbrauchs durch Blank Check Companies und die von den amerikanischen Börsen formulierten hieran orientierten und von der SEC gebilligten Zulassungsvoraussetzungen, ergänzten die Struktur eines SPAC durch zusätzliche den Anleger schützende Parameter. Auch die in Europa und insbesondere auf Deutschland fokussierten SPACs orientieren sich an diesen Vorgaben, wie sich insbesondere an den Beispielfällen der Germany1 Ltd., der Helikos SE und der European Clean-Tech I SE ablesen lässt. Die Frankfurter Wertpapierbörse stützt ebenfalls ihr Ermessen bei der Börsenzulassung von SPACs auf die aus den USA bekannten und dem Anlegerschutz dienenden Voraussetzungen. Die unter Berücksichtigung der Regulierungsvorgaben aus den USA und der Strukturierung der drei vorgenannten SPACs herausgearbeiteten Merkmale können als Grundcharakteristika von SPACs angesehen werden und werden der anschließenden Prüfung zugrunde gelegt. Zudem wird bei der weiteren Untersuchung davon ausgegangen, dass der angestrebte Unternehmenszusammenschluss regelmäßig durch eine Sachkapitalerhöhung des SPAC durchgeführt wird und die Altgesellschafter auf diesem Wege am SPAC beteiligt werden.

SPACs stehen in direkter Konkurrenz zu anderen Beteiligungsgesellschaften und bieten nicht zuletzt aufgrund ihrer Börsennotierung durchaus Vorteile hinsichtlich des vereinfachten Zugangs zum Kapitalmarkt gegenüber einem klassischen Börsengang. Der alternative Zugang zum Kapitalmarkt kann für potenzielle Zielgesellschaft einen Vorteil bedeuten, da ein möglicherweise schlechtes Marktumfeld nur eine untergeordnete Rolle spielt. Zudem sind SPACs durch eine flexible Beteiligungsstruktur geprägt: Beim Börsengang werden Units bestehend aus einer Aktie und einem Optionsschein ausgegeben, die nach dem Börsengang jeweils selbstständig handelbar sind. Diese Struktur bietet Investoren die Möglichkeit zur individuellen Investitionsanpassung. Dem stehen jedoch Nachteile gegenüber, die vornehmlich der Management-Beteiligung geschuldet sind. Es besteht ein sehr starkes Interesse des Managements, um jeden Preis eine Unternehmenszusammenführung herbeizuführen, um nicht die eigene Investition abschreiben zu müssen. Gelingt die Transaktion hingegen, profitiert das Management-Team in einem sehr hohen Maße. Spiegelbildlich zu diesem Profit steht ein nicht unerheblicher Verwässerungseffekt durch die Wandlung der Gründeraktien in Publikumsaktien. Verstärkt wird dieser Effekt durch die hohe Anzahl von Gründer- und Publikumsoptionsscheinen. Dies geschieht zu Lasten der SPAC-Investoren und der Altgesellschafter der Zielgesellschaft. Zudem konnten in der Vergangenheit die Kursentwicklungen von SPAC-Aktien die Erwartungen der Anleger häufig nicht erfüllen.

C. Börsengang eines SPAC an der Frankfurter Wertpapierbörse

Bisher wurden mit der Helikos SE und der European CleanTech I SE als luxemburgische Gesellschaften zwei SPAC-Gesellschaften an der Frankfurter Wertpapierbörse gelistet.[253] Nachfolgend wird der Frage nachgegangen, ob ein SPAC in der Rechtsform einer deutschen Aktiengesellschaft an der Frankfurter Wertpapierbörse zugelassen werden kann und welche konkreten kapitalmarktrechtlichen Anforderungen hierbei erfüllt werden müssen.

I. Struktur und Ablauf

Hierbei gilt es zu differenzieren, welche Wertpapiere zugelassen werden sollen. Bei SPACs kommt sowohl die Zulassung der Units insgesamt als auch die selbstständige Zulassung der Aktien und der Optionsscheine in Betracht. Da die kapitalmarktrechtlichen Anforderungen, insbesondere hinsichtlich des erforderlichen Prospektinhaltes, bei Aktien am strengsten sind, soll zunächst geprüft werden, unter welchen Voraussetzungen die Aktien eines SPAC an der Frankfurter Wertpapierbörse zugelassen werden können.[254] Im Anschluss erfolgt die Prüfung der Zulassung der Optionsscheine als Bestandteile der Units. Die Prüfung gliedert sich jeweils in die gesetzlichen Anforderungen an den Prospekt und die Anforderungen der Frankfurter Wertpapierbörse für eine Notierung.

Zudem muss nach dem Herkunftsstaat des SPAC differenziert werden, da dieser maßgeblich für die zuständige Regulierungsbehörde ist.[255] Die Untersuchung beschränkt sich allerdings auf den Fall eines nach deutschem Recht und als Aktiengesellschaft gegründeten SPAC mit Sitz in Deutschland.

---

253 Die Prospekte der Helikos SE und der ECT SE wurden nicht von der BaFin gebilligt, sondern von der luxemburgischen Regulierungsbehörde, was im Rahmen des europäischen Passes möglich ist. Zu der Luxemburger Regulierungsbehörde *Commission de Surveillance du Secteur Financier* („CSSF") und dem Luxemburger Genehmigungsverfahren, vgl. *Kremer* in Habersack/Mülbert/Schlitt, § 36 Rn. 77 ff. Zum europäischen Pass später unter C.IX.

254 Vgl. *Schlitt/Ponick* in Habersack/Mülbert/Schlitt, Hdb. Kapitalmarktinf., § 5 Rn. 21.

255 Seit der Einführung des europäischen Passes können Gesellschaften mit ihrem Sitz in einem anderen EWR-Staat außerhalb Deutschlands den Prospekt von der Regulierungsbehörde ihres Sitzstaates billigen lassen. Sodann genügt für eine Gültigkeit des Prospektes in Deutschland nach § 17 Abs. 3 WpPG eine ordnungsgemäße Unterrichtung der BaFin durch die ausländische Regulierungsbehörde, sowie die Einhaltung der Sprachenregelung des WpPG. Vgl. zum europäischen Pass, *Meyer* in Habersack/Mülbert/Schlitt, § 30 Rn. 64 ff.; *Ponick* in Grunewald/Schlitt, S. 218 ff. Diesen Weg wählte auch die Helikos SE. Siehe auch später unter C.IX.

II. Prospektpflicht für Aktien

Zunächst ist die Anwendbarkeit des Wertpapierprospektgesetzes zu prüfen. Grundsätzlich besteht nach § 3 Abs. 1 S. 1 WpPG für alle Wertpapiere, die im Inland öffentlich angeboten werden, eine Prospektpflicht.[256] Der Prospekt muss alle erforderlichen Angaben enthalten, um einem Anleger oder Garantiegeber die Beurteilung der finanziellen Situation des Emittenten und der mit dem Wertpapier verbundenen Rechte zu ermöglichen (§ 5 Abs. 1 S. 1 WpPG).[257]

1. Rechtsrahmen

Da es sich bei den betreffenden Aktien um Wertpapiere i.S.v. § 2 Nr. 1 WpPG handelt,[258] ist das Wertpapierprospektgesetz nach § 1 Abs. 1 WpPG bei der Zulassung von Aktien anwendbar.[259] Will eine deutsche AG an der Frankfurter Wertpapierbörse Aktien emittieren, ist die Bundesanstalt für Finanzdienstleistungsaufsicht (BaFin) nach § 13 Abs. 1 S. 2 WpPG i. V. m. § 2 Nr. 13 WpPG für die Prüfung und Billigung des Prospektes zuständig.[260]

2. Prospektinhalt nach der ProspektVO

Der Inhalt des Prospektes ist nach Maßgabe des § 5 WpPG so zu gestalten, dass der Anleger in verständlicher Form über alle für die Investitionsentscheidung bedeutsamen Umstände informiert wird.[261] Konkretisiert werden die inhaltlichen Anforderungen durch die Mindestangaben nach § 7 WpPG i. V. m. der Prospektverordnung (ProspektVO).[262] Die ProspektVO ist nach dem Bau-

---

256 Zu den Änderungen hinsichtlich der Prospektrichtlinie (auf der das WpPG basiert) durch das Europäische Parlament vom 17.06.2010, vgl. *Schlitt/Ries*, PLATOW Recht vom 01.10.2010, Nr. 113, S. 7. Diese Änderungen berühren jedoch keine Punkte der nachstehenden Untersuchung.

257 *Schlitt/Schäfer* in Assmann/Schlitt/von Kopp-Colomb, § 5 WpPG Rn. 8; *Schlitt/Ponick* in Habersack/Mülbert/Schlitt, Hdb. Kapitalmarktinf., § 5 Rn. 14.

258 *Von Kopp-Colomb/Knobloch* in Assmann/Schlitt/von Kopp-Colomb, § 2 WpPG Rn. 12.

259 *Ponick* in Grunewald/Schlitt, S. 203; *von Kopp-Colomb/Witte* in Assmann/Schlitt/von Kopp-Colomb, § 1 WpPG Rn. 13 ff.; *Groß*, § 1 WpPG, Rn. 2.

260 Die Zuständigkeit hängt vom Herkunftsstaat ab und somit bei der Aktienemission nach § 2 Nr. 13 lit. a vom Sitzstaat, vgl. *Schlitt/Schäfer* in FS Hopt, 2469, 2482; *von Kopp-Colomb* in Assmann/Schlitt/von Kopp-Colomb, § 13 WpPG Rn. 7; *Groß*, § 13 WpPG, Rn. 5; *von Rosen* in Assmann/Schütze, § 2 Rn. 153.

261 *Schlitt/Schäfer* in FS Hopt, 2469, 2482; *dieselben* in Assmann/Schlitt/von Kopp-Colomb, § 5 WpPG Rn. 11 ff.; *Schlitt/Ponick* in Habersack/Mülbert/Schlitt, Hdb. Kapitalmarktinf., § 5 Rn. 15; *Just* in Just/Voß/Ritz/Zeising, § 5 Rn. 5.

262 *Schlitt/Schäfer* in FS Hopt, 2469, 2482; *dieselben* in Assmann/Schlitt/von Kopp-Colomb, § 5 WpPG Rn. 13; *Just* in Just/Voß/Ritz/Zeising, § 7 WpPG, Rn. 5; *Ries* in Grunewald/Schlitt, S. 32; *Groß*, § 7 WpPG, Rn. 2.

kastenprinzip (*building block approach*) aufgebaut, so dass die jeweils anwendbaren Module die jeweiligen Anforderungen an den Prospekt vorgeben.[263] Die Mindestangaben des Registrierungsformulars für Aktien ergeben sich aus Art. 4 ProspektVO i. V. m. Anhang I ProspektVO und die für die Wertpapierbeschreibung aus Art. 6 und Anhang III ProspektVO.[264] Bei der Auslegung der ProspektVO orientiert sich die BaFin weitgehend an den Vorgaben des *Comitee of the European Securities Regulators* (CESR) bzw. der *European Securities Markets Authority* (ESMA).[265] Am 01.01.2011 wurde CESR durch die ESMA ersetzt,[266] welche allerdings die CESR-Empfehlungen übernahm, sofern keine ausdrückliche Änderung erfolgte oder erfolgt.[267] Im Folgenden soll auf die Fragen, die in Hinsicht auf die typische Struktur von SPACs in Zusammenhang mit dem Wertpapierprospekt bestehen, eingegangen werden.

a. Historische Finanzinformationen

Der Emittenten muss die historischen Finanzinformationen der vergangenen drei Jahre oder eines kürzeren Zeitraumes, falls die Gesellschaft weniger als drei Jahre in ihrer Branche tätig ist, nach § 7 WpPG i. V. m. Art. 4 Abs. 2 Nr. 1 ProspektVO i. V. m. Anhang I Ziff. 20.1 ProspektVO im Prospekt offenlegen.[268] Da SPACs typischerweise erst unmittelbar vor dem Börsengang gegründet werden und noch kein operatives Geschäft betreiben, existieren für den Zeitraum von drei Jahren vor dem Börsengang in der Regel überhaupt keine Finanzinformationen.

Die ProspektVO trifft in Anhang I Ziff. 20.1 jedoch auch Vorgaben für Emittenten, die seit weniger als einem Jahr in ihrer Wirtschaftsbranche tätig sind. Zum einen können dies Unternehmen sein, die ihre Geschäftstätigkeit geändert haben und daher für ihre aktuelle Geschäftstätigkeit noch keine entsprechenden Zahlen über die geforderte Zeitspanne veröffentlichen können. Zum anderen kann es sich um Unternehmen handeln, die ihre Geschäftstätigkeit

---

263 Zum Baukastenprinzip der ProspektVO, vgl. *Schlitt/Schäfer* in Assmann/Schlitt/von Kopp-Colomb, § 7 WpPG Rn. 19; *Kunold/Schlitt*, BB 2004, 501, 507; zu den anwendbaren Modulen der ProspektVO bei einem Börsengang siehe Fußnote 11 bei *Schlitt/Singhof/Schäfer*, BKR 2005, 251.

264 *Schlitt/Ponick* in Habersack/Mülbert/Schlitt, Hdb. Kapitalmarktinf., § 5 Rn. 19.

265 Committee of the European Securities Regulators recommendations for the consistent implementation of the European's Commission's Regulation on Prospectus no. 809/2004. Ausschuss der Europäischen Wertpapierregulierungsbehörden für eine europaweite konsistente Umsetzung der Prospektverordnung. Vgl. hierzu *Seitz*, BKR 2002, 340, 341f. Zu dem „Lamfalussy-Bericht", auf den die Schaffung von CESR zurückgeht *von Kopp-Colomb/Lenz*, AG 2002, 24, 25 ff.

266 Vgl. Erwägungsgrund Nr. 69 und Art. 8 lit. l, Art. 76 Abs. 4 der VO EU 1095/2010.

267 Vgl. ESMA update of the CESR-recommendations, The consistent implementation of Commission Regulation (EC) No. 809/2004 implementing the Prospectus Directive, ESMA/2011/81 vom 23.03.2011, S. 4.

268 *Meyer* in Habersack/Mülbert/Schlitt, § 30 Rn. 21; *Schlitt/Singhof/Schäfer*, BKR 2005, 251, 253 f.

erst kurz vor oder nach dem Börsengang aufnehmen beziehungsweise erst kurz vor dem angestrebten Börsengang gegründet werden.[269] SPACs sind letzterer Kategorie zuzuordnen, da sie üblicherweise vor ihrer Börsennotierung keiner anderen Geschäftstätigkeit nachgehen und erst unmittelbar vor dem Börsengang gegründet werden.

Nach dem Wortlaut des Anhang I Ziff. 20. 1 Abs. 3 der ProspektVO sollen in solchen Fällen die geprüften historischen Finanzinformationen für „diesen Zeitraum" genügen. Demnach wären die geprüften Finanzinformationen für den Zeitraum von der Gründung bis zur Prospekterstellung relevant.[270]

Allerdings bestehen nach den Empfehlungen von CESR bzw. der ESMA grundsätzlich zwei Möglichkeiten, den relevanten Zeitraum zu definieren.[271] Die erste Möglichkeit ist, auf den Zeitraum ab der Gründung des Unternehmens bis zum Ablauf des ersten nach nationalen Rechnungslegungsstandards relevanten Geschäftsjahres abzustellen.[272] Dies setzt jedoch voraus, dass dieses Geschäftsjahr bereits abgelaufen ist. Sollten seit dem Stichtag des Jahresabschlusses bereits mehrere Monate vergangen sein, kann ein zusätzlicher Zwischenbericht für diesen Zeitraum erforderlich werden.[273] Alternativ soll der Zeitraum ab der Gründung des Unternehmens bis zu einem Stichtag möglichst kurz vor der Prospekterstellung erfasst werden, falls noch kein Jahresabschluss erstellt wurde.[274]

Die Verwaltungspraxis der BaFin hat sich dahin entwickelt, dass es bei Emittenten, die vor weniger als einem Jahr gegründet worden sind und noch keinen Jahresabschluss erstellt haben, ausreicht, Finanzinformationen für den Zeitraum ab dem Eröffnungsbilanzstichtag bis zu einem Stichtag möglichst nah am Prospekterstellungsdatum aufzunehmen.[275] Bei Gesellschaften, die erst sehr kurz tätig sind oder ganz kurz vor dem Börsengang gegründet werden,

---

269 *Kunold* in Assmann/Schlitt/von Kopp-Colomb, EU-ProspektVO Anhang I Rn. 198; *Fingerhut/Voß* in Just/Voß/Ritz/Zeising, Anhang I ProspektVO, Rn. 330; *d'Arcy/Kahler* in Berl. Komm. WpPG, Anh. I EU-ProspektV Rn. 125.

270 *Kunold* in Assmann/Schlitt/von Kopp-Colomb, EU-ProspektVO Anhang I Rn. 202; *Fingerhut/Voß* in Just/Voß/Ritz/Zeising, Anhang I ProspektVO, Rn. 332 f.; *Harrer/Janssen,* FB 2009, 46, 47.

271 Vgl. *Fingerhut/Voß* in Just/Voß/Ritz/Zeising, Anhang I ProspektVO, Rn. 332.

272 Vgl. ESMA/2011/85, Frage 16, Qa A) 1.

273 Nach einer Mindermeinung in der Literatur wird sogar eine Anpassung des Rumpfgeschäftsjahres verlangt, sofern für das aktuelle Rumpfgeschäftsjahr bereits ein Abschluss vorlag, so *d'Arcy/Kahler* in Berl. Komm. WpPG, Anh. I EU-ProspektV Rn. 130. **A.A.**: *Kunold* in Assmann/Schlitt/von Kopp-Colomb, EU-ProspektVO Anhang I Rn. 204; *Fingerhut/Voß* in Just/Voß/Ritz/Zeising, Anhang I ProspektVO, Rn. 332.

274 Vgl. ESMA/2011/85, Frage 16, Qa A) 2; *Kunold* in Assmann/Schlitt/von Kopp-Colomb, EU-ProspektVO Anhang I Rn. 202.

275 *Kunold* in Assmann/Schlitt/von Kopp-Colomb, EU-ProspektVO Anhang I Rn. 202; *Fingerhut/Voß* in Just/Voß/Ritz/Zeising, Anhang I ProspektVO, Rn. 333.

reicht nach Ansicht der BaFin auch die Aufnahme der geprüften Eröffnungsbilanz aus.[276]

Der Umfang und die Art der erforderlichen Angaben hängen somit im Ergebnis vom Einzelfall ab. Bei SPACs, die bereits nach nationalem Recht einen Jahresabschluss erstellt haben, ist dieser auch in geprüfter Form beizufügen. Sollten seit dem Stichtag des Jahresabschlusses bereits mehrere Monate vergangen sein, kann, wie bereits erörtert, ein zusätzlicher Zwischenbericht für diesen Zeitraum erforderlich werden. In der Regel werden SPACs jedoch aufgrund der kurzfristigen Gründung noch keinen Jahresabschluss erstellt haben. Es sind lediglich die Finanzinformationen für den Zeitraum von der Gründung bis zu einem Stichtag, möglichst kurz vor der Prospekterstellung, relevant. Diese können durch eine geprüfte Eröffnungs- und Zwischenbilanz beigebracht werden. Der Informationswert dieser Angaben ist typischerweise gering, da sich die Angaben auf den finanziellen Aufwand für die Gründung und die Vorbereitungen des Börsengangs beschränken. Vor dem öffentlichen Angebot besteht das Eigenkapital der SPAC-Gesellschaft lediglich aus dem Erlös der Privatplatzierungen durch die Sponsoren.

b. Pro-forma-Finanzinformationen

In bestimmten Fällen müssen zusätzlich zu den historischen Finanzinformationen auch noch sogenannte Pro-Forma-Finanzinformationen nach Anhang I Ziff. 20.2 ProspektVO in den Prospekt aufgenommen werden, beispielsweise, wenn es in dem relevanten Berichtszeitraum zu einer bedeutenden Unternehmenstransaktion gekommen ist, die zu einer erheblichen Brutto-Veränderung bei dem Emittenten geführt hat.[277] Eine bedeutende Brutto-Veränderung liegt nach dem neunten Erwägungsgrund der ProspektVO vor, wenn sich durch die Transaktion ein oder mehrere für die Bestimmung der Geschäftstätigkeit relevanten Abschlussposten um mehr als 25 Prozent verändern.[278] Der relevante Berichtszeitraum ist nach den Anforderungen der BaFin der letzte Zwi-

---

276 *Kunold* in Assmann/Schlitt/von Kopp-Colomb, EU-ProspektVO Anhang I Rn. 202. **A.A.:** *Fingerhut/Voß* in Just/Voß/Ritz/Zeising, Anhang I ProspektVO, Rn. 333.

277 *Kunold* in Assmann/Schlitt/von Kopp-Colomb, EU-ProspektVO Anhang I Rn. 216; *Meyer* in Habersack/Mülbert/Schlitt, § 30, Rn. 33; *Schlitt/Singhof/Schäfer*, BKR 2005, 251, 254. Von einer komplexen finanztechnischen Vorgeschichte (*complex financial history*) im Sinne von Art. 4a Abs. 1 Unterabs. 1 S. 2 ProspektVO ist hingegen nicht auszugehen, da hier beispielsweise Fälle erfasst werden, in denen eine Holding zum Zweck der Übernahme einer bereits bestimmten, operativ tätigen, nicht börsennotierten Gesellschaft gegründet und an die Börse gebracht wird. Hier müssen unter Umständen auch Angaben zu der operativ tätigen Gesellschaft gemacht werden. Vgl. hierzu *Meyer* in Habersack/Mülbert/Schlitt, § 30 Rn. 36 ff. Bei SPACs steht jedoch zum Zeitpunkt der Prospekterstellung die operativ tätige Zielgesellschaft noch gar nicht fest, insofern liegt hier auch kein Fall einer komplexen finanztechnischen Vorgeschichte vor.

278 Zu den Kriterien für bedeutende Brutto-Veränderungen vgl. ESMA/2011/81, Rn. 90 ff.; *Kunold* in Assmann/Schlitt/von Kopp-Colomb, EU-ProspektVO Anhang I Rn. 219 ff.

schenberichtszeitraum, für den Zwischenfinanzinformationen im Prospekt abgedruckt sind.[279]

Eine bedeutende Unternehmenstransaktion zu einem Zeitpunkt vor dem Börsengang ist bei einem SPAC äußerst unwahrscheinlich und nahezu ausgeschlossen. Zwar zielt der SPAC auf eine Unternehmenstransaktion in der entsprechenden Größe ab, aber diese wird erst nach dem Börsengang in Form der Unternehmenszusammenführung mit einer noch zu identifizierenden Zielgesellschaft durchgeführt. Vor dem Börsengang ist noch nicht absehbar, ob und in welcher Größenordnung eine Unternehmenstransaktion tatsächlich durchgeführt wird. Die Pro-Forma-Finanzinformationen werden regelmäßig für den Prospektinhalt bei SPACs keine Rolle spielen.

c. Operative Historie

Nicht nur zur finanziellen Historie, sondern auch zur operativen Historie müssen nach § 7 WpPG i. V. m. Art. 4 Abs. 2 Nr. 1 ProspektVO i. V. m. Anhang I Ziff. 6.1 ProspektVO im Prospekt Angaben gemacht werden. Hierbei soll für die von den historischen Finanzinformationen abgedeckten Geschäftsjahre die Geschäftstätigkeit dargelegt werden. Eine bloß abstrakte Darstellung soll insoweit nicht genügen. Vielmehr wird eine konkrete Nennung der wichtigsten Haupttätigkeitsbereiche verlangt (Anh. I Ziff. 6.1.1. ProspektVO).[280] Abzustellen ist auf jede sich deutlich abhebende, differenzierbare Organisationseinheit, die auf den Absatz bestimmter Produkte oder Dienstleistungen ausgerichtet ist.[281] Auch die Einführung und Entwicklung neuer Produkte und Dienstleistungen soll hier erfasst werden (Anh. I Ziff. 6.1.2 ProspektVO).[282]

Da die SPAC-Gesellschaft erst unmittelbar vor dem Börsengang gegründet wird und vorher keinem operativen Geschäft nachgeht, können auch keine Angaben zur operativen Historie der letzten drei Jahre vor dem Börsengang gemacht werden. In diesem Zusammenhang ist für die operative Historie in Anh. I Ziff. 6 ProspektVO keine Ausnahmeregelung entsprechend der für his-

---

279 *Kunold* in Assmann/Schlitt/von Kopp-Colomb, EU-ProspektVO Anhang I Rn. 221; *Meyer* in Habersack/Mülbert/Schlitt, § 30 Rn. 34; *Schlitt/Ponick* in Habersack/Mülbert/Schlitt, Hdb. Kapitalmarktinf., § 5 Rn. 71. Zusätzlich können auch freiwillig ältere Pro-Forma-Finanzinformationen aufgenommen werden, sofern für den entsprechenden Zeitraum auch historische Finanzinformationen freiwillig aufgenommen werden, um eine bessere Vergleichbarkeit zu ermöglichen, vgl. *Schlitt/Singhof/Schäfer*, BKR 2005, 251, 254.

280 *Schlitt/Schäfer* in Assmann/Schlitt/von Kopp-Colomb, EU-ProspektVO Anhang 1 Rn. 63; *Alfes/Wieneke* in Berl. Komm. WpPG, Anh. I EU-ProspektVO, Rn. 34; *Fingerhut/Voß* in Just/Voß/Ritz/Zeising, Anhang I, Rn. 117 f.

281 *Schlitt/Schäfer* in Assmann/Schlitt/von Kopp-Colomb, EU-ProspektVO Anhang 1 Rn. 64.

282 *Schlitt/Schäfer* in Assmann/Schlitt/von Kopp-Colomb, EU-ProspektVO Anhang 1 Rn. 63; *Alfes/Wieneke* in Berl. Komm. WpPG, Anh. I EU-ProspektVO, Rn. 38; *Fingerhut/Voß* in Just/Voß/Ritz/Zeising, Anhang I, Rn. 121 ff.

torische Finanzinformationen in Anh. I Ziff. 20.1 Abs. 3 ProspektVO enthalten. Vielmehr müssten von der ProspektVO verlangte Angaben im Prospekt aufgenommen werden, auch wenn sie mangels Inhalt leer liefen. In den Prospekt eines SPAC müssten zur operativen Historie Informationen aufgenommen werden, die eine Haupttätigkeit verneinen und auch die Entwicklung oder den Vertrieb von neuen Produkten ausschließen. Damit der Prospekt in solchen Fällen kein unbegründet negatives Bild vom Emittenten zeichnet, kann auf die sogenannte Blankoklausel (*Blanket Clause*) nach Art. 23 Abs. 4 ProspektVO zurückgegriffen werden.[283] Die Blankoklausel erlaubt es dem Emittenten, die in den Schemata und Modulen gemäß der in Art. 4 bis 20 geforderten Angaben nicht in den Prospekt aufzunehmen, sofern diese Angaben für ihn nicht angemessen sind. Diese Regelung soll die Aufnahme eines Negativtestats für nicht einschlägige Mindestangaben im Prospekt entbehrlich machen.[284] Allerdings muss die fehlende Relevanz offensichtlich sein, damit das Regel-Ausnahme-Verhältnis nicht umgekehrt wird.[285] Die Anwendbarkeit der Blankoklausel hängt nicht vom Vorliegen einer Start-up-Gesellschaft ab.[286]

Da SPACs vor der Übernahme einer Zielgesellschaft keinem operativen Geschäft nachgehen, kann auf die Angaben zur operativen Historie nach § 7 WpPG i. V. m. Art. 4 Abs. 2 Nr. 1 ProspektVO i. V. m. Anhang I Ziff. 6.1 ProspektVO im Prospekt verzichtet werden, da diese offensichtlich nicht relevant sind und die Blankoklausel nach Art. 23 Abs. 4 ProspektVO Anwendung findet.[287]

d. Sonderregelung für Start-up-Unternehmen

Die BaFin kann nach Art. 23 Abs. 1 ProspektVO i. V. m. Anhang XIX ProspektVO von speziellen Emittenten die Aufnahme zusätzlicher Informationen in den Prospekt verlangen. Zu diesen besonderen Emittenten gehören auch Start-up-Gesellschaften. Wie sich ein solcher Start-up definiert, ob ein SPAC unter dieser Definition zu subsumieren ist, und welche Folgen dies für die Prospektangaben haben könnte, soll im Folgenden untersucht werden.

i. Definition von Start-up-Unternehmen

Nach der ProspektVO sind Start-ups seit weniger als drei Jahren bestehende Gesellschaften (Anh. XIX der ProspektVO, 5. Spiegelstrich). Laut den CESR bzw. ESMA-Empfehlungen liegt ein Start-up auch dann vor, wenn die betref-

283 Hierzu auch Erwägungsgrund 24 der EU- ProspektVO und CESR/03-300, Rn. 123 ff.; *Fingerhut/Voß* in Just/Voß/Ritz/Zeising, Vor Anhang I, Rn. 20; *Höninger* in Berl. Komm. WpPG, Art. 23 EU-ProspektVO, Rn. 34.

284 *Fingerhut/Voß* in Just/Voß/Ritz/Zeising, Vor Anhang I, Rn. 20; CESR/03-300, Rn. 125.

285 *Höninger* in Berl. Komm. WpPG, Art. 23 EU-ProspektVO, Rn. 34.

286 *Höninger* in Berl. Komm. WpPG, Art. 23 EU-ProspektVO, Rn. 34; zur Definition und den Anforderungen an Start-ups im Folgenden unter C.II.d.

287 Ebenso *Just*, ZIP 2009, 1698, 1699.

fende Gesellschaft zwar länger als drei Jahre besteht, aber ihre Geschäftstätigkeit vollständig verändert hat.[288] Entscheidend ist, ob die betreffende Gesellschaft seit weniger als drei Jahren in ihrer Branche tätig ist beziehungsweise die gleiche Geschäftstätigkeit ausübt.[289] Wird etwa eine länger als drei Jahre bestehende Gesellschaft auf eine neu errichtete Gesellschaft verschmolzen, ohne ihre Branche zu wechseln, ist sie nicht als Start-up anzusehen. Faktisch besteht die Gesellschaft länger als drei Jahre.[290] Auch neu gegründete Holding-Gesellschaften für bereits existierende Gesellschaften, oder Zweckgesellschaften (*Special Purpose Vehicle – SPV*) im Sinne von Art. 2 Nr. 4 ProspektVO fallen nicht unter die Definition von Start-ups.[291] Unter einer Zweckgesellschaft versteht man Gesellschaften, deren Tätigkeit und Zweck in erster Linie darin besteht, Wertpapiere zu emittieren. Zweckgesellschaften werden häufig aus haftungs- oder steuerrechtlichen Gründen errichtet.[292]

ii. SPACs als Start-ups

Fraglich ist, ob SPACs als Start-ups im Sinne von Art. 23 Abs. 1 ProspektVO i. V. m. Anhang XIX ProspektVO zu qualifizieren sind.[293] Dies setzt zunächst voraus, dass es sich bei einem SPAC weder um eine Holding-Gesellschaft, noch um eine SPV handeln. Da ein SPAC nicht mit dem Ziel gegründet wird, für eine bereits vor dem Börsengang feststehende Gesellschaft als Holding-Gesellschaft zu fungieren, scheidet die Qualifikation als eine solche aus. Zumindest terminologisch ähneln SPACs (*Special Purpose Acquisition Companies*) den Zweckgesellschaften (*Special Purpose Vehicles*), die nicht als Start-ups zu qualifizieren sind.[294] Doch der Zweck beider Modelle geht auseinander: Verfolgen die Gründer von SPVs in erster Linie die Umgehung unerwünschter Rechtsfolgen oder die Optimierung einer Transaktionsstruktur,[295] zielen die Gründer von SPACs darauf ab, denselbigen durch eine spätere Akquisition

288 ESMA/2011/85, Rn. 136; *Fingerhut/Voß* in Just/Voß/Ritz/Zeising, Anhang XIX, Rn. 24.

289 Vgl. *Schlitt/Ponick* in Habersack/Mülbert/Schlitt, Hdb. Kapitalmarktinf., § 5 Rn. 113.

290 Vgl. *Schnorbus*, WM 2009, 249, 256.

291 ESMA/2011/85, Rn. 136.

292 Vgl. *Foelsch* in Berl. Komm. WpPG, Art. 2 EU-ProspektVO, Rn. 4. Häufig werden ausländische Zweckgesellschaften als 100-prozentige Finanztochtergesellschaften des Emittenten zur Begebung von Wandelschuldverschreibungen gegründet, vgl. *Schlitt/Hemeling* in Habersack/Mülbert/Schlitt, § 10 Rn. 7. Aus steuerlicher Perspektive kann die Zweckgesellschaft als spezielle Refinanzierungsgesellschaft am Kapitalmarkt dienen, vgl. *Rühlmann* in Habersack/Mülbert/Schlitt, § 14 Rn. 12. Zum Einsatz von Zweckgesellschaften bei Verbriefungs-Transaktionen vgl. *Geiger* in Habersack/Mülbert/Schlitt, § 18 Rn. 2 ff.

293 So *Harrer/Janssen*, FB 2009, 46, 47; *Just*, ZIP 2009, 1698, 1699.

294 Im Einzelfall und je nach Gestaltung des SPAC für eine Subsumtion als SPV: *Heidelbach* in Schwark/Zimmer, § 7 WpPG Rn. 48.

295 Neben der Übernahme bestimmter Aufgaben bei Transaktionen können sie auch Aktiv- oder Passivposten aus den Bilanzen anderer Unternehmen übernehmen, vgl. „Das Schlagwort", DStR-KR 2002, 4.

mit Leben zu füllen. So wird der SPAC nicht als Mittel zum Zweck einer Emission eines anderen Emittenten im Hintergrund genutzt. Vielmehr erfolgt die Emission ausschließlich im Interesse der Gründer und der späteren Publikumsaktionäre des SPAC. Dabei verfolgt er mit einem eigenständigen Management einen Zweck, der über eine bloße Wertpapieremission hinausgeht: Vertreten durch den Vorstand sucht der SPAC nach einem attraktiven Zielunternehmen und strebt eine Unternehmenszusammenführung mit diesem an. In der Folge soll der SPAC das operative Geschäft der Zielgesellschaft fortführen, während SPVs nicht die Aufnahme einer operativen Geschäftstätigkeit anstreben. SPACs fallen nicht unter die Definition von Zweckgesellschaften im Sinne von Art. 2 Nr. 4 ProspektVO. Sie haben nicht in erster Linie den Zweck, Wertpapiere zu emittieren, sondern sind eigenständige Akquisitionsvehikel.[296]

Entscheidendes Kriterium für die Einordnung eines SPAC als Start-up ist – wie dargelegt – die Dauer der Ausübung der Geschäftstätigkeit in der gleichen Branche. SPACs werden in der Regel unmittelbar vor dem Börsengang gegründet und üben vorher keinerlei operative Geschäftstätigkeit aus. Auch wird vor dem Börsengang üblicherweise weder eine länger als drei Jahre in ihrer Branche tätige Gesellschaft auf den SPAC verschmolzen noch findet sonst eine Unternehmenstransaktion statt. Vielmehr ist es charakteristisch für SPACs, dass eine beabsichtigte Unternehmenszusammenführung erst nach dem Börsengang stattfinden soll und der SPAC vorher keiner Geschäftstätigkeit nachgeht.

Aufgrund ihrer Strukturierung und der kurzfristigen Gründung vor dem Börsengang sind SPACs somit als Start-up-Gesellschaften nach Art. 23 Abs. 1 ProspektVO i. V. m. Anhang XIX ProspektVO zu qualifizieren.[297]

iii. Zusatzangaben für Start-up-Unternehmen im Prospekt

Nach den CESR- bzw. ESMA-Empfehlungen kann die BaFin von Start-ups als Emittenten verlangen, dass eine Beschreibung des Geschäftsplanes in den Prospekt aufgenommen wird, ohne dass dabei konkreten Zahlen genannt werden.[298] Enthält der Geschäftsplan dennoch Gewinnprognosen oder Gewinnschätzungen, sollte ein Bericht nach Anh. I Ziff. 13.2 ProspektVO mit aufgenommen werden.[299] Dieser beizufügende Bericht soll von unabhängigen Buchprüfern und Abschlussprüfern erstellt werden und deren Stellungnah-

296 Zur Einordnung als Akquisitionsvehikel vgl. *Ahlers*, GP-SB, 6; *Bozicevic*, GP 2/2010, 16.

297 Mit gleichem Ergebnis *Schlitt/Schäfer* in Assmann/Schlitt/von Kopp-Colomb, EU-ProspektVO Anhang XIX Rn. 19; *Schnorbus* in Ff-Komm WpPG, Art. 23 ProspektVO Rn. 56. Im Einzelfall anstelle der Einordnung als Start-up auch eine Einordnung als SPV für möglich haltend, *Heidelbach* in Schwark/Zimmer, § 7 WpPG Rn. 48.

298 ESMA/2011/85, Rn. 137. Die Aussagekraft des Geschäftsplanes ohne die Angabe von Zahlen bezweifelnd: *Schlitt/Schäfer*, AG 2005, 498, 505; *Schnorbus*, WM 2009, 249, 257.

299 ESMA/2011/85, Rn. 137; vgl. auch *Höninger* in Berl. Komm. WpPG, Art. 23 EU-ProspektVO, Rn. 16; *Schanz*, § 13 Rn. 39.

men enthalten, ob die Prognosen oder Schätzungen ordnungsgemäß erstellt wurden und die Rechnungslegungsgrundlage mit den Rechnungsstrategien des Emittenten übereinstimmt.[300] Der Emittent soll zudem seine Strategie und die Grundannahmen, auf denen der Geschäftsplan basiert, darstellen.[301] Auch die derzeitige und zu erwartende Wettbewerbssituation sowie die in den nächsten zwei Geschäftsjahren geplanten neuen Produkte oder Dienstleistungen sollen hierbei Berücksichtigung finden.[302] Außerdem soll der Geschäftsplan Gegenstand einer Sensitivitätsanalyse sein, in der wesentliche Annahmen variiert werden.[303] Die Aufnahme eines Experten-Bewertungsgutachtens (*valuation report*) soll hingegen freiwillig sein.[304]

Weiterhin empfiehlt CESR bzw. ESMA den Regulierungsbehörden, Angaben zu einer möglichen Abhängigkeit von bestimmten Individuen, Kunden und Lieferanten sowie nicht im Eigentum des Emittenten stehenden Produktionsanlagen im Prospekt zu verlangen.[305]

iv. Konkrete Start-up-Zusatzangaben für SPACs

Konkrete Darstellungen des später aufzunehmenden operativen Geschäfts des SPAC sind im Geschäftsplan noch nicht möglich, da es zum Zeitpunkt der Prospekterstellung noch völlig offen ist, ob und wenn ja, welches operative Geschäft der SPAC nach dem De-SPAC aufnehmen wird. Dafür sollte der Geschäftsplan des SPAC zunächst die allgemeine Funktionsweise und die Struktur von SPACs erläutern, um dann aufzuzeigen, mit welcher Strategie eine passende Zielgesellschaft gefunden werden soll. Hierbei kann bereits eine Zielbranche angegeben werden oder andere Einschränkungen hinsichtlich der Mindestgröße oder der geographischen Herkunft der Gesellschaft gemacht werden.[306] Zugleich wäre es ratsam, die Erwartungen der Sponsoren, welche an eine erfolgreiche Akquisition geknüpft sind, und die daraus resultierenden Renditeaussichten und Gewinnmöglichkeiten für die Aktionäre darzustellen. Ebenfalls sollte Gegenstand der Darstellung sein, ob ein Markt für SPAC-Übernahmen besteht und welche Unternehmen als Zielunternehmen potenzi-

---

300 *Höninger* in Berl. Komm. WpPG, Art. 23 EU-ProspektVO, vgl. dort Fn. 9.

301 ESMA/2011/85, Rn. 137; *Schlitt/Schäfer* in Assmann/Schlitt/von Kopp-Colomb, EU-ProspektVO Anhang XIX Rn. 20.

302 ESMA/2011/85, Rn. 137; vgl. auch *Schlitt/Singhof/Schäfer*, BKR 2005, 251, 254; *Schnorbus*, WM 2009, 249, 256 f.

303 ESMA/2011/85, Rn. 137; vgl. auch *Schanz*, § 13 Rn. 39.

304 ESMA/2011/85, Rn. 139; *Schlitt/Schäfer* in Assmann/Schlitt/von Kopp-Colomb, EU-ProspektVO Anhang XIX Rn. 20.

305 ESMA/2011/85, Rn. 138; *Schlitt/Schäfer* in Assmann/Schlitt/von Kopp-Colomb, EU-ProspektVO Anhang XIX Rn. 20.

306 Ebenfalls können Schlüsselkriterien wie Marktführerschaft des Zielunternehmens oder hohe Markteintrittsschranken genannt werden, ohne dass diese bindend sind, vgl. Wertpapierprospekt der Helikos SE vom 11.01.2010, S. 69.

ell auf diesem Markt in Frage kommen.[307] Falls bereits bestimmte Unternehmen fokussiert sind, kann unter bestimmten Voraussetzungen die Pflicht bestehen, diese zu nennen. Dies hängt jedoch vom Einzelfall und dem jeweiligen Akquisitionsstadium ab. In der Regel sollte aber der Kreis an potenziellen Zielunternehmen bei Prospekterstellung noch so weit sein, dass von einer konkreten Nennung abgesehen werden kann.[308]

Im Rahmen der Darstellung der Strategie und der Grundannahmen, auf denen sie basiert, müssen die Gründer aufzeigen, warum der konkrete SPAC für ein potenzielles Zielunternehmen attraktiv sein könnte. In diesem Zusammenhang sind alle Aspekte zu nennen, welche die Gesellschafter eines Zielunternehmens von dem Zusammenschluss mit dem SPAC überzeugen sollen. Auch müsste auf die derzeitige und zu erwartende Marktsituation für SPACs und somit generell für Unternehmensübernahmen und -zusammenschlüsse eingegangen werden. Für konkrete Gewinnprognosen ist mangels ausreichender Anhaltspunkte kein Raum.

Die technischen Möglichkeiten der Unternehmenszusammenführung sowie die angestrebten Beteiligungshöhen sind ebenfalls in den Prospekt aufzunehmen. Hierbei ist zu empfehlen, sofern nicht bereits bei den allgemeinen Erläuterungen zur Funktionsweise von SPACs geschehen, den Einfluss der Aktionäre auf die Unternehmenszusammenführung zu beschreiben. Gleiches gilt für eine detaillierte Beschreibung der Umtauschrechte der Aktionäre. Da die Struktur des konkreten SPAC ein wesentlicher Aspekt seiner Geschäftsstrategie ist, muss sie an dieser Stelle detailliert beschrieben werden (Umstände der Liquidation, Befristung, erforderliche Mehrheiten, etc.).[309]

Ein besonderer Schwerpunkt muss auf die Angaben gelegt werden, mit denen die Akquisitionsstärke des individuell besetzten Management-Teams beschrieben wird.[310] Es besteht insofern eine Abhängigkeit von bestimmten Individuen, wofür die CESR- bzw. ESMA-Vorgaben spezielle Prospektangaben

307 Hierbei können Schwerpunkte der Suche z.B. bei der Organisationsform des Zielunternehmens gesetzt werden, in dem man sich beispielsweise auf Familienunternehmen oder Spin-offs konzentriert, vgl. auch Wertpapierprospekt der Germany1 Acquisition Limited vom 02.07.2008, S. 47.

308 So gingen die Gründer der Helikos SE von ca. 1200 potenziellen Zielunternehmen aus, deren einzelne Nennung im Prospekt den Zweck verfehlen würde, vgl. Wertpapierprospekt der Helikos SE vom 11.01.2010, S. 67.

309 Die Darstellung des Geschäftsplans erfolgt im Prospekt in der Regel unter dem Punkt *„Proposed Business"*. So auch in den Prospekten von Germany1 und Helikos, vgl. Wertpapierprospekt der Germany1 Acquisition Limited vom 02.07.2008, S. 47 ff. und Wertpapierprospekt der Helikos SE vom 11.01.2010, S. 67 ff. Ansonsten kann hier auf die oben beschriebenen SPAC-Charakteristika verwiesen werden, ergänzt um die individuellen Ausgestaltungsmerkmale des konkreten SPAC, siehe oben unter B.IV.

310 Besonders deutlich die Beschreibung der Sponsoren bei Helikos, wo auf die über 30-jährige Forschungsarbeit des Mitgründers Prof. Dr. Hermann Simon hervorgehoben wird: Vgl. Wertpapierprospekt der Helikos SE vom 11.01.2010, S. 67 f.

nahelegen.[311] Der Erfolg des SPAC ist hauptsächlich vom Geschick der Sponsoren abhängig: ein Umstand, auf den aus Anlegerschutzgesichtspunkten hinzuweisen ist.[312] Bei der Beschreibung der Sponsoren beziehungsweise des Management-Teams können deren bisherige Tätigkeiten, erfolgreich begleitete Transaktionen (*track record*), die gesellschaftliche Vernetzung oder auch berufliche Qualifikationen eine Rolle spielen.[313] Diese Angaben können auch zur Beschreibung von Wettbewerbsvorteilen gegenüber möglichen anderen SPACs dienen.[314]

Angaben zu einer Abhängigkeit von bestimmten Kunden, Lieferanten oder nicht im Eigentum der Gesellschaft stehenden Produktionsanlagen werden in der Regel bei SPACs nicht relevant.

e. Beschreibung von Risikofaktoren im Prospekt

Zusätzlich müssen bei der Emission von Aktien mögliche Risikofaktoren in einem gesonderten Abschnitt des Prospektes beschrieben werden (vgl. Art. 2 Nr. 3 und Anh. I Nr. 4, Anh. III Nr. 4 ProspektVO).[315] Nach der Legaldefinition in Art. 2 Nr. 3 ProspektVO sind Risikofaktoren solche Risiken, welche für die jeweilige Situation des Emittenten und/oder der Wertpapiere spezifisch und für die Anlageentscheidung wesentlich sind. Die Risikofaktoren sind im Prospekt gesondert darzustellen und in komprimierter Form in die Zusammenfassung[316] aufzunehmen (§ 5 Abs. 2 S. 2 WpPG).[317] Hierbei sollen keine allgemeinen Geschäftsrisiken erfasst werden. Vielmehr muss ein Bezug zum Prospektgegenstand und zum Emittenten gewahrt bleiben.[318] Eine Sortierung der Risikofaktoren in verschiedene Sachbereiche ist üblich, wobei jeder Faktor in der

---

311 Vgl. ESMA/2011/85, Rn. 138.

312 Unabhängig von dem Hinweis an der genannten Stelle ist dieser Umstand bei den möglichen Risiken ebenfalls darzustellen.

313 So auch bei Germany1, wo im Prospekt auf die außerordentliche Erfahrung und Vernetzung des Management-Teams hingewiesen wird, vgl. Wertpapierprospekt der Germany1 Acquisition Limited vom 02.07.2008, S. 48.

314 So findet sich die Beschreibung der Vorzüge des Management-Teams im Prospekt von Germany1 unter dem Punkt *Competitive Advantages*, vgl. Wertpapierprospekt der Germany1 Acquisition Limited vom 02.07.2008, S. 48 oder bei Helikos unter *Investment Highlights*, vgl. Wertpapierprospekt der Helikos SE vom 11.01.2010, S. 68.

315 Vor der Umsetzung der Prospektrichtlinie war es nach den Going-Public-Grundsätzen der Deutschen Börse üblich die Risikofaktoren mit in den Prospekt aufzunehmen, so dass sich diese weiterhin zur Gestaltung und dem Aufbau des betreffenden Abschnittes heranziehen lassen, vgl. *Meyer* in Habersack/Mülbert/Schlitt, § 30 Rn. 47. Zur Aufnahme der Risikofaktoren in den Prospekt nach den Going Public-Grundsätzen der Deutschen Börse AG vgl. nur *Schlitt/Smith/Werlen*, AG 2002, 478, 482 f.

316 Zur Zusammenfassung vgl. *Kunold/Schlitt*, B 2004, 501, 505.

317 *Meyer* in Habersack/Mülbert/Schlitt, § 30 Rn. 47; *Schlitt/Ponick* in Habersack/Mülbert/Schlitt, Hdb. Kapitalmarktinf., § 5 Rn. 113.

318 Vgl. *Schlitt/Schäfer* in Assmann/Schlitt/von Kopp-Colomb, EU-ProspektVO Anhang I Rn. 45; *Alfes/Wieneke* in Berl. Komm. WpPG, Anh. I EU-ProspektVO, Rn. 17.

Regel eine eigene Überschrift hat.[319] Die Überschriften können für die Zusammenfassung verwendet werden, indem sie dort üblicherweise in Listenform übernommen werden.[320]

Es sind nur wesentliche Risiken in den Prospekt aufzunehmen, da ansonsten der Grundsatz der Verständlichkeit (§ 5 Abs. 1 S. 1, 3 und Abs. 2 S. 2 WpPG) nicht gewahrt würde.[321] Bei der Entscheidung des Emittenten, ob ein Risikofaktor in den Prospekt aufzunehmen ist, soll das Verhältnis von Eintrittswahrscheinlichkeit und Schadenswirkung berücksichtigt werden: Ist eines von beiden sehr hoch, oder ist sowohl die Eintrittswahrscheinlichkeit als auch die mögliche Schadenshöhe sehr hoch, muss der Faktor in jedem Fall aufgenommen werden.[322] In weniger deutlichen Fällen bedarf es einer Einschätzung des Emittenten und der Konsortialbanken hinsichtlich der Wesentlichkeit im Einzelfall, da sie letztlich die Prospekthaftung trifft.[323]

Aufgrund der typischen Ausgestaltung eines SPAC ergeben sich bestimmte Risikofaktoren, die regelmäßig in den Prospekt aufzunehmen sind und auf die im Folgenden eingegangen werden soll: Unabhängig davon können je nach SPAC weitere Risikofaktoren aufzunehmen sein, die von der individuellen Gestaltung des SPAC abhängen und deshalb keine pauschalierte Betrachtungsweise erlauben. Die Risiken lassen sich in drei Bereiche unterteilen: Ein Bereich erfasst die Risiken in Zusammenhang mit dem Geschäftsmodell eines SPAC, ein anderer Bereich behandelt die Risiken hinsichtlich des Managements und möglichen Interessenkonflikten und schließlich sollten die Risiken in Zusammenhang mit dem konkreten Angebot einen eigenen Bereich bilden. Nachfolgend wird geprüft, welche typischen Risikofaktoren in den Wertpapierprospekt eines SPAC aufzunehmen sind.

i. Risiken in Zusammenhang mit dem Geschäftsmodell von SPACs

Zunächst sollen die Risikofaktoren dargestellt werden, die aus dem Geschäftsmodell eines SPAC als Akquisitionsvehikel und Start-up resultieren. Hier muss beschrieben werden, welche Risiken mit der Investition in ein Start-up verbunden sind, wie zum Beispiel die fehlende Möglichkeit der Beurteilung des Emittenten anhand früherer Geschäftsergebnisse.[324] Da es sich bei

---

319 So bereits *Schlitt/Smith/Werlen*, AG 2002, 478, 483.

320 Vgl. *Schlitt/Schäfer* in Assmann/Schlitt/von Kopp-Colomb, EU-ProspektVO Anhang I Rn. 50; *Alfes/Wieneke* in Berl. Komm. WpPG, Anh. I EU-ProspektVO, Rn. 19; *Meyer* in Habersack/Mülbert/Schlitt, § 30 Rn. 47; *Fingerhut/Voß* in Just/Voß/Ritz/Zeising, Anhang I, Rn. 77.

321 Vgl. *Schlitt/Schäfer* in Assmann/Schlitt/von Kopp-Colomb, EU-ProspektVO Anhang I Rn. 45; *Fingerhut/Voß* in Just/Voß/Ritz/Zeising, Anhang I, Rn. 86.

322 *Schlitt/Schäfer* in Assmann/Schlitt/von Kopp-Colomb, EU-ProspektVO Anhang I Rn. 45; *Fingerhut/Voß* in Just/Voß/Ritz/Zeising, Anhang I, Rn. 87.

323 *Fingerhut/Voß* in Just/Voß/Ritz/Zeising, Anhang I, Rn. 85.

324 Der die Risikofaktoren erfassende Prospektteil soll dem Anleger die Möglichkeit geben sich umfassend und abschließend an dieser Stelle über die möglichen Risiken informie-

SPACs um Akquisitionsvehikel handelt,[325] muss auf das Risiko hingewiesen werden, dass das Management-Team keine passende Zielgesellschaft finden könnte und der SPAC nach Fristablauf liquidiert werden müsste. Zudem könnte das Management bei der *Due Diligence*[326] fehlerhaft oder unzureichend arbeiten, so dass die Anleger im Vorhinein nicht ausreichend über die Zielgesellschaft informiert werden würden. Auf einer mangelhaften Informationsbasis können die Aktionäre nicht beurteilen, ob das vorgeschlagene Zielunternehmen ihren Ansprüchen gerecht wird. Eine weitere Folge einer fehlerhaften *Due Diligence* könnte sein, dass nach der Unternehmenszusammenführung Restrukturierungsmaßnahmen bei der Zielgesellschaft erforderlich werden, die negative Auswirkungen auf den Kurs der Aktie und des Optionsscheines haben könnten.[327] Hinzu kommt der Umstand, dass nicht börsennotierte Gesellschaften weniger strengen Publizitätspflichten unterliegen und es so für die Aktionäre des SPAC unabhängig von der *Due Diligence* nur schwer zu beurteilen ist, ob die Zielgesellschaft ihren Erwartungen entspricht und ein positives Votum rechtfertigt.

Zum Zeitpunkt der Prospekterstellung kann nur begrenzt auf sektorspezifische Risiken eingegangen werden, da diese von dem genauen Geschäftsmodell der zukünftigen Zielgesellschaft abhängen.[328] Lediglich mögliche branchenabhängige Veränderungen der Rahmenbedingungen können hier Berücksichtigung finden. Dennoch sollte ein Hinweis aufgenommen werden, der klarstellt, dass der Prospekt nur eingeschränkte Angaben zu diesen Risiken enthält.[329]

Die Aktionäre müssen darauf hingewiesen werden, dass eine Unternehmenszusammenführung auch zustande kommen kann, wenn ein großer Anteil der Aktionäre diese ablehnt. Dies kann beispielsweise dann der Fall sein, wenn nach der konkreten Struktur des SPAC bis zu 40 Prozent der Aktionäre von ihren Umtauschrechten Gebrauch machen können, ohne dass die Unterneh-

---

ren zu können. Daher reicht ein Verweis auf bereits genannte Risiken an dieser Stelle nicht aus, vielmehr müssen sie explizit genannt werden, vgl. *Schlitt/Schäfer* in Assmann/Schlitt/von Kopp-Colomb, EU-ProspektVO Anhang I Rn. 40; *Fingerhut/Voß* in Just/Voß/Ritz/Zeising, Anhang I, Rn. 72 ff.

325 Vgl. bereits oben unter C.II.2.d.ii.

326 Vgl. zur *Due Diligence* als vergangenheits-, gegenwarts- und zukunftsbezogene Analyse des Unternehmens in wirtschaftlicher und rechtlicher Hinsicht, *Nägele* in Habersack/Mülbert/Schlitt, § 27 Rn. 2. Vor einem direkten Börsengang wird ebenfalls eine *Due Diligence* durch die Emissionsbanken, ihre Rechtsberater und die Rechtsberater des Emittenten durchgeführt, *Schlitt/Ries* in Jesch/Striegel/Boxberger, § 16 Nr. 3.6.

327 Vgl. Wertpapierprospekt der Liberty International Acquisition Company vom 25.01.2008, S. 17 f.; Wertpapierprospekt der Helikos SE vom 11.01.2010, S. 47 f.; Wertpapierprospekt der Germany1 Acquisition Limited vom 02.07.2008, S. 18.

328 Zu sektorspezifischen Risiken, vgl. *Schlitt/Smith/Werlen*, AG 2002, 478, 482; *Fingerhut/Voß* in Just/Voß/Ritz/Zeising, Anhang I, Rn. 88.

329 Vgl. Wertpapierprospekt der Helikos SE vom 11.01.2010, S. 47.

mensübernahme scheitert.[330] Auch ist auf die Nachteile hinsichtlich der Verhandlungsposition gegenüber möglichen Zielunternehmen hinzuweisen, die dadurch entstehen können, dass die Verhandlungsführer des Zielunternehmens sowohl die Mindestinvestitionsschwelle (Wert des Zielunternehmens muss mindestens 80 Prozent der auf dem Treuhandkonto gehaltenen Erlöse entsprechen) als auch die Frist für eine Akquisition (Liquidationsfrist von i.d.R. 18-24 Monaten) kennen. Zudem stehen SPACs, wie bereits dargestellt, in Konkurrenz zu anderen Akquisitionsgesellschaften, wie beispielsweise Private-Equity-Fonds. Hierdurch könnte die Erfolgswahrscheinlichkeit des SPAC gesenkt und die Kosten einer Unternehmenszusammenführung in die Höhe getrieben werden, wenn Konkurrenzangebote gemacht werden.

Scheitern ein oder mehrere Akquisitionsversuche, ist es möglich, dass das nicht auf das Treuhandkonto eingezahlte Kapital (*working capital*) nicht mehr ausreicht, um weitere Akquisitionsversuche anzustrengen.[331] Deutlich werden muss in den Risikofaktoren auch, dass im Falle des Scheiterns des SPAC auch die Optionsscheine wertlos verfallen und möglicherweise der den Aktionären auszuzahlende Anteil vom Treuhandkonto nicht dem eingezahlten Anteil entsprechen könnte.[332] Schließlich könnten Ansprüche Dritter gegenüber dem SPAC das Eigenkapital angreifen oder die Zinserträge des Treuhandkontos nicht den Erwartungen der Aktionäre entsprechen. Auch besteht die Möglichkeit, dass die Rückzahlung des investierten Anteils aus Gläubigerschutzgesichtspunkten nicht unmittelbar nach der Liquidation ausgezahlt werden kann.[333]

Bestandteil der aufzunehmenden Risikofaktoren müssen auch Risiken sein, die in Zusammenhang mit der noch weitgehend unbestimmten Beteiligungshöhe des SPAC an der Zielgesellschaft stehen. Bei einer geringeren Beteiligung besteht die Möglichkeit, dass Interessenkonflikte hinsichtlich der Geschäftspolitik mit weiterhin einflussreichen Altgesellschaftern entstehen. Für den Fall des Erwerbs einer größeren Beteiligung muss auf das möglicherweise erfor-

---

330 Zu den prozentualen Grenzen von Aktionären, die maximal gegen das Zielunternehmen stimmen dürfen und von ihren Umtauschrechten Gebrauch machen können, bereits oben unter B.IV.7. Zudem steht es den Sponsoren regelmäßig frei, Publikumsaktien am Markt zu erwerben und mit diesen für die Unternehmenszusammenführung zu stimmen, vgl. Wertpapierprospekt der Germany1 Acquisition Limited vom 02.07.2008, S. 55 und Wertpapierprospekt der Helikos SE vom 11.01.2010, S. 75.

331 Werden mehrere *Due Diligences* durchgeführt, ist dies mit einem erheblichen Kostenaufwand verbunden. Zu Aufwand und Kosten der *Due Diligence*, vgl. *Feldhaus* in Ff-Komm Private Equity, Kap. 1 Rn. 175.

332 Dies ist abhängig davon, wie viel Prozent des Erlöses des öffentlichen Angebotes auf das Treuhandkonto gezahlt wurden, bzw. wieweit das *working capital* aus diesen Erlösen gespeist wurde.

333 Zu den Problemen, die sich bei einer Aktiengesellschaften hierzu stellen würden, später unter D.VII.3. Vgl. auch Wertpapierprospekt der Liberty International Acquisition Company vom 25.01.2008, S. 24; Wertpapierprospekt der Helikos SE vom 11.01.2010, S. 51; Wertpapierprospekt der Germany1 Acquisition Limited vom 02.07.2008, S. 26.

derlich werdende Pflichtangebot hingewiesen werden.[334] Bei Beteiligungen in großem Umfang, die nicht allein mit den auf dem Treuhandkonto angelegten Mitteln finanziert werden können, muss zusätzlich Fremdkapital aufgenommen werden. Hier entstehen weitere Risiken im Hinblick auf die Beschaffung des Fremdkapitals oder der Stellung von Sicherheiten.

Durch die regelmäßig erfolgende Sachkapitalerhöhung des SPAC zur Aufnahme der Zielgesellschaft ist auf den Verwässerungseffekt zu Lasten der SPAC-Aktionäre durch den erforderlichen Bezugsrechtausschluss hinzuweisen.[335] Gleiches gilt für den Verwässerungseffekt, der zum einen durch den Wandel der Gründeraktien in Publikumsaktien eintritt und zum anderen durch die Ausübung der Publikums- und der Gründeroptionsscheine.[336] Dieser Umstand kann sich nachteilig auf den Kurs der Aktie auswirken, aber auch die Attraktivität gegenüber Zielunternehmen schwächen.

ii. Risiken hinsichtlich des Managements und Interessenkonflikten

Wie bereits in Zusammenhang mit den Start-up-Zusatzinformationen dargestellt, müssen auch bei den Risikofaktoren Anleger besonders deutlich darauf hingewiesen werden, dass der Erfolg ihrer Investition im Wesentlichen von der Fähigkeit der Gründer, ein attraktives Zielunternehmen zu finden, abhängig ist.[337] Der Erfolg des SPAC kann beispielsweise dadurch gefährdet werden, dass einzelne Gründer aus persönlichen Gründen ausscheiden.[338]

In der Regel üben die Sponsoren der SPACs noch andere Geschäftstätigkeiten aus,[339] weshalb Konfliktpotenzial mit Blick auf den zeitlichen Aufwand bestehen könnte, den die Sponsoren für die Suche und die Akquisition eines Zielunternehmens investieren. Auch besteht die Möglichkeit, dass die Sponsoren aufgrund persönlicher Interessen nicht mit allen möglichen Zielunternehmen gleich intensiv verhandeln.[340] Weiter sollte auf die Gefahr hingewiesen wer-

---

334 Vgl. auch Wertpapierprospekt der Helikos SE vom 11.01.2010, S. 49. Zum Pflichtangebot nach dem WpÜG in Zusammenhang mit SPACs später unter D.VIII.

335 Zu der Sachkapitalerhöhung und den Bezugsrechten später ausführlich unter D.IV.4.c.

336 Dieser Punkt könnte ebenso in den Sachbereich der Risiken in Zusammenhang mit dem Angebot eingeordnet werden.

337 Hierzu bereits oben, bei C.II.2.d.iv.

338 Vgl. auch Wertpapierprospekt der Liberty International Acquisition Company vom 25.01.2008, S. 20; Wertpapierprospekt der Helikos SE vom 11.01.2010, S. 52; Wertpapierprospekt der Germany1 Acquisition Limited vom 02.07.2008, S. 21.

339 Als Beispiele seien genannt: für Germany1 Dr. Thomas Middelhoff, der zugleich Vorstandsvorsitzender der Arcandor AG war und für die Helikos SE Roland Lienau, der zugleich Managing Director bei der Wendel S.A. war.

340 Vgl. Wertpapierprospekt der Liberty International Acquisition Company vom 25.01.2008, S. 16; Wertpapierprospekt der Helikos SE vom 11.01.2010, S. 52; Wertpapierprospekt der Germany1 Acquisition Limited vom 02.07.2008, S. 21 f. Insbesondere für Manager, die bereits in den Bereichen Private Equity oder in der Investment-Branche tätig sind, besteht ein erhöhter Konfliktpotenzial, vgl. auch *Zanner/Siebert*, CL 2010, 224, 230.

den, dass die Sponsoren einen starken Anreiz haben, einen Unternehmenszusammenschluss „um jeden Preis" zu vollziehen, um den Totalverlust ihrer eigenen Investition zu vermeiden.[341] Auch wenn die Gründer mit ihren Gründeraktien bei der Abstimmung zur Unternehmensakquisition nicht stimmberechtigt sind, steht es ihnen doch frei, mit am Markt erworbenen Publikumsaktien für die Akquisition zu stimmen, auch wenn möglicherweise mangels Zustimmung der Publikumsaktionäre die Akquisition sonst nicht zustande käme. Zudem könnte das Management-Team bei der Vorbereitung der Abstimmung durch die Publikumsaktionäre bereits versuchen, Einfluss auf bestimmte Aktionäre zu nehmen, damit die Übernahme der vorgeschlagenen Zielgesellschaft eine ausreichende Mehrheit in der Hauptversammlung erreicht.

iii. Risiken in Zusammenhang mit dem Angebot

In Zusammenhang mit dem Angebot muss den Anlegern deutlich gemacht werden, dass durch die Management-Beteiligung in Form von Gründeraktien und Gründeroptionsscheinen in dem Moment der Wandlung oder Ausübung ein Verwässerungseffekt ihrer Anteile eintritt, der sich negativ auf den Kurs der Wertpapiere auswirken kann. Ebenfalls muss auf den möglichen Verwässerungseffekt und negativen Kurseffekt hingewiesen werden, der durch die Ausübung der beim Börsengang ausgegebenen Publikumsoptionsscheine entstehen kann, sofern der Börsenkurs bei Ausübung oberhalb des Ausübungspreises liegt.[342] Auch kann es zu nachteiligen Kurseffekten kommen, wenn die (etwa vereinbarten) *Lock-up*-Verpflichtungen der Sponsoren auslaufen und diese möglicherweise größere Aktienpakete am Markt veräußern.[343]

Die Anleger haben nicht die Möglichkeit, die Aktien und Optionsscheine vor dem öffentlichen Angebot und unabhängig vom Prospekt zu beurteilen, da für die auszugebenden Wertpapiere bisher kein Markt bestand und auch unklar ist, wie und ob sich ein solcher entwickeln wird.[344]

---

341 Vgl. hierzu auch oben unter B.V.2.d.

342 Zum Verwässerungseffekt bei der Ausübung der Optionsscheine die bei der Optionsanleihe ausgegeben werden, *Schlitt/Hemeling* in Habersack/Mülbert/Schlitt, § 10 Rn. 23.

343 Banken erwerben regelmäßig größere Aktienpakete des Unternehmens, dessen Kurswert Gegenstand des Swap-Geschäftes ist. Um den oben genannten Effekt zu vermeiden, veräußern die Banken häufig diese Pakete an den Vertragspartner des betreffenden Swap-Geschäftes. So entsteht kein nachteiliger Kurseffekt und es kann ein höherer Preis für das Aktienpaket erzielt werden. Vgl. hierzu *Fleischer/Schmolke*, ZIP 2008, 1501, 1505.

344 Vgl. auch Wertpapierprospekt der Liberty International Acquisition Company vom 25.01.2008, S. 21; Wertpapierprospekt der Germany1 Acquisition Limited vom 02.07.2008, S. 24.

f. Angaben zu Hauptaktionären nach Anhang I Ziff. 18 ProspektVO

Nach Anhang I Ziff. 18.1 ProspektVO muss der Emittent bei der Emission von Aktien seine Hauptaktionäre im Prospekt namentlich nennen, sofern sie ihm bekannt sind.[345] Da die ProspektVO bei Stimmrechtanteilen auf die nationalen Meldepflichten abstellt, ist § 21 WpHG heranzuziehen. Dieser sieht eine Meldepflicht für Aktionäre vor, die mindestens 3 Prozent der Stimmrechte auf sich vereinen.[346] Im zweiten Schritt wären nach Anhang I Ziff. 18.2 ProspektVO Informationen aufzunehmen, die beschreiben, ob sich die Stimmrechte der Hauptaktionäre von denen der zukünftigen Aktionäre unterscheiden.[347] Schließlich müssen nach Anhang I Ziff. 18.4 ProspektVO noch Informationen aufgenommen werden, die offenlegen, ob mit den Hauptaktionären Vereinbarungen wie *Put-* oder *Call*-Optionen[348] bestehen, bei deren Ausübung sie Einfluss auf die Kontrollverhältnisse der Gesellschaft nehmen könnten.[349]

Bei SPACs kommen vor der Börsenzulassung nur die Gründer als Hauptaktionäre in Betracht, da sie durch die Teilnahme am Gründungsvorgang bis dahin die einzigen Aktionäre des SPAC sind. Zudem ließe sich bei den Gründeraktien durchaus daran denken, dass sich die Stimmrechte aus diesen von denen der Publikumsaktionäre unterscheiden. Schließlich sollen die Gründeraktien bei der Abstimmung zur Unternehmensakquisition kein Stimmrecht vermitteln und gehören möglicherweise einer anderen Gattung an. Hinsichtlich des späteren Einflusses durch Vereinbarungen, bei deren Ausübung Einfluss auf die Kontrollverhältnisse der Gesellschaft genommen werden kann, könnten die Gründeroptionsscheine eine Rolle spielen. Ob es sich bei den Gründern aber überhaupt um Hauptaktionäre im Sinne der ProspektVO handelt, ist fraglich, da bei SPACs die Gründeraktien erst nach dem De-SPAC in Publikumsaktien gewandelt werden. Zudem ist das WpHG mangels Börsennotierung von SPACs vor dem öffentlichen Angebot nicht anwendbar. Ob dennoch

345 *Schlitt/Schäfer* in Assmann/Schlitt/von Kopp-Colomb, EU-ProspektVO Anhang I Rn. 147; *Alfes/Wieneke* in Berl. Komm. WpPG, Anh. I EU-ProspektVO, Rn. 81.

346 *Schlitt/Schäfer* in Assmann/Schlitt/von Kopp-Colomb, EU-ProspektVO Anhang I Rn. 147; *Fingerhut/Voß* in Just/Voß/Ritz/Zeising, Anhang I, Rn. 274.

347 Üblicherweise spielt diese Angabe bei Emittenten aus Deutschland lediglich eine Rolle bei Vorzugsaktien, vgl. *Fingerhut/Voß* in Just/Voß/Ritz/Zeising, Anhang I, Rn. 279.

348 Bei einer *Call*-Option handelt es sich um eine Kaufoption, bei welcher der Käufer durch Zahlung der Optionsprämie das Recht erwirbt, innerhalb eines festen Zeitraumes den Basiswert zu einem vorher festgelegten Basispreis zu erwerben. Vgl. *Becker* in Grunewald/Schlitt, S. 132 f. Bei einer *Put*-Option handelt es sich um eine Verkaufsoption, bei der der Käufer das Recht erwirbt, den Basiswert innerhalb eines festen Zeitraumes zu einem vorher festgelegten Basispreis zu veräußern. Vgl. *Becker* in Grunewald/Schlitt, S. 133.

349 Vgl. *Schlitt/Schäfer* in Assmann/Schlitt/von Kopp-Colomb, EU-ProspektVO Anhang I Rn. 156; *Alfes/Wieneke* in Berl. Komm. WpPG, Anh. I EU-ProspektVO, Rn. 83; *Fingerhut/Voß* in Just/Voß/Ritz/Zeising, Anhang I, Rn. 286.

die gleichen Schwellenwerte für nicht börsennotierte Emittenten herangezogen werden sollen, ist streitig.[350]

Letztlich kann die Frage, ob es sich bei den SPAC-Gründern um Hauptaktionäre nach Anhang I Ziff. 18 ProspektVO handelt, jedoch offenbleiben, da Hauptaktionäre, die Mitglied der Verwaltungs-, Geschäftsführungs- oder Aufsichtsorgane sind, von der Regelung ausdrücklich nicht erfasst werden. Bei der typischen SPAC-Struktur sind die Gründer auch das Management-Team und so Mitglieder der Geschäftsführung oder des Aufsichtsrates. Sie fallen als Inhaber der Gründeraktien und –optionsscheine nicht unter die Informationspflichten nach Anhang I Ziff. 18 ProspektVO. Hier entsteht kein Informationsdefizit aus Sicht der Anleger, da die hier verlangten Informationen bereits bei der Beschreibung der Struktur des SPAC,[351] der Beschreibung der Risikofaktoren[352] und den Angaben zu den Organen[353] ausführlich dargelegt worden sein sollten. Es ist nach Anhang I Ziff. 18 ProspektVO jedoch eine Negativerklärung in den Prospekt aufzunehmen. Sollten dennoch einzelne Gründer ausnahmsweise nicht Mitglieder des Vorstandes oder des Aufsichtsrates sein, sollten aus Gründen der Rechtssicherheit bei der Überschreitung der 3-Prozent-Schwelle des § 21 WpHG die oben genannten Angaben zu den betreffenden Gründern gemacht werden.

g. Sonstige Angaben nach § 7 WpPG i. V. m. ProspektVO

Die übrigen inhaltlichen Anforderungen an den Prospekt nach § 7 WpPG i. V. m. Art. 4 ProspektVO i. V. m. Anhang I ProspektVO und Art. 6 i. V. m. Anhang III ProspektVO sind bei der Fassung eines Wertpapierprospektes für einen SPAC in seiner Grundstruktur unproblematisch.[354] In Fällen, in denen für SPACs keine Angaben gemacht werden können, greift, wie bereits aufgezeigt, die Blankoklausel.

---

350 Vgl. *Fingerhut/Voß* in Just/Voß/Ritz/Zeising, Anhang I, Rn. 274. Richtigerweise auf die anwendbaren Meldeschwellen des Aktiengesetzes (nach § 20 AktG) in Höhe von 25 und 50 Prozent verweisend: *Schlitt/Schäfer* in Assmann/Schlitt/von Kopp-Colomb, EU-ProspektVO Anhang I Rn. 148.

351 Siehe oben unter C. II.2.d.iv.

352 Siehe oben unter C. II.2.e.

353 Nach Anhang I Ziff. 14 ProspektVO sind im Prospekt Angaben über die Verwaltungs-, Geschäftsführungs- und Aufsichtsorgane sowie das oberen Management zu machen, vgl. hierzu *Schlitt/Schäfer* in Assmann/Schlitt/von Kopp-Colomb, EU-ProspektVO Anhang I Rn. 121 ff.; *Alfes/Wieneke* in Berl. Komm. WpPG, Anh. I EU-ProspektVO, Rn. 69 f.; *Fingerhut/Voß* in Just/Voß/Ritz/Zeising, Anhang I, Rn. 214 ff.

354 Zu den übrigen in den Prospekt aufzunehmenden Angaben: *Meyer* in Habersack/Mülbert/Schlitt, § 30, Rn. 19 ff.

3. Zwischenergebnis

SPACs können auch als erst unmittelbar vor dem Börsengang gegründete Unternehmen den Anforderungen des anwendbaren Wertpapierprospektgesetz und der EU-Prospektverordnung gerecht werden. Die Sonderregelungen für Start-up-Unternehmen lassen sich auf SPACs anwenden und insbesondere im Zusammenspiel mit der Blankoklausel werden mögliche Hindernisse, wie die verlangten Angaben zur operativen Historie, überwunden. Auch die Sonderregelung hinsichtlich der historischen Finanzinformationen für Emittenten, die ihre Geschäftstätigkeit erst kurz vor dem Börsengang aufnehmen, begünstigt die Prospekterstellung beim Börsengang eines SPAC.

Da es sich um eine in Europa noch wenig bekannte Anlageform handelt, muss in dem Wertpapierprospekt ausführlich dargelegt werden, welche Risiken die SPAC-Struktur für Anleger birgt. Grundsätzlich bestehen keine unüberwindbaren Hindernisse, die gesetzlichen Anforderungen eines Wertpapierprospektes zu erfüllen, der für die Notierung an der Frankfurter Wertpapierbörse erforderlich ist. Dies gilt zumindest dann, wenn der betreffende SPAC in der hier dargestellten typischen Struktur ausgestaltet ist.

III. Börsenzulassung der Aktien zum regulierten Markt

Neben der Billigung des Prospektes durch die BaFin nach § 13 Abs. 1 S. 2 WpPG i. V. m. § 2 Nr. 13 WpPG begehrt der Emittent die Zulassung der Aktien.[355] Für die Zulassung der Aktien zum Regulierten Markt an der Frankfurter Wertpapierbörse ist gemäß § 32 Abs. 1 BörsG die Geschäftsführung der Deutschen Börse zuständig.[356] Die Voraussetzungen für die Zulassung sind in § 32 Abs. 3 Nr. 1 BörsenG i. V. m. § 34 BörsG i. V. m. §§ 1 bis 12 BörsZulV geregelt.[357] Zudem muss der Emittent vor der Zulassung der Aktien gemäß § 32 Abs. 3 Nr. 2 BörsG einen von der BaFin gebilligten Prospekt veröffentlichen.[358] Problematisch bei der Zulassung von SPAC-Aktien sind die Angaben nach § 3 Abs. 1 BörsZulV bezüglich der Dauer des Bestehens des Emittenten. Fraglich ist weiter, wie sich die Einteilung der Aktien in Gründer- und Publikumsaktien zum Gebot der Vollzulassung aller Wertpapiere einer Gattung nach § 7 BörsZulV verhält.[359]

---

355 Das Zulassungsverfahren kann auch schon auf Grundlage des Prospektentwurfes eingeleitet werden, vgl. *Schlitt/Singhof/Schäfer*, BKR 2005, 251, 255.

356 *Trapp* in Habersack/Mülbert/Schlitt, § 31, Rn. 40; *Groß*, § 32 BörsG, Rn. 35. Allgemeiner *Buck-Heeb*, Rn. 146 ff.

357 *J. Schäfer* in Grunewald/Schlitt, S. 194; *Schlitt/Ries* in Jesch/Striegel/Boxberger, § 16 Rn. 4.6. Ausführlich zu den Zulassungsvoraussetzungen *Trapp* in Habersack/Mülbert/Schlitt, § 31 Rn. 11 ff.

358 Zum zeitlichen Ablauf *Schlitt/Singhof/Schäfer*, BKR 2005, 251, 255 f.

359 Vgl. *Trapp* in Habersack/Mülbert/Schlitt, § 31 Rn. 20.

1. Voraussetzungen nach § 3 Abs. 1 BörsZulV

Nach § 3 Abs. 1 BörsZulV muss der Emittent seit mindestens drei Jahren als Unternehmen bestehen und die Jahresabschlüsse der letzten drei Geschäftsjahre offengelegt haben.[360] Da SPACs regelmäßig erst kurz vor dem Börsengang gegründet werden, liegt hier die Problematik ähnlich wie bei den historischen Finanzinformationen nach der ProspektVO.[361] Als Start-up-Unternehmen können SPACs die Anforderungen des § 3 Abs. 1 BörsZulV formell nicht erfüllen.

2. Ausnahme des § 3 Abs. 2 BörsZulV

Die Geschäftsführung der Deutschen Börse kann jedoch in Ausnahmefällen eine Zulassung der Wertpapiere gewähren, auch wenn die Voraussetzungen des § 3 Abs. 1 BörsZulV nicht erfüllt sind.

a. Wortlaut des § 3 Abs. 2 BörsZulV

Nach dem Wortlaut von § 3 Abs. 2 BörsZulV steht es im Ermessen der Geschäftsführung der Frankfurter Wertpapierbörse, diese Ausnahme zu gewähren,[362] falls sie sowohl dem Interesse des Emittenten als auch dem des Publikums entspricht. [363] Demnach müssen die beiden geforderten positiven Interessenlagen kumulativ vorliegen.[364] Die Ausnahmegewährung hängt davon ab, unter welchen Voraussetzungen die Geschäftsführung der Frankfurter Wertpapierbörse eine kumulativ positive Interessenlage anerkennt.

b. Richtlinienkonforme Auslegung von § 3 Abs. 2 BörsZulV

Der Norm liegt Art. 44 der Koordinierungsrichtlinie zugrunde.[365] Danach soll es ausreichen, wenn die Ausnahmegewährung „im Interesse der Gesellschaft oder der Anleger wünschenswert ist".[366] In der Regierungsbegründung zu § 3

---

360 Vgl. *Schlitt/Schäfer*, AG 2007, 227, 228.

361 Siehe oben unter C.II.2.a.

362 Durch die Aufnahme des Ausdruckes „kann" lässt sich auf eine Ermessensentscheidung schließen, vgl. *Maurer* § 7 Rn. 9.

363 *Groß* in Marsch-Barner/F. Schäfer, § 8 Rn. 21; *Willamowski* in Heidel, § 3 BörsZulV Rn. 1.

364 *Groß*, § 3 BörsZulV, Rn. 6; *Gebhardt* in Schäfer/Hamann, § 3 BörsZulV, Rn. 6; *Koch* in Berl. Komm. WpPG, § 3 BörsZulV, Rn. 3. Die Regierungsbegründung hingegen spricht von einer Abwägung der Interessen, vgl. RegBegr. Zu § 3 Abs. 2 BörsZulV, BR-Drucks. 72/87, S. 71; so auch *Heidelbach* in Schwark/Zimmer, § 3 BörsZulV, Rn. 3.

365 RL 2001/34/EG vom 28.05.2001, veröffentlicht im ABl. EG vom 06.07.2001 Nr. L 184/1, berichtigt durch ABl. EG vom 11.08.2001 Nr. L 217/18.

366 Vgl. Art. 44 KoordinierungsRL (Fn. 365). Zudem muss gewährleistet sein, dass die Anleger über ausreichende Informationen verfügen, um sich ein begründetes Urteil über die Gesellschaft und ihre Aktien zu bilden. Diese Voraussetzung wird regelmäßig

Abs. 2 BörsZulV wurde noch eine Interessenabwägung verlangt, während letztlich im verabschiedeten Gesetz sowohl ein Interesse des Emittenten als auch des Publikums an der Ausnahmegewährung festgeschrieben wurde.[367] Die Umsetzung in das deutsche Recht weicht insofern von der Richtlinie ab.[368] Zum Teil wird vertreten, dass § 3 Abs. 2 BörsZulV richtlinienkonform auszulegen sei und ein Interesse des Emittenten an der Ausnahmegewährung ausreiche, wobei an dieses Interesse keine hohen Anforderungen zu stellen seien.[369] Da ein SPAC als Emittent ein sehr hohes Interesse an einer Börsennotierung hat, sind die Voraussetzungen für eine Ausnahmegewährung nach dieser Auffassung regelmäßig erfüllt.[370]

c. Verwaltungspraxis der Geschäftsführung der Frankfurter Wertpapierbörse

Die Deutsche Börse hält an der Wortlautauslegung des § 3 Abs. 2 BörsZulV fest und verlangt das kumulative Vorliegen des Emittenten- und Publikumsinteresses.[371] Um den SPAC-Gründern und -Investoren hinreichende Sicherheit im Hinblick auf die Erteilung der Ausnahmegenehmigung zu gewährleisten, stellt sie Interpretationskriterien auf, bei deren Vorliegen sie regelmäßig von einer kumulativ positiven Interessenlage ausgeht. Die Deutsche Börse hat die Erteilung der Ausnahmegenehmigung an das Vorliegen der folgenden Voraussetzungen geknüpft:[372]

- Die IPO-Erlöse müssen auf ein Treuhandkonto gezahlt werden.
- Ein Verwendungszweck muss detailliert im Prospekt dargestellt werden.
- Der SPAC muss zeitlich befristet sein, wobei im Fall einer Auflösung das Treuhandvermögen an die Investoren zurückgezahlt werden muss.

---

durch die Veröffentlichung des Wertpapierprospektes erfüllt. Vgl. *Gebhardt* in Schäfer/Hamann, § 3 BörsZulV, Rn. 7.

367 Vgl. BR-Drucks. 72/87, S. 71.

368 *Groß*, § 3 BörsZulV, Rn. 6; *Gebhardt* in Schäfer/Hamann, § 3 BörsZulV, Rn. 6; *Koch* in Berl. Komm. WpPG, § 3 BörsZulV, Rn. 4.

369 So *Gebhardt* in Schäfer/Hamann, § 3 BörsZulV, Rn. 6; *Groß*, § 3 BörsZulV, Rn. 4.

370 Vgl. zur Bedeutung der Börsennotierung für das Konzept von SPACs bereits oben B.IV.2. und B.V.1.d.

371 *Steinbach/Rieß*, GP-SB, 12, 13; vgl. auch Listing Guide der Deutschen Börse (Fn. 148), Nr. 1.1.4.

372 Vgl. *Steinbach/Rieß*, GP-SB, 12, 13. Mit diesen Voraussetzungen wirbt die Deutsche Börse auch um ein Listing von SPACs in ihrer Broschüre „General und Prime Standard – Zugang zum europäischen Kapitalmarkt", November 2008, Bestell-Nr. 1100-2748, S. 11. Vgl. auch Listing Guide der Deutschen Börse (Fn. 148), Nr. 1.1.4. zu den Voraussetzungen für ein SPAC-Listing.

- Zur Sicherung einer investorenfreundlichen *Governance* muss die Aktionärsversammlung mit mindestens 50 Prozent für die vorgeschlagene Unternehmensübernahme stimmen.

Die hier dargestellte Grundstruktur eines SPAC entspricht diesen Kriterien. Die Geschäftsführung der Frankfurter Wertpapierbörse wird dem Begehren nach einer Ausnahmegewährung nachkommen.[373]

d. Stellungnahme

Grundsätzlich steht den nationalen Gesetzgebern bei der Umsetzung von EU-Richtlinien ein Wertungsspielraum zu, der es erlaubt, die Mindestbestimmungen der Richtlinie bei der Umsetzung in nationales Recht zu überschreiten.[374] Voraussetzung ist, dass hierbei der Grundsatz der Verhältnismäßigkeit gewahrt bleibt und somit die strengere Regelung objektiv erforderlich und angemessen ist, um die Hauptziele der Richtlinie zu erreichen.[375] Darüber hinaus muss die nationale Regelung den Erfordernissen der Rechtsklarheit und Rechtssicherheit genügen, damit Betroffene ihre Rechte gerichtlich geltend machen können.[376] Bei der Umsetzung von Art. 44 KoordinierungsRL hat der deutsche Gesetzgeber die Anforderungen an eine Ausnahmegewährung verschärft und überschreitet somit die Mindestbestimmungen der Richtlinie. Mit der Umsetzung der Koordinierungsrichtlinie sollte ein gleichwertiger Anlegerschutz auf europäischer Ebene gewährleistet werden.[377] Durch die strengere Umsetzung wird aber letztlich sogar ein höherwertiger Schutz der Anleger normiert. Zweifelhaft könnte sein, ob es objektiv erforderlich und angemessen ist, dass die Interessen des Publikums und des Emittenten kumulativ vorliegen müssen. Da es sich bei der Ausnahmegewährung aber um eine Ermessensentscheidung handelt, kann ausreichend Rücksicht auf die Interessen des Emittenten und der Anleger genommen werden. Die Kriterien selbst sprechen schon deshalb für eine verhältnismäßige Richtlinienumsetzung, weil sie auch in der Richtlinie für eine Ausnahmegewährung verankert sind. Die Norm bie-

---

373 Insbesondere helfen dem Anleger bei seiner Investitionsentscheidung auch keine Als-Ob-Beschlüsse, vielmehr ist eine möglichst genaue Beschreibung der Anlage- bzw. Erwerbsrichtlinie im Prospekt erforderlich, vgl. *Heidelbach* in Schwark/Zimmer, § 3 BörsZulV, Rn. 3.

374 Man spricht auch von einer „überschießenden Umsetzung", vgl. *Haratsch/Koenig/Pechstein,* S. 168 f. Rn. 386. Durch die freie Wahl der Mittel zur Erreichung der Ziele wird zum einen ein Mindestmaß an Rechtsvereinheitlichung erreicht und zum anderen bleibt den Mitgliedsstaaten eine nationale Souveränität bei der Umsetzung, vgl. *Haltern,* S. 336 Rn. 663.

375 EuGH, Rs. C-491/06, Slg. 2008, S. I – 3339, Rn. 40 – *Danske Svineproducenter; Haratsch/Koenig/Pechstein,* S. 168 f. Rn. 386.

376 EuGH, Rs. 291/84, Slg. 1987, S. 3483 – *Kommission/Niederlande; Haratsch/Koenig/Pechstein,* S. 168 f. Rn. 386.

377 Vgl. Erwägungsgrund 2 der RL 2001/34/EG vom 28.05.2001, veröffentlicht im ABl. EG vom 06.07.2001 Nr. L 184/1, berichtigt durch ABl. EG vom 11.08.2001 Nr. L 217/18.

tet ausreichende Rechtsklarheit und Rechtssicherheit für die Betroffenen, um ihre Rechte geltend zu machen. Die Geschäftsführung der Frankfurter Wertpapierbörse ist darüber hinaus an die Grundsätze einer fehlerfreien Ermessensausübung gebunden.[378]

Da der Verordnungsgeber sich hier innerhalb seines Wertungsspielraumes bewegt hat, ist kein Raum für eine richtlinienkonforme Auslegung der Norm. Die Ermessensentscheidung der Geschäftsführung der Frankfurter Wertpapierbörse ist an den Kriterien des § 3 Abs. 2 BörsZulV zu messen, der ein kumulatives Interesse des Emittenten und des Publikums für die Ausnahmegewährung verlangt. Allerdings muss im Rahmen der Ermessensausübung darauf geachtet werden, dass keine allzu scharfen Anforderungen an die Ausnahmeregelung gestellt werden.

An das Interesse des Emittenten sind keine hohen Anforderungen zu stellen. Regelmäßig genügt bereits das wirtschaftliche Interesse des Emittenten, über den Kapitalmarkt Eigenkapital aufzunehmen.[379] Die von der Deutschen Börse aufgestellten Voraussetzungen für die Erteilung einer Ausnahmegenehmigung sollen dafür sorgen, dass auch die Interessen der Anleger gewahrt werden und neben dem Interesse des Emittenten auch ein Interesse des Publikums an der Börsennotierung gegeben ist. Die Kriterien stellen sicher, dass die Erlöse des öffentlichen Angebotes auf ein Treuhandkonto gezahlt werden, damit der Rückzahlungsanspruch der Aktionäre gesichert ist. Auch die zeitliche Befristung dient dem Interesse der Aktionäre und sichert ihnen die Möglichkeit, nahezu verlustfrei innerhalb eines festen zeitlichen Rahmens die Investition zu beenden. Gleiches gilt für den Umstand, dass bei der Aktionärsversammlung mindestens 50 Prozent der anwesenden Stimmrechte für das Zielunternehmen ausgeübt werden müssen. So wird das Mitspracherecht der Aktionäre zur Voraussetzung für die Börsenzulassung. Die Kerninteressen der Anleger liegen darin, zum einen möglichst verlustfrei die Investition in einen SPAC beenden zu können und zum anderen bei der Entscheidung über das Zielunternehmen ein Mitspracherecht zu haben. Diese Interessen werden durch die von der Deutschen Börse aufgestellten Voraussetzungen gewahrt. Die Voraussetzungen stellen sicher, dass der Börsengang eines SPAC auch den Interessen der Anleger gerecht wird und die Börsenzulassung gemäß § 3 Abs. 2 BörsZulV sowohl im Interesse des Emittenten als auch im Interesse des Publikums liegt.

Für die Wahl dieser Kriterien spricht auch, dass die NASDAQ und die NYSE das Vorliegen ähnlicher Voraussetzungen für eine Börsenzulassung verlangen[380] und sich diese Voraussetzungen bewährt haben, wie an den zahlreichen SPAC-Börsengängen und der positiven Resonanz des Publikums in den USA

378 Zu den Grenzen des Ermessens und Ermessensfehlern, vgl. *Maurer*, § 7 Rn. 19 ff.

379 Vgl. *Gebhardt* in Schäfer/Hamann, § 3 BörsZulV, Rn. 6.

380 Hierzu bereits oben unter B.II.2.

abgelesen werden kann.[381] Geboten wäre lediglich, dass die Deutsche Börse die 80-Prozent-Investitions-Schwelle bezogen auf das Treuhandvermögen als zusätzliches Kriterium aufnimmt, um Missbräuchen vorzubeugen.[382] Da es sich jedoch um eine Ermessensentscheidung im Einzelfall handelt, könnte dieses Kriterium bei Berücksichtigung der Verwaltungspraxis ohnehin zusätzlich herangezogen werden.

3. Zwischenergebnis

Für eine richtlinienkonforme Auslegung der Norm ist kein Raum, da der Wortlaut von § 3 Abs. 2 BörsZulV eindeutig ist. Demnach muss ein Interesse des Emittenten, aber auch des Publikums an der Ausnahmegewährung bestehen. Bei der Interpretation, wann ein solch beiderseitiges Interesse vorliegt und die Voraussetzungen des § 3 Abs. 2 BörsZulV erfüllt sind, ist der Frankfurter Wertpapierbörse vor dem Hintergrund der weniger strengen Richtlinie ein weiter Entscheidungsspielraum eingeräumt. Die von der Frankfurter Wertpapierbörse gewählten Interpretationskriterien für die Zulassung der Aktien eines SPAC genügen der strengeren Wortlautauslegung der Norm und stehen im Einklang mit der Richtlinie. Bei der hier zugrunde gelegten typischen Ausgestaltung, erfüllen SPACs regelmäßig die genannten Voraussetzungen und können so auch nach der strengen und richtigen Wortlautauslegung von § 3 Abs. 2 BörsZulV zugelassen werden.[383]

4. Zulassung aller Wertpapiere einer Gattung (§ 7 Abs. 1 BörsZulV)

Nach dem Grundsatz der Zulassung aller Wertpapiere aus § 7 Abs. 1 S. 1 BörsZulV müssen alle Aktien einer Gattung zugelassen werden.[384] Durch die Regelung soll verhindert werden, dass beim Publikum der Eindruck entsteht, dass eine größere Anzahl von Wertpapieren besteht, als tatsächlich auf den Markt kommt.[385] Durch eine künstliche Angebotsverknappung bestünde die Gefahr, dass sich ungerechtfertigt hohe Börsenpreise entwickeln.[386] Aus-

---

381 Hierzu bereits oben unter B.I.4.

382 Hierzu bereits oben unter B.IV.3.

383 Daher konnten auch die Aktien der Helikos SE und der ECT SE von der Geschäftsführung der Frankfurter Wertpapierbörse zugelassen werden, vgl. zur Helikos SE die Pressemitteilung der Deutsche Börse Group vom 04.02.2010: „Deutsche Börse begrüßt ersten Börsengang im Prime Standard 2010", abrufbar unter:"http://deutsche-boerse.com/dbag/dispatch/de/notescontent/gdb_navigation/investor_relations/60_News/10_Press_Releases/INTEGRATE/mr_pressreleases?notesDoc=952B78B8AC6BF22CC12576C000496A5E&newstitle=deutscheboersebegruesserstenb&location=investor_relations"

384 Vgl. *Gebhardt* in Schäfer/Hamann, § 7 BörsZulV Rn. 2.

385 *Trapp* in Habersack/Mülbert/Schlitt, § 31 Rn. 20.

386 *Gebhardt* in Schäfer/Hamann, § 7 BörsZulV Rn. 1; *Willamowski* in Heidel, § 7 BörsZulV Rn. 1.

nahmsweise müssen nach § 7 Abs. 1 S. 2 BörsZulV nicht alle Aktien zugelassen werden, wenn entweder der beherrschende Einfluss auf den Emittenten durch eine Beteiligung aufrecht erhalten werden soll oder Teile der Aktien aufgrund von gesetzlichen oder vertraglichen Veräußerungsverboten zumindest zeitweise nicht gehandelt werden dürfen.[387] Letztere Ausnahme betrifft auch befristete Handelsverbote wie *Lock-up*-Vereinbarungen.[388]

Bei den bisher an der Frankfurter Wertpapierbörse gelisteten SPACs konnte beobachtet werden, dass kein Antrag auf die Zulassung der Gründeraktien zum Börsenhandel gestellt wurde. [389] So kann sicher gestellt werden, dass die Sponsoren keine Möglichkeit haben, ihre Gründeraktien, zumindest bis zur Wandlung oder zum Umtausch in Publikumsaktien, über die Börse zu veräußern. Fraglich ist, ob die Beantragung der Börsenzulassung nur für die Publikumsaktien mit dem Gebot der Vollzulassung aus § 7 Abs. 1 BörsZulV vereinbar ist. Um tatbestandlich nicht unter das Gebot der Vollzulassung zu fallen, müsste es sich bei den Gründeraktien um Aktien einer anderen Gattung als die der Publikumsaktien handeln (§ 7 Abs. 1 S. 1 BörsZulV). Ist dies nicht der Fall, schließt sich die Frage an, ob gegebenenfalls die Ausnahmeregelung nach § 7 Abs. 1 S. 2 Alt. 2 BörsZulV Anwendung findet. Dies setzt wiederum bei der individuellen Struktur des SPAC voraus, dass sich die Gründer einer *Lock-up*-Vereinbarung unterworfen haben.

Nach der Legaldefinition aus § 11 S. 2 AktG gehören Aktien zur gleichen Gattung, wenn sie mit den gleichen Rechten ausgestattet sind. Hierzu zählen sowohl Vermögens- als auch Verwaltungsrechte.[390] Insbesondere begründen unterschiedliche Stimmrechte der Aktien unterschiedliche Gattungen.[391] Die in Deutschland bekannteste und häufigste Differenzierung zwischen Aktiengattungen besteht bei der Ausgabe von stimmrechtlosen Vorzugsaktien.[392] Wie bereits aus dem Wortlaut des § 11 S. 1 AktG hervorgeht, begründen auch Unterschiede bei der Verteilung des Liquidationserlöses unterschiedliche Aktiengattungen.[393]

---

387 *Heidelbach* in Schwark/Zimmer, § 7 BörsZulV Rn. 2.

388 *Gebhardt* in Schäfer/Hamann, § 7 BörsZulV Rn. 8; *Groß*, § 7 BörsZulV Rn. 13, dort Fn. 28; *Koch* in Holzborn, § 7 BörsZulV Rn. 2. Dies gilt auch, wenn das einzige Ziel der *Lock-up*-Vereinbarung ist, die Tatbestandsvoraussetzungen des § 7 BörsZulV zu erfüllen, vgl. *Heidelbach* in Schwark/Zimmer, BörsZulV § 7 Rn. 2.

389 So beispielsweise bei der Helikos SE und der ECT SE, bei denen die Gründeraktien zunächst nicht gelistet wurden, vgl. Wertpapierprospekt der Helikos SE vom 11.01.2010, S. 95 und Wertpapierprospekt der European CleanTech I SE vom 01.10.2010, S. 112. Zu den Gründeraktien siehe bereits oben unter B.IV.10.

390 *Dauner-Lieb* in KK-AktG, § 11 Rn. 9; *Vatter* in Spindler/Stilz, § 11 Rn. 7 und 11; *Westermann* in Bürgers/Körber, § 11 Rn. 4.

391 *Dauner-Lieb* in KK-AktG, § 11 Rn. 13 f.; *Ziemons* in Schmidt/Lutter, § 11 Rn. 5.

392 Vgl. *Vatter* in Spindler/Stilz, § 11 Rn. 2.

393 *Dauner-Lieb* in KK-AktG, § 11 Rn. 10; *Vatter* in Spindler/Stilz, § 11 Rn. 8; *Westermann* in Bürgers/Körber, § 11 Rn. 4; *Ziemons* in Schmidt/Lutter, § 11 Rn. 5.

Die Gründeraktien unterscheiden sich in der Regel von den Publikumsaktien dadurch, dass sie bei der Abstimmung über die Unternehmensakquisition den Gründern keine Stimmrechte vermitteln und bei dieser Entscheidung nur die Mehrheit der Publikumsaktionäre ausschlaggebend ist. Je nach struktureller Gestaltung der Gründeraktien sollen diese nur teilweise oder gar nicht zur Beteiligung am Liquidationserlös berechtigen.[394] Letztlich ist es von der individuellen Ausgestaltung der Gründeraktien abhängig, ob sie der gleichen Gattung wie die Publikumsaktien angehören.[395] Werden mit Gründer- und Publikumsaktien verschiedene Aktiengattungen bereits in der Satzung geschaffen, ist es möglich, nur die Publikumsaktien zum Börsenhandel zuzulassen.

Alternativ können alle Aktien mit den gleichen Rechten ausgestattet werden, müssten aber so auch ausnahmslos nach § 7 Abs. 1 BörsZulV zugelassen werden. In diesem Falle müssten bei der Strukturierung des SPAC andere Vereinbarungen oder Selbstverpflichtungen seitens der Gründer getroffen werden, um sicher zu stellen, dass die unterschiedlichen Rechte nicht ausgeübt werden können, indem beispielsweise die Gründeraktien von einem Treuhänder verwaltet werden.[396] Beim Einschalten eines Treuhänders bleibt zu beachten, dass bei der Börsenzulassung nach § 9 Abs. 1 S. 2 BörsZulV stets ein ausreichender Streubesitz (*free float*) der Aktien in Höhe von 25 Prozent bestehen muss.[397] Da der Anteil der Sponsoren selbst nach vollständiger Wandlung oder dem Umtausch der Gründeraktien in Publikumsaktien ca. 20 Prozent, bezogen auf das Volumen beim Börsengang, entsprechen soll, stellt sich dieses Erfordernis als unproblematisch dar.

Darüber hinaus besteht die Möglichkeit, dass sich die Gründer bezüglich ihrer Gründeraktien einer *Lock-up*-Vereinbarung unterwerfen und auf eine Börsenzulassung im Rahmen einer Ausnahme nach § 7 Abs. 1 S. 2 Alt. 2 BörsZulV verzichten.[398] Die Ausnahmegewährung setzt weiter voraus, dass kein Nachteil für die Erwerber der zuzulassenden Aktien hinsichtlich der Marktliquidi-

---

394 Vgl. Wertpapierprospekt der Helikos SE vom 11.01.2010, S. 95; Wertpapierprospekt der Germany1 Acquisition Limited vom 02.07.2008, S. 76; Wertpapierprospekt der European CleanTech I SE vom 01.10.2010, S. 111 f.

395 Die Helikos SE und die ECT SE gaben an ihre Aktionäre nach Luxemburger Recht mögliche *Class A Shares* und an die Sponsoren *Class B Shares* aus. Bei dieser Differenzierung liegen unterschiedliche Gattungen vor und die Zulassung kann auf eine Gattung beschränkt werden, vgl. *Groß*, § 7 BörsZulV Rn. 12; *ders.* In Marsch-Barner/J. Schäfer, § 9 Rn. 27.

396 So bei Germany1, deren Gründer ihre Gründeraktien in eine Stiftung einbrachten, um gegenüber den Publikumsaktionären sicher zu stellen, dass die betreffenden Rechte aus den Gründeraktien nicht ausgeübt werden. Die Wahl einer Stiftung als Treuhänder dürfte wohl steuerliche Gründe gehabt haben. Vgl. Wertpapierprospekt der Germany1 Acquisition Limited vom 02.07.2008, S. 75 f.

397 Die Vorschrift soll sicherstellen, dass durch die hinreichende Streuung der Aktien die für den ordnungsgemäßen Börsenhandel erforderliche Liquidität erreicht wird, vgl. *Koch* in Holzborn, § 9 BörsZulV Rn. 1; *Groß*, § 9 BörsZulV Rn. 19.

398 *Gebhardt* in Schäfer/Hamann, § 7 BörsZulV Rn. 8; *Groß*, § 7 BörsZulV Rn. 13, dort Fn. 28; *Koch* in Holzborn, § 7 BörsZulV Rn. 2.

tät zu erwarten ist.[399] Da der Großteil der Aktien aus frei handelbaren Publikumsaktien besteht, ist bei SPACs in der Regel von einer ausreichenden Marktliquidität auszugehen.

Eine Zulassung der Aktien eines als deutsche Aktiengesellschaft aufgelegten SPAC an der Frankfurter Wertpapierbörse wäre mit dem deutschen Recht vereinbar.

5. Zwischenergebnis

Aus kapitalmarktrechtlicher Sicht können Aktien eines SPAC an der Frankfurter Wertpapierbörse notiert werden, sofern die aufgeführten Besonderheiten berücksichtigt werden. Den inhaltlichen Anforderungen an den Wertpapierprospekt kann nachgekommen werden. Auch bei der Börsenzulassung bietet die Ausnahmeregelung nach § 3 Abs. 2 BörsZulV eine Möglichkeit, die Aktien eines SPACs als Start-up-Unternehmen zu listen. Ob alle Aktien zum Börsenhandel zugelassen werden müssen, hängt von der konkreten Ausgestaltung der Gründeraktien ab: Handelt es sich nach den dargestellten Grundsätzen um eine eigene Aktiengattung, kann von einer Börsenzulassung abgesehen werden. Andernfalls müsste aufgrund der Vereinbarung eines *Lock-ups* die Ausnahmeregelung des § 7 Abs. 1 S. 2 Alt. 2 BörsZulV in Anspruch genommen werden, um von einem Listing der Gründeraktien absehen zu können. Als dritte Option kommt in Frage, dass die Gründeraktien formal mit den gleichen Rechten wie die Publikumsaktien zwar zum Börsenhandel zugelassen werden, die SPAC-spezifischen Beschränkungen aber durch die Aufbewahrung bei einem Treuhänder sichergestellt werden.

IV. Prospektpflicht für die Publikumsoptionsscheine

Neben den Aktien enthalten die bei einem öffentlichen Angebot eines SPAC ausgegebenen Units auch Optionsscheine, die unmittelbar nach dem Börsengang regelmäßig selbstständig handelbar sein sollen. Es folgt eine Prüfung der kapitalmarktrechtlichen Voraussetzungen für eine Börsenzulassung dieser Optionsscheine.[400]

---

399 *Gebhardt* in Schäfer/Hamann, § 7 BörsZulV Rn. 9; *Groß*, § 7 BörsZulV Rn. 13, dort Fn. 28; *Heidelbach* in Schwark/Zimmer, BörsZulV § 7 Rn. 3; *Koch* in Holzborn, § 7 BörsZulV Rn. 3; *Willamowski* in Heidel, § 7 BörsZulV Rn. 1.

400 Denkbar ist, dass die Optionsscheine lediglich in den General Standard und nicht, wie möglicherweise die Aktien, in den strenger regulierten Prime Standard aufgenommen werden. So auch bei der Helikos SE und der ECT SE, deren Publikumsaktien im Prime Standard notiert wurden. Die Publikumsoptionsscheine hingegen wurden im General Standard notiert. Vgl. Ad-hoc-Mitteilung der Helikos SE zum Ergebnis des Börsengangs vom 02.02.2010, abrufbar unter: „http://www.helikosgroup.com/files/Ad-hoc%20-%20Helikos%20SE%20ver%C3%B6ffentlicht%20Details%20zum%20B%C3%B6rsen

1. Rechtsrahmen

Eine Prospektpflicht nach § 3 Abs. 1 WpPG besteht für Optionsscheine als Bestandteile der Units, wenn diese ebenfalls unter den Wertpapierbegriff des § 2 WpPG fallen. Entscheidendes Kriterium ist die Fungibilität der Papiere.[401] Diese ist bei einer selbstständigen Handelbarkeit der Optionsscheine in ausreichendem Maße vorhanden.[402] Optionsscheine sind als Dividendenwerte gemäß § 2 Nr. 2 WpPG einzuordnen, da sie bei Ausübung zum Erwerb von Aktien des Emittenten führen.[403] Daher ist das Wertpapierprospektgesetz anwendbar (§ 1 Abs. 1 WpPG) und für das öffentliche Angebot der Optionen ein Prospekt erforderlich (§ 3 Abs. 1 S. 1 WpPG). Bei einer Emission von Optionsscheinen durch eine deutsche Aktiengesellschaft an der Frankfurter Wertpapierbörse ist die BaFin nach § 13 Abs. 1 S. 2 WpPG i. V. m. § 2 Nr. 13 WpPG für die Prüfung und Billigung des Prospektes zuständig.[404]

2. Prospektinhalt nach der ProspektVO

Die inhaltlichen Anforderungen an den Prospekt richten sich wie bei dem Prospekt für Aktien nach der EU-ProspektVO (§ 7 WpPG i. V. m. ProspektVO).[405] Optionsscheine sind derivative Wertpapiere. Der Prospektinhalt richtet sich in diesem Fall nach dem entsprechenden Schema in Anhang XII ProspektVO (Art. 15 i. V. m. Anhang XII ProspektVO).[406]

In diesem Zusammenhang ist die Besonderheit relevant, dass die Optionsscheine bei SPACs in der Regel als Units, also gekoppelt an eine Aktie, ausgegeben werden sollen. Grundsätzlich wäre bei der Emission von Optionsschei-

---

gang.pdf". Zuletzt abgerufen am 31.10.2011. Und Ad-hoc-Mitteilung der ECT SE vom 18.10.2010 (Fn. 111). Dies spielt jedoch vorrangig bei den Zulassungsfolgepflichten eine Rolle und nicht bei der Zulassung selbst. Vgl. *Ries* in Grunewald/Schlitt, S. 25. Für ein Listing im Prime Standard wirft die SPAC-Struktur keine speziellen Probleme auf, vgl. zu den Zulassungsfolgepflichten im Prime Standard *S. Schäfer* in Grunewald/Schlitt, S. 284.

401 RegBegr. Prospektrichtlinien-Umsetzungsgesetz, BT-Drucks. 15/4999, S. 28; *Groß*, § 2 Rn. 3.

402 *Groß*, § 2 Rn. 3; *Hamann* in Schäfer/Hamann, § 2 WpPG Rn. 4.

403 *Ritz/Zeising* in Just/Voß/Ritz/Zeising, § 2 Rn. 76; *Kunold/Schlitt*, BB 2004, 501, 503. Für eine Einordnung als Nichtdividendenwert nach § 2 Nr. 3 WpPG, was aber nichts an der Qualifikation als Wertpapier i. S. v. § 2 WpPG ändert: *von Kopp-Colomb/Knobloch* in Assmann/Schlitt/von Kopp-Colomb, § 2 WpPG Rn. 27.

404 Vgl. Fn. 260.

405 *Schlitt/Schäfer* in FS Hopt, 2469, 2482; *dieselben* in Assmann/Schlitt/von Kopp-Colomb, § 5 WpPG Rn. 13; *Just* in Just/Voß/Ritz/Zeising, § 7 WpPG, Rn. 5; *Ries* in Grunewald/Schlitt, S. 32; *Groß*, § 7 WpPG, Rn. 2.

406 Entscheidend im Rahmen der ProspektVO für das Vorliegen derivativer Wertpapiere ist das Vorliegen eines Basiswertes, der bei Optionsscheinen auf Aktien gegeben ist, vgl. *Seitz/Maier* in Assmann/Schlitt/von Kopp-Colomb, EU-ProspektVO Anhang XII Rn. 3 ff.; *Zeising* in Just in Just/Voß/Ritz/Zeising, EU-ProspektVO Anhang XII Rn. 2.

nen nur ein Basisprospekt erforderlich (§ 6 WpPG, Art. 5 Abs. 4 ProspektRL). Etwas anderes gilt jedoch, wenn zugleich auch Aktien emittiert werden.[407] Um einen unnötigen Doppelaufwand bei der Emission von kombinierten Wertpapieren zu vermeiden, sind die Anforderungen an solche kombinierten Emissionen in Art. 21 der ProspektVO ausdrücklich geregelt. Die Norm regelt, welche Schemata für die in Anhang XVIII der ProspektVO genannten Kombinationsmöglichkeiten zwingend anzuwenden sind.

Für die Kombination von Aktien mit Optionsscheinen sind nach Art. 21 Abs. 1 S. 1 i. V. m. Anhang XVIII ProspektVO die Schemata für Aktien und Proforma-Finanzinformationen anwendbar.[408] Demnach sind an den Prospektinhalt bei der Emission von Optionsscheinen, die zusammen mit den Aktien ausgegeben werden, die gleichen Anforderungen wie an die (bereits geprüfte) Emission von Aktien zu stellen.

Gleiches gilt für den vergleichbaren Fall, dass keine Units ausgegeben werden, sondern die Optionsscheine an eine (Options-)Anleihe gekoppelt werden, um unmittelbar nach der Börsenzulassung von der Anleihe getrennt zu werden.[409] Diese Kombinationsmöglichkeit ist ebenfalls von Art. 21 Abs. 1 i. V. m. Anhang XVIII ProspektVO erfasst. Auch hier sind die Schemata für Aktien und die Pro-forma-Finanzinformationen maßgeblich. Anders läge der Fall, wenn nach der Trennung von Optionsschein und Anleihe lediglich die Anleihe zugelassen werden sollte.[410]

Unabhängig davon, welche Kombinationsmöglichkeit gewählt wird, ist nach Art. 21 Abs. 2 ProspektVO das jeweils strengste anzuwendende Schema maßgeblich.[411] Da die Schemata für Aktien die strengsten sind,[412] können bei den in den Units enthaltenen Optionsscheinen keine anderen Angaben bezüglich des Emittenten verlangt werden, als die bereits bei der Prüfung zu den Prospektanforderungen bei der Aktienemission behandelten.

Die Wertpapierbeschreibung im Prospekt muss die genauen Ausübungsmodalitäten offenlegen. In diesem Zusammenhang ist auch darzulegen, ob sich das Management-Team des SPAC vorbehält, beim Eintreten bestimmter Umstände die Optionsscheine zu kündigen.[413] So könnten die Gewinne, die mit

407 *Schlitt/Ponick* in Habersack/Mülbert/Schlitt, Hdb. Kapitalmarktinf., § 5 Rn. 9.

408 Als das inhaltlich umfangreichste Registrierungsformular ist das Formular für Aktien auch für alle sonstigen Arten von Emissionen gültig; vgl. *Schlitt/Ponick* in Habersack/Mülbert/Schlitt, Hdb. Kapitalmarktinf., § 5 Rn. 21; *Seitz/Maier* in Assmann/Schlitt/von Kopp-Colomb, EU-ProspektVO Anhang IV Rn. 8.

409 *Schlitt/Schäfer*, AG 2005, 498, 505.

410 In diesem Fall würde sich der Prospektinhalt nach den Bestimmungen der ProspektVO zur Zulassung einer Schuldverschreibung richten, *Schlitt/Schäfer*, AG 2005, 498, 505.

411 Vgl. *Seitz/Maier* in Assmann/Schlitt/von Kopp-Colomb, EU-ProspektVO Anhang IV Rn. 8.

412 Vgl. Fn. 408.

413 So z. B. bei der Helikos SE und der ECT SE, die sich eine Kündigung der Optionsscheine vorbehalten, sofern sie die Kündigung mit einer 30-tägigen Vorlaufzeit angekündigt

der Ausübung der Option verbunden sind, gedeckelt werden. Regelmäßig können die Optionsscheine auch erst nach Ablauf einer in den Ausübungsbedingungen festgesetzten Frist ausgeübt werden. Zudem sollten die Anleger dem Prospekt entnehmen können, welche Unterschiede zwischen Gründer- und Publikumsoptionsscheinen bestehen. Weitere Besonderheiten in Bezug auf die in den Units enthaltenen Optionsscheine sind nicht gegeben oder wurden bereits in Zusammenhang mit den Anforderungen für Aktien untersucht.

V. Börsenzulassung der Optionsscheine oder Units

Optionsscheine fallen unter den börsenrechtlichen Wertpapierbegriff des § 32 Abs. 1 BörsG, daher müssen auch für die Optionsscheine bei einer Börsenzulassung die Voraussetzungen nach § 32 Abs. 3 Nr. 1 BörsenG i. V. m. § 34 BörsG i. V. m. §§ 1 bis 12 BörsZulV vorliegen.[414] Für die emittentenbezogenen Zulassungsvoraussetzungen kann auf die Ausführung zu § 3 BörsZulV bei der Börsenzulassung von Aktien verwiesen werden. Zu den wertpapierbezogenen Zulassungsvoraussetzungen zählt nach § 7 Abs. 2 BörsZulV auch für Optionsscheine das Gebot der Vollzulassung aller Wertpapiere. Demnach müssen alle Wertpapiere einer Emission zugelassen werden. Ausnahmen nach § 7 Abs. 2 S. 2 BörsZulV für Aktien gelten bei anderen Wertpapieren nicht.[415] Auch hier sind Strukturen denkbar, bei denen die Gründeroptionsscheine nicht zum Börsenhandel zugelassen werden sollen.[416] Die Gründeroptionsscheine müssen nicht zusammen mit den Publikumsoptionsscheinen zugelassen werden, wenn es sich bei der Emission der Gründeroptionsscheine und der Emission der Publikumsoptionsscheine um unterschiedliche Emissionen handelt. Eine Emission ist die Ausgabe verbriefter Wertpapiere.[417] Das heißt, die Wertpapiere müssen als verbriefte Rechte bestimmungsgemäß in den Rechtsverkehr gelangen.[418]

Die Gründeroptionsscheine werden aber bereits vor dem öffentlichen Angebot im Rahmen einer Privatplatzierung von den Gründern erworben.[419] Demnach

---

haben und der Kurs der jeweiligen Aktie über einen bestimmten Zeitraum einen bestimmten Wert überschreitet. Innerhalb dieser 30 Tage können die Optionsinhaber die Option ausüben. Andernfalls werden die Optionsscheine zu einem Preis von je 0,01 € gekündigt. Vgl. Wertpapierprospekt der Helikos SE vom 11.01.2010, S. 100 und Wertpapierprospekt der European CleanTech I SE vom 01.10.2010, S. 118.

414 *Groß* in Marsch-Barner/F. Schäfer, § 9 Rn. 13 m. w. N.

415 *Gebhardt* in Schäfer/Hamann, § 7 BörsZulV Rn. 11; *Groß*, § 7 BörsZulV Rn. 12; *Heidelbach* in Schwark/Zimmer, BörsZulV § 7 Rn. 1; *Koch* in Holzborn, § 7 BörsZulV Rn. 4.

416 So bei der Helikos SE und der ECT SE, deren Gründeroptionsscheine nicht an der Börse notiert wurden, vgl. Wertpapierprospekt der Helikos SE vom 11.01.2010, S. 102 und Wertpapierprospekt der European CleanTech I SE vom 01.10.2010, S. 120.

417 *Gebhardt* in Schäfer/Hamann, § 7 BörsZulV Rn. 11.

418 *Gebhardt* in Schäfer/Hamann, § 7 BörsZulV Rn. 11.

419 Die Gründeroptionsscheine werden nicht bei dem Gründungsvorgang erworben, sondern erst unmittelbar vor der Zuteilung der Units. Vgl. *Simmat/Siebert*, CFL 2010, 13, 16;

findet die Emission der Gründeroptionsscheine noch vor der Emission der Publikumsoptionsscheine statt. Nicht nur zeitlich fällt die Emission der Gründeroptionsscheine und die der Publikumsoptionsscheine auseinander, sondern auch inhaltlich. Aus wertpapierrechtlicher Sicht können die an Gründer- und Publikumsoptionsscheine geknüpften Ausübungsbedingungen differieren.[420] Regelmäßig kann dann bei der Privatplatzierung der Gründeroptionsscheine und dem späteren öffentlichen Angebot der Publikumsoptionsscheine, als Bestandteil einer Unit, nicht von der gleichen Emission ausgegangen werden. Somit ist es börsenrechtlich (§ 7 Abs. 2 BörsZulV) nicht zu beanstanden, dass (zunächst) lediglich die Publikumsoptionsscheine zum Börsenhandel zugelassen werden.

VI. Zwischenergebnis

Aktien und Optionsscheine werden bei SPACs regelmäßig als Units öffentlich angeboten. Bei dem kombinierten Angebot verschiedener Wertpapiere ist nach der ProspektVO jeweils das strengste und umfassendste Schema maßgeblich, wobei die Schemata für Aktien die strengsten sind. Es ist lediglich ein Prospekt zu erstellen, der sowohl die Angaben zu den Aktien als auch jene zu den Optionsscheinen enthält. Abstrakt sind für die Optionsscheine die gleichen Prospektangaben zu machen wie für die Aktien. Hinsichtlich der Angaben zum Emittenten und den damit einhergehenden Schwierigkeiten kann auf die bereits untersuchten Prospektangaben für Aktien verwiesen werden.[421] Die wertpapierbezogene Beschreibung der Optionsscheine muss detailliert die Optionsbedingungen umfassen, einschließlich der etwaigen außerordentlichen Kündigungsmöglichkeiten durch den Emittenten. Der erforderliche Prospekt für ein öffentliches Angebot der Optionsscheine als Bestandteil einer Unit ist bei Beachtung der genannten Punkte mit dem WpPG und der ProspektVO vereinbar und wäre von der BaFin zu billigen.

Röder/Walkshäusl, FB 2008, 641, 643. Ebenso strukturiert bei Helikos, Germany1 und ECT, vgl. Wertpapierprospekt der Germany1 Acquisition Limited vom 02.07.2008, S. 76 f.; Wertpapierprospekt der Helikos SE vom 11.01.2010, S. 102; Wertpapierprospekt der European CleanTech I SE vom 01.10.2010, S. 119.

420 Zum Beispiel ist bei der Helikos SE das Management hinsichtlich seiner Gründeroptionsscheine nicht – im Gegensatz zu den übrigen Inhabern von Publikumsoptionsscheinen- dazu gezwungen, die Optionsscheine bargeldlos auszuüben. Auch können die Gründeroptionsscheine nicht unter bestimmten Kursbedingungen eingezogen werden wie die Publikumsoptionsscheine. Vgl. Wertpapierprospekt der Helikos SE vom 11.01.2010, S. 102. Letzteres gilt auch für die Gründeroptionsscheine bei Germany1 und der ECT SE, vgl. Wertpapierprospekt der Germany1 Acquisition Limited vom 02.07.2008, S. 78 und Wertpapierprospekt der European CleanTech I SE vom 01.10.2010, S. 119.

421 Siehe oben unter C.II.2.

Hinsichtlich der Börsenzulassung der Optionsscheine kann ebenfalls auf die obigen Ausführungen zur Zulassung der Publikumsaktien verwiesen werden: Es gelten die gleichen emittentenbezogenen Voraussetzungen. Die Gestaltungsmöglichkeiten bei Gründer- und Publikumsoptionsscheinen sind jedoch gegenüber der Zulassung der Aktien eingeschränkt: Sollen die Gründeroptionsscheine nicht zum Börsenhandel zugelassen werden, dürfen sie nicht nach § 7 Abs. 2 BörsZulV in der gleichen Emission wie die Publikumsoptionsscheine emittiert werden. Dies dürfte sich jedoch in der Praxis als unproblematisch erweisen, da die Gründeroptionsscheine regelmäßig im Rahmen einer Privatplatzierung bereits vor dem öffentlichen Angebot bei den Gründern erworben werden. Demnach wären auch die Optionsscheine von der Geschäftsführung der Frankfurter Wertpapierbörse zuzulassen, sofern diese ihre Verwaltungspraxis hinsichtlich der Gewährung der Einzelfallausnahme für SPACs nach § 3 Abs. 2 BörsZulV nicht ändert.

Eine Zulassung der in den Units enthaltenen Optionsscheine eines als deutsche Aktiengesellschaft aufgelegten SPAC an der Frankfurter Wertpapierbörse wäre mit dem deutschen Recht vereinbar.

VII. Einbeziehung in den Freiverkehr/Entry Standard

Bisher wurde in Deutschland kein SPAC in den Freiverkehr einbezogen. Auch die zukünftige Einbeziehung von SPACs in den Freiverkehr ist unwahrscheinlich. Die Gründe hierfür werden im Folgenden kurz dargestellt.

1. Der Freiverkehr

Bei dem Freiverkehr handelt es sich um ein Börsensegment, das rein privatrechtlich organisiert ist.[422] Die Regeln, nach denen der Freiverkehr organisiert ist, werden im Fall der Frankfurter Wertpapierbörse von der Deutsche Börse AG erlassen.[423] Die Frankfurter Wertpapierbörse hat als Premiumsegment des Freiverkehrs den Entry Standard geschaffen.[424] Da eine Einbeziehung in den

---

422 *J. Schäfer* in Grunewald/Schlitt, S. 190; *Schlitt/S. Schäfer*, AG 2006, 147, 148.

423 Die privatrechtlichen Richtlinien haben insofern den Charakter Allgemeiner Geschäftsbedingungen, vgl. *Trapp* in Habersack/Mülbert/Schlitt, § 31 Rn. 62.

424 *Trapp* in Habersack/Mülbert/Schlitt, § 31 Rn. 67. Grundlegend *Schlitt/S. Schäfer*, AG 2006, 147, 148 ff.: Die Einbeziehungsvoraussetzungen für den Entry Standard sind in § 16 der Allgemeinen Geschäftsbedingungen der Deutsche Börse AG für den Freiverkehr an der Frankfurter Wertpapierbörse (Stand 03.05.2010) geregelt. Danach muss der antragstellende Teilnehmer eine Verpflichtungserklärung für jede einzubeziehende Aktiengattung unterzeichnen, einen aktuellen Handelsregisterauszug und eine aktuelle Fassung der Satzung des Emittenten beibringen; eine schriftliche Zustimmung des Emittenten gegenüber dem Antragsteller zur Einbeziehung der Aktien ist ebenfalls erforderlich. Zudem muss ein geprüfter Konzernabschlussbericht des Emittenten beigebracht werden und auf der Internetseite des Emittenten ein Kurzportrait desselbigen

Entry Standard im Vergleich zum regulierten Markt deutlich weniger Aufwand und Regulierungsbelastungen mit sich bringt, ist dieses Segment in der Hauptsache für kleinere und mittlere Unternehmen (*Small- und Midcap-Unternehmen*) attraktiv.[425]

Die Einbeziehungsvoraussetzungen für den Freiverkehr differieren je nach Börse,[426] stellen jedoch im Vergleich zum regulierten Markt niedrigere Anforderungen an den Emittenten. Der Börsenträger entscheidet als Veranstalter des Freiverkehrs auf Grundlage der Geschäftsbedingungen über die Einbeziehung.[427] In der Regel liegt bei der Einbeziehung in den Freiverkehr kein öffentliches Angebot vor, womit auch keine Prospektpflicht entsteht.[428] In diesem Rahmen soll nicht weiter auf die jeweiligen Geschäftsbedingungen eingegangen werden. Die Hürden für eine Einbeziehung der Aktien eines SPAC in den Freiverkehr sind deutlich niedriger als bei einer Notierung im regulierten Markt.[429]

2. Der Freiverkehr für SPACs

Zwar ist die Einbeziehung von SPACs in den Freiverkehr mit weniger Aufwand verbunden als die Zulassung zum regulierten Markt, dafür bestehen gegenüber dem regulierten Markt allerdings Nachteile insbesondere hinsichtlich des geringeren Anlegerschutzes. Aus Sicht der Anleger erscheint eine Einbeziehung in den Freiverkehr weniger attraktiv, schon allein aufgrund der geringeren Publizitätspflichten des Emittenten.[430] Gerade bei einer noch neuen

veröffentlicht werden. Schließlich muss zwischen dem Emittenten und dem Deutsche Börse Listing Partner ein schriftlicher Vertrag mit den Mindestinhalten nach Anhang 3 der AGB der DBAG für den Freiverkehr an der FWB geschlossen werden.

425 *Langenbucher*, § 13 Rn. 16; *Trapp* in Habersack/Mülbert/Schlitt, § 31 Rn. 67; *Schlitt/S. Schäfer*, AG 2006, 147.

426 *Schlitt/S. Schäfer*, AG 2006, 147, 148.

427 *Langenbucher*, § 13 Rn. 16; *Schlitt/S. Schäfer*, AG 2006, 147, 148.

428 Dennoch kann bei dem Zulassungsantrag zum Entry Standard unter Umständen die Kombination der Unternehmensdaten im Kurzportrait (siehe Fn. 424) mit den Informationen zur Einbeziehung in den Entry Standard als öffentliches Angebot qualifiziert werden, dann bestünde eine Prospektpflicht, vgl. *Trapp* in Habersack/Mülbert/Schlitt, § 31 Rn. 68; *Schlitt/S. Schäfer*, AG 2006, 147, 153.

429 Die ersten SPACs in Europa wurden ausschließlich im Freiverkehr am *Alternative Investments Market* (AIM) einbezogen. Vgl. *Benz/Wulf*, GP-SB, 14, 15. Der AIM stellt das Pendant der Londoner Stock Exchange zum Entry Standard der Frankfurter Wertpapierbörse dar. Zu den Unterschieden von dem AIM und dem Entry Standard: *Schlitt/S. Schäfer*, AG 2006, 147, 149 f.

430 Zum Anlegerschutz im Freiverkehr vgl. *Schlitt/S. Schäfer*, AG 2006, 147, 148: Es besteht keine Pflicht zur unverzüglichen Veröffentlichung von Insiderinformationen nach § 15 WpHG und hinsichtlich der Beteiligungspublizität sind die Meldepflichten nach § 21 WpHG nicht anwendbar. Auch müssen Führungspersonen des Emittenten ihre Geschäfte mit Aktien oder Finanzinstrumenten des Emittenten (Director's Dealings) nicht

und weitgehend unbekannten Anlageform werden die Anleger an einem höchstmöglichen Grad an Transparenz interessiert sein, zumal, wie durch die erfolgreichen Börsengänge der Helikos SE und der ECT SE auch für Anleger erkennbar, eine Börsennotierung im regulierten Markt möglich ist. Eine erhöhte Marktliquidität spricht ebenfalls für die Notierung im regulierten Markt. Auch der Faktor, dass institutionelle Investoren häufig aufgrund interner Vorgaben verpflichtet sind, nur Investitionen am regulierten Markt zu tätigen, legt eine Fokussierung auf den Prime oder General Standard nahe.[431]

Aus Sicht potenzieller Zielunternehmen ist es weniger reizvoll, nach dem De-SPAC in den Freiverkehr einbezogen als im Prime oder General Standard gelistet zu sein. Nach der Unternehmenszusammenführung mit einem im regulierten Markt notierten SPAC würden alle Geschäftsanteile der Zielgesellschaft von dem SPAC gehalten. Das Zielunternehmen käme so zügig und mit weniger Aufwand als bei einem direkten Börsengang in den Genuss einer indirekten Börsennotierung im regulierten Markt und aller damit verbundenen Vorteile. Mit dem Vertrauen der Anleger geht das Interesse der Gründer einher, die Anteile am SPAC möglichst lukrativ zu platzieren. Soll dies über ein öffentliches Angebot im Freiverkehr geschehen, wird trotz der ausschließlichen Einbeziehung in den Freiverkehr auch der zeitaufwendige Prospekt erforderlich. Schließlich könnte noch die Anwendbarkeit des Insiderrechts im Freiverkehr nach §§ 14 i. V. m. 12 f. WpHG[432] die Akquisitionsanbahnung erschweren und zur Veröffentlichung möglicher Akquisitionsziele vor der Notierungsaufnahme zwingen. Insofern bestünde kein Vorteil hinsichtlich der Publizitätsfolgepflichten gegenüber einer Notierung im regulierten Markt.

Sollte sich der Markt für SPACs in Deutschland weiter entwickeln, wird aus den genannten Gesichtspunkten der Fokus auf dem regulierten Markt liegen.[433]

VIII. Verwendung eines Europäischen Passes

Auf den sogenannten Europäischen Pass soll in diesem Zusammenhang nur kurz eingegangen werden.[434] Nach § 17 Abs. 3 WpPG können ausländische Emittenten, die ihren Wertpapierprospekt für Aktien bereits in ihrem Herkunftsmitgliedsstaat von der zuständigen Behörde haben billigen lassen, die-

veröffentlichen. Gerade der letztgenannte Punkt dürfte aufgrund der speziellen Beteiligungsstruktur der Gründer bei den Anlegern wenig Vertrauen erwecken.

431 *Simmat/Siebert*, CFL 2010, 13, 16.

432 Vgl. *Schlitt/Schäfer*, AG 2006, 147, 148.

433 Anders *Simmat/Siebert*, die weitere Einbeziehungen in den Freiverkehr und insbesondere in den Entry Standard als nicht unwahrscheinlich beurteilen, vgl. *Simmat/Siebert*, CFL 2010, 13, 16.

434 Zur Entwicklung und den Grundlagen des Europäischen Passes, vgl. *von Kopp-Colomb/Lenz*, AG 2002, 24 ff.

sen auch für ein öffentliches Angebot von Aktien in der Bundesrepublik Deutschland nutzen.[435] Bei der Emission von Aktien gilt nach § 2 Nr. 13 lit. a) WpPG der Staat innerhalb des europäischen Wirtschaftsraumes als Herkunftsstaat, in dem der Emittent seinen Sitz hat.[436] Insoweit wäre lediglich eine förmliche Unterrichtung der BaFin im Rahmen einer Bescheinigung der Billigung nach den § 18 Abs. 1 WpPG entsprechenden Vorschriften des Mitgliedsstaates erforderlich.[437] Die Gültigkeit des Prospektes hinge so im Wesentlichen von der Gültigkeit des Prospektes im Herkunftsstaat ab und von der Einhaltung des ordnungsgemäßen Notifizierungsverfahrens.[438]

Auch die Helikos SE und die ECT SE, die als Luxemburger SE ihre Prospekte bei der CSSF als luxemburger Regulierungsbehörde[439] billigen ließen, nutzten so den europäischen Pass für eine Börsenzulassung in Deutschland. Ein erneutes Billigungsverfahren bei der BaFin war nicht erforderlich. Die Notifizierung wurde erfolgreich durchgeführt. Bisher wurde kein Wertpapierprospekt eines SPAC von der BaFin gebilligt, weil es bislang keinen deutschen SPAC gab. Der Sitz einer deutschen Aktiengesellschaft muss nach § 5 AktG im Inland liegen, wie die Ergänzungen durch das MoMiG[440] klarstellten.[441] Die vorliegende Arbeit konzentriert sich auf die deutsche Aktiengesellschaft und eine Börsennotierung in Deutschland. Demnach muss auch der Sitz dieser Gesellschaft zwingend in Deutschland liegen. Eine Prospektbilligung im Rahmen des europäischen Passes ist hier nicht möglich, da Deutschland stets Herkunftsstaat des Emittenten wäre und so die BaFin zuständige Regulierungsbehörde.[442]

Um dennoch eine Prospektbilligung in einem Mitgliedsstaat zu erreichen, obwohl der operative Schwerpunkt und der Satzungssitz in Deutschland liegen, könnte in einem Mitgliedsstaat eine Holding-Gesellschaft gegründet werden, die alle Anteile der eigentlichen „deutschen" Aktiengesellschaft hält.[443] Die Mutter-Holding könnte dann einen Wertpapierprospekt bei der zuständigen

---

435 *Meyer* in Habersack/Mülbert/Schlitt, § 30 Rn. 64; *Schlitt/Ries* in Jesch/Striegel/Boxberger, § 16 Rn. 4.1.7.

436 Hierbei ist auf den Satzungssitz abzustellen, der leicht anhand eines Handelsregisterauszugs festgestellt werden kann, vgl. *Foelsch* in Holzborn, § 2 Rn. 33; *Groß*, § 2 Rn. 32; *Ritz/Zeising* in Just/Voß/Ritz/Zeising, § 2 Rn. 249; *Kullmann/Sester*, WM 2005, 1068, 1070.

437 *Alfes* in Holzborn, § 17 Rn. 25; *Zeising* in Just/Voß/Ritz/Zeising, § 17 Rn. 39; *Kullmann/Sester*, WM 2005, 1068, 1070. Zum technischen Ablauf *Schlitt/Ries* in Jesch/Striegel/Boxberger, § 16 Rn. 4.1.7.

438 *Zeising* in Just/Voß/Ritz/Zeising, § 17 Rn. 38.

439 Hierzu bereits oben, siehe Fn. 253.

440 Gesetz zur Modernisierung des GmbH-Rechts und zur Bekämpfung von Missbräuchen, BGBl. I S. 2026.

441 So sollte eine Verlegung des Satzungssitzes ins Ausland verhindert werden, vgl. *Dauner-Lieb* in KK-AktG, § 5 Rn. 23.

442 Dies entspricht dem strengen Herkunftsstaatsprinzip, das insbesondere bei der Emission von Aktien gilt, vgl. *Foelsch* in Holzborn, § 2 Rn. 33; *Kullmann/Sester*, WM 2005, 1068, 1070.

443 In dieser Strukturvariante liegt einer der Hauptanwendungsfälle des Europäischen Passes, vgl. hierzu *Schlitt/Schäfer*, AG 2008, 525, 530.

Behörde in dem gewählten Mitgliedsstaat billigen und sodann von der BaFin notifizieren lassen.[444] So könnte anschließend eine Zulassung der Aktien der Holding-Gesellschaft an der Frankfurter Wertpapierbörse beantragt werden.

Allerdings bietet diese Strukturalternative wenig Anreiz für SPACs, da die Frage gestellt werden muss, warum nicht gleich eine Gesellschaft im Ausland als SPAC fungiert. Schließlich werden SPACs ohnehin regelmäßig erst kurz vor dem Börsengang gegründet. Es ist wenig sinnvoll, zunächst eine deutsche AG zu gründen, um diese sogleich einer ausländischen Holding zu unterstellen.[445] Größere technische Schwierigkeiten ergeben sich auch hinsichtlich der späteren Unternehmenszusammenführung, da die Zielgesellschaft, um in den Genuss der indirekten Börsennotierung zu kommen, sich mit der ausländischen Holding-Gesellschaft zusammenschließen müsste. Die Tochter-AG hätte eine rein kosmetische Funktion und wäre überflüssig. Die Anleger würden nur indirekt Teile an ihr über die Anteile an der Holding halten. Bei einer ohnehin schon anspruchsvollen Struktur von SPACs würde dieser Umweg zusätzlichen Aufwand mit Blick auf ausländische Rechtsordnungen bedeuten und das Investitionsinteresse negativ beeinflussen.

Der Europäische Pass nach §§ 17, 18 WpPG bietet für eine deutsche Aktiengesellschaft, die als SPAC aufgelegt und an der Frankfurter Wertpapierbörse gelistet werden soll, keine Vorteile gegenüber einer Prospektbilligung durch die BaFin.

IX. Ad-hoc-Publizität

SPACs unterliegen den kapitalmarktrechtlichen Folgepflichten. Insofern bestehen keine Besonderheiten für SPACs gegenüber anderen börsennotierten Gesellschaften. Die Pflicht zur Veröffentlichung von Ad-hoc-Mitteilungen spielt in diesem Zusammenhang eine der größten Rollen für SPACs, insbesondere mit Blick auf die angestrebte Unternehmensakquisition. Bei der Ad-hoc-Pflicht handelt es sich um eine sehr komplexe kapitalmarktrechtliche Folgepflicht, die bereits relevant wird, wenn die Gesellschaft den Antrag auf Börsenzulassung stellt (vgl. § 15 Abs. 1 S. 2 WpHG). In diesem Zusammenhang soll jedoch nur ein Überblick der möglichen Ad-hoc-Pflichten hinsichtlich der Unternehmensakquisition gegeben werden. Unabhängig davon entstehen, wie bei jedem Börsengang, Ad-hoc-Pflichten hinsichtlich des Angebotes und des Ergebnisses des Börsengangs.[446] Bei der dargestellten Struktur eines SPAC wäre dieser Adressat der Veröffentlichungspflichten nach § 15 WpHG, sofern

---

444 *Schlitt/Schäfer*, AG 2008, 525, 530.

445 Solche Strukturen sind in der Regel steuerlich motiviert, *Schlitt/Schäfer*, AG 2008, 525, 530.

446 Abhängig von den Umständen des Einzelfalls können bei dem Börsengang weitere Ad-hoc-Mitteilungen erforderlich werden, die jedoch nicht der Struktur eines SPAC geschuldet sind, vgl. zu diesen möglichen Umständen *Parmentier*, NZG 2007, 407 ff.

veröffentlichungspflichtige Umstände nach § 15 Abs. 1 WpHG i. V. m. § 13 WpHG eintreten. Liegen jedoch die Voraussetzungen des § 15 Abs. 3 S. 1 WpHG vor, ist der Emittent von dieser Pflicht befreit, solange diese Voraussetzungen vorliegen.

1. Ad-hoc-Mitteilungen bezüglich unternehmensinterner Umstände

Nach § 15 Abs. 1 S. 1 WpHG müssen dem Publikum unbekannte kursrelevante Umstände unverzüglich veröffentlicht werden. Zweck der Vorschrift ist die Aufrechterhaltung der Funktionalität des Kapitalmarktes und die Gewährleistung einer angemessenen Preisbildung in der Folge.[447] Hinzu kommt eine anlegerschützende Komponente, die eine Anpassung des Investitionsverhaltens ermöglichen soll.[448] Relevant in Zusammenhang mit Unternehmensakquisitionen sind vorrangig die Grundsätze zur Veröffentlichung unternehmensinterner Umstände.[449] Insiderinformationen sind in § 13 Abs. 1 WpHG legaldefiniert.[450] Anhaltspunkte gibt auch die BaFin in ihrem Emittentenleitfaden, der Positiv- und Negativkataloge für meldepflichtige Ereignisse enthält.[451] Auch wenn einer der dort aufgeführten Sachverhalte vorliegt, muss in jedem Einzelfall erneut geprüft werden, ob eine zu veröffentlichende Insiderinformation vorliegt.[452] Bei der Prüfung, ob eine Insiderinformation vorliegt, sind im Wesentlichen zwei Prüfungsschritte zu beachten: Als Erstes ist zu prüfen, ob der Umstand oder das Ereignis, welches Inhalt der Information ist, bereits eingetreten ist oder mit hinreichender Wahrscheinlichkeit in der Zukunft eintreten wird.[453] Danach folgt die Prüfung, ob diese Information bei Bekanntwerden Kursrelevanz entfalten könnte.[454] Bei mehrstufigen Entscheidungsprozessen, in denen es noch der Zustimmung weiterer Organe bedarf, kann bereits nach der ersten Stufe eine Ad-hoc-Pflicht entstehen.[455] Verstößt der Emittent gegen

---

447 *Klawitter* in Habersack/Mülbert/Schlitt, § 32 Rn. 91; *Versteegen* in KK-WpHG, § 15 Rn. 7 f.

448 *Langenbucher*, § 17 Rn. 18.

449 Unternehmensexterne Umstände sollen hier außer Betracht bleiben. Zur Differenzierung *Langenbucher*, § 17 Rn. 21 ff.

450 *Menicke/Jakovou* in Fuchs, § 13 Rn. 19; *Versteegen* in KK-WpHG, § 15 Rn. 74. Zu den aktuellen Bestrebungen des Europäischen Parlaments und des Rates im Rahmen einer Verordnung den Begriff der Insiderinformation breiter zu definieren und eine einheitliche Regelung zur Bekämpfung des Marktmissbrauchs zu schaffen, vgl. *Veil* in FAZ vom 16.11.2011, S. 21: „Schärfere Marktvorschriften gegen Missbrauch am Kapitalmarkt".

451 Emittentenleitfaden der BaFin 2009, IV. 2. 2. 2. ff.

452 Emittentenleitfaden der BaFin 2009, IV. 2. 2. 4.

453 *Assmann* in Assmann/Schneider, § 13 Rn. 20; *Menicke/Jakovou* in Fuchs, § 13 Rn. 26; Emittentenleitfaden der BaFin 2009, III. 2. 1. 1.

454 *Assmann* in Assmann/Schneider, § 13 Rn. 21; *Menicke/Jakovou* in Fuchs, § 13 Rn. 26; Emittentenleitfaden der BaFin 2009, III. 2. 1. 1.

455 *Klawitter* in Habersack/Mülbert/Schlitt, § 32 Rn. 91; *Langenbucher*, § 17 Rn. 38.

diese Ad-hoc-Pflichten, kann dies zu strafrechtlichen, ordnungswidrigkeitsrechtlichen oder zivilrechtlichen Sanktionen führen.[456]

2. Ad-hoc-Mitteilung in Zusammenhang mit der Abstimmung über ein Zielunternehmen

Das Vorliegen einer Ad-hoc-Pflicht hängt auch bei SPACs von den Umständen des Einzelfalls ab. Dennoch stellt sich regelmäßig die Frage, wann das Publikum darüber informiert werden muss, dass der Vorstand ein passendes Zielunternehmen gefunden hat und dieses der Hauptversammlung vorschlagen wird.

Bis die Publikumsaktionäre zur Hauptversammlung eingeladen werden, um über das vorgeschlagene Zielunternehmen abzustimmen, stellt sich der Ablauf wie folgt dar: Zunächst muss sich der Vorstand intern, im Rahmen eines Vorstandsbeschlusses, für ein Zielunternehmen entscheiden. Diese Entscheidung beruht möglicherweise bereits auf einer vorangegangenen Due Diligence. Danach kann entweder damit begonnen werden, bestimmte Großaktionäre anzusprechen, um mit ihnen Stimmbindungsvereinbarungen abzuschließen,[457] oder es folgt direkt eine Einberufung der Hauptversammlung, um über das vom Vorstand favorisierte Zielunternehmen abzustimmen. Möglich ist aber auch, dass der Vorstand mit dem Zielunternehmen zunächst eine Absichtserklärung (*Letter of Intent*) abschließt, bevor er die Hauptversammlung einberuft.

Auf dieser Grundlage muss im ersten Schritt geprüft werden, zu welchem Zeitpunkt es hinreichend wahrscheinlich ist, dass der Vorstand der Hauptversammlung ein bestimmtes Zielunternehmen vorschlägt. Im zweiten Schritt ist zu prüfen, ob dieser Umstand kursrelevant im Sinne von § 13 Abs. 1 S. 2 WpHG ist.

a. Hinreichende Wahrscheinlichkeit der Abstimmung über ein Zielunternehmen

Die Pflicht zur Veröffentlichung eines kurserheblichen Umstandes kann bereits entstehen, bevor der kurserhebliche Umstand selbst eingetreten ist. Ausreichend hierfür ist nach § 13 Abs. 1 S. 3 WpHG, dass der Umstand mit hinreichender Wahrscheinlichkeit in Zukunft eintreten wird. Nach der Rechtsprechung ist dies der Fall, wenn eine „überwiegende" Wahrscheinlichkeit für das Eintreten des betreffenden Umstandes spricht, also die Eintrittswahrscheinlichkeit über 50 Prozent liegt.[458] Konkret muss geprüft werden, zu wel-

456 Vgl. hierzu *Zimmer/Kruse* in Schwark/Zimmer, § 15 Rn. 127 ff.

457 Zur gesellschaftsrechtlichen und insiderrechtlichen Problematik dieser Vorgehensweise später unter IX.1.

458 BGH DStR 2008, 680, 683. Der Begriff der „hinreichenden" Wahrscheinlichkeit nach § 13 Abs. 1 S. 3 WpHG ist in Literatur und Rechtsprechung stark umstritten, vgl.

chem Zeitpunkt es überwiegend wahrscheinlich ist, dass der Vorstand die Publikumsaktionäre über die Akquisition des von ihm favorisierten Zielunternehmens abstimmen lässt.[459]

i. Vorstandsentscheidung für ein Zielunternehmen

Entscheidet sich der Vorstand intern im Rahmen eines Vorstandsbeschlusses, die Hauptversammlung einzuberufen und die Aktionäre über das potenzielle Zielunternehmen abstimmen zu lassen, ist die Wahrscheinlichkeit sehr hoch, dass diese Abstimmung tatsächlich stattfinden wird. Es müssen lediglich noch die formellen Voraussetzungen für den Hauptversammlungsbeschluss geschaffen werden. Bei der Entscheidung des Vorstandes, die Publikumsaktionäre über ein Zielunternehmen abstimmen zu lassen, handelt es sich nicht um einen mehrstufigen Entscheidungsprozess, da die Zustimmung weiterer Gremien, wie die des Aufsichtsrates, nicht erforderlich ist.[460] Vielmehr ist der Entscheidungsprozess hier bereits abgeschlossen und die Durchführung der Abstimmung nahezu sicher. Die Suche nach einem geeigneten Zielunternehmen obliegt allein dem Vorstand und die Einberufung der Hauptversammlung zur Abstimmung über das Zielunternehmen ist eine Maßnahme der Geschäftsführung.[461] Der Vorstand entscheidet nach § 121 Abs. 2 S. 1 AktG mit einfacher Mehrheit über die Einberufung der Hauptversammlung.

Entschließt sich der Vorstand endgültig, ohne vorherige Ansprache von Großaktionären, der Hauptversammlung ein Zielunternehmen vorzuschlagen, ist diese Entscheidung, die sich in dem Vorstandsbeschluss manifestiert, bereits gefallen und löst somit vorbehaltlich der Kursrelevanz in der Regel eine Ad-hoc-Pflicht aus.[462] Dies gilt erst Recht, wenn der Vorstand mit den Gesellschaf-

---

Schlitt/Schäfer in FS Hopt, 2469, 2480; *Menicke/Jakovou* in Fuchs, § 13 Rn. 67. Mit Beschluss vom 22.11.2010 (Az. II ZB 7/09 = BGH NJW 2011, 309) hat der BGH die Frage, wann eine „hinreichende Wahrscheinlichkeit" im Sinne des Art. 1 Abs. 1 der Richtlinie 2003/124/EG vorliegt, dem EUGH vorgelegt.

459 Die zuständigen Gremien des Emittenten müssen fortlaufend in den Stadien einer Transaktion die Wahrscheinlichkeit der Durchführung überprüfen, vgl. *Schlitt/Schäfer* in FS Hopt, 2469, 2480.

460 Mehrstufige Entscheidungsprozesse basieren in der Regel auf der Kompetenzordnung des Aktienrechtes. Charakteristisch für solche Entscheidungsprozesse ist, dass der Eintritt der kursrelevanten Information in jedem Stadium noch scheitern kann, vgl. *Pfüller* in Fuchs, § 15 Rn. 102.

461 Selbst die Entscheidung, ob ein Zielunternehmen übernommen werden soll, ist eine Frage der Geschäftsführung, hierzu ausführlich später unter D.IV.1.

462 So veröffentlichte die Helikos SE noch vor der formellen Einberufung der Hauptversammlung eine Ad-hoc-Mitteilung mit dem Inhalt, dass der Vorstand sich für ein Zielunternehmen entschieden hat und zu welchen Konditionen eine Übernahme vollzogen werden könnte, vgl. Ad-hoc-Mitteilung der Helikos SE vom 7. Juni 2011, abrufbar unter http://www.helikosgroup.com/templates/contenuhelikos/Ad-hoc_-_Helikos_SE_beabsichtigt_die_Ubernahme_des_Technologieunternehmens_Exceet_Group_AG.pdf". Zuletzt abgerufen am 31.10.2011.

tern der Zielgesellschaft bereits einen Übernahmevertrag unter der aufschiebenden Bedingung der erforderlichen Zustimmung der Publikumsaktionäre schließt. Hat der Vorstand hingegen lediglich eine Zielgesellschaft fokussiert, bedarf es einer Beurteilung des Einzelfalls, zu welchem Zeitpunkt es nach § 13 Abs. 1 S. 3 WpHG hinreichend wahrscheinlich ist, dass der Vorstand die Zielgesellschaft der Hauptversammlung tatsächlich zur Abstimmung vorschlägt.

ii. Abschluss von Stimmbindungsverträgen mit Großaktionären

Möglicherweise will der Vorstand, nachdem er sich intern für eine Zielgesellschaft entschieden hat, die Einberufung der Hauptversammlung davon abhängig machen, ob einzelne Großaktionäre sich bereits vor der Hauptversammlung im Rahmen von Stimmbindungsverträgen gegenüber dem Vorstand verpflichten, für die Zielgesellschaft zu stimmen.[463] Unabhängig von der gesellschaftsrechtlichen und insiderrechtlichen Zulässigkeit solcher Stimmbindungsabreden stellt sich die Frage, welchen Einfluss die Resonanz bestimmter Großaktionäre auf die Entscheidung des Vorstandes hat, die Zielgesellschaft der Hauptversammlung vorzuschlagen.[464]

Bei dieser Vorgehensweise des Vorstandes handelt es sich um einen mehrstufigen Entscheidungsprozess, da der Eintritt der kursrelevanten Information zu jeder Zeit noch scheitern kann.[465] Allein die Ansprache mehrere Großaktionäre würde den Entscheidungsprozess zeitlich verlängern und den Ausgang abhängig von den jeweiligen Ergebnissen machen. Der Vorstand wird die Zielgesellschaft nur in der Hauptversammlung zur Abstimmung stellen, wenn die Resonanz der Großaktionäre positiv ist und die entsprechenden Stimmbindungsvereinbarungen geschlossen werden können. Lehnen die Großaktionäre die Zielgesellschaft ab, kann der Vorstand auch nicht davon ausgehen, dass sich die angesprochenen Aktionäre in der Hauptversammlung für die vorgeschlagene Gesellschaft entscheiden. Eine Abstimmung der Hauptversammlung über diese Gesellschaft wäre überflüssig. Denkbar ist zudem, dass der Vorstand mit mehreren Gesellschaften parallel verhandelt und unmittelbar nach der Ablehnung der ersten Zielgesellschaft den Großaktionären eine andere Gesellschaft vorschlägt. Demnach ist bei der Ansprache bestimmter Großaktionäre die spätere Abstimmung der Hauptversammlung zu dem betreffenden Zielunternehmen nicht überwiegend wahrscheinlich im Sinne von § 13 Abs. 1 S. 3 WpHG. Die spätere Abstimmung der Hauptversammlung ist sogar unwahrscheinlich, wenn die Mehrzahl der Großaktionäre die vorge-

---

463 Siehe hierzu bereits oben unter B.IV.7.

464 Bei der Aufnahme der Gespräche mit Großinvestoren weisen *Zanner/Siebert* auf eine Grauzone für das Management des SPAC hin, vgl. *Zanner/Siebert*, CFL 2010, 224, 231. Zu der gesellschaftsrechtlichen und insiderrechtlichen Problematik in diesem Zusammenhang später unter D.IX.1.

465 Vgl. *Pfüller* in Fuchs, § 15 Rn. 102.

schlagene Zielgesellschaft ablehnen und sich gegen entsprechende Stimmbindungsvereinbarungen entscheiden.

Reagieren die Großaktionäre hingegen positiv und gehen Stimmbindungsvereinbarungen mit dem Vorstand ein, so ist eine Vorlage oder sogar Entscheidung für das Zielunternehmen mit der erforderlichen Mehrheit sehr wahrscheinlich oder sogar sicher.[466] In diesem Fall wäre die Hauptversammlungsentscheidung quasi präjudiziert und es muss, vorbehaltlich der Kursrelevanz, von einem meldepflichtigen Umstand ausgegangen werden. Dies hat zur Konsequenz, dass bei weniger differenzierten Reaktionen der Großaktionäre nur im Einzelfall beurteilt werden kann, wann sich der Vorstand dafür entscheidet, die Hauptversammlung abstimmen zu lassen.[467]

b. Kursrelevanz der Abstimmung über ein Zielunternehmen

Um eine Ad-hoc-Pflicht zu begründen, muss nicht nur hinreichend wahrscheinlich sein, dass die Hauptversammlung über die Zielgesellschaft abstimmt, sondern auch, dass dieser Umstand kursrelevant im Sinne von § 13 Abs. 1 S. 2 WpHG ist.

Kursrelevant ist nach § 13 Abs. 1 S. 2 WpHG jeder Umstand, den ein verständiger Anleger bei seiner Anlageentscheidung berücksichtigen würde. Maßgeblich ist somit die objektive Sicht eines verständigen Anlegers und nicht die subjektive Sicht eines möglichen Insiders.[468] Mit der Entscheidung des Vorstandes, die Publikumsaktionäre über ein Zielunternehmen abstimmen zu lassen, steht fest, dass je nach Ausgang der Abstimmung entweder das Zielunternehmen übernommen wird, oder der Vorstand ein neues Zielunternehmen suchen muss.

In beiden Fällen ändert sich für den verständigen Anleger die Kalkulationsgrundlage für seine Investition: Stimmen die Publikumsaktionäre für das Zielunternehmen, nimmt der SPAC erstmals ein operatives Geschäft auf und die Erwartung des Anlegers richtet sich an den Erfolgsaussichten in diesem Geschäft aus.[469] Bewertet der Markt das Zielunternehmen und den „Kauf-

466 So hatte beispielsweise das Management-Team von Germany1 bereits vor der Einberufung der Hauptversammlung Stimmbindungsvereinbarungen mit einem 71,1 Prozent entsprechenden Anteil der Aktionäre getroffen, vgl. Pressemitteilung der Germany1 vom 23.07.2009, abrufbar unter: „http://www.aegps.com/aeg/export/sites/aegpower solutions/en/investor/investor_news/downloads/090723-sapphire_press_release-german.pdf". Zuletzt abgerufen am 31.10.2011.

467 Ähnlich *Zanner/Siebert,* nach denen in diesem Stadium des Akquisitionsprozesses jederzeit eine Insiderinformation entstehen könnte, vgl. *Zanner/Siebert,* CFL 2010, 224, 231.

468 *Menicke/Jakovou* in Fuchs, § 13 Rn. 6; *Assmann* in Assmann/Schneider, § 13 Rn. 56; *Pawlik* in KK-WpHG, § 13 Rn. 42; *Schwark/Kruse* in Schwark/Zimmer, § 13 WpHG, Rn. 47.

469 Die Kursrelevanz dieses Umstandes lässt sich auch daraus ableiten, dass sich der Kurs durch den Ankündigungseffekt, das heißt, nachdem die Übernahme angekündigt

preis" als vielversprechend, entwickelt sich der Kurs der Aktie positiv. Spiegelbildlich sinkt der Kurs der Aktie, wenn das Zielunternehmen am Markt als zu teuer oder wenig rentabel beurteilt wird. Somit liegt auch ein kursrelevanter Umstand vor, wenn aufgrund von Stimmbindungsvereinbarungen bereits vor der Hauptversammlungsentscheidung feststeht, dass die erforderliche Mehrheit der Aktionäre für das Zielunternehmen stimmen wird. In diesem Fall steht nicht nur fest, dass die Hauptversammlung über das Zielunternehmen abstimmen wird, sondern auch, dass der Beschluss positiv ausfallen wird. Unter diesen Umständen muss nach § 15 Abs. 1 S. 1 WpHG unverzüglich eine Ad-hoc-Mitteilung mit diesem Inhalt veröffentlicht werden. Lehnen die Publikumsaktionäre hingegen die Zielgesellschaft in der Hauptversammlung ab, steigt die Wahrscheinlichkeit, dass der SPAC scheitert und die Verhandlungsposition gegenüber anderen potenziellen Zielgesellschaften sich wegen des erhöhten Zeitdrucks verschlechtert. Ein Anleger würde diesen Umstand bei seiner Investitionsentscheidung berücksichtigen.

Nicht nur das Ergebnis der Abstimmung über ein Zielunternehmen ist im Sinne von § 13 Abs. 1 WpHG kursrelevant,[470] sondern auch der Umstand, dass die Publikumsaktionäre überhaupt in der Hauptversammlung über ein vom Vorstand vorgeschlagenes Zielunternehmen abstimmen.[471]

3. Abgabe einer Absichtserklärung (*Letter of Intent*)

Vom Einzelfall abhängig ist, ob der Vorstand mit dem jeweiligen Zielunternehmen bereits eine Absichtserklärung (*Letter of Intent*) abgeschlossen hat. Wurde eine solche Absichtserklärung abgegeben, muss davon ausgegangen werden, dass dieser Umstand kursrelevant ist und eine Ad-hoc-Pflicht begründet.[472] Dies gilt auch, wenn der Vorstand des SPAC unter der aufschiebenden Bedingung der erforderlichen Hauptversammlungszustimmung bereits einen Anteilskaufvertrag mit den Gesellschaftern der Zielgesellschaft ge-

---

wurde, aber noch nicht durchgeführt worden ist, zumindest vorübergehend deutlich positiv entwickelt. Vgl. *Röder/Walkshäusl*, FB 2008, 641, 643.

470 Vgl. hierzu die Ad-hoc-Mitteilung der Helikos SE vom 21.07.2011 mit ebendiesem Inhalt, abrufbar unter „http://www.helikosgroup.com/files/Ad-hoc_Aktionare_und_Inhaber_von_Publikums-Optionsscheinen_von_Helikos_stimmen_geplanter_Akquisition_der_Exceet_Group_AG_zu.pdf". Zuletzt abgerufen am 31.10.2011.

471 Dieser Umstand ist auch Teil des Inhalts der Ad-hoc-Mitteilung der Helikos SE vom 7. Juni 2011, abrufbar unter „http://www.helikosgroup.com/templates/contenuhelikos/Ad-hoc_-_Helikos_SE_beabsichtigt_die_Ubernahme_des_Technologieunternehmens_Exceet_Group_AG.pdf". Zuletzt abgerufen am 31.10.2011.

472 Vgl. *Assmann* in Assmann/Schneider, § 15 Rn. 82; *Pfüller* in Fuchs, § 15 Rn. 205 f. Zudem Emittentenleitfaden der BaFin 2009, III. 2. 1. 1. 1: Differenzierend danach, ob bereits eine *Due Diligence* durchgeführt wurde.

schlossen hat. Dieser Umstand löst bereits selbstständig eine Ad-hoc-Pflicht aus.[473]

4. Selbstbefreiung

Fraglich ist, ob in den Fällen, in denen von einer Ad-hoc-Pflicht auszugehen ist, die Voraussetzungen für eine Selbstbefreiung nach § 15 Abs. 3 S. 1 WpHG vorliegen. Grundsätzlich muss der Emittent selbst entscheiden, ob die Voraussetzungen der Selbstbefreiung vorliegen.[474] Der BaFin muss lediglich nach § 15 Abs. 3 S. 4 WpHG neben der Begründung für die Befreiung auch der Zeitpunkt der Entscheidung über den Aufschub der Veröffentlichung mitgeteilt werden.[475] Die Voraussetzungen liegen vor, wenn die Selbstbefreiung zum Schutz der berechtigten Interessen des Emittenten erforderlich ist, keine Irreführung der Öffentlichkeit zu befürchten ist, und der Emittent die Vertraulichkeit gewährleisten kann. Sobald jedoch das berechtigte Interesse entfällt, ist die Mitteilung nach § 15 Abs. 3 S. 2 WpHG nachzuholen, da die Befreiung nicht dauerhaft gilt.[476]

Der Inhalt des „berechtigten Interesses" wird in § 6 Nr. 1 WpAIV dahingehend konkretisiert,[477] dass das Ergebnis oder der Gang laufender Verhandlungen über Geschäftsinhalte bei Bekanntwerden den Börsenkurs beeinflussen, den Erfolg der Verhandlungen gefährden und dem Interesse der Anleger widersprechen könnte. In § 6 Nr. 2 WpAIV werden die Möglichkeiten der Selbstbefreiung in Zusammenhang mit mehrstufigen Entscheidungsprozessen konkretisiert.

Da die Ad-hoc-Pflicht zur Veröffentlichung des potenziellen Zielunternehmens bereits vor der Einladung zur Hauptversammlung entsteht, könnte ein berechtigtes Interesse des Emittenten bestehen, die Wahl des Zielunternehmens noch nicht zu veröffentlichen: Möglicherweise finden noch Verhandlungen mit den Eigentümern statt, die durch das Bekanntwerden negativ beeinflusst würden. Auch würde sich die Mitteilung möglicherweise auf den Kurs des Emittenten auswirken und so den vor einer Akquisitionsankündigung weitgehend stabilen Kurs der Aktien derart beeinflussen, dass die Aktien als Akquisitionswährung ausscheiden und die Übernahme scheitern könnte. Eine negative Kursentwicklung der SPAC-Aktien hätte zur Folge, dass an die Altaktionäre der Zielgesellschaft mehr SPAC-Aktien ausgegeben werden müssten, damit der Teil des Kaufpreises, der in Aktien beglichen werden soll, er-

473 So der Fall bei der Helikos SE, vgl. die Ad-hoc-Mitteilung der Helikos SE vom 7. Juni 2011, abrufbar unter „http://www.helikosgroup.com/templates/contenuhelikos/Ad-hoc_-_Helikos_SE_beabsichtigt_die_Ubernahme_des_Technologieunternehmens_Exceet_Group_AG.pdf". Zuletzt abgerufen am 31.10.2011.

474 *Zimmer/Kruse* in Schwark/Zimmer, § 15 Rn. 53.

475 *Zimmer/Kruse* in Schwark/Zimmer, § 15 Rn. 53.

476 Vgl. *Klawitter* in Habersack/Mülbert/Schlitt, § 32 Rn. 88.

477 Vgl. Emittentenleitfaden der BaFin 2009, IV. 3. 1.

reicht wird. Insofern ist, wiederum abhängig vom Einzelfall, naheliegend, dass das Interesse des Emittenten an der Transaktion gegenüber dem Informationsinteresse des Kapitalmarktes überwiegt.[478] Auch die BaFin nimmt regelmäßig ein überwiegendes Transaktionsinteresse des Emittenten an, falls im Falle der Veröffentlichung der Insiderinformation die Transaktion gefährdet würde.[479]

Eine Irreführung der Öffentlichkeit liegt nicht vor, wenn sich die Organe des SPAC zu möglichen Zielunternehmen gar nicht öffentlich äußern (*No-Comment-Policy*) und so keine widersprüchlichen Signale setzen.[480] Die Vertraulichkeit kann dadurch gewährleistet werden, dass Personen, die über das ausgewählte Zielunternehmen informiert werden, sich einer Verschwiegenheitspflicht unterwerfen.[481] Werden Großaktionäre vor der Einladung zur Hauptversammlung angesprochen, müssen diese sich aus Gründen der Rechtssicherheit vertraglich zur Verschwiegenheit verpflichten, da möglicherweise im Laufe des Akquisitionsprozesses und mit steigender Wahrscheinlichkeit einer Hauptversammlungsabstimmung eine Insiderinformation entstehen kann.[482] Andernfalls ist die Vertraulichkeit einer etwaigen Insiderinformation im Sinne von § 15 Abs. 3 S. 1 WpHG nicht gewährleistet. Versichert ein Großteil der Aktionäre seine Zustimmung bereits vor dem Hauptversammlungsbeschluss im Rahmen von Stimmbindungsvereinbarungen, ist eine Selbstbefreiung bis zum Zeitpunkt der Einladung zur Hauptversammlung zielführend. Mit der Einladung werden die beabsichtigte Abstimmung und das Zielunternehmen ohnehin publik, da beides aus dem entsprechenden Tagesordnungspunkt hervorgeht. Bei Abschluss eines *Letter of Intent* kann mit der gleichen Begründung ebenfalls die Selbstbefreiung unerwünschte Kurseinflüsse vermeiden.

Wird von der Möglichkeit der Selbstbefreiung Gebrauch gemacht, muss, nach dem Wegfall des berechtigten Interesses des Emittenten an der Geheimhaltung, die Veröffentlichung gemäß § 15 Abs. 3 S. 2 WpHG unverzüglich nachgeholt werden.[483] Etwas anderes kann gelten, wenn die Verhandlungen trotz der Unterzeichnung einer Absichtserklärung noch scheitern: Hier wurden kei-

478 Aus Gründen der Rechtssicherheit regen *Zanner/Siebert* daher an, in dieser Phase des Akquisitionsprozesses die widerstreitenden Interessen sorgfältig abzuwägen und dies auch zu dokumentieren, vgl. *Zanner/Siebert*, CFL 2010, 224, 231.

479 Emittentenleitfaden der BaFin 2009, IV. 2. 2. 14; vgl. hierzu auch *Zanner/Siebert*, CFL 2010, 224, 231.

480 Vgl. *Klawitter* in Habersack/Mülbert/Schlitt, § 32 Rn. 91.

481 Vgl. *Klawitter* in Habersack/Mülbert/Schlitt, § 32 Rn. 92.

482 So auch *Zanner/Siebert*, CFL 2010, 224, 231.

483 Gegenstand der Veröffentlichung soll die aufgeschobene Insiderinformation nach aktuellem Sachstand sein, vgl. *Assmann* in Assmann/Schneider, § 15 Rn. 172. Sollte also das potenzielle Zielunternehmen mangels Akzeptanz der Großinvestoren gar nicht der Hauptversammlung vorgeschlagen werden, müsste auch diese mangelnde Akzeptanz Gegenstand der nachgeholten Veröffentlichung sein. Wird die Transaktion aber nach ihrem Zustandekommen öffentlich gemacht, kann die nachholende Veröffentlichung entfallen, *Assmann* in Assmann/Schneider, § 15 Rn. 82.

ne Erwartungen beim Publikum geweckt und es mangelt an einem kurserheblichen Ereignis.[484] Bei SPACs kann jedoch im Einzelfall auch das Scheitern der fortgeschrittenen Verhandlungen das Scheitern des SPACs als solchen wahrscheinlich machen und so die Kurserheblichkeit begründen. Dies gilt insbesondere dann, wenn der Ablauf der Liquidationsfrist unmittelbar bevorsteht.

5. Zwischenergebnis

Sobald der Vorstand den endgültigen Entschluss fasst, ein Zielunternehmen der Hauptversammlung zur Entscheidung vorzulegen, entsteht die Pflicht zur Veröffentlichung einer Ad-hoc-Mitteilung. Grundlage dieser Entscheidung kann auch eine bereits druchgeführte Due Diligence bei dem Zielunternehmen sein. Auch vorangegangene Verhalndlungen nehmen Einfluss auf diese Entscheidung. Für den Fall, dass der Vorstand bereits vor Einberufung der Hauptversammlung von einem Großteil der Aktionäre (entsprechend der erforderlichen Mehrheit für eine positive Beschlussfassung) die spätere Zustimmung zu der Akquisition zugesichert wird, ist ebenfalls von einer Ad-hoc-Pflicht auszugehen. Einzelfallabhängig ist die Beurteilung einer Ad-hoc-Pflicht, wenn sich im Vorhinein angesprochene Aktionäre uneinheitlich äußern und so jederzeit eine Ad-hoc-Pflicht entstehen könnte. Lehnt der überwiegende Anteil oder alle angesprochenen Großaktionäre das Zielunternehmen bereits im Vorhinein ab, entsteht keine Ad-hoc-Pflicht bei der Ansprache dieser Aktionäre.

Ob in den betreffenden Fällen eine Selbstbefreiung sinnvoll und möglich ist, muss in der konkreten Situation geprüft werden. Gerade bei Fällen, in denen die Aktien des SPAC als Akquisitionswährung dienen, gefährden Kursschwankungen den Erfolg des Unternehmenszusammenschlusses und es liegt regelmäßig ein berechtigtes Interesse des SPAC an der Selbstbefreiung vor. Sollten in solchen Fällen einzelne Großaktionäre bereits im Vorhinein angesprochen werden, sollte die möglicherweise erforderlich werdende Vertraulichkeit durch die Auferlegung vertraglicher Verschwiegenheitspflichten gesichert werden.

484 *Assmann* in Assmann/Schneider, § 15 Rn. 174.

X. Ergebnis

Aus kapitalmarktrechtlicher Sicht wäre die Börsenzulassung eines SPAC in der Rechtsform einer deutschen AG möglich. Im Einklang mit den Prospektanforderungen des europäischen Gesetzgebers können sowohl die Aktien als auch die Optionsscheine oder die Units eines SPAC öffentlich angeboten werden, sofern die erforderlichen Angaben in den Prospekt aufgenommen werden. Zu diesen Angaben zählen auch die von der ProspektVO für Start-up-Gesellschaften vorgesehenen Angaben, da SPACs als Start-ups zu qualifizieren sind.

Auch die Zulassung der Wertpapiere eines deutschen SPAC an der Frankfurter Wertpapierbörse ist möglich. Zwar existieren SPACs in der Regel nicht, wie von der BörsZulV verlangt, drei Jahre vor dem Börsengang, doch wird nach der Verwaltungspraxis der Geschäftsführung der Frankfurter Wertpapierbörse regelmäßig eine Ausnahmegenehmigung erteilt, sofern der SPAC die an die Ausnahmegewährung geknüpften Voraussetzungen erfüllt. Grundsätzlich müssen auch die Gründeraktien zum Börsenhandel zugelassen werden, falls sie der gleichen Gattung wie die Publikumsaktien angehören. Soll dennoch ein Börsenhandel mit den Gründeraktien für die Gründer nicht möglich sein, muss dies durch andere Maßnahmen wie *Lock-up*-Vereinbarungen oder den Einsatz von Treuhändern sicher gestellt werden.

Nach der Börsennotierung bedarf es einer genauen Prüfung des Einzelfalls, ab welchem Zeitpunkt eine Ad-hoc-Pflicht entsteht. Dies gilt insbesondere hinsichtlich einer bevorstehenden Abstimmung über die Zielgesellschaft. In diesem Zusammenhang sprechen jedoch unter Berücksichtigung des Gesellschaftsinteresses gute Gründe dafür, dass die Voraussetzungen für eine Selbstbefreiung regelmäßig vorliegen.

D. Die Aktiengesellschaft als taugliche Rechtsform für SPACs

Bisher ist keine SPAC-Gesellschaft in einer deutschen Rechtsform gegründet worden. Die Helikos SE und die ECT SE sind bisher die einzigen SPAC-Gesellschaften, die an einer deutschen Börse notiert worden sind. Nach Ausarbeitung der kapitalmarktrechtlichen Anforderungen, die an SPACs in Deutschland gestellt werden, drängt sich nun die Frage auf, ob das deutsche Aktienrecht ausreichende Gestaltungsmöglichkeiten bietet, um einen SPAC in der Rechtsform einer deutschen Aktiengesellschaft zu errichten. Im Folgenden sollen anhand der herausgearbeiteten Charakteristika von SPACs mögliche Kollisionen mit dem deutschen Aktienrecht aufgedeckt und problematisiert werden. Im Ergebnis gilt es festzustellen, ob die AG als Rechtsform für einen SPAC geeignet ist.

I. Ausgabe von Units bei dem öffentlichen Angebot

Bereits das öffentliche Angebot eines SPAC differiert von dem einer Aktiengesellschaft: Bei dem öffentlichen Angebot der Anteile eines SPACs werden dem Publikum nicht, wie üblich, „nur" Aktien angeboten, sondern stattdessen Units, die neben einer Aktie auch aus einem oder mehreren Optionsscheinen bestehen.[485] Ein Optionsschein berechtigt den Inhaber zum Erwerb einer Aktie des SPAC zu einem festgelegten Ausübungspreis innerhalb der Ausübungsfrist. Aktie und Optionsschein werden zwar zusammen ausgegeben, können aber nach der Börsenzulassung getrennt voneinander gehandelt werden.[486] Im Folgenden soll die aktienrechtliche Zulässigkeit einer solchen Struktur untersucht werden.

1. Rechtliche Einordnung der Units

Die Struktur der Units ist vergleichbar mit der Struktur von Optionsanleihen. Bei einer Optionsanleihe wird eine Anleihe begeben, bei der die Anleihegläubiger einen Optionsschein erhalten, der in der Regel später von der Anleihe

---

485 Siehe oben unter B.IV.4.

486 So bei der Helikos SE und ECT I, vgl. Wertpapierprospekt der Helikos SE vom 11.01.2010, S. 92 und Wertpapierprospekt der European CleanTech I SE vom 01.10.2010, S. 109. Anders bei Germany1, wo die Aktien und Optionsscheine erst nach Ablauf einer Wartefrist (*Separation Date*) getrennt voneinander gehandelt werden konnten, vgl. Wertpapierprospekt der Germany1 Acquisition Limited vom 02.07.2008, S. 75.

getrennt werden kann und anschließend selbstständig handelbar ist.[487] Ein Börsengang, bei dem Optionsscheine gekoppelt an Aktien begeben wurden, konnte bisher nicht beobachtet werden.[488] Ob anstelle der Anleihe auch an Aktien gekoppelte Optionsscheine ausgegeben werden dürfen, ist umstritten und bisher nicht höchstrichterlich entschieden worden.[489] Man spricht im Schrifttum in diesem Zusammenhang von sogenannten Huckepack-Emissionen.[490] Neben den Varianten, Optionsscheine im Zuge einer Optionsanleihe oder zusammen mit Aktien zu emittieren, ist streitig, ob Optionsscheine nicht sogar selbstständig emittiert werden können. Solche Optionsscheine, die nicht in Verbindung mit einer Anleihe oder einer Aktienemission stehen, werden als *naked warrants* bezeichnet.[491] Die Zulässigkeit ihrer Begebung ist gleich der von Huckepack-Emissionen umstritten[492] und wird einheitlich mit der Frage nach der Zulässigkeit einer Huckepack-Emission diskutiert.[493] Vor diesem Hinter-

---

487 *Lutter/Drygala* in FS Claussen, 261, 263; *Schlitt/Hemeling* in Habersack/Mülbert/Schlitt, § 10 Rn. 3; *Schlitt/Löschner*, BKR 2002, 150, 151.

488 Bei dem Börsengang der Kinowelt Medien AG 1998 wurden zwar sowohl Aktien als auch Optionsscheine ausgegeben, allerdings handelte es sich um zwei verschieden Emissionen die parallel durchgeführt wurden. Demnach wurden keine „Units" emittiert, da Aktien und Optionsscheine getrennt voneinander ausgegeben wurden. Besichert wurden die Optionsscheine über eine bedingte Kapitalerhöhung. Hier wurde keine Anleihe oder ein anderes Recht mit den Optionsscheinen verbunden, die Optionsscheine wurden vielmehr als *naked warrants* (vgl. hierzu auch Fn. 491) emittiert. Ziel der Struktur war nicht vorrangig die Erhöhung der Attraktivität der Aktien, sondern durch die Optionsscheine mögliche Liquiditätsengpässe bei den Aktien zu vermeiden und zusätzliches Eigenkapital aus dem Verkauf der Optionsscheine einzuwerben. Vgl. FAZ v. 16.05.1998, S. 23: „Über Optionsscheine-Verkäufe von eigenen Kursgewinnen profitieren"; *Schanz*, § 14 Rn. 46 ff. Bei dem Börsengang der Stada Arzneimittel AG sollten Optionsscheine auf stimmrechtlose Vorzugsaktien ausgegeben werden. Diese sollten aber nicht an junge Aktien gekoppelt sein, sondern als *naked warrants* ausgegeben werden. Vgl. FAZ v. 07.10.1997: „Neue Stada-Vorzugsaktien kosten 302 DM" und *Dierks*, S. 77 f.

489 *Habersack* in FS Nobbe, 539, 562; *ders.* in MüKo-AktG, § 221, Rn. 39; *Lutter* in KK-AktG, § 221, Rn. 186; *Karollus* in Geßler/Hefermehl/Eckardt/Kropff, § 221, Rn. 30. Zur Absicherung der Optionsrechte: *Bungeroth* in Geßler/Hefermehl/Eckardt/Kropff, § 192, Rn. 28; *Hüffer*, § 221, Rn. 76; *von Dryander/Apfelbacher* in Habersack/Mülbert/Schlitt, § 22, Rn. 74 ff.

490 Zum Begriff der Huckepack-Emission vgl. *Dierks*, S. 66.

491 Zu den terminologischen Schwierigkeiten bei dem Begriff: *Dierks*, S.20. Zum Teil werden Huckepack-Emissionen ebenfalls als *naked warrants* bezeichnet: *Fuchs* spricht von „(reinen) *naked warrants*" bei den isoliert ausgegebenen Optionsscheinen, vgl. *Fuchs*, AG 1995, 433, 434.

492 *Habersack* in FS Nobbe, 539, 556 ff.; *ders.* in MüKo-AktG, § 221, Rn. 36 ff.; *Lutter* in KK-AktG, § 221, Rn. 185; *Karollus* in Geßler/Hefermehl/Eckardt/Kropff, § 221, Rn. 27; *Hüffer*, § 221, Rn. 75; *Schlitt/Löschner*, BKR 2002, 150, 153; *Becker* in Grunewald/Schlitt, S. 145; *F. Schäfer* in Lutter/Hirte, 62, 78 f.; *von Dryander/Apfelbacher* in Habersack/Mülbert/Schlitt, § 22, Rn. 69 ff.; *Martens*, AG 1989, 69 ff.

493 Für eine einheitliche Betrachtung von *naked warrants* und Huckepack-Emissionen, *Habersack* in MüKo-AktG, § 221 Rn. 39; *Karollus* in Geßler/Hefermehl/Eckardt/Kropff, § 221, Rn. 30; *Dierks*, S. 69; *Fuchs*, AG 1995, 433, 437 f. **A.A.:** *Martens*, AG 1989, 69, 72.

grund ist eine Ausgabe von *naked warrants* in der Praxis bisher nur selten unternommen worden.[494] Bis zur Schaffung einer gesetzlichen Regelung für Aktienoptionspläne zur leistungsabhängigen Vergütung von Arbeitnehmern und Mitgliedern der Geschäftsführung (§ 192 Abs. 2 Nr. 3 AktG) war streitig, ob die isolierte Ausgabe von *naked warrants* an Mitglieder des Vorstandes mit dem Aktienrecht vereinbar ist oder ob derartige Optionsrechte erst von einer Optionsanleihe getrennt werden müssen.

Grundsätzlich entsprechen die bei SPACs ausgegebenen Units der Struktur einer Huckepack-Emission, da Aktie und Optionsschein gekoppelt emittiert werden sollen.[495] Folglich stellt sich die Frage nach der aktienrechtlichen Zulässigkeit einer Huckepack-Emission, da das Aktienrecht in § 187 Abs. 1 AktG vorsieht, dass Rechte auf den Bezug neuer Aktien nur unter dem Vorbehalt des Bezugsrechts der Aktionäre zugesichert werden dürfen.

Bejaht man die Vereinbarkeit von Huckepack-Emissionen mit § 187 Abs. 1 AktG muss anschließend geprüft werden, mit welchen Kapitalmaßnahmen die ausgegebenen Optionsrechte abgesichert werden könnten. Die gleichen Fragen stellen sich, wenn die Optionsscheine nicht in Verbindung mit den Aktien sondern parallel mit den jungen Aktien als *naked warrants* emittiert werden sollen. Diese Struktur käme im Ergebnis einer Emission von Units sehr nahe. Da die Streitfragen zur Zulässigkeit von *naked warrants* und Huckepack-Emissionen die gleichen sind, werden sie im Folgenden auch parallel diskutiert.[496]

2. Die Zulässigkeit von *naked warrants* Huckepack-Emissionen

Die aktienrechtliche Zulässigkeit von Huckepack-Emissionen und *naked warrants* ist vor dem Hintergrund des § 187 AktG umstritten.[497] Gemäß § 187 Abs. 1 AktG dürfen Rechte zum Bezug neuer Aktien nur vorbehaltlich eines Bezugsrechtes der Aktionäre zugesichert werden. Nach § 187 Abs. 2 AktG sind Zusicherungen vor dem Kapitalerhöhungsbeschluss der Hauptversammlung der Gesellschaft gegenüber unwirksam. Eine Regelung für ausdrücklich zulässige Umtausch- und Bezugsrechte findet sich in § 221 AktG, allerdings nur in Zusammenhang mit Schuldverschreibungen, namentlich mit Gewinn- und Wandelschuldverschreibungen. Die Regelung des § 221 AktG stellt eine

494 Vgl. *Becker* in Grunewald/Schlitt, S. 133.

495 Zum Teil werden die SPAC-Optionen als *naked warrants* eingeordnet, so bei *Just*, ZIP 2009, 1698, 1701; *Harrer/Janssen*, FB 2009, 46.

496 So auch in weiten Teilen des Schrifttums, vgl. *Habersack* in MüKo-AktG, § 221 Rn. 39; *Karollus* in Geßler/Hefermehl/Eckardt/Kropff, § 221, Rn. 30; *Dierks*, S. 69. Besonders deutlich *Fuchs*, der die Huckepack-Emission als eine besondere Erscheinungsform des nicht in Verbindung mit einer Anleihe begebenen selbstständigen Optionsschein (*naked warrant*) einordnet: Vgl. *Fuchs*, AG 1995, 433, 437 f.

497 *Habersack* in FS Nobbe, 539, 557 f.; *Hüffer*, § 221 Rn. 75; *Lutter* in KK-AktG, § 221 Rn. 185; *Schlitt/Löschner*, BKR 2002, 150, 154; *Karollus* in Geßler/Hefermehl/Eckardt/Kropff, § 221, Rn. 27.

Ausnahme von den Einschränkungen des § 187 AktG dar und geht diesem als speziellere Regelung vor.[498] Daher ist für die Frage der Zulässigkeit von Huckepack-Emissionen entscheidend, ob sie direkt oder analog von § 221 AktG erfasst werden und so nicht unter das Verbot des § 187 AktG fallen.[499]

a. Argumente für die Zulässigkeit von *naked warrants* und Huckepack-Emissionen

Gewichtige Stimmen in der Literatur sprechen sich sowohl für eine Zulässigkeit von *naked warrants* als auch einer Huckepack-Emission aus.[500] Zwar erfasse der Wortlaut des § 221 AktG nur Schuldverschreibungen, doch erweitere § 221 Abs. 3 AktG die Anwendbarkeit des § 221 Abs. 1 AktG auch auf Genussrechte. Vielfach werden *naked warrants* als Genussrechte im Sinne von § 221 Abs. 3 AktG eingeordnet, da sie einen inhaltlich typischerweise Gesellschaftern zustehenden Anspruch gewähren sollen.[501] Hierzu zähle neben der Beteiligung am Gewinn, der Teilhabe am Liquidationserlös, dem Bezugsrecht auf die in § 221 AktG erfassten Vermögenstitel und dem Recht auf Benutzung der Einrichtungen der Gesellschaft auch das Recht auf den Bezug von Aktien.[502] Das durch den Optionsschein gewährte Vermögensrecht entspreche weitgehend dem aus der Mitgliedschaft erwachsenden Bezugsrecht.[503] Folgt man dieser Auslegung, erscheint es nicht sachgerecht, die direkte Anwendbarkeit des § 221 Abs. 1 AktG bei *naked warrants* durch die Einordnung als Genussrecht nach § 221 Abs. 3 AktG zu bejahen und gleichzeitig die Anwendbarkeit

---

498 Vgl. *Lutter* in KK-AktG, § 221 Rn. 185; *Schlitt/Löschner*, BKR 2002, 150, 154.

499 Da es keinen *numerus clausus* zulässiger Finanzierungsmethoden gibt, hängt die Zulässigkeit einer Huckepack-Emission oder der Ausgabe von *naked warrants* nicht zwingend von der Anwendbarkeit der § 221 AktG ab. Dennoch erscheint die Privilegierung des § 221 AktG gegenüber § 187 AktG und das Verhältnis der Vorschriften zueinander als grundlegend für die Streitentscheidung. Vgl. *Fuchs*, AG 1995, 433, 440.

500 *Fuchs*, AG 1995, 433, 439 ff.; *Dierks*, S. 131 ff.; *Habersack* in FS Nobbe, 539, 560; *ders.* in MüKo-AktG, § 221 Rn. 37 und für Huckepack-Emissionen Rn. 39; *Schlitt/Löschner*, BKR 2002, 150, 153 f.; *Schlitt/Hemeling* in Habersack/Mülbert/Schlitt, § 10 Rn. 10 (bezogen auf *naked warrants*); *von Dryander/Apfelbacher* in Habersack/Mülbert/Schlitt, § 22 Rn. 69 ff.; *Karollus* in Geßler/Hefermehl/Eckardt/Kropff, § 221, Rn. 28; *Steiner*, WM 1990, 1776, 1777; *Wohlfarth/Brause*, WM 1997, 397, 398 f.; *Seiler* in Spindler/Stilz, § 221 Rn. 40; *Stadler* in Bürgers/Körber, § 221 Rn. 17 f.; *Kuntz* AG 2004, 480, 481 ff.; *Paefgen*, AG 1999, 67, 70; *Gätsch/Theusinger*, WM 2005, 1256, 1262; *Busch* in Marsch-Barner/F. Schäfer, § 44 Rn. 8; *Kerber*, S. 84 ff. Anders *Martens*, der die Zulässigkeit von *naked warrants* ablehnt, für Huckepack-Emissionen aber bejaht, wenn der Schwerpunkt der Emission auf den Aktien liegt, also höchstens ein Optionsschein an eine Aktie gekoppelt wird, vgl. *Martens*, AG 1989, 69, 72 f.

501 *Fuchs*, AG 1995, 433, 442 f.; *Schlitt/Löschner*, BKR 2002, 150, 153; *Habersack* in FS Nobbe, 539, 560; *ders.* in MüKo-AktG, § 221 Rn. 37; *Wolfahrt/Brause*, WM 1997, 397, 399; *Dierks*, S. 95; *Karollus* in Geßler/Hefermehl/Eckardt/Kropff, § 221, Rn. 29; *Seiler* in Spindler/Stilz, § 221 Rn. 40.

502 Vgl. *Fuchs*, AG 1995, 433, 442.

503 *Schlitt/Löschner*, BKR 2002, 150, 153; *Fuchs*, AG 1995, 433, 442.

für Huckepack-Emissionen am Wortlaut des § 221 AktG scheitern zu lassen: Die Konzeption einer Huckepack-Emission steht der zulässigen Optionsanleihe näher als die Emission von selbstständigen Optionsrechten.

Neben einer direkten Anwendung des § 221 Abs. 1 AktG nach § 221 Abs. 3 AktG wird für die Ausgabe von *naked warrants* oder einer Huckepack-Emission auch eine analoge Anwendung vorgeschlagen.[504]

Zunächst spreche hierfür, dass die Regelung des § 221 AktG nicht alle Finanzierungsmöglichkeiten für Gesellschaften erfasse und somit nicht abschließend sei.[505] Die Regelung ziele nicht auf ein Verbot neuer Finanzierungsformen ab,[506] sondern schütze die mitgliedschaftliche und vermögensmäßige Struktur der Gesellschaft vor schädigenden Eingriffen.[507] Auch die historische Auslegung der Norm lasse nicht darauf schließen, dass der Gesetzgeber 1937 und 1965 hier eine abschließende Regelung schaffen wollte, sondern dass er lediglich die damals gebräuchlichen Finanzierungsformen gesetzlich regeln wollte.[508]

Zudem seien die von § 221 AktG erfassten Optionsanleihen durchaus vergleichbar mit einer Huckepack-Emission: Der einzige Unterschied zwischen einer Huckepack-Emission und einer Optionsanleihe bestehe in der die Anleihe ersetzenden Aktie. Die Aktie rücke als Instrument zur Eigenkapitalaufnahme an die Stelle der Anleihe als Instrument zur Fremdkapitalaufnahme. Bei der Optionsanleihe diene der Optionsschein der Attraktivitätssteigerung der Schuldverschreibung und stelle so eine günstigere Platzierung in Aussicht. Diesen Zweck könne der Optionsschein auch bei einer Huckepack-Emission erreichen, indem er die Attraktivität der Aktien für die Anleger steigert.[509] Eine rechtliche Ungleichbehandlung beider Instrumente erscheine zweifelhaft, eine analoge Anwendung des § 221 AktG läge näher und würde gleichzeitig den vermeintlich entgegenstehenden § 187 AktG verdrängen.[510] Das aus § 187 Abs. 1 AktG resultierende Bezugsrecht würde in diesem Fall dadurch ersetzt, dass den Altaktionären nach der (analogen) Anwendung des § 221 Abs. 4

504 Zu den Voraussetzungen einer Analogie, vgl. nur *Larenz/Canaris*, S. 202 ff.

505 Vgl. bereits oben Fn. 499. Zudem *Schlitt/Löschner*, BKR 2002, 150, 153.

506 *Schlitt/Löschner*, BKR 2002, 150, 153 f.; *Steiner*, AG 1990 1776, 1777.

507 *Schlitt/Löschner*, BKR 2002, 150, 153; *Karollus* in Geßler/Hefermehl/Eckardt/Kropff, § 221, Rn. 28. Ausführlich hierzu: *Fuchs*, AG 1995, 433, 440.

508 Vgl. *Schlitt/Löschner*, AG 2002, 150, 154; *Karollus* in Geßler/Hefermehl/Eckardt/Kropff, § 221, Rn. 28; *Habersack* in FS Nobbe, 539, 560; *Steiner*, WM 1990, 1776, 1777. Anderer Ansicht ist *Frey*, der darauf abstellt, dass es dem Gesetzgeber an einer restriktiven Auslegung gelegen habe, da gerade das beliebige Verwenden und Koppeln von Optionsscheinen vermieden werden sollte, vgl. *Frey* in GroßKomm AktG, § 192 Rn. 66.

509 Vgl. *Fuchs*, AG 1995, 433, 437, der dem Optionsrecht als spekulativen Element einen besonderen Anreiz für das Publikum zuschreibt. Vgl. hierzu auch *von Dryander/Apfelbacher* in Habersack/Mülbert/Schlitt, § 22 Rn. 75.

510 *Dierks*, S. 96 ff.; *Habersack* in MüKo-AktG, § 221, Rn. 37; *Karollus* in Geßler/Hefermehl/Eckardt/Kropff, § 221, Rn. 28; *Schlitt/Löschner*, BKR 2002, 150, 154.

AktG gleichsam ein Bezugsrecht auf die ausgegebenen Optionsscheine zustünde, wonach lediglich eine Mediatisierung des Bezugsrechtes vorläge.[511]

Ebenfalls auf Grundlage der Vergleichbarkeit mit der Optionsanleihe fußt das zumindest für die Zulässigkeit von *naked warrants* verwendete Argument, dass auch bei Optionsanleihen die Optionsrechte häufig unmittelbar nach der Begebung von der Anleihe getrennt würden und unabhängig voneinander handelbar seien.[512] Somit seien isoliert handelbare Optionsrechte dem Rechtsverkehr nicht unbekannt und würden vom Gesetzgeber toleriert. Hierfür spreche auch die Anerkennung des Gesetzgebers von sogenannten *stock options* für Arbeitnehmer oder Mitglieder der Geschäftsführung.[513] Seit der Schaffung des Gesetzes zur Kontrolle und Transparenz im Unternehmensbereich (KonTraG)[514] könne bedingtes Kapital nach § 192 Abs. 2 Nr. 3 AktG zur Besicherung von selbstständigen Optionsrechten, die im Rahmen von erfolgsorientierten Vergütungsstrukturen ausgegeben wurden, geschaffen werden.[515] Aufgrund der hohen Ähnlichkeit zwischen einer Optionsanleihe und einer Huckepack-Emission ließen sich nur schwerlich Gegenargumente finden, die nicht auch gegen die Zulässigkeit anerkannter Optionsanleihen sprächen.[516]

Weiter ließe sich für eine Flexibilisierung von Optionsrechten anführen, dass sie durchaus Vorteile für die Gesellschaft böten, da sie eine gestreckte Eigenkapitalbeschaffung ermöglichten. So fließe die Ausübungsprämie des Optionsscheines vollständig in das Eigenkapital der Gesellschaft. Im Vergleich zu der Eigenkapitalbeschaffung über eine ordentliche Kapitalerhöhung könne sich die Optionsprämie deutlich näher am aktuellen Kurs oder Ausgabekurs der Aktie orientieren.[517] Im Gegensatz zu der Optionsanleihe fließe bei der Ausgabe von *naked warrants* und bei einer Huckepack-Emission der Gesellschaft Eigenkapital zu, ohne dass sie zusätzlich zu verzinsendes Fremdkapital aufnehmen müsste.[518] Die Vorteile für den Optionsinhaber beziehungsweise Aktionär lägen auf der Hand: Er könne mit geringerem Kapitaleinsatz von

---

511 *Fuchs*, AG 1995, 433, 444; *Schlitt/Löschner*, BKR 2002, 150, 154; *Habersack* in MüKo-AktG, § 221 Rn. 37; *Schanz*, § 14 Rn. 54.

512 *Steiner*, WM 1990, 1776, 1777; *Schlitt/Löschner*, BKR 2002, 150, 154; *Gätsch/Theusinger*, WM 2005, 1256, 1263; *Schanz*, § 14, Rn. 4 (dort mit Fn. 98).

513 Vgl. *Habersack* in FS Nobbe, 539, 558.

514 BGBl I, 786.

515 Vgl. BR-Drucks. 872/97, S. 59 ff.

516 Ähnlich *Habersack* in Bezug auf *naked warrants*, diese Argumentation allerdings auf Huckepack-Emissionen ausdehnend (*Habersack* in FS Nobbe, 539, 662):Vgl. *Habersack* in FS Nobbe, 539, 559. Siehe auch *Fuchs*, AG 1995, 433, 424.

517 Vgl. hierzu ausführlich mit Beispielen *Fuchs*, AG 433, 435 f. Nach dessen Rechnung ist regelmäßig mit *naked warrants* eine höhere effektive Kapitalzufuhr pro Aktie zu erreichen als bei einer ordentlichen Kapitalerhöhung. Zudem *Schlitt/Löschner*, BKR 2002, 150, 152; *Dierks*, S. 137.

518 Vgl. *Schlitt/Löschner*, BKR 2002, 150, 151.

Kurssteigerungen der Gesellschaft profitieren und eine Hebelwirkung nutzen.[519]

b. Argumente gegen die Zulässigkeit von *naked warrants* und Huckepack-Emissionen

Wenngleich in der Praxis bereits vereinzelt selbstständige Optionsrechte ausgegeben worden sind,[520] sprechen sich eine Reihe von Autoren[521] und ein Teil der instanzgerichtlichen Rechtsprechung[522] gegen eine Zulässigkeit von *naked warrants* und Huckepack-Emissionen aus.

Der Wortlaut des § 221 Abs. 1 S. 1 AktG erfasse weder die Ausgabe von *naked warrants* noch die Struktur einer Huckepack-Emission. Grundsätzlich dürften nach § 187 Abs. 1 AktG Rechte auf den Bezug neuer Aktien nur unter dem Vorbehalt des Bezugsrechtes aller Aktionäre ausgegeben werden, Ausnahmen gelten für Wandel- und Optionsanleihen nach § 221 AktG. So bestünde für die Ausgabe von *naked warrants* oder eine Huckepack-Emission nur die Möglichkeit einer Analogie des § 221 AktG, um bei den problematisierten Strukturen einen Gesetzesverstoß zu vermeiden.[523] Gegen eine Analogie wird jedoch angeführt, dass für eine solche kein Raum sei, da § 221 AktG ein Ausnahmecharakter gegenüber § 187 AktG zugeschrieben wird, und der Gesetzgeber eine zurückhaltende Stellung gegenüber dieser Ausnahme eingenommen habe, wie an den restriktiv geregelten Fällen des § 192 Abs. 2 AktG zur Schaffung bedingten Kapitals abgelesen werden könne.[524] Vielmehr gefährde eine Analogie die Übersichtlichkeit der Eigenkapitalstruktur. Das Regel-Ausnahme-Verhältnis zwischen § 187 AktG und §§ 221, 192 AktG werde gestört oder sogar ins Gegenteil verkehrt.[525] Zudem bestünde die Gefahr, dass die Vermögensinte-

---

519 Vgl. *Fuchs*, AG 1995, 433, 439.

520 So bei der Trinkaus und Burkhardt KGaA (WKN 877 630) und der BALATON Ungarn-Beteiligungen AG, vgl. Steiner, WM 1990, 1776 f. Zudem nach *F. Schäfer* in Lutter/Hommelhoff, 62, 78, dort Fn. 60, bei Deutsche Bank AG 1990/1991 (WKN 804 022) und Hypo-Bank 1995/1997 (WKN 802 145 – Call; WKN 802 146 – Put). Vgl. für weitere Beispiele vorrangig kleinerer Unternehmen auch *Dierks*, S. 75 ff.

521 *Lutter* in KK-AktG, § 221 Rn. 185 für *naked warrants* und Rn. 186 für Huckepack-Emissionen; *ders.*, ZIP 1997, 1, 7; *Hüffer*, § 221 Rn. 75 für *naked warrants*, für Huckepack-Emissionen jedoch offenlassend in Rn. 76; *Martens*, AG 1989, 69, 73 (allerdings unter bestimmten Voraussetzungen für die Zulässigkeit einer Huckepack-Emission, vgl. Fn. 500); *Rosener* in FS Bezzenberger 2000, 745, 750 f.; *Zimmer*, DB 1999, 999, 1001; *Frey* in GroßKomm AktG, § 192 Rn. 65 ff.

522 OLG Stuttgart, BKR 2003, 122, 124; LG Stuttgart, AG 1998, 41, 43; LG Braunschweig, NZG 1998, 387, 388.

523 *Lutter* in KK-AktG, § 221, Rn. 185. Anders *Hüffer*, der in der Verdrängung des § 187 durch eine analoge Anwendung des § 221 AktG eine Vernachlässigung des Schutzes der Aktionärsrechte sieht, vgl. *Hüffer*, § 221 Rn. 75.

524 *Lutter* in KK-AktG, § 221, Rn. 185.

525 *Lutter* in KK-AktG, § 221, Rn. 185.

ressen der Aktionäre geschädigt würden.[526] Insbesondere gegen *naked warrants* wird angeführt, dass der Gesetzgeber die Ausgabe isolierter Bezugsrechte restriktiv handhaben wolle, um möglichen Spekulationen mit diesen durch oder gegen die AG zu begegnen.[527]

Bekräftigt werde diese restriktive Haltung dadurch, dass der Gesetzgeber zwar die Schaffung von selbstständigen Optionsrechten im Rahmen des KonTraG in § 192 Abs. 2 Nr. 3 AktG geregelt habe, diese Regelung aber die Ausgabe nur an Arbeitnehmer und Mitglieder der Geschäftsführung vorsähe. So müsse davon ausgegangen werden, dass der Gesetzgeber die Ausgabe von Optionsrechten, die nicht an eine Fremdkapitalfinanzierung gekoppelt sind, nur in diesem Zusammenhang als zulässig ansehe.[528] Insofern könne man auch die Planwidrigkeit der für eine Analogie erforderlichen Regelungslücke in Frage stellen, da der Gesetzgeber lediglich die beschriebene Struktur geregelt habe.[529]

Gleiches gilt für die Huckepack-Emission, bei der eine Analogie aus ähnlichen Gründen abgelehnt wird: Das Gesetz sehe in § 221 AktG lediglich eine Ausnahme von § 187 Abs. 1 AktG für Kombinationen von Fremdfinanzierungen mit Eigenfinanzierungen vor. Im Gegensatz zu der Kombination einer Schuldverschreibung mit Optionsrechten entspreche die Kombination von Aktien mit Optionsrechten nicht diesem Charakter.[530] Da der Gesetzgeber bewusst nur diesen Fall geregelt habe, fehle es an der für eine Analogie erforderlichen Regelungslücke.[531] Auch die für eine Analogie erforderliche vergleichbare Interessenlage sei im Verhältnis einer Optionsanleihe zu einer Huckepack-Emission nicht gegeben. Vielmehr sei es Ziel des Gesetzes, „herumirrende Bezugsrechte“[532] restriktiv zu behandeln und auf eine Kombination mit Fremdfinanzierungen zu beschränken.

Ebenfalls gegen eine Ausweitung der Möglichkeiten zur Ausgabe von Optionsscheinen wird angeführt, dass diese regelmäßig nur ausgeübt würden, wenn der tatsächliche Kurs der Aktie deutlich über dem Ausübungspreis des Optionsscheines läge. So entginge der Gesellschaft die Differenz zwischen dem Ausübungspreis des Optionsscheines und dem Preis, der für junge Aktien im Rahmen einer ordentlichen Kapitalerhöhung hätte erzielt werden können.[533]

526 *Martens*, AG 1989, 69, 73.
527 *Martens*, AG 1989, 69, 73; *Lutter* in KK-AktG, § 192 Rn. 9.
528 *Rosener* in FS Bezzenberger, 745, 751; *Lutter*, ZIP 1997, 1, 7; *Zimmer*, DB 1999, 999, 1001.
529 Auf Grundlage dessen ordnet *Habersack* die die Zulässigkeit von *naked warrants* ablehnende Meinung als herrschend ein, wenngleich er selbst die gegenteilige Meinung vertritt, vgl. *Habersack* in FS Nobbe, 539, 558.
530 *Lutter* in KK-AktG, § 221 Rn. 186.
531 *Lutter* in KK-AktG, § 221 Rn. 186.
532 So besonders deutlich *Lutter* in KK-AktG, § 221 Rn. 186.
533 Vgl. *Martens*, AG 1989, 69, 73.

Nicht zuletzt wird auch das Argument bestritten, dass der Gesetzgeber 1937 die Finanzierungmöglichkeiten von Gesellschaften durch die Regelung des § 221 AktG nicht einschränken wollte. Vielmehr solle der historische Gesetzgeber die Optionsscheine an sich für bedenklich gehalten haben und sie nur zugelassen haben, um die Möglichkeit zu schaffen, die Attraktivität von Anleihen zu steigern.[534]

c. Stellungnahme

Die besseren Gründe sprechen für eine Zulässigkeit sowohl von *naked warrants* als auch einer Huckepack-Emission.

Naked warrants sind als Genussrechte im Sinne von § 221 Abs. 3 AktG einzuordnen. Genussrechte zeichnen sich dadurch aus, dass sie Vermögensrechte gewähren, die typischerweise Aktionären zustehen.[535] Zu diesen Vermögensrechten zählen auch die Bezugsrechte der Aktionäre, die beispielsweise bei einer Kapitalerhöhung entstehen können.[536] *Naked warrants* verkörpern das Recht auf den Bezug von Aktien zu einem Festpreis. Der Unterschied zwischen einem selbstständigen Optionsrecht in Form eines *naked warrant* und dem Bezugsrecht eines Aktionärs liegt lediglich darin, dass der Optionsscheininhaber den Ausübungszeitpunktes frei wählen kann, während der (Alt-)Aktionär sein Bezugsrecht auf junge Aktien nur im Rahmen der Kapitalerhöhung ausüben kann. Allein die Wählbarkeit des Ausübungszeitpunktes rechtfertigt jedoch nicht das Bezugsrecht als Genussrecht einzuordnen, den selbstständigen Optionsschein hingegen nicht. Diese Auffassung wird auch vom weiten Wortlaut des § 221 Abs. 3 AktG, der für „Genussrechte" die sinngemäße Geltung des § 221 Abs. 1 AktG vorschreibt, gedeckt. Der Gesetzgeber hat bewusst von einer Definition der Genussrechte abgesehen, um die Ausbildung unterschiedlicher Genussrechtstypen der Vertragsfreiheit zu überlassen.[537] Da *naked warrants* als Genussrechte sowohl vom Wortlaut als auch von der Zielsetzung des § 221 Abs. 3 AktG erfasst werden, muss auch dessen Rechtsfolge für sie gelten und § 221 Abs. 1 AktG entsprechend auf sie angewendet werden.

Folgt man nicht der hier zugrunde gelegten Ansicht, dass *naked warrants* als Genussrechte einzuordnen sind, wären sie dennoch zulässig, da in diesem Fall einer analogen Anwendung des § 221 Abs. 1 AktG zuzustimmen wäre. Der Argumentation, dass § 221 Abs. 1 AktG als abschließende Regelung nicht ana-

---

534 Vgl. hierzu ausführlich *Frey* in GroßKomm AktG, § 192 Rn. 66 zu § 192 AktG, wenngleich einräumend, dass dies nicht zwingend aus der historischen Auslegung des § 221 AktG folgt.

535 Vgl. *Fuchs*, AG 1995, 433, 442 f.; *Schlitt/Löschner*, BKR 2002, 150, 153; *Habersack* in FS Nobbe, 539, 560; *ders.* in MüKo-AktG, § 221 Rn. 37; *Wolfahrt/Brause*, WM 1997, 397, 399; *Dierks*, S. 95; *Karollus* in Geßler/Hefermehl/Eckardt/Kropff, § 221, Rn. 29; *Seiler* in Spindler/Stilz, § 221 Rn. 40.

536 Vgl. *Habersack* in MüKo-AktG, § 221 Rn. 65.

537 Vgl. *Habersack* in MüKo-AktG, § 221 Rn. 64.

logiefähig sei, kann nicht gefolgt werden. Gesellschaften muss die Möglichkeit belassen werden, auch abseits der in § 221 AktG beschriebenen Strukturen Eigenkapital aufzunehmen und Finanzierungsmöglichkeiten zu entwickeln, solange diese im Interesse der Gesellschaft liegen und den Schutz der Aktionäre nicht vernachlässigen. Demnach ist die Regelung des § 221 Abs. 1 AktG als nicht abschließend zu qualifizieren. An der Planwidrigkeit der Regelungslücke lässt sich zwar insofern zweifeln, als der Gesetzgeber sich mit der Einführung einer Regelung zur Schaffung von bedingtem Kapital (§ 192 Abs. 2 Nr. 3 AktG) zur Absicherung von *stock options* zwar mit selbstständigen Optionsrechten auseinandergesetzt hat, aber keine allgemeingültige Regelung für diese verabschiedet hat. Hiergegen lässt sich jedoch anführen, dass der Gesetzgeber mit der Regelung des § 192 Abs. 2 Nr. 3 AktG in erster Linie den Streit um die Zulässigkeit von Aktienoptionsplänen zugunsten von Arbeitnehmern und Mitgliedern der Geschäftsführung regeln und keine grundlegende Entscheidung zu der Zulässigkeit selbstständiger Optionsscheine treffen wollte.[538] Zu den weiteren Finanzierungmöglichkeiten von *naked warrants* traf der Gesetzgeber hier keine Aussage und es gibt auch keine Anhaltspunkte dafür, dass eine Wertung hinsichtlich dieser Strukturen abgegeben werden sollte.[539]

Naked warrants sind als Genussrechte gemäß § 221 Abs. 3 AktG einzuordnen und demnach zulässig. Aus diesem Grunde ist eine Analogie in diesem Zusammenhang nicht erforderlich.

Für die Zulässigkeit von Huckepack-Emissionen kann die vorangegangene Argumentation nur zum Teil übernommen werden. Huckepack-Emissionen sind nicht als Genussrecht einzuordnen, da bei ihnen der Optionsschein nicht isoliert, sondern mit einer Aktie kombiniert ausgegeben wird. Unter die Genussrechte im Sinne des § 221 Abs. 3 AktG fallen zwar aktienähnliche Rechte,[540] aber nicht Aktien an sich, die ebenfalls Teil einer Huckepackemission sind.

Die Strukturierung einer Huckepack-Emission macht die analoge Anwendung des § 221 Abs. 1 AktG erforderlich, da den Kritikern zuzugestehen ist, dass der Wortlaut des § 221 Abs. 1 AktG die Kombination von Aktien mit Optionsrechten nicht erfasst und für eine extensive Auslegung kein Raum ist.

Es besteht aber eine vergleichbare Interessenlage der Gesellschaft hinsichtlich der vom Gesetzgeber geregelten Optionsanleihe und der nicht geregelten Hu-

538 Der Gesetzentwurf geht ausschließlich auf die Aktienoptionspläne ein und bezieht sich weder auf den damaligen Streitstand zu *naked warrants*/Huckepack-Emissionen, noch trifft er sonst eine Aussage zu der Begebung von *naked warrants* oder einer Huckepack-Emission, vgl. BR-Drucks. 872/96, S. 59 ff. Der Gesetzgeber geht nur auf die Gestaltungen ein, die vor der Schaffung des § 192 Abs. 2 Nr. 3 AktG gewählt wurden, nämlich die Loslösung der Optionsscheine von Optionsanleihen oder die Begebung einer Wandelschuldverschreibung. Diese Wege wollte der Gesetzgeber ausdrücklich nicht abschneiden, stufte sie aber als rechtlich kompliziert ein. Vgl. BR-Drucks. 872/96, S. 61.

539 Vgl. BR-Drucks. 872/96.

540 Vgl. *Hüffer*, § 221 Rn. 25.

ckepack-Emission: In beiden Fällen dient der Optionsschein dazu, das für Investoren möglicherweise weniger attraktive Primärfinanzierungsinstrument zum Wohle der Gesellschaft besser platzieren zu können.[541] Dass es sich bei dem geregelten Fall um Fremdkapital handelt und im ungeregelten Fall um für die Gesellschaft noch wertvolleres Eigenkapital, ist eine unterschiedliche Behandlung nicht gerechtfertigt.

Die (Alt-)Aktionäre sind durch das mediatisierte Bezugsrecht auf die Optionsrechte aus dem gleichfalls analog anzuwendenden § 221 Abs. 4 AktG hinreichend geschützt und § 187 AktG wird somit auch nicht ausgehöhlt.[542]

Zwar kann nicht von der Hand gewiesen werden, dass die Ausübung der Optionsscheine in der Regel genau dann stattfinden wird, wenn der Ausübungspreis unter dem Kurswert der Aktie liegt, doch kann dieser vermeintliche Nachteil für die Gesellschaft in Kauf genommen werden: Auch bei einer ordentlichen Kapitalerhöhung muss mit einem Abschlag gegenüber dem Börsenkurs gerechnet werden.[543] Außerdem kann durch eine entsprechende Ausgestaltung der Optionsbedingungen das Risiko einer zu großen Differenz zwischen Ausübungspreis und Kurswert der Aktie dadurch vermieden werden, dass ab dem Erreichen eines bestimmten Kurswertes über einen bestimmten Zeitraum die Optionsscheininhaber gezwungen werden, ihre Optionen auszuüben oder gegen einen geringen Nominalpreis an die Gesellschaft zurück zu verkaufen.[544]

Folglich sprechen die besseren Gründe für eine analoge Anwendung des § 221 Abs. 1 AktG zur Strukturierung einer Huckepack-Emission.

Für Huckepack-Emissionen von SPACs lassen sich die Argumente für eine Analogie des § 221 Abs. 1 AktG zum Teil sogar noch bekräftigen. Bei SPACs wissen potenzielle Investoren vor dem Börsengang kaum, welchem operativen Geschäft ihr Investment schließlich dienen soll. Der in der Unit enthaltene Optionsschein bietet ihnen einen zusätzlichen Anreiz, sich an dem SPAC zu beteiligen. Eine vergleichbare Funktion hat auch der bei einer Optionsanleihe ausgegebene Optionsschein: Der Optionsschein soll die Attraktivität der Anleihe bei möglichen Anlegern steigern. Dieser Funktionsgleichlauf gleicht die Interessenlage einer Gesellschaft, die eine Optionsanleihe begibt, sehr stark der

---

541 Dieser Zweck dürfte insbesondere auf die Optionen bei SPACs zutreffen, da die Prospektinformationen zur Aktienemission eines SPACs im Gegensatz zu üblichen Aktienemissionen kaum Aufschluss über das später aufzunehmende operative Geschäft treffen. Hierzu aber später unter D.I.2.d.

542 Insbesondere bei einer Huckepack-Emission in Zusammenhang mit einem Börsengang, wie sie bei SPACs üblich ist, ist die Gefahr einer Benachteiligung von Aktionären gering, ausführlich hierzu unten unter D.I.2.d.

543 Vgl. bereits *Fuchs*, AG 1995, 433, 435 und die Nachweise dort.

544 Vgl. bereits oben unter B.IV.4. und Strukturierung bei der Germany1 Ltd., der Helikos SE und der ECT SE: Wertpapierprospekt der Germany1 Acquisition Limited vom 02.07.2008, S. 76; Wertpapierprospekt der Helikos SE vom 11.01.2010, S. 100 und Wertpapierprospekt der European CleanTech I SE vom 01.10.2010, S. 118.

Interessenlage einer SPAC-Gesellschaft an, die Units ausgibt. Hier liegen die Interessenlagen noch näher beieinander als dies ohnehin schon bei anderweitigen Huckepack-Emissionen der Fall ist. Als eine weitere Parallele kann festgestellt werden, dass der Optionsschein unmittelbar nach der Emission der Units von der Aktie getrennt wird und selbstständig handelbar ist. Diese Trennung ist bei der Optionsanleihe ebenfalls durchaus üblich[545] und unterstreicht den primären Zweck des Optionsscheines, die Attraktivität der Anleihe beziehungsweise jungen Aktie zu steigern. Es liegt eine so starke Interessenkonformität vor, dass eine Analogie des § 221 Abs. 1 AktG bei der Emission von Units durch einen SPAC gerechtfertigt und erforderlich ist.

Auch ist nicht zu befürchten, dass durch die Ausgabe der Units und der darin enthaltenen Optionsscheine die Bezugsrechte von Altaktionären entgegen der gesetzlichen Regelung (§ 187 Abs. 1 AktG) verletzt werden. Die durch das Bezugsrecht zu schützenden Altaktionäre bestehen bei SPACs ausschließlich aus den Gründern, die den SPAC an die Börse bringen. Zum einen haben sie sich selbst für diese bei SPACs typische Struktur entschieden, zum anderen erwerben sie regelmäßig bereits vor dem Börsengang eine beträchtliche Anzahl von Optionsscheinen zu einem verhältnismäßig geringen Optionspreis. Ihre Schutzwürdigkeit ist in diesem Lichte zu betrachten. Für die Investoren ist keine Benachteiligung zu befürchten, da mit allen ausgegebenen Aktien auch entsprechende Optionsscheine ausgegeben werden sollen. Da es sich bei SPACs gerade nicht um eine Huckepack-Emission in Zusammenhang mit einer Kapitalerhöhung nach erfolgter Börsennotierung handelt, sondern um eine Emission in Zusammenhang mit dem Börsengang beziehungsweise dem öffentlichen Angebot, werden keine Bezugsrechte außer die der nicht schutzwürdigen Gründer verletzt. Im Umkehrschluss fassen die Publikumsaktionäre hier allerdings auch nicht in der Hauptversammlung mit der qualifizierten Mehrheit einen Direktbeschluss für die Ausgabe einer Optionsanleihe, wie es sonst nach § 221 Abs. 1 S. 2 AktG erforderlich ist. Lediglich die Gründer entscheiden vor dem Börsengang mit einer entsprechenden Mehrheit. Die Schutzfunktion des § 221 Abs. 1 S. 2 AktG läuft allerdings gerade nicht leer, da allen Publikumsaktionären die gleichen Optionsrechte eingeräumt werden sollen und so keine Benachteiligung zu befürchten ist. Der mögliche Aktionär kann frei entscheiden, ob er die Aktie als Bestandteil der Unit, erwerben will. Seine Entscheidung gründet auf dem Prospektinhalt, in dem vor der späteren Verwässerung gewarnt wird.

Der Gefahr, dass der Gesellschaft Finanzierungsmittel entgehen, weil sie möglicherweise aufgrund der Optionsscheine ihre Aktien deutlich unter dem aktuellen Börsenkurs ausgeben müsste, kann durch eine sorgsame Gestaltung der Optionsbedingungen begegnet werden. So kann ab dem Erreichen bestimmter Kurswerte über eine bestimmte Dauer das Management ermächtigt werden, die Optionsscheininhaber aufzufordern, ihre Optionsscheine bis zum

---

545 Vgl. *Schlitt/Hemeling* in Habersack/Mülbert/Schlitt, § 10 Rn. 3.

Ablauf einer gleichzeitig festzusetzenden Frist auszuüben.[546] Kommen die Optionsscheininhaber dieser Aufforderung nicht nach, sind sie verpflichtet, die Optionsscheine der Gesellschaft zu einem festgelegten und sehr geringen Preis zurück zu verkaufen.

Lediglich die Gesellschafter einer potenziellen Zielgesellschaft sollten im Vorfeld einer Unternehmenszusammenführung hinsichtlich nicht ausgeübter Optionsrechte auf Seiten des SPAC überprüfen, in welchem Umfang sie nach dem De-SPAC an der zusammengeführten Gesellschaft beteiligt sein wollen und in welchem Umfang sie nach der Ausübung der entsprechenden Optionsrechte tatsächlich an ihr beteiligt wären. Dies gilt insbesondere, wenn die Optionsscheine, wie üblich, erst nach der Unternehmenszusammenführung ausgeübt werden dürfen.[547] Insoweit werden nämlich die Anteile der neu eintretenden Gesellschafter verwässert. Verstärkt wird dieser Effekt noch durch die Optionsrechte des Sponsoren-Teams, welche jedoch unabhängig von der Huckepack-Emission erworben wurden. Der mögliche Verwässerungseffekt für mögliche spätere Aktionäre in Person der Altgesellschafter der Zielgesellschaft kann aber nicht als Argument gegen eine analoge Anwendung des § 221 AktG herangezogen werden. Zum einen können die Gesellschafter der Zielgesellschaft diesen Umstand bereits bei den Verhandlungen über den Zusammenschluss einkalkulieren, zum anderen kann an dieser Stelle nicht der Schutz dieser späteren Aktionäre, die weder nach Person noch nach Umfang bekannt sind, bezweckt werden.

d. Zwischenergebnis zur Zulässigkeit einer Huckepack-Emission durch einen SPAC

Naked warrants sind als Genussrechte unter § 221 Abs. 3 AktG zu subsumieren und somit als zulässig anzusehen. Bei der Ausgabe von Units durch SPACs handelt es sich nicht um eine Emission von *naked warrants,* sondern um eine sogenannte Huckepack-Emission. Die Zulässigkeit von Huckepack-Emissionen ist zwar umstritten, dennoch sind sie im Rahmen einer analogen Anwendung des § 221 Abs. 1 AktG als zulässig einzuordnen. Dies gilt insbesondere für die typische Struktur von SPACs, die regelmäßig eine Huckepack-Emission vorsieht, um im Zusammenhang mit dem Börsengang Units ausgeben zu können. Aus Sicht der Gesellschaft besteht eine besondere Nähe zu der Begebung einer Optionsanleihe, da der Optionsschein bei einer Huckepack-Emission nahezu die gleiche Funktion wie bei der Anleihe hat. Demnach steht § 187 AktG, der durch eine analoge Anwendung des § 221 AktG verdrängt wird, einer Huckepack-Emission nicht entgegen. Aufgrund der umstrittenen

546 Diese Struktur wählten auch Germany1, Helikos und ECT. Siehe hierzu bereits oben unter B.IV.4. und vgl. Wertpapierprospekt der Helikos SE vom 11.01.2010, S. 100; Wertpapierprospekt der Germany1 Acquisition Limited vom 02.07.2008, S. 76; Wertpapierprospekt der European CleanTech I SE vom 01.10.2010, S. 118.

547 Siehe bereits oben unter B.IV.4.

Rechtslage und in Ermangelung einer höchstrichterlichen Entscheidung ist eine solche Transaktion jedoch mit erheblicher Rechtsunsicherheit behaftet. Die rechtliche Zulässigkeit der Emission von Units durch einen SPAC beim Börsengang ist dennoch anzuerkennen.

3. Die Absicherung der Optionsrechte

Bejaht man richtigerweise die Zulässigkeit einer Huckepack-Emission und eine analoge Anwendung des § 221 AktG, gilt es weiter zu klären, wie die in den Units enthaltenen Optionsrechte abgesichert werden können. Hierfür bietet das Aktienrecht mehrere Möglichkeiten. Grundsätzlich können die Optionsrechte durch eigene Aktien nach § 71 Abs. 1 Nr. 8 AktG, durch genehmigtes Kapital nach §§ 203, 204 AktG oder durch bedingtes Kapital nach § 192 AktG bedient werden.[548]

Fraglich ist, ob und zu welchem Zeitpunkt die Absicherung der Optionsschine gescihert sein muss. Zum Teil wird vertreten, dass die Ausgabe der Optionen nur zulässig ist, wenn die Gesellschaft bei der Ausgabe bereits eigene Aktien im Bestand hat, um die Optionen zu bedienen oder bei der Schaffung der Optionsrechte ein bedingtes oder genehmigtes Kapital zur Verfügung steht, beziehungsweise die Optionsrechte anderweitig abgesichert sind.[549] Nach herrschender Meinung ist jedoch auch eine zeitlich frühere Ausgabe der Optionsrechte mit einer anschließenden Absicherung möglich, da die Gesellschaft durch die Optionen nicht im Sinne von § 187 Abs. 2 AktG verpflichtet wird.[550]

Hier ist der herrschenden Meinung zu folgen. Sofern die Optionsrechte durch eigene Aktien bedient werden sollen, ist bereits der Tatbestand des § 187 Abs. 2 AktG nicht erfüllt.[551] Sollen die Optionsrechte mit neuen Aktien der Gesellschaft bedient werden, führt dies ohne vorherigen Kapitalerhöhungsbeschluss zur relativen Unwirksamkeit der Vereinbarung gegenüber der Gesellschaft nach § 187 Abs. 2 AktG.[552] Aufgrund dieser relativen Unwirksamkeit können die Optionsscheininhaber keine Schadensersatzansprüche gegenüber der Gesellschaft geltend machen, so dass der Gesellschaft kein Schaden droht und die Entscheidungsfreiheit der Hauptversammlung hinsichtlich eines Kapitalerhöhungsbeschlusses nicht beeinträchtigt wird.[553] Dennoch stellt sich die Frage, welche der Absicherungsmöglichkeiten bei der Struktur eines SPAC gewählt werden sollte, um den Investoren eine ausreichende Sicherheit zu

---

548 Vgl. generell zu den Absicherungsmöglichkeiten von Optionsscheinen, *Schlitt/Löschner*, BKR 2002, 150, 156.

549 So *Cahn* in Spindler/Stilz, § 71 Rn. 207; *Wiedemann* in GroßKomm AktG, § 187 Rn. 8.

550 *Hüffer*, § 187 Rn. 5; *Schlitt/Löschner*, BKR 2002, 150, 152; *Lutter* in KK-AktG, § 187 Rn. 17 ff.; *Krieger* in Münch. Hdb. AG, § 56 Rn. 113; *Fuchs*, AG 1995, 433, 443 (dort Fn. 93).

551 *Hüffer*, § 187 Rn. 5; *Schlitt/Löschner*, BKR 2002, 150, 152.

552 *Schlitt/Löschner*, BKR 2002, 150, 152.

553 *Hüffer*, § 187 Rn. 5; *Schlitt/Löschner*, BKR 2002, 150, 152.

gewähren, die sie zur Grundlage ihrer Investitionsentscheidung machen können.

a. Absicherung durch den Erwerb eigener Aktien nach § 71 Abs. 1 Nr. 8 AktG

Die Gesellschaft hat die Möglichkeit, Optionsrechte mit eigenen Aktien zu bedienen, die sie vorher mit einer Ermächtigung der Hauptversammlung selbst erworben hat.[554] In der Vergangenheit sprach zum einen gegen eine Absicherung von Optionsrechten mit eigenen Aktien nach § 71 Abs. 1 Nr. 8 AktG, dass die Ermächtigung der Hauptversammlung nur für 18 Monate galt.[555] Bei SPACs wäre eine 18-monatige Zeitspanne mit der zweijährigen Frist zur Herbeiführung einer Unternehmenszusammenführung, vor der in der Regel die Optionsscheine nicht ausgeübt werden können, kaum sinnvoll gewesen. Es hätte lediglich die mit Unsicherheiten behaftete Möglichkeit gegeben, die Ermächtigung jedes Jahr von der Hauptversammlung erneuern zu lassen.[556] Mit dem Gesetz zur Änderung der Aktionärsrichtlinie (ARUG)[557] wurde die Geltungsdauer jedoch auf fünf Jahre erhöht. Die mit dem ARUG neu geschaffene Fünfjahresfrist käme der Struktur von SPACs näher, insbesondere, wenn die Optionsscheine, wie bei SPACs üblich, innerhalb eines festen Zeitrahmens zwingend ausgeübt werden müssen, bevor sie verfallen.[558]

Zum anderen spricht jedoch nach wie vor gegen eine Absicherung der Optionsscheine mit eigenen Aktien, dass nach § 71 Abs. 2 S. 1 AktG die Zahl der von der Aktiengesellschaft selbst erworbenen Aktien 10 Prozent des Grundkapitals nicht überschreiten darf. Bei SPACs sollen aber alle Investoren mit dem Erwerb der Units auch Optionsscheine erhalten. Hinzu kommen noch die von dem Management-Team erworbenen Optionsscheine.[559] Hier können 10 Prozent des Grundkapitals unter keinen Umständen alle Optionsrechte besichern, selbst wenn man die Gründeroptionsscheine für das Management-Team zunächst außer Betracht lässt. Hinzu kommt der Umstand, dass die Gesellschaft ihre eigenen Aktien nach § 71 Abs. 1 Nr. 8 S. 2, 3 AktG nur unter Einhaltung des Gleichbehandlungsgrundsatzes (§ 53a AktG) oder über die Börse veräußern darf. Dem entspräche die Ausgabe der Aktien zur Bedienung der Optionsscheine nicht. Vielmehr wäre ein weiterer Hauptversammlungsbeschluss zum Ausschluss des Bezugsrechtes nach § 71 Abs. 1 Nr. 8 S. 4 AktG

---

554 Vgl. *Hüffer*, § 71 Rn. 19g; *Schlitt/Löschner*, BKR 2002, 150, 156. In Zusammenhang mit Aktienoptionsprogrammen auch *Oechsler* in MüKo-AktG, § 71 Rn. 258; *Bezzenberger* in Schmidt/Lutter, § 71 Rn. 85; *Wieneke* in Bürgers/Körbers, § 71 Rn. 42.

555 Vgl. *Schlitt/Löschner*, BKR 2002, 150, 152.

556 Vgl. *Schlitt/Hemeling* in Habersack/Mülbert/Schlitt, § 10 Rn. 37.

557 Gesetz zur Umsetzung der Aktionärsrechterichtlinie (ARUG) vom 30. Juli 2009, BGBl. I S. 2479.

558 Üblich, aber nicht zwingend, ist eine Laufzeitbegrenzung der Optionsscheine auf vier Jahre, vgl. Fn. 154 mit den Nachweisen dort.

559 Siehe bereits oben unter B.IV.11 und im Folgenden unter D.II.

erforderlich.[560] Zusätzlich wären die bilanziellen Besonderheiten nach § 71 Abs. 2 S. 2 AktG zu beachten.

Zwar ist eine Absicherung der Optionsrechte über eigene Aktien nach § 71 Abs. 1 Nr. 8 AktG prinzipiell möglich, doch ist dieser Weg für die Absicherung der Optionsrechte eines SPAC wenig zielführend, da die gesetzliche Beschränkung auf 10 Prozent des Grundkapitals nicht ausreicht, um alle Optionsrechte abzusichern. Hinzu kommt, dass die Absicherung über eigene Aktien weniger Flexibilität gegenüber der Absicherung mit bedingtem Kapital verspricht.[561] Aus Anlegersicht besteht nur eine geringere Sicherheit dafür, dass die Gesellschaft tatsächlich eine ausreichende Anzahl eigener Aktien besitzt, um alle Optionsrechte auch tatsächlich zu bedienen.[562]

b. Absicherung mit genehmigten Kapital nach §§ 202 ff. AktG

Die Optionsrechte können auch durch ein zu schaffendes genehmigtes Kapital gemäß §§ 202 ff. AktG abgesichert werden. Die Hauptversammlung kann den Vorstand gemäß § 202 Abs. 1 AktG ebenfalls maximal für fünf Jahre ermächtigen, ein genehmigtes Kapital zu schaffen. Dieses genehmigte Kapital kann in mehreren Tranchen ausgenutzt werden, darf jedoch in der Summe 50 Prozent des Grundkapitals nicht überschreiten (§ 202 Abs. 3 AktG). Hierbei müssen Vorstand und Aufsichtsrat nach den §§ 203, 204 AktG für jede Tranche gesonderte Beschlüsse über die Ausnutzung des genehmigten Kapitals fassen.[563] Erst mit der Eintragung in das Handelsregister wird das Kapital erhöht und nicht bereits mit der Ausgabe der Bezugsaktien.[564] Außerdem kann die Hauptversammlung das genehmigte Kapital jederzeit wieder aufheben.[565]

Gegen die Wahl des genehmigten Kapitals zur Absicherung der SPAC-Optionsscheine spricht in erster Linie, dass bei jeder Tranche Vorstands- und Aufsichtsratsbeschlüsse gefasst werden müssen. Da die Optionsscheininhaber in der Regel nicht zu einem einheitlichen Ausübungstermin, sondern je nach individueller Einschätzung der Marktlage ihre Optionsrechte ausüben werden, erscheint die Alternative des genehmigten Kapitals als lediglich theoretisch.[566] Praktisch ist es jedoch nahezu unmöglich, bei jedem einzeln ausgeüb-

---

560 Vgl. *Schlitt/Löschner*, BKR 2002, 150, 152; *Schlitt/Hemeling* in Habersack/Mülbert/Schlitt, § 10 Rn. 38; *Gätsch/Theusinger*, WM 2005, 1256, 1264.

561 Vgl. *Gätsch/Theusinger*, WM 2005, 1256, 1265.

562 Vgl. *Schlitt/Hemeling* in Habersack/Mülbert/Schlitt, § 10 Rn. 37.

563 So soll das genehmigte Kapital der Gesellschaft eine Möglichkeit bieten, das Grundkapital zu günstigen Zeitpunkten hochzusetzen, ohne vorher eine zeitaufwendige und teure Hauptversammlung einberufen zu müssen. Ziel war es, die Entscheidungsfreiheit der AG zu stärken und schnellere Entscheidungsmöglichkeiten zu gewährleisten, vgl. *Lutter* in KK-AktG, Vorb. § 202 Rn. 1.

564 *Schlitt/Hemeling* in Habersack/Mülbert/Schlitt, § 10 Rn. 35; *Rosener* in FS Bezzenberger, 745, 749.

565 *Schlitt/Hemeling* in Habersack/Mülbert/Schlitt, § 10 Rn. 35; *Steiner*, WM 1990, 1776, 1778.

566 Ebenfalls die praktische Realisierbarkeit in Zweifel ziehend, *Wolff*, WiB 1997, 505, 507.

ten Optionsschein die erforderlichen Beschlüsse zu fassen und die Kapitalerhöhung in das Handelsregister einzutragen. Da SPACs eine sehr große Anzahl von Optionsrechten durch die Ausgabe der Units ausgeben, muss auch hier davon ausgegangen werden, dass ein genehmigtes Kapital in einer maximalen Höhe von der Hälfte des Grundkapitals kaum ausreichen wird, um alle Optionsscheine abzusichern. Hinzu tritt der Umstand, dass es aus der Perspektive der Investoren negativ zu bewerten sein dürfte, dass das genehmigte Kapital jederzeit wieder aufgehoben werden könnte. Eine Absicherung der Optionsrechte mit genehmigten Kapital nach §§ 202 ff. AktG wäre zwar möglich, ist aber aufgrund der damit verbundenen Einschränkungen und praktischen Komplikationen ungeeignet.[567]

c. Absicherung mit bedingtem Kapital nach §§ 192 ff. AktG

Für die in Verbindung mit Anleihen gewährten Umtausch- oder Bezugsrechte wird zur Absicherung regelmäßig bedingtes Kapital gewählt, zumal nach § 192 Abs. 2 Nr. 1 AktG bedingtes Kapital ausdrücklich zu diesem Zweck geschaffen werden kann. Nach dem Beschluss der Hauptversammlung über die bedingte Erhöhung des Kapitals (§ 192 Abs. 1 AktG) wird diese jeweils nur soweit durchgeführt, wie von den durch die Gesellschaft auf junge Aktien ausgegebenen Umtausch- oder Bezugsrechten Gebrauch gemacht wird. Der Hauptversammlungsbeschluss über die bedingte Kapitalerhöhung ist nach § 195 Abs. 1 AktG in das Handelsregister einzutragen. Die Durchführung der Kapitalerhöhung wird jedoch erst sukzessive mit der Ausübung der Umtausch- oder Bezugsrechte eingetragen.[568] Im Gegensatz zum genehmigten Kapital wird die bedingte Kapitalerhöhung nach § 200 AktG bereits mit Ausgabe der Bezugsaktien wirksam und nicht erst mit der Eintragung in das Handelsregister.[569] So erhöht sich mit der Ausgabe jeder Bezugsaktie das Grundkapital um den jeweiligen Nennbetrag beziehungsweise mit jeder Stückaktie um den auf diese jeweils entfallenden Anteil am Grundkapital.[570] Auf die hierbei ausgegebenen Aktien besteht kein Bezugsrecht, der Bezugsrechtausschluss ist dem bedingten Kapital immanent.[571] Nach der Eintragung des bedingten Kapitals sind etwaige Aufhebungsbeschlüsse der Hauptversammlung nach § 192 Abs. 4 AktG nichtig. Nach § 192 Abs. 3 Alt. 1 AktG darf der Nennbetrag des bedingten Kapitals die Hälfte des Grundkapitals nicht

---

567 Grundsätzlich eignet sich das genehmigte Kapital eher für Maßnahmen, die bei Beschlussfassung noch nicht feststehen und in der Zukunft liegen, weniger aber für bereits feststehende Ereignisse, wie die Bedienung von Optionsscheinen: *Steiner*, WM 1990, 1776, 1778; *Martens*, AG 1989, 69, 73 (nur bezüglich Huckepack-Emissionen).

568 *Busch* in Marsch-Barner/F. Schäfer, § 44 Rn. 44.

569 Vgl. *Frodermann/Becker* in Henn/Frodermann/Jannott, Kap. 5 Rn. 173; *Schlitt/Löschner*, BKR 2002, 150, 152.

570 *Hüffer*, § 192 Rn. 4; *Frodermann/Becker* in Henn/Frodermann/Jannott, Kap. 5 Rn. 172.

571 Vgl. *Krieger* in Münch. Hdb. AG, § 57 Rn. 1a; *Frodermann/Becker* in Henn/Frodermann/Jannott, Kap. 5 Rn. 203; *Busch* in Marsch-Barner/F. Schäfer, § 44 Rn. 47.

überschreiten. Fehler bei der Beschlussfassung führen nicht zur Nichtigkeit, sondern lediglich zur Anfechtbarkeit des Beschlusses.[572]

i. Streitstand zur Absicherung von *naked warrants* und Huckepack-Emissionen mit bedingtem Kapital

Neben der generellen Zulässigkeit von *naked warrants* und Huckepack-Emissionen ist auch die Möglichkeit der Absicherung dieser Bezugsrechte mit bedingtem Kapital umstritten und höchstrichterlich nicht entschieden. Die der Zulässigkeit von *naked warrants* und Huckepack-Emissionen zustimmenden Vertreter sprechen sich weitgehend ebenfalls dafür aus, dass bedingtes Kapital zur Bedienung der entstehenden Optionsrechte geschaffen werden kann.[573] Die bereits eine Zulässigkeit von *naked warrants* und Huckepack-Emissionen verneinenden Stimmen halten es auch für unzulässig, bedingtes Kapital für solche Zwecke zu schaffen.[574] Größtenteils werden die Argumente, die bereits für oder gegen die aktienrechtliche Zulässigkeit von *naked warrants* und Huckepack-Emissionen dargelegt wurden,[575] auch in Zusammenhang mit der Schaffung des bedingten Kapitals verwendet.

Darüber hinaus wird die ablehnende Haltung darauf gestützt, dass § 192 Abs. 2 AktG eine abschließende Aufzählung enthalte und nicht beliebig erweitert werden dürfe.[576] Der Gesetzgeber hätte mit dem KonTraG die Möglichkeit gehabt, auch die Absicherung von *naked warrants* und Huckepack-Emissionen gesetzlich zu verankern, hat aber tatsächlich lediglich die Unterlegung von Aktienoptionsplänen mit bedingtem Kapital geregelt.[577] Somit habe er die Streitfrage entschieden und eine Anwendung des § 192 Abs. 2 AktG in diesem Zusammenhang abgelehnt.[578] Insbesondere komme eine entsprechende An-

---

572 *Busch* in Marsch-Barner/F. Schäfer, § 44 Rn. 5; *Dierks*, S. 141.

573 *Habersack* in FS Nobbe, 539, 560 f.; *ders.* In MüKo-AktG, § 221 Rn. 38; *Schlitt/Löschner*, BKR 2002, 150, 156; *Hüffer*, § 221 Rn. 75; *Karollus* in Geßler/Hefermehl/Eckardt/Kropff, § 221, Rn. 28 ff.; *Steiner*, WM 1990, 1776, 1777 f.; *Fuchs* AG 1995, 433, 445 ff.; *Gätsch/Theusinger*, WM 1256, 1262 f.; *Wohlfarth/Brause*, WM 1997, 397, 398; *Krieger* in Münch. Hdb. AG, § 63 Rn. 24; *Paefgen*, AG 1999, 67, 70 f.; *Wolff*, WiB 1997, 505,510 f.; *Dierks*, S. 131 ff.; *Schanz*, § 14 Rn. 55 ff.; *von Dryander/Apfelbacher* in Habersack/Mülbert/Schlitt, § 22 Rn. 72 (aber mit Hinweis auf die rechtlichen Risiken); *Frodermann/Becker* in Henn/Frodermann/Jannott, Kap. 5 Rn. 180; *Busch* in Marsch-Barner/F. Schäfer, § 44 Rn. 8.

574 OLG BKR 2003, 122, 124; *Lutter* in KK-AktG, § 192 Rn. 9; *Bungeroth* in GeßlerHefermehl/Eckardt/Kropff, § 192 Rn. 28 f.; *Frey* in GroßKomm AktG, § 192 Rn. 65 ff.; *Rosener* in FS Bezzenberger, 745, 750 f.; *Zimmer*, DB 1999, 999, 1001.

575 Siehe oben unter D.I.2.

576 *Rosener* in FS Bezzenberger, 745, 751; *Zimmer*, DB 1999, 999, 1001.

577 *Rosener* in FS Bezzenberger, 745, 751; *Lutter*, ZIP 1997, 1, 7; *Zimmer*, DB 1999, 999, 1001. Hiergegen wird jedoch angeführt, dass der Gesetzgeber mit dem KonTraG die Finanzierungsmöglichkeiten erweitern und nicht einschränken wollte, vgl. hierzu *Schlitt/Löschner*, BKR 2002, 150, 156.

578 *Rosener* in FS Bezzenberger, 745, 750; *Zimmer*, DB 1999, 999, 1001.

wendung des § 192 Abs. 2 Nr. 1 AktG über die in § 221 AktG geregelten Finanzierungsmittel hinaus nicht in Frage.[579] Zum Teil lehnt die obergerichtliche Rechtsprechung ebenfalls die Schaffung bedingten Kapitals zur Absicherung von bedingten Optionsrechten ab.[580]

Die bereits genannten Argumenten für eine entsprechende Anwendung des § 221 Abs. 1 AktG bei einer Huckepack-Emissionen sprechen auch für eine extensive Auslegung oder analoge Anwendung des § 192 Abs. 2 AktG bei der Absicherung der Optionsrechte, die im Rahmen einer Huckepack-Emission ausgegeben werden. Insbesondere der Charakter der Vorschrift als Soll-Vorschrift und die bereits beschriebene vergleichbare Interessenlage bei der Ausgabe von *naked warrants* oder bei einer Huckepack-Emission und einer Optionsanleihe sprächen dafür, bedingtes Kapital auch für *naked warrants* und Huckepack-Emissionen zur Absicherung der Bezugsrechte einzusetzen. Zwar sei das bedingte Kapital kein zweckneutrales Finanzierungsmittel und solle gegenüber der ordentlichen Kapitalerhöhung nur ausnahmsweise möglich sein, doch genau eine solche Ausnahme sei aufgrund der großen Ähnlichkeiten zu der von § 192 Abs. 2 Nr. 1 AktG erfassten Optionsanleihe durch eine entsprechende Anwendung gerechtfertigt.[581] Der mit dem bedingten Kapital verbundene Bezugsrechtsausschluss werde auch hier durch das mediatisierte Bezugsrecht aus der vorangegangen analogen Anwendung des § 221 Abs. 4 AktG kompensiert.[582] Außerdem wären in der Vergangenheit häufig Optionsanleihen begeben worden, bei denen der Anleihe nur eine untergeordnete Funktion zukam und unmittelbar nach der Begebung Optionsrecht und Anleihe getrennt wurden, um so faktisch *naked warrants* zu schaffen. Werde dieser Weg für zulässig gehalten, sei nicht erkennbar, warum nicht gleich selbstständige Optionsrechte mit bedingtem Kapital besichert werden können.[583]

Die generelle Analogiefähigkeit des § 192 Abs. 2 Nr. 1 AktG sei auch deshalb weitgehend anerkannt, weil das sogenannte Drittemissionsmodell (oder *Warrant-Anleihen)* von der herrschenden Meinung als zulässig angesehen wird.[584]

579 *Bungeroth* in Geßler/Hefermehl/Eckardt/Kropff, § 192 Rn. 28 f.

580 Insbesondere OLG Stuttgart, BKR 2003, 122, 124. Das Gericht verneint die Möglichkeit, bedingtes Kapital zur Absicherung von *naked warrants* schaffen zu können, mit der zweifelhaften Begründung, dass das Gericht bei seinen Prüfungspflichten und – möglichkeiten nicht überfordert werden dürfe. Die Vergleichbarkeit der Zwecke müsse sich ohne wirtschaftlichen und wissenschaftlichen Hintergrund bei realistischem Prüfaufwand erschließen.

581 *Schlitt/Löschner*, BKR 2002, 150, 156; *Karollus* in Geßler/Hefermehl/Eckardt/Kropff, § 221 Rn. 28.

582 *Schlitt/Löschner*, BKR 2002, 150, 156.

583 Vgl. *Gätsch/Theusinger*, WM 2005, 1256, 1263.

584 *Karollus* in Geßler/Hefermehl/Eckardt/Kropff, § 221 Rn. 28; *Habersack* in FS Nobbe, 539, 561; *Wolff*, WiB 1997, 505, 511. Mit Hinweis auf dieses Modell erkennt auch das OLG Stuttgart die grundsätzliche Analogiefähigkeit des § 192 Abs. 2 AktG an. Die Anwendung des § 192 Abs. 2 AktG sei auch für andere als die aufgezählten Zwecke zulässig, sofern diese mit den genannten verwandt sind. Vgl. OLG Stuttgart, BKR 2003, 122, 123.

Bei diesem Modell begibt eine zumeist im Ausland ansässige Tochtergesellschaft eine Optionsanleihe. Die Besonderheit liegt darin, dass die Optionsscheine keine Bezugsrechte auf die Aktien der die Anleihe begebenden Gesellschaft vermitteln, sondern auf Aktien der Muttergesellschaft im Inland, welche auch die Optionsscheine ausgibt.[585] Zur Absicherung dieser Optionsscheine beschließt die Hauptversammlung der Muttergesellschaft die Schaffung eines bedingten Kapitals, obwohl sie selbst keines der in § 192 Abs. 2 Nr. 1 AktG genannten Finanzierungsmittel für sich in Anspruch nimmt.[586] Lediglich indirekt kommt ihr die Platzierung der Anleihe aufgrund der Konzernstruktur zu Gute. Doch selbst dieser Effekt entfiele bei dem sogenannten „eigennützigen" Drittemissionsmodell:[587] Bei diesem Modell besteht noch nicht einmal ein Konzernverhältnis zwischen der die Anleihe begebenden Gesellschaft und der die Optionsscheine emittierenden Gesellschaft.[588] Letztere Gesellschaft hat nach diesem Modell ausschließlich Interesse an Platzierung und Emission der Optionsscheine, nicht aber an der Platzierung der Anleihe selbst durch die aus ihrer Sicht „fremde" Gesellschaft. Faktisch entspreche dies der Ausgabe von mit bedingtem Kapital abgesicherten *naked warrants*. Eine Ungleichbehandlung dieser beiden Fälle sei nicht nachzuvollziehen.[589]

Schließlich spreche noch für eine entsprechende Anwendung des § 192 Abs. 2 Nr. 1 AktG, dass es der europäische Gesetzgeber in Artikel 29 Abs. 6 der Kapitalrichtlinie[590] zum Schutz der Bezugsrechte der Aktionäre ausreichen lässt, wenn ihnen ein Bezugsrecht auf die ausgegeben Optionsscheine eingeräumt wird und nicht auf die jungen Aktien, die bei der Ausübung der Optionsscheine ausgegeben werden.[591]

---

585 Vgl. zu diesem Emissionsmodell *Habersack* in FS Nobbe, 539, 552; *Hüffer*, § 221 Rn. 71. Anders ist dies bei älteren Modellen, bei denen sich die Tochtergesellschaft verpflichtete, den Optionsscheininhabern die Aktien der Muttergesellschaft zu verschaffen, während die Muttergesellschaft die Erfüllung der Verschaffungspflicht garantierte. Vgl. *Krieger* in Münch. Hdb. AG, § 63 Rn. 30; *Fuchs* in MüKo-AktG, § 192 Rn. 54.

586 Die ganz h.M. geht von der Zulässigkeit eines solchen Beschlusses aus, *Hüffer*, § 192 Rn. 12; *Lutter* in KK-AktG, § 221 Rn. 174 f.; *Fuchs* in MüKo-AktG, § 192 Rn. 55; *Habersack* in MüKo-AktG, § 221 Rn. 48; *Krieger* in Münch. Hdb. AG, § 63 Rn. 31.

587 Dieses Modell ist jedoch umstritten, insbesondere besteht Uneinigkeit darüber, ob bei der die Optionsrechte ausgebenden AG ein eigenes mittelbares oder unmittelbares Finanzierungsinteresse bestehen muss. Vgl. zum Streitstand, *Hüffer*, § 221 Rn. 71; *Wolf*, WiB 1997, 505, 510; *Krieger* in Münch. Hdb. AG, § 63 Rn. 31; *Fuchs* in MüKo-AktG, § 192 Rn. 55 und dort Fn. 105; *Habersack* in MüKo-AktG, § 221 Rn. 48.

588 Vgl. *Karollus* in Geßler/Hefermehl/Eckardt/Kropff, § 221 Rn. 28; *Habersack* in FS Nobbe, 539, 561; *Hüffer*, § 221 Rn. 71.

589 *Karollus* in Geßler/Hefermehl/Eckardt/Kropff, § 221 Rn. 28; *Habersack* in FS Nobbe, 539, 561. Insbesondere mit Hinweis auf Huckepackemissionen, *Wolf*, WiB 1997, 505, 510 f.

590 RL 77/91/EWG, Amtsblatt Nr. L 026 v. 31.01.1977, S. 0001 – 0013.

591 *Habersack* in FS Nobbe, 539, 561; *ders.* in MüKo-AktG, § 221 Rn. 38.

ii. Stellungnahme zur Absicherung von *naked warrants* und Huckepack-Emissionen mit bedingtem Kapital

Die besseren Argumente sprechen dafür, dass neben einer analogen Anwendung des § 221 AktG bei einer Huckepack-Emission auch die Möglichkeit bestehen sollte, die geschaffenen Optionsrechte mit bedingtem Kapital abzusichern. Da die Aufzählung der in § 192 Abs. 2 AktG genannten Zwecke weder die Absicherung von *naked warrants* noch die einer Huckepack-Emission vorsieht, wäre hier eine analoge Anwendung des § 192 Abs. 2 AktG erforderlich. Für diese Analogie sprechen auch jene Gründe, die bereits für die zu befürwortende analoge Anwendung des § 221 AktG bei einer Huckepack-Emission aufgeführt worden sind.[592] Bei einer entsprechenden Anwendung des § 192 Abs. 2 AktG ist jedoch besondere Vorsicht geboten, da § 192 Abs. 2 AktG eine Aufzählung enthält und in diesen Fällen eine Analogie nur erlaubt sein soll, wenn die Aufzählung beispielhaft und nicht abschließend ist.[593] In diesem Licht ist auch die Argumentation für eine entsprechende Anwendung zu sehen, die richtigerweise auf den Charakter des § 192 Abs. 2 AktG als „Soll"-Vorschrift verweist.[594] Daher liegt hier eben keine abschließende Aufzählung vor, sondern sind lediglich Zwecke genannt, die der Gesetzgeber ausdrücklich als zulässig ansieht, ohne andere auszuschließen. Andernfalls hätte statt der Formulierung „soll" das Wort „darf" die Aufzählung als abschließend markiert. An dieser Stelle lässt sich auch das Gegenargument der Kritiker entkräften, wonach der Gesetzgeber bewusst bei den Änderungen durch das KonTraG keine Regelung zur Schaffung bedingten Kapitals für *naked warrants* oder Huckepack-Emissionen geschaffen hat.[595] Zwar liegen die Zweifel an der Planwidrigkeit der Regelungslücke durchaus nicht fern, jedoch steht diesen Zweifeln die hier vertretene Sichtweise entgegen, die von einem nicht abschließenden Charakter der Aufzählung des § 192 Abs. 2 Akt ausgeht. Mit der Regelung des bedingten Kapitals für Aktienoptionspläne erfolgte lediglich die Klarstellung einer bis dahin umstrittenen Vergütungsstruktur im Zuge des Bedürfnisses der Wirtschaft nach modernen und leistungsbezogenen Vergütungssystemen.[596] Hätte der Gesetzgeber das Problem gesehen und eine ablehnende Haltung eingenommen, wäre gerade mit Blick auf die Unsicherheiten in der Praxis die Präzisierung der Vorschrift eine Möglichkeit gewesen, um der Besicherung von *naked warrants* oder Huckepack-Emissionen eine Absage zu erteilen. Dass der Gesetzgeber aber weder im Gesetzestext des KonTraG noch in der Regierungsbegründung eine Aussage zu der Problematik getroffen hat,[597] lässt entweder darauf schließen, dass er sich des Problems nicht bewusst war, oder dass er keine klarstellende Regelung getroffen hat, um die weitere Entwick-

592 Siehe bereits oben unter D.I.2.a. und c.

593 Vgl. *Bitter/Rauhut*, JuS 2009, 298, 298.

594 So *Schlitt/Löschner*, BKR 2002, 150, 156.

595 So *Rosener* in FS Bezzenberger, 745, 750; *Zimmer*, DB 1999, 999, 1001.

596 Vgl. hierzu bereits Fn. 538.

597 BR-Drucks. 872/97.

lung in Lehre und Rechtsprechung abzuwarten.[598] Beide Fälle ließen Raum für die grundsätzliche Möglichkeit einer analogen Anwendung des § 192 Abs. 2 AktG, vorausgesetzt die Zwecke, denen die Analogie dienen soll, sind mit den aufgezählten hinreichend vergleichbar. Dass dies bei der Schaffung eines bedingten Kapitals zur Absicherung der aus einer Huckepack-Emission stammenden Optionsrechte der Fall ist, folgt aus der bereits dargelegten starken Ähnlichkeit zwischen einer Optionsanleihe und einer Huckepack-Emission. Dem Gesetzgeber hier eine ablehnende Haltung zu unterstellen ist weder zwingend noch geboten.

Auch lässt sich nicht leugnen, dass eine große Ähnlichkeit zu dem von der ganz herrschenden Meinung als zulässig eingestuften Drittemissionsmodell besteht.[599] So stellt sich die Frage, welche Struktur der klassischen Options- oder Wandelanleihe näher liegt: eine Drittemission, bei der die Optionsscheine mit bedingtem Kapital einer Gesellschaft besichert werden, die selbst weder direkt eine Anleihe noch junge Aktie ausgibt, oder eine Huckepack-Emission, bei der die Gesellschaft zwar gleichfalls keine Anleihe begibt, die Optionsscheine aber stattdessen mit jungen Aktien koppelt. Bei der Drittemission entfällt für die Gesellschaft, welche die Optionsscheine ausgibt, der direkte Fremdfinanzierungseffekt. Bei einer Gesellschaft, die eine Huckepack-Emission durchführt, tritt an die Stelle des Fremdfinanzierungseffektes zumindest ein Eigenfinanzierungseffekt.[600] Die Huckepack-Emission weist nicht weniger Ähnlichkeit mit den klassischen Options- und Wandelanleihen auf als das Drittemissionsmodell. Sollte man das „eigennützige" Drittemissionsmodell richtigerweise als zulässig einordnen, ist festzustellen, dass dieses aus Sicht der die Optionsscheine ausgebenden Gesellschaft noch weiter von der klassischen Optionsanleihe entfernt ist als eine Huckepack-Emission. Faktisch werden bei dem Drittemissionsmodell *naked warrants* ausgegeben. Hält man diese Konstellation richtigerweise für zulässig, muss eine Huckepack-Emission erst recht zulässig sein.

Der Schutz der Aktionäre wird bereits durch das Bezugsrecht auf die Optionsrechte aus der vorangegangenen analogen Anwendung des § 221 Abs. 4 AktG gewährleistet. Im Rahmen einer analogen Anwendung des § 192 Abs. 2 Nr. 1 AktG können die bei einer Huckepack-Emission ausgegebenen und mit Aktien gekoppelten Optionsrechte durch bedingtes Kapital abgesichert werden.

598 Eine solche Lücke ist im Gegensatz zum beredtem Schweigen, welches hier nicht vorliegt und eine Analogie ausschließen würde, zur Ausfüllung geradezu bestimmt, vgl. *Bitter/Rauhut*, JuS 2009, 289, 298.

599 So *Karollus* in Geßler/Hefermehl/Eckardt/Kropff, § 221 Rn. 28; *Habersack* in FS Nobbe, 539, 561; *Wolff*, WiB 1997, 505, 511.

600 Siehe hierzu bereits oben unter D.I.2.c.

d. Möglichkeiten zur Absicherung der Optionsrechte bei SPACs

Nach hier vertretener Ansicht ist eine Absicherung der Optionsrechte, die in Zusammenhang mit einer Huckepack-Emission ausgegeben werden, mit bedingtem Kapital möglich. Für SPACs bietet sich der Erwerb eigener Aktien oder die Schaffung eines genehmigten Kapitals hingegen aus den genannten Gesichtspunkten nur sehr begrenzt oder gar nicht zur Absicherung der Optionsrechte an.

Zudem ist fraglich, ob alle Optionsrechte mit bedingtem Kapital abgesichert werden können, da auch das bedingte Kapital nach § 192 Abs. 3 AktG auf 50 Prozent des Grundkapitals beschränkt ist. Bei der üblichen SPAC-Struktur soll jedoch jeder Publikumsaktionär pro Aktie, die bei dem öffentlichen Angebot in Zusammenhang mit dem Börsengang ausgegeben wird, mindestens auch einen Optionsschein erhalten. Hinzu treten die Optionsscheine, die das Management im Rahmen einer Privatplatzierung vor dem Börsengang erwirbt. Das bedingte Kapital würde somit nicht ausreichen, um alle Optionsrechte abzusichern.[601] Da jedoch nach ganz herrschender Meinung auch erst nach dem Beschluss zur Ausgabe und der tatsächlichen Ausgabe von Optionsrechten eine Absicherung der Optionsrechte erfolgen kann, beziehungsweise eine Absicherung wegen der relativen Unwirksamkeit der Optionsvereinbarung nach § 187 Abs. 2 AktG gegenüber der Gesellschaft nicht einmal zwingend ist, kann theoretisch eine Anzahl von Optionsscheinen ausgegeben werden, die nicht oder nur zum Teil abgesichert sind.[602] In der Praxis dürfte dieser Fall allerdings zu vernachlässigen sein, da die Investoren wenig Interesse daran haben werden, nicht abgesicherte Optionsrechte mit den Units zu erwerben. Dass die Gesellschaft sich möglicherweise Schadensersatzansprüchen ausgesetzt sieht, falls sie die Optionsrechte nicht bedienen kann, dürfte ebenfalls gegen eine solche Lösung sprechen.[603]

Festzuhalten bleibt, dass sich das bedingte Kapital für die Absicherung der Optionsrechte bei SPACs zwar eignet, aber nicht in einer Höhe geschaffen werden kann, die alle Optionsrechte absichert. Zwar können diese Optionsrechte dennoch wirksam ausgegeben werden, sie dürften bei den Anlegern

---

601 Vgl. auch *Simmat/Siebert*, CFL 2010, 13, 21; *Selzner*, ZHR 174 (2010), 318, 344.

602 Vgl. *Hüffer*, § 221 Rn. 60; *Habersack* in MüKo-AktG, § 221 Rn. 218; *Lutter* in KK-AktG § 221 Rn. 98; *Schlitt/Löschner*, BKR 2002, 150, 152; *Seiler* in Spindler/Stilz, § 221 Rn. 84. **A. A.:** *Georgakopoulos*, ZHR 120 (1957), 84, 150 und 155.

603 So können beispielsweise Schadensersatzansprüche gegenüber der Gesellschaft entstehen, falls die Hauptversammlung nach Ausgabe der Optionsrechte eine Schaffung bedingten Kapitals (sofern dies im gesetzlichen Rahmen möglich ist) ablehnt und Optionsrechte seitens der Gesellschaft nicht bedient werden können. Ob solche Schadensersatzansprüche bestehen, ist jedoch umstritten, da möglicherweise § 187 AktG solchen Ansprüchen entgegensteht. Für einen solchen Anspruch: *Habersack* in MüKo-AktG, § 221 Rn. 131; *Lutter* in KK-AktG, § 221 Rn. 96; *Spiering/Grabbe*, AG 2004, 91, 93. Gegen einen solchen Anspruch: *Maier-Reimer* in GS Bosch, 85, 95 (dort Fn. 51); *Schlitt/Seiler/Singhof*, AG 2003, 254, 257; *Frey* in GroßKomm AktG, § 193 Rn. 13.

aber auf ein Misstrauen treffen. Dieses Misstrauen wird dadurch verstärkt, dass es sich bei SPACs ohnehin schon um Gesellschaften handelt, die dem Publikum beim Börsengang vergleichsweise wenige Informationen zur Verfügung stellen, um eine Investitionsentscheidung zu begründen.[604] Das deutsche Aktienrecht bietet nicht die Möglichkeit, alle Optionsrechte, die mit der typischen Struktur eines SPAC einhergehen, mit bedingtem Kapital abzusichern.[605]

Als Strukturierungsalternative ließe sich daran denken, neben dem bedingten Kapital ein zusätzliches genehmigtes Kapital zu schaffen. Nach überwiegender Auffassung ist es durchaus möglich, gleichzeitig ein bedingtes und ein genehmigtes Kapital zu schaffen.[606] Demnach kann ein bedingtes Kapital neben einem genehmigten Kapital in gleicher Höhe stehen, so dass die beiden Kapitalien zusammen in der Höhe dem Grundkapital entsprechen.[607] Bei diesem Modell könnten zumindest theoretisch alle Publikumsoptionsscheine abgesichert werden, sofern die Units lediglich einen Optionsschein pro Aktie enthalten. Um tatsächlich eine Absicherung der Publikumsoptionsrechte zu erreichen, müssten sich die Zwecke des bedingten und des genehmigten Kapitals auf die Absicherung der Publikumsoptionsscheine beschränken. Auch bei dieser Struktur bleibt jedoch zu bedenken, dass bei den Gründern gleichfalls ein Bedürfnis nach einer Absicherung ihrer Gründeroptionsscheine vorhanden sein wird, um die praktische und erfolgreiche Ausübung der Gründeroptionsscheine nicht von einem späteren zeitaufwendigen und risikobehafteten Hauptversammlungsbeschluss zu einer weiteren Kapitalerhöhung abhängig machen zu müssen.[608]

Zudem bleibt es bei den beschriebenen, mit dem genehmigten Kapital verbundenen Beschwerlichkeiten. Darüber hinaus könnte es zu der zweifelhaften Situation kommen, dass diejenigen Optionsscheininhaber, die ihre Optionsscheine zuerst einlösen, in den Vorzug der raschen Bedienung über das be-

---

604 Zum eingeschränkten Inhalt des Börsenzulassungsprospektes siehe bereits oben unter C.II.2.

605 Im Ergebnis ebenso: *Simmat/Siebert*, CFL 2010, 13, 21; *Selzner*, ZHR 174 (2010), 318, 344.

606 BGH DStR 2006, 863, 864; *Fuchs* in MüKo-AktG, § 192 Rn. 147; *Lutter* in KK-AktG, § 202 Rn. 12; *Hüffer*, § 202 Rn. 13; *Bayer* in MüKo-AktG, § 202 Rn. 70; *Frey* in GroßKomm AktG, § 192 Rn. 139; *Krieger* in Münch. Hdb. AG, § 58 Rn. 8. *Hirte* hingegen hält die Kombination in den Fällen für unzulässig, in denen das bedingte Kapital und das genehmigte Kapital einem identischen Zweck dient. Dies wäre bei SPACs der Fall, da beide der Absicherung der Optionsrechte dienen sollen. Im Ergebnis wäre die Beschlüsse aber nicht nichtig, sondern lediglich anfechtbar: Vgl. *Hirte* in GroßKomm AktG, § 202 Rn. 51.

607 Besonders deutlich, *Lutter* in KK-AktG, § 202 Rn. 12.

608 Sollten die Gründeroptionsscheine als *stock options* im Sinne von § 192 Abs. 2 Nr. 3 AktG einzuordnen sein (hierzu später unter D.II.) und für diese gleichfalls ein nach § 192 Abs. 3 AktG auf maximal 10 Prozent des Grundkapitals beschränktes bedingtes Kapital geschaffen werden, so dürfte dieses zusammen mit dem für die Besicherung der Publikumsoptionsscheine geschaffenen bedingten Kapital, nicht die Marke von 50 Prozent des Grundkapitals überschreiten. Vgl. *Hüffer*, § 192 Rn. 24; *Fuchs* in MüKo-AktG, § 192 Rn. 144; *Frey* in GroßKomm AktG, § 192 Rn. 140.

dingte Kapital kommen, solange dieses nicht aufgebraucht ist. Diejenigen Optionsscheininhaber hingegen, die sich erst später zur Ausübung entschließen, nachdem das bedingte Kapital aufgebraucht ist, müssen noch Beschlüsse des Vorstandes und des Aufsichtsrates über die Ausnutzung der jeweiligen Tranchen des genehmigten Kapitals abwarten. Dem könnte aber begegnet werden, indem bei der nächsten Hauptversammlung ein neues bedingtes Kapital „aufgefüllt" wird und in der Höhe beschlossen wird, in der das „alte" bedingte Kapital bereits aufgebraucht ist.[609] Auch dieser Weg verspricht nur beschränkte Sicherheit für die reibungslose und zügige Ausübung der Publikumsoptionsscheine. Stets besteht die Gefahr, dass so viele Optionsscheininhaber auf einmal oder innerhalb einer kurzen Zeitspanne ihre Rechte geltend machen, dass das bedingte Kapital zur Bedienung dieser Optionsrechte nicht ausreicht. Dies gilt insbesondere bei einer positiven Kursentwicklung des SPAC oder der Aufforderung des Managements, die Publikumsoptionsscheine innerhalb einer gesetzten Frist auszuüben. Dann müsste auf das genehmigte Kapital zurückgegriffen werden oder es wird ein Hauptversammlungsbeschluss über ein neues bedingtes Kapital, verbunden mit den üblichen Unsicherheiten und dem entsprechenden Zeitaufwand, erforderlich.

Zur Absicherung der Gründeroptionsscheine ließe sich daran denken, dass die Hauptversammlung, unabhängig von einem bedingten und genehmigten Kapital, eine Ermächtigung des Vorstandes zum Erwerb eigener Aktien nach § 71 Abs. 1 Nr. 8 AktG beschließt.[610] Die bereits erläuterte Beschränkung auf 10 Prozent des Grundkapitals dürfte ausreichen, um einen Großteil der Gründeroptionsscheine abzusichern. Allerdings sind ein Bezugsrechtsausschluss, der bei der Zuteilung der eigenen Aktien an die Inhaber der Gründeroptionsscheine erforderlich wäre, die geringere Flexibilität und die bilanziellen Besonderheiten als Nachteile dieser Absicherungsvariante zu werten.[611]

Schließlich lässt sich feststellen, dass das Aktienrecht für eine derart große Anzahl von Optionsscheinen nicht die Möglichkeiten bietet, diese auch abzusichern. Hier würden ein Abweichen von der typischen SPAC-Struktur und beispielsweise die Halbierung der Optionsscheine mehr Sicherheit schaffen, da in diesem Fall das bedingte Kapital regelmäßig zur Absicherung ausrei-

---

609 *Hüffer*, § 192 Rn. 23; *Fuchs* in MüKo-AktG, § 192 Rn. 146; *Lutter* in KK-AktG, § 192 Rn. 30; *Frey* in GroßKomm AktG, §192 Rn. 135; *Ihrig/Wagner*, NZG 2002, 657, 658.

610 Insofern erfolgt keine gegenseitige Anrechnung der Höchstgrenzen, vgl. *Hüffer*, § 192 Rn. 24; *Frey* in GroßKomm AktG, § 192 Rn. 139. Streitig hingegen ist die bei dieser Struktur nicht einschlägige Frage, ob neben einem nach § 192 Abs. 2 Nr. 3 AktG für *stock options* beschlossenen bedingten Kapital zusätzlich der Vorstand für den gleichen Zweck zum Erwerb eigener Aktien nach § 71 Abs. 1 Nr. 8 AktG ermächtigt werden kann. Vgl. hierzu *Fuchs* in MüKo-AktG, §192 Rn. 149; *Hoffmann-Becking*, NZG 1999, 797, 804. Ebenfalls keine Rolle spielt insofern die Frage, ob die Zehn-Prozent-Grenze des § 71 Abs. 1 Nr. 8 AktG auf die gleich hohe Grenze des § 186 Abs. 3 S. 4 AktG beim erleichterten Bezugsrechtsauschluss anzurechnen ist, vgl. hierzu *Schlitt/Schäfer*, AG 2005, 67, 69 f.

611 Vgl. hierzu bereits oben D.I.3.a.

chen dürfte. Letztlich bleibt aber die mit der umstrittenen analogen Anwendung des § 192 Abs. 1 AktG einhergehende Rechtsunsicherheit bestehen.

4. Alternativstruktur Optionsanleihe

Sollte man entgegen der hier vertretenen Ansicht die Zulässigkeit der Huckepack-Emission ablehnen, bestünde noch die Möglichkeit der Begebung einer Optionsanleihe[612] und die unmittelbar anschließende, nach ganz herrschender Meinung mögliche Trennung von Anleihe und Option.[613] Auf diese Weise könnten faktisch selbstständige Optionsrechte geschaffen werden, auch wenn diese nicht selbstständig emittiert werden und keine an Aktien gekoppelte Ausgabe wie bei der Huckepack-Emission erfolgt. Nach der Trennung könnten die Optionsscheine selbstständig zum Börsenhandel zugelassen werden.[614] Der Gesetzgeber trifft keine Aussage zu der Mindestgröße von Optionsanleihen, wodurch ein weiter Gestaltungsspielraum eröffnet ist.[615] Es gibt weder eine Mindestfrist, vor deren Ablauf die Optionsrechte nicht von der Anleihe getrennt werden dürften, noch eine Vorschrift, welche die Anzahl der mit einer Anleihe verbundenen Optionsscheine begrenzt.[616] Stehen die Optionsscheine im Fokus der Transaktion, könnte zielführend eine kurze Laufzeit für die Anleihe gewählt werden, welche von der Laufzeit der abgetrennten Optionsscheine überdauert wird.[617] Nach überwiegender und richtiger Ansicht setzt die Ausgabe der Optionsscheine nicht voraus, dass diese bei ihrer Ausgabe bereits abgesichert sein müssen.[618] Demnach könnte mangels gesetzlicher Regelung die Anleihe mit einer größeren Zahl von Optionsscheinen ausgegeben werden. Allerdings bleibt zu beachten, dass es auch hier nicht dem Interesse der Investoren entsprechen dürfte, Optionsrechte zu erwerben, die nicht

---

612 Zu aktuellen und innovativen Strukturen bei Wandel- und Optionsanleihen, vgl. *Schlitt/Schäfer*, CFL 2010, 252, 257.

613 BGH DStR 1994, 304, 305; *Schlitt/Hemeling* in Habersack/Mülbert/Schlitt, § 10 Rn. 3; *Schlitt/Löschner*, BKR, 2002, 150; *Hüffer*, § 221 Rn. 6 und 55; *Habersack* in MüKo-AktG, § 221 Rn. 32; *Lutter* in KK-AktG, § 221 Rn. 150; *Rosener* in FS Bezzenberger, 745, 751 f.; *Dierks*, S. 61; *Kraus* in Weitnauer, Teil D Rn. 68; *Steiner*, WM 1990, 17776, 1777; *Fuchs*, AG 1995, 433, 442; *Gätsch/Theusinger*, WM 2005, 1256, 1263. Die Abtrennung setzt allerdings voraus, dass die Optionsanleihe so strukturiert wird, dass das Optionsrecht nicht untrennbar mit der Anleihe verbunden ist und es sich so um ein „unselbstständiges Optionsrecht handelt", vgl. *Habersack* in MüKo-AktG, § 221 Rn. 32.

614 Vgl. Fn. 613.

615 So wurden die unmittelbar nach der Begebung der Anleihe abgetrennten Optionsscheine vielfach auch als *stock options* zur Motivation an das Management ausgegeben, vgl. *Hirte*, § 6 Rn. 6.45.

616 *Schlitt/Löschner*, BKR, 2002, 150, 151.

617 *Schlitt/Löschner*, BKR, 2002, 150, 151.

618 *Hüffer*, § 187 Rn. 5; *Schlitt/Löschner*, BKR 2002, 150, 152; *Lutter* in KK-AktG, § 187 Rn. 17 ff.; *Krieger* in Münch. Hdb. AG, § 56 Rn. 113; *Fuchs*, AG 1995, 433, 443 (dort Fn. 93) und bereits oben unter D.I.3.a.

abgesichert sind.[619] Dies dürfte sich auch in der Investitionsbereitschaft niederschlagen, weshalb lediglich so viele Optionsscheine mit der Anleihe ausgegeben werden sollten, wie durch die bereits vorgestellten Möglichkeiten abgesichert werden können.

Um sich der vorgestellten SPAC-Struktur anzunähern und die Betonung auf die Optionsscheine zu legen, sollte die Anleihe selbst mit einem möglichst geringen Volumen ausgestattet werden und eine kurze Laufzeit gewählt werden. Schließlich dient das Anleihe-Element ausschließlich dazu, die Ausgabe der Optionsscheine zu ermöglichen, und kann so auf ein Mindestmaß reduziert werden. Zu beachten bleibt, dass der Optionspreis nicht den geringsten Ausgabebetrag nach § 9 Abs. 1 AktG unterschreiten darf.[620] Faktisch könnten *naked warrants* geschaffen werden, wenngleich hier ein erhöhter Aufwand bei der Strukturierung anfällt. Bei der Absicherung dieser Optionsrechte ergibt sich die bereits angesprochene Schwierigkeit, dass kaum alle Optionsrechte von den Finanzierungsmöglichkeiten der Gesellschaft gedeckt werden. Insofern ist die Praxistauglichkeit hinsichtlich der Absicherung mit den gleichen Zweifeln und Unsicherheiten behaftet wie die bereits erörterte Problematik bei der Absicherung der Optionsrechte aus einer Huckepack-Emission.[621]

5. Zwischenergebnis

SPACs emittieren regelmäßig bei einem öffentlichen Angebot im Rahmen ihres Börsengangs-Units. Die Ausgabe solcher Units ist als sogenannte Huckepack-Emission einzuordnen, deren Zulässigkeit umstritten ist. Gleichfalls umstritten ist, ob die bei einer Huckepack-Emission ausgegebenen Optionsrechte mit bedingtem Kapital nach § 192 AktG besichert werden dürfen. Aufgrund der Vergleichbarkeit zwischen der in § 221 Abs. 1 AktG geregelten Optionsanleihe und der nicht geregelten Huckepack-Emission ist eine analoge Anwendung des § 221 AktG bei Huckepack-Emissionen begründet. Dies gilt erst recht für Huckepack-Emissionen von SPACs, da hier besonders deutliche Parallelen zur Optionsanleihe bestehen und so auf die Ausgabe von Units bei SPACs ebenfalls § 221 AktG analoge Anwendung findet. Folgerichtig ist zur Besicherung der in den Units enthaltenen Optionsrechte die Schaffung eines bedingten Kapitals aus Anlegersicht die sicherste Alternative. Hierfür würde

---

619 Vgl. *Seiler* in Spindler/Stilz, § 221 Rn. 84.

620 Das Verbot der Unter-Pari-Emission ist einzuhalten, vgl. *Habersack* in MüKo-AktG, § 221 Rn. 140; *Schlitt/Löschner*, BKR 2002,150, 151 und siehe dort Fn. 24.

621 Als weitere Alternativstruktur schlagen *Simmat/Siebert* eine börsennotierte Pflichtwandelanleihe mit Ablehnungsrecht, die zudem mit einem Zero-Kupon ausgestattet ist, vor. Hier würden die Investoren erst nach einer erfolgreichen Unternehmenszusammenführung Aktien erhalten. Allerdings scheitert die Praxistauglichkeit dieses Modells ebenfalls an den mangelnden Möglichkeiten, bedingtes oder genehmigtes Kapital zu schaffen. Überdies wären die Investoren von einem Kapitalerhöhungsbeschluss der Sponsoren abhängig. Vgl. *Simmat/Siebert*, CFL 2010, 13, 22 f.

eine gleichfalls umstrittene analoge Anwendung des § 192 Abs. 1 AktG erforderlich. Auch hier ist den Stimmen zu folgen, die sich für die Zulässigkeit einer analogen Anwendung des § 192 Abs. 1 AktG bei Huckepack-Emissionen aussprechen. Da das bedingte Kapital bei der typischen SPAC-Struktur nicht ausreichen würde, um alle Publikumsoptionsscheine abzusichern, könnte zu diesem Zweck ein zusätzliches genehmigtes Kapital geschaffen werden. Zur Absicherung der Gründeroptionsscheine könnte der Vorstand der Gesellschaft nach § 71 Abs. 1 Nr. 8 AktG zum Erwerb eigener Aktien ermächtigt werden.

Im Ergebnis lässt sich festhalten, dass das Aktienrecht nicht die direkten Möglichkeiten bietet, Units in der bei SPACs üblichen Weise zu emittieren. Vielmehr wäre eine entsprechende Anwendung der §§ 221, 192 AktG erforderlich. Wenngleich diese Analogien zu befürworten sind, bleiben sie jedoch umstritten und es muss von einer nicht unbeachtlichen Rechtsunsicherheit bei der Wahl der hier vorgestellten Struktur ausgegangen werden. Auch die Schaffung eines genehmigten Kapitals zur Absicherung aller Publikumsoptionsscheine ist mit Nachteilen für die Anleger behaftet und dürfte in der Praxis eine negative Wirkung auf die Investitionsentscheidung haben. Selbst eine Kombination aus bedingtem und genehmigtem Kapital sowie der Ermächtigung des Vorstandes zum Erwerb eigener Aktien reicht im Ergebnis jedoch nicht aus, um alle Optionsrechte abzusichern.

Alternativ, aber aufwendiger und wenig praktikabel, ist die Begebung einer Optionsanleihe, deren Optionsscheine den Investoren zugänglich gemacht werden müssten. Im zweiten Schritt stellen sich bei der Absicherung hinsichtlich der großen Zahl von Optionsscheinen jedoch die gleichen Probleme wie bei einer Huckepack-Emission: Es gibt im deutschen Aktienrecht keine Möglichkeit, eine derart große Anzahl von Optionsrechten aus Sicht der Investoren verlässlich abzusichern.

II. Erwerb von Optionen durch das Management

Das Management-Team erwirbt im Rahmen einer Privatplatzierung vor dem Börsengang regelmäßig Gründeroptionsscheine zu einem Nominalpreis.[622] Das vom Management hierbei investierte Risikokapital wird in der Regel genutzt, um die Kosten für den Börsengang sowie die laufenden Kosten des SPAC zu decken. Bei dieser Vorgehensweise kann nahezu 100 Prozent des beim Börsengang erlösten Kapitals auf das Treuhandkonto fließen. Für das Management-Team ist die Investition sehr attraktiv, da der Ausübungspreis der Gründeroptionsscheine unterhalb des Ausgabepreises der Units im Rahmen des öffentlichen Angebotes liegt und so ein Hebeleffekt genutzt werden kann, sofern sich der Kurs der Aktien des SPAC positiv entwickelt oder kon-

622 Siehe hierzu bereits oben unter B.IV.11.

stant bleibt.[623] In der Regel entspricht der Gegenwert der Gründeroptionsscheine in etwa 3 Prozent des Emissionserlöses.[624] Die Ausübungsbedingungen dieser Optionsscheine sehen regelmäßig vor, dass diese erst nach einer erfolgreichen Unternehmenszusammenführung ausgeübt werden, jedoch nicht vor Ablauf eines Jahres nach dem Börsengang.[625] Sollte keine passende Zielgesellschaft gefunden werden und keine Unternehmenszusammenführung stattfinden, verfallen die Optionsscheine wertlos.[626]

1. Ausgestaltung als *stock options* (Aktienoptionsplan)

Mit dem KonTraG hat der Gesetzgeber im Aktienrecht die Möglichkeit geschaffen, nach § 192 Abs. 2 Nr. 3 AktG bedingtes Kapital zur Gewährung von Optionsrechten unter anderem für Mitglieder der Geschäftsführung der Gesellschaft zu schaffen. Fraglich ist, ob diese Optionsrechte als Gründeroptionsscheine bei SPACs ausgestaltet werden können.

a. Gesetzliche Ausgangslage

Für die Auflegung eines Aktienoptionsplanes (bzw. für die Schaffung eines bedingten Kapitals zu diesem Zwecke) ist eine Entscheidung der Hauptversammlung erforderlich, wobei es sich um einen Zustimmungs- oder Ermächtigungsbeschluss handeln kann.[627] Dieser Beschluss muss die Entscheidung zur Schaffung eines Aktienoptionsplans und dessen Eckpunkte enthalten.[628] Insbesondere muss über die Verteilung der Optionsrechte auf die einzelnen Vorstandsmitglieder entschieden werden.[629] Im zweiten Schritt (bei einem Ermächtigungsbeschluss) ist es die Aufgabe des Aufsichtsrates, den Aktienoptionsplan näher auszugestalten und die Aktienoptionen als Bestandteil der Vorstandsvergütung zuzuteilen.[630] Das bedingte Kapital für die Optionsrechte

623 Der Ausgabepreis der Units lag bei den hier untersuchten SPACs jeweils bei 10 Euro, während beispielsweise bei Germany1 der Ausübungspreis für einen Gründer- oder Publikumsoptionsschein bei 7,50 Euro lag, vgl. Wertpapierprospekt der Germany1 Acquisition Limited vom 02.07.2008, S. 76 ff.

624 Siehe hierzu bereits oben unter B.IV.11.

625 So bei Germany1, Helikos und ECT, vgl. Wertpapierprospekt der Germany1 Acquisition Limited vom 02.07.2008, S. 77 f.; Wertpapierprospekt der Helikos SE vom 11.01.2010, S. 102; Wertpapierprospekt der European CleanTech I SE vom 01.10.2010, S. 117.

626 *Selzner*, ZHR 174 (2010), 318, 327. Vgl. auch Wertpapierprospekt der Germany1 Acquisition Limited vom 02.07.2008, S. 77 f.; Wertpapierprospekt der Helikos SE vom 11.01.2010, S. 102; Wertpapierprospekt der European CleanTech I SE vom 01.10.2010, S. 119.

627 *Hüffer*, § 192 Rn. 15.

628 *Frodermann/Schäfer* in Henn/Frodermann/Jannott, Kap. 7 Rn. 182.

629 *Frodermann/Schäfer* in Henn/Frodermann/Jannott, Kap. 7 Rn. 182.

630 OLG Stuttgart, AG 1998, 529, 530; OLG Braunschweig, AG 1999, 84 f.; OLG München, AG 2003, 164, 165; *Hüffer*, § 87 Rn. 6.

darf 10 Prozent des Grundkapitals zum Zeitpunkt der Beschlussfassung nach § 192 Abs. 3 S. 1 AktG nicht überschreiten. Sollte bereits ein bedingtes Kapital bestehen, so darf nach § 192 Abs. 3 AktG die Summe aus diesem und dem bedingten Kapital für den Aktienoptionsplan höchstens 50 Prozent des Grundkapitals der Gesellschaft zum Zeitpunkt der Beschlussfassung entsprechen.[631] Seit der Änderung durch das Gesetz zur Angemessenheit der Vorstandsvergütung (VorstAG)[632] beträgt die Mindesthaltefrist für diese Optionsrechte nicht mehr zwei, sondern vier Jahre. Vor Ablauf der vier Jahre können die Optionsscheine nicht ausgeübt werden. Zudem müssen bei der konkreten Ausgestaltung der *stock options* durch den Aufsichtsrat die Schranken des § 87 Abs. 1 AktG eingehalten werden, um die Angemessenheit der Vorstandsbezüge sicherzustellen.[633] Im Hauptversammlungsbeschluss sind Erfolgsziele zu benennen, von denen die Ausübung der Optionsscheine abhängen soll.[634]

b. Strukturierung der Gründeroptionsscheine als *stock options*

Zunächst setzt die Strukturierung voraus, dass die Gründer und somit das Management-Team den Vorstand der SPAC-Gesellschaft bilden.[635] Würde man ein bedingtes Kapital auf der Grundlage von § 192 Abs. 2 Nr. 3 AktG für die Gründeroptionsscheine schaffen, könnten die Gründer aufgrund der zwingenden Regelung des § 193 Abs. 2 Nr. 4 AktG die Optionsrechte erst nach vier Jahren ausüben. Nach Ablauf dieser vier Jahre wäre der SPAC entweder liquidiert oder es wurde ein erfolgreicher Unternehmenszusammenschluss durchgeführt. Im ersten Fall sind die Gründeroptionsscheine ohnehin wertlos verfallen, im anderen Fall müssen die Sponsoren die Vierjahresfrist abwarten. Zwar entspricht diese lange Haltefrist nicht dem hier vorgestellten typischen SPAC-Konzept, doch ist die längere Haltefrist kein Hindernis für die Sponsoren, da sie doch ohnehin aufgrund ihres hohen Anteils an Gründeraktien an einer langfristig positiven Entwicklung des Unternehmens interessiert sind.[636] Vielmehr dürfte diese verlängerte Haltefrist sogar aus Anlegerperspektive begrüßenswert sein und das Vertrauen der Aktionäre in die Sponsoren stärken.

Außerdem würde die Zehn-Prozent-Grenze des § 192 Abs. 3 S. 1 AktG bei dem vorgestellten SPAC-Modell nicht ausreichen, um alle Gründeroptions-

---

631 Vgl. *Hüffer*, § 192 Rn. 24; *Fuchs* in MüKo-AktG, § 192 Rn. 144.

632 VorstAG vom 31.07.2009, BGBl. I S. 2509.

633 *Hüffer*, § 87 Rn. 6; *Fleischer* in Spindler/Stilz, § 87 Rn. 43.

634 *Kort* in GroßKomm AktG, § 87 Rn. 164; *Hüffer*, § 193 Rn. 9.

635 Nach ganz h.M. ist die Ausgabe von *stock options* an die Mitglieder des Aufsichtsrates unzulässig, da sie nicht Mitglieder der Geschäftsführung im Sinne von § 192 Abs. 2 Nr. 3 AktG sind, vgl. nur *Hüffer*, § 192 Rn. 21.

636 Genau dieses Ziel wurde auch mit der Verlängerung der Mindesthaltefristen durch das VorstAG verfolgt, nämlich das langfristige Unternehmenswohl in das Zentrum variabler Vergütung zu rücken, vgl. *Hüffer*, § 193 Rn. 9.

scheine abzusichern.[637] Zudem gilt es zu beachten, dass bei einer Ausschöpfung der 10 Prozent nur noch maximal 40 Prozent bedingtes Kapital für die Absicherung der Publikumsoptionsscheine zur Verfügung stehen und die Möglichkeiten zur Absicherung der Publikumsoptionsscheine ohnehin limitiert sind. Insofern müsste die Anzahl der Gründeroptionsscheine deutlich eingeschränkt werden, um einen Aktienoptionsplan nutzen zu können.

Um die Angemessenheit der Vorstandsvergütung gemäß § 193 Abs. 2 Nr. 4 AktG zu gewährleisten, müssen Erfolgsziele gesetzt werden, bei deren Erreichen die Optionsrechte ausgeübt werden dürfen. Ausreichend soll hier beispielsweise auch ein erfolgreicher Börsengang oder das Erreichen bestimmter Kursziele sein.[638] Bei SPACs wird das relevante Erfolgsziel dahingehend definiert, dass die Optionsscheine erst nach der erfolgreichen Durchführung einer Unternehmenszusammenführung ausgeübt werden dürfen. Ein SPAC verfolgt in erster Linie das Ziel, eine Unternehmenszusammenführung mit einer attraktiven Zielgesellschaft durchzuführen; es dürften wenig Zweifel daran bestehen, dass es sich bei dem Abschluss einer solchen Transaktion um ein geeignetes Erfolgsziel handelt. Die indirekte Börseneinführung des Zielunternehmens ist vergleichbar mit dem ausdrücklich anerkannten Erfolgsziel der Börseneinführung der eigenen Gesellschaft oder einer Tochtergesellschaft.[639]

In § 87 Abs. 1 S. 1 AktG ist bestimmt, dass der Aufsichtsrat dafür sorgen muss, dass die Gesamtbezüge der Vorstandsmitglieder in einem angemessenen Verhältnis zu ihren jeweiligen Aufgaben und der Lage der Gesellschaft stehen.[640] Dies gilt seit dem Gesetz zu Angemessenheit der Vorstandsvergütung (VorstAG) ausdrücklich auch für Aktienbezugsrechte.[641] Das taugliche Erfolgsziel alleine reicht noch nicht aus, um dem Angemessenheitserfordernis des § 87 Abs. 1 S. 1 AktG zu genügen. Vielmehr muss in einer Gesamtschau und unter Berücksichtigung der sonstigen Vergütungsbestandteile und Aufgaben der jeweiligen Vorstandsmitglieder eine Angemessenheitsprüfung vom Aufsichtsrat vorgenommen werden.[642] Auch die Übernahme von Haftungsri-

637 Bei Germany1 wurden 10 Millionen Gründeroptionsscheine zu einem Ausübungspreis von 7, 50 EUR ausgegeben, während das Grundkapital bei 250 Millionen EUR liegt, vgl. Wertpapierprospekt der Germany1 Acquisition Limited vom 02.07.2008, S. 77 f. Bei der Helikos SE wurden 6 Millionen Gründeroptionsscheine zu einem Ausübungspreis von 9 EUR ausgegeben, wobei das Grundkapital bei 250 Millionen EUR liegt, vgl. Wertpapierprospekt der Helikos SE vom 11.01.2010, S. 102. Bei der ECT SE wurden 4,97 Millionen Gründeroptionsscheine zu einem Ausübungspreis von 11, 50 Euro ausgegeben, während das Grundkapital bei 115 Millionen Euro liegt, vgl. Wertpapierprospekt der European CleanTech I SE vom 01.10.2010, S. 119 und Ad-hoc-Mitteilung der ECT SE vom 18.10.2010 (Fn. 111).

638 *Kort* in GroßKomm AktG, § 87 Rn. 164; *Hüffer*, § 193 Rn. 9.

639 Vgl. LG München I, AG 2001, 376, 377; *Kort* in GroßKomm AktG, § 87 Rn. 164; *Hüffer*, § 193 Rn. 9.

640 *Thüsing*, ZGR 2003, 457, 459.

641 Gesetz v. 31.07.2009, BGBl. I S. 2509 (Nr. 50); Geltung seit dem 05.08.2009.

642 *Kort* in GroßKomm AktG, § 87 Rn. 161 f.

siken durch ein Vorstandsmitglied kann eine erhöhte Vergütung rechtfertigen.[643]

Aus SPAC-spezifischer Sicht fällt hier ins Gewicht, dass die Sponsoren keine laufende Vergütung erhalten, sondern sich die Vergütung aus Gründeroptionsscheinen und vergünstigten Gründeraktien zusammensetzt, wobei die Gründer von SPACs bislang für die Gründeroptionsscheine einen Kaufpreis an die Gesellschaft gezahlt haben. Sollte man die Gründeroptionsscheine im Rahmen von einem Aktienoptionsplan strukturieren, muss zudem berücksichtigt werden, dass die Optionsscheine maximal in einer Höhe von 10 Prozent des Grundkapitals geschaffen werden können. Hinzu kommt, dass auch die Gründeraktien nur im Erfolgsfall den Sponsoren und somit dem Vorstand wirtschaftliche Vorteile bringen. So entsteht ein strikt erfolgsbezogenes Vergütungsmodell, das mit einem hohen eigenen unternehmerischen Risiko der Sponsoren einhergeht. Die Erfolgsziele knüpfen an das Geschäftsmodell des SPAC an und zielen darauf ab, eine Unternehmenszusammenführung mit der Zustimmung der Publikumsaktionäre durchzuführen. Somit liegen die gesteckten Erfolgsziele im Interesse der Gesellschaft und sind geeignet, dem Management einen hohen Anreiz zu bieten, das Scheitern und somit die Liquidation des SPACs zu vermeiden. Bei Berücksichtigung der Zehn-Prozent-Grenze, der fehlenden laufenden Vergütung und der strengen Erfolgsabhängigkeit kann von einer Angemessenheit bei der Ausgabe von *stock options* als Gründeroptionsscheine an die Sponsoren im Sinne des § 87 Abs. 1 S. 1 AktG ausgegangen werden.

2. Zwischenergebnis

Aktienoptionspläne eignen sich für die Ausgabe von Gründeroptionsscheinen bei SPACs nur bedingt. Die Gründeroptionsscheine müssten nach den gesetzlichen Vorgaben derart ausgestaltet sein, dass sie erstens frühestens vier Jahre nach ihrer Ausgabe ausgeübt werden können und dass zweitens das zur Absicherung der Optionsrechte geschaffene bedingte Kapital maximal 10 Prozent des Grundkapitals zum Zeitpunkt der Beschlussfassung entsprechen darf. Hiervon abgesehen, wären die bei Gründeroptionsscheinen üblichen Ausübungsbedingungen beizubehalten, insbesondere, um eine Erfolgsbezogenheit des Vergütungselementes sicher zu stellen. Grundsätzlich stehen keine unüberwindbaren aktienrechtlichen Hindernisse der Schaffung eines Aktienoptionsplanes zur Absicherung und Strukturierung der Gründeroptionsscheine im Weg.

643 Sowohl auf haftungsrechtliche als auch auf strafrechtliche persönliche Risiken des Vorsitzenden abstellend: *Thüsing*, ZGR 2003, 457, 469. Vgl. auch *Kort* in GroßKomm AktG, § 87 Rn. 39.

III. Treuhandkonto

Zwischen 90 und 100 Prozent der Erlöse des Börsengangs sollen auf ein Treuhandkonto gezahlt werden und ausschließlich zum Zwecke der Unternehmensübernahme verwendet werden dürfen, es sei denn der SPAC wird liquidiert und die Aktionäre erhalten ihre Anteile vom Treuhandkonto pro rata zurück.[644] Ob sich dieses Modell mit den Kapitalaufbringungsregeln des Aktiengesetzes vereinbaren lässt, soll Gegenstand der weiteren Untersuchung sein.

1. Aufforderung zur Einlageleistung

Um die Barmittel für das Treuhandkonto von den Investoren zu erhalten, wird eine Kapitalerhöhung gegen Bareinlagen nach §§ 182 ff. AktG durchgeführt. Im Unterschied zu der überwiegenden Zahl von Börsengängen, bei denen in der Regel auch die Altaktionäre Anteile anbieten,[645] ist dies bei SPACs nicht üblich, da der Erlös für Anteile der Altgesellschafter eben nicht dem Gesellschaftsvermögen zufließt, sondern den Altgesellschaftern. Mit dem Börsengang des SPACs wird jedoch primär das Ziel der Mittelaufbringung für die spätere Akquisition verfolgt. Zudem halten die Gründer keine Publikumsaktien, welche sie den Investoren anbieten könnten und der SPAC ist bei dem Börsengang lediglich eine Unternehmenshülle die noch keinem operativen Geschäft nachgeht. Die Eintragung der Kapitalerhöhung darf erst erfolgen, wenn auf jede Aktie der geforderte Betrag nach §§ 188 Abs. 2, 36 Abs. 2 1. Halbsatz AktG eingezahlt worden ist. Grundsätzlich muss der Vorstand gemäß §§ 188 Abs. 2, 36a Abs. 1 AktG hier mindestens ein Viertel des geringsten Ausgabebetrages im Sinne von § 9 Abs. 1 AktG einfordern. Sollte es sich um eine Überpariemission handeln, muss auch das Agio in voller Höhe eingezahlt werden.[646]

Für dieses Verfahren ergeben sich keine Besonderheiten bei SPACs. Es kann davon ausgegangen werden, dass die Sponsoren regelmäßig die gesamte Einlage einschließlich des Agios einfordern werden.[647] Für einen SPAC in der Rechtsform einer Aktiengesellschaft bestehen keine rechtlichen Bedenken in diesem Zusammenhang.

---

644 Siehe hierzu bereits oben unter B.IV.5.

645 Vgl. *Ries* in Grunewald/Schlitt, S. 26 f.; *Schlitt/Ries* in Jesch/Striegel/Boxberger, § 16 Rn. 3.7.2.; *Singhof/Weber* in Habersack/Mülbert/Schlitt, § 3 Rn. 32; *Meyer* in Marsch-Barner/F. Schäfer, § 7 Rn. 4 ff.

646 LG Frankfurt AG 1992, 240; *Hüffer*, § 36a Rn. 2; *Kleindiek* in Schmidt/Lutter, § 36 a Rn. 2; *Pentz* in MüKo-AktG, § 36a Rn. 6; *Döbereiner* in Spindler/Stilz, § 36a Rn. 5 f.; *Herf* in Habersack/Mülbert/Schlitt, § 4 Rn. 68.

647 Vgl. *Selzner*, ZHR 174 (2010), 318, 331 f.

2. Zur freien Verfügbarkeit des Vorstandes

Bei der Anmeldung zum Handelsregister muss der Vorstand gemäß §§ 188 Abs. 2, 37 Abs. 1 S. 2 AktG nachweisen, dass der Emissionserlös endgültig zu seiner freien Verfügung im Sinne von § 36 Abs. 2, 2. Halbsatz steht. Dies ist dann der Fall, wenn die Einlage aus dem Herrschaftsbereich des Einlegers ausgesondert worden ist und der Vorstand nach eigenem Ermessen unter Berücksichtigung seiner Verantwortung für die Gesellschaft über die Einlage verfügen kann.[648] Ohne die freie Verfügbarkeit für den Vorstand tritt keine Erfüllungswirkung durch die Leistung ein.[649] Ein Treuhandkonto könnte entweder derart ausgestaltet sein, dass sich der Vorstand (als Treuhänder) einer schuldrechtlichen Verwendungsabrede unterwirft oder dergestalt, dass ein Dritter als Treuhänder eingesetzt wird, der die Auszahlung der Mittel an den Vorstand nur bei dem Eintritt bestimmter Voraussetzungen veranlasst. Ob die Mittel bei der Einzahlung auf ein Treuhandkonto zur freien Verfügung des Vorstandes stehen, muss an der konkreten Ausgestaltung des Treuhandkontos und den Umständen des Einzelfalles beurteilt werden. Ob eine der beiden Möglichkeiten bei einem SPAC den Anforderungen des Aktiengesetzes genügt, soll Gegenstand der weiteren Untersuchung sein.

Problematisch könnte bei SPACs zum einen die Zweckbindung der Mittel hinsichtlich einer Unternehmenszusammenführung sein und zum anderen die Festlegung der Mittel auf einem Treuhandkonto. Die Beurteilung, ob bei der Einzahlung des Emissionserlöses auf ein Treuhandkonto die Mittel dennoch zur freien Verfügung des Vorstandes stehen, richtet sich danach, ob der Vorstand selbstständig eine Auszahlungsanweisung treffen kann und so die freie Verfügbarkeit gewährleistet ist.[650] Für SPACs gilt, dass die Sponsoren die Auszahlung nur in dem Fall veranlassen dürfen, in dem der SPAC liquidiert wird oder die Mittel für eine Unternehmenszusammenführung benötigt werden, der vorher die Mehrheit der Aktionäre zugestimmt haben muss. Um die freie Verfügbarkeit zu bejahen, müsste das Treuhandkonto und die damit verbundene Treuhandabrede jedoch so ausgestaltet sein, dass der Vorstand auch dann Zugriff auf die Mittel hat, wenn er sich hinsichtlich der Mittelverwendung anderweitig entscheidet.[651] Allerdings werden solche Verwendungsabreden als grundsätzlich zulässig eingeordnet, die lediglich schuldrechtlicher Natur sind.[652] Gerade eine Verwendungsabrede, die darauf abzielt, die einge-

---

648 Vgl. OLG Frankfurt AG 1991, 402, 403; OLG Koblenz AG 1987, 88, 89; OLG München WM 2007, 123, 125; *Hüffer*, § 36 Rn. 7; *Drygala* in KK-AktG, § 54 Rn. 80; *Röhricht* in GroßKomm AktG, § 36 Rn. 56.

649 *Hüffer*, § 36 Rn. 7; *Pentz* in MüKo-AktG, § 36 Rn. 48.

650 Vgl. *Döbereiner* in Spindler/Stilz, § 36 Rn. 21; *Pentz* in MüKo-AktG, § 36 Rn. 50; *Hüffer*, § 36 Rn. 7.

651 *Döbereiner* in Spindler/Stilz, § 36 Rn. 21; *Pentz* in MüKo-AktG, § 36 Rn. 53.

652 Vgl. *Arnold* in KK-AktG, § 36 Rn. 46; *Döbereiner* in Spindler/Stilz, § 36 Rn. 21; *Kleindiek* in *Schmidt/Lutter*, § 36 Rn. 24 f.; *Pentz* in MüKo-AktG, § 36 Rn. 53; *Hüffer* hingegen ten-

zahlten Mittel ausschließlich für einen Beteiligungserwerb zu verwenden, kann als zulässig angesehen werden.[653] Voraussetzung ist jedoch auch hier, dass der Einleger faktisch keinen Einfluss mehr auf die Verwendung der Mittel nach Einzahlung nehmen kann.[654] Die Grenze der zulässigen Verwendungsabreden bilden jedoch stets solche Abreden, die mittelbar der Rückführung der Einlagen dienen.[655]

Zunächst muss bei der Beurteilung des Treuhandkontos eines SPAC danach differenziert werden, ob das Treuhandkonto rechtlich derart ausgestaltet ist, dass der Vorstand außer bei der Liquidation oder der Unternehmensakquisition tatsächlich keine Möglichkeit hat, auf den Emissionserlös zuzugreifen, oder ob der Vorstand sich lediglich einer schuldrechtlichen Verwendungsabrede unterworfen hat, die ihm verbietet, vor dem Liquidations- oder Akquisitionsfall auf die Mittel zuzugreifen. Sollte das Treuhandkonto tatsächlich so ausgestaltet sein, dass der Vorstand nicht jederzeit auf den Emissionserlös zugreifen kann, muss davon ausgegangen werden, dass die Mittel nicht zur freien Verfügbarkeit des Vorstandes nach § 36 Abs. 2 AktG stehen und somit die Erfüllungswirkung auf die Einlagenschuld nach § 54 Abs. 3 AktG nicht eintritt.

Hat der Vorstand jedoch tatsächlich jederzeitigen Zugriff auf die Mittel des Treuhandkontos, und wird er lediglich durch eine schuldrechtliche Verwendungsabrede gehindert, ist der Fall weniger eindeutig. Damit eine solche Abrede zulässig wäre, müsste gewährleistet sein, dass der Inferent keinen Einfluss mehr auf die Mittelverwendung nach der Leistung der Einlage hat.[656] Da jedoch die Aktionäre und somit die Inferenten verbindlich über das vorgeschlagene Zielunternehmen abstimmen und so mittelbar darüber abstimmen, ob der SPAC und damit das Treuhandkonto aufgelöst werden oder ob die Mittel für den (Teil-)Erwerb des vorgeschlagenen Unternehmens genutzt werden sollen, ist durchaus ein nachträglicher Einfluss der Inferenten auf die Mittelverwendung zu bejahen.[657] Noch schwerer wiegt die Rückgewähr der Einlagen bei der Liquidation oder bei ausgeübten Umtauschrechten: Unabhängig davon, ob die Aktionäre der Unternehmenszusammenführung zustimmen, findet mittelbar zumindest teilweise ein Mittelrückfluss statt. Bei der Liquidation sollen alle Aktionäre ihre Einlagen zurückerhalten, bei einer Unternehmenszusammenführung zumindest diejenigen Aktionäre, die dieser Transaktion nicht zustimmen. Der Fall, dass ausnahmslos alle Aktionäre der Unternehmenszusammenführung zustimmen und so kein Mittelrückfluss zu be-

---

diert zu einer Beeinträchtigung der freien Verfügbarkeit durch solche Verwendungsabreden, vgl. § 36 Rn. 9.

653 So *Pentz* in MüKo-AktG, § 36 Rn. 53.

654 *Pentz* in MüKo-AktG, § 36 Rn. 53.

655 BGHZ 113, 335, 343 ff.; BGH NJW 1991, 226 f.; OLG Köln NZG 2001, 615 f.; *Arnold* in KK-AktG, § 36 Rn. 38 und 46; *Hüffer*, § 36 Rn. 9.

656 *Arnold* in KK-AktG, § 36 Rn. 46.

657 Aus „Vorsichtsgründen" ebenfalls von einer Unzulässigkeit ausgehend, *Zanner/Siebert*, CFL 2010, 224, 228; von der Unzulässigkeit ausgehend, *Selzner*, ZHR 174 (2010), 318, 332 f.

fürchten wäre, kann als äußerst unwahrscheinlich vernachlässigt werden. Gerade durch das Umtauschrecht der Aktionäre haben diese sogar direkt Einfluss auf einen Mittelrückfluss der Einlagen. Auch bei einer schuldrechtlichen Verwendungsabrede hinsichtlich des Emissionserlöses stehen diese Mittel nicht zur freien Verfügbarkeit des Vorstandes im Sinne von § 36 Abs. 2 AktG. Demnach bieten beide Gestaltungsalternativen keine Möglichkeit den Anforderungen des § 36 Abs. 2 AktG gerecht zu werden.

3. Zwischenergebnis

Werden die Emissionserlöse auf ein Treuhandkonto der SPAC-Gesellschaft eingezahlt, dessen Konditionen keinen Zugriff des Vorstandes außer bei der Liquidation oder einer Unternehmenszusammenführung, ermöglichen, stehen die Einlagen nicht nach §§ 188 Abs. 2, 36 Abs. 2 AktG zur freien Verfügung des Vorstandes. Gleiches gilt, wenn der Vorstand durch schuldrechtliche Verwendungsabreden gehindert wird, auf das Treuhandvermögen zuzugreifen, außer zu den oben genannten Zwecken. Hier liegt es letztlich in der Hand der Inferenten, einen Mittelrückfluss zumindest teilweise zu veranlassen.

IV. Zustimmungsvorbehalt der Hauptversammlung zur Unternehmenszusammenführung

Ein entscheidendes Charakteristikum des SPAC-Modells ist der Zustimmungsvorbehalt der Hauptversammlung bei der Frage, ob mit der vom Vorstand vorgeschlagenen Zielgesellschaft tatsächlich eine Unternehmenszusammenführung durchgeführt werden soll.[658] Als Ausgleich für die zum Zeitpunkt der Investition herrschende Unklarheit hinsichtlich des später aufzunehmenden operativen Geschäfts des SPAC, haben die Investoren zumindest die Möglichkeit, Einfluss auf die Unternehmenszusammenführung und somit auf das aufzunehmende operative Geschäft zu nehmen. Auf welche aktienrechtliche Grundlage eine solche Hauptversammlungskompetenz gestellt werden kann, ohne gegen die aktienrechtliche Kompetenzordnung zu verstoßen, ist hingegen fraglich.[659]

1. Hauptversammlungskompetenz aus § 119 Abs. 1 AktG

Nach § 119 Abs. 1 AktG entscheidet die Hauptversammlung in den im Gesetz oder der Satzung ausdrücklich genannten Fällen. Einige dieser Fälle sind bereits in § 119 Abs. 1 AktG genannt wie beispielsweise Entscheidungen über

---

658 Siehe hierzu bereits oben unter B.IV.7.

659 Vgl. auch *Just*, ZIP 2009, 1698, 1701 f.; *Harrer/Janssen*, FB 2009, 46, 48; *Selzner*, ZHR 174 (2010), 318, 333 ff.

Satzungsänderungen oder Maßnahmen der Kapitalbeschaffung und Kapitalherabsetzung. Aus dem Katalog der in § 119 Abs. 1 AktG aufgezählten Fälle ist allerdings keine direkte Hauptversammlungskompetenz für die Entscheidung über eine Unternehmensakquisition abzuleiten, die eine entsprechende Kompetenz für die Aktionäre eines SPAC begründen würde, und so bereits gesetzlich die Abstimmung über die Zielgesellschaft ermöglichen oder vorschreiben würde.[660]

2. Ungeschriebene Hauptversammlungskompetenz

Folgerichtig stellt sich die Frage nach einer ungeschriebenen Hauptversammlungskompetenz für die Transaktionsentscheidung. Nach der Holzmüller/Gelatine-Rechtsprechung des BGH[661] können auch Hauptversammlungskompetenzen außerhalb der Regelungen des Aktiengesetzes und der Satzung bestehen, falls durch eine Vorstandsentscheidung so stark in die Mitgliedschaftsrechte der Aktionäre eingegriffen würde, dass dieser Eingriff zwar nicht die Voraussetzungen einer der im Aktiengesetz geregelten Hauptversammlungskompetenzen erfüllt, aber einem dort geregelten Sachverhalt sehr nahe kommt.[662] Voraussetzung für die Anwendbarkeit der Holzmüller/Gelatine-Grundsätze ist, dass durch die jeweilige Maßnahme qualitativ ein Mediatisierungseffekt und quantitativ eine Verwässerungsgefahr für die Aktionäre eintritt.[663] Im betreffenden Holzmüller-Fall wurde der Mediatisierungseffekt dadurch herbeigeführt, dass aus der Gesellschaft der wesentliche Geschäftsteil (Seehafen) auf eine 100-prozentige Tochtergesellschaft ausgegliedert wurde[664] und die Aktionäre der Muttergesellschaft über erhebliches Gesellschaftsvermögen nur noch mittelbar über den Vorstand (als Hauptversammlung der Tochtergesellschaft) und nicht mehr unmittelbar bestimmen können.[665] Quantitativ machte dieser Geschäftsteil 80 Prozent des Unternehmensvermögens aus.[666] Sofern eine ungeschriebene Hauptversammlungskompetenz vorliegt,

---

660 Vgl. auch *Selzner*, ZHR 174 (2010), 318, 334; *Thiergart/Olbertz*, BB 2010, 1547, 1550, zwar am Beispielsfall eines deutschen SPAC als SE, jedoch auf das deutsche Aktienrecht bezugnehmend.

661 BGHZ 83, 122 („Holzmüller“); BGHZ 159, 30 („Gelatine“). Zusammenfassend *Grunewald*, 2 C. 108; *Schlitt* in Semler/Stengel, Anh. § 173 Rn. 29 ff.; *Mertens/Cahn*, KK-AktG § 76 Rn. 61 ff.

662 Vgl. *Grunewald*, 2. C. 109; *Schlitt* in Semler/Stengel, Anh. § 173 Rn. 30.

663 Vgl. BGHZ 159, 30 („Gelatine“). Zum „Mediatisierungseffekt“: *Schlitt* in Semler/Stengel, Anh. § 173 Rn. 30; *Goette*, AG 2006, 522, 525; *Joost*, ZHR 163 (1999) 164, 167; *Habersack* in Emmerich/Habersack, Vor § 311 AktG Rn. 34; *ders.*, AG 2005, 137, 140; *Weber* in Hölters AktG, § 76 Rn. 43; *Arnold*, ZIP 2005, 1573, 1574; kritisch *Fleischer*, NJW 2004, 2335, 2336 f.

664 Vgl. OLG Hamburg ZIP 1980, 1000 in der Vorinstanz.

665 Vgl. BGHZ 83, 122 („Holzmüller“); *Grunewald*, 2. C. 103; *Schlitt* in Semler/Stengel, Anh. § 173 Rn. 29.

666 BGHZ 83, 122 („Holzmüller“); OLG Hamburg ZIP 1980, 1000 in der Vorinstanz.

bedarf die Erteilung der Zustimmung durch die Hauptversammlung einer Mehrheit von Dreivierteln des vertretenen Grundkapitals.[667]

Hinsichtlich der Transaktionsentscheidungen bei SPACs ist zunächst im Einzelfall zu differenzieren: Wenn lediglich eine (Minderheits-)Beteiligung am Zielunternehmen angestrebt wird, übernimmt der SPAC zwar alle Geschäftsanteile der Zielgesellschaft, die Altgesellschafter der Zielgesellschaft erhalten aber im Rahmen der erforderlichen Sachkapitalerhöhung des SPAC die Mehrheit der SPAC-Aktien gegen Einbringung ihrer Anteile als Sacheinlage. Soll das Zielunternehmen hingegen komplett übernommen werden, verkaufen die Altgesellschafter ihre Geschäftsanteile an den SPAC und erhalten als Kaufpreis einen entsprechenden Teil der auf dem Treuhandkonto gehaltenen Barmittel.

Sollen alle Anteile des Zielunternehmens mithilfe des Emissionserlöses erworben werden, tritt kein Mediatisierungs- oder Verwässerungseffekt ein: Die Entscheidung des Vorstandes beschränkt sich auf die Verwendung der Mittel und das Zielunternehmen wird im Rahmen einer Geschäftsführungsmaßnahme übernommen. Eine qualitative Beeinträchtigung der Stimmrechte der Aktionäre ist nicht zu befürchten, da sich durch die Übernahme des Zielunternehmens die Beteiligungsquoten an der SPAC-Gesellschaft nicht ändern. Für das als Kaufpreis abgeflossene Vermögen gelangt das Zielunternehmen in das Vermögen der SPAC-Gesellschaft. Die Hauptversammlung hat im Rahmen der ihr zugewiesenen Kompetenzen weiterhin Einfluss auf das Gesellschaftvermögen in Form des erworbenen Unternehmens. Somit liegt keine ungeschriebene Hauptversammlungskompetenz in den Fällen vor, in denen das Zielunternehmen als Ganzes übernommen wird.

Wird allerdings lediglich der Erwerb einer Beteiligung an der Zielgesellschaft angestrebt, so ist die Beurteilung der Transaktionsentscheidung weniger eindeutig. Hier ist nicht zwingend gewährleistet, dass auf das für die Beteiligung eingesetzte Kapital weiterhin die gleichen Einflussmöglichkeiten bestehen, da möglicherweise die übrigen Gesellschafter der Zielgesellschaft, wie bei SPACs durchaus denkbar, eine Mehrheit an der Zielgesellschaft halten. Ob ein Beteiligungserwerb eine ungeschriebene Hauptversammlungskompetenz nach den Holzmüller/Gelatine-Grundsätzen begründet, ist umstritten.[668]

---

667 BGHZ 159, 30 („Gelatine"); *Mertens/Cahn* in KK-AktG, § 76 Rn. 61; *Grunewald*, 2. C. 110; *Semler* in Münch. Hdb. AG, § 34 Rn. 42; *Lutter/Leinekugel*, ZIP 1998, 806.

668 **Gegen die Anwendbarkeit:** OLG Frankfurt a. M., Urteil v. 07.12.2010, Az. 5 U 29/10; OLG Frankfurt a. M., Urteil v. 07.12.2010, Az. 5 U 29/10; OLG Frankfurt a. M., Beschl. v. 21.06.2007, Az. 5 U 34/07; ferner OLG Frankfurt a. M., Beschl. v. 15.02.2005, Az. 20 W 1/05; *Habersack* in Emmerich/Habersack, Vor § 311 Rn. 42; *Hirte*, § 3 Rn. 3.224; *Mertens* in KK-AktG, 2. Auflage, § 76 Rn. 51; *Krieger* in Münch. Hdb. AG § 69 Rn. 10; *Reichert*, AG 2005, 150, 157; *derselbe* in Beck'sche Hdb. AG, § 5 Rn. 32; *Gross*, AG 1994, 266, 273 ff.; *Timm*, ZIP 1993, 114, 117; *Ebenroth/Daum*, DB 1991, 1105, 1109; falls vom Unternehmensgegenstand gedeckt *Arnold*, ZIP 2005, 1573, 1577; sofern gedeckt von der Satzung *Joost*, ZHR 163 (1999), 164, 183; *Renner*, NZG 2002, 1091 ff.; *Wagner*, DStR 2004,

Beim Beteiligungserwerb könnten diese Grundsätze zumindest dann nicht anwendbar sein, wenn der Vorstand bereits satzungsmäßig zum Beteiligungserwerb ermächtigt ist („Konzernklausel"), und für die Aktionäre somit keine Schutzbedürftigkeit besteht.[669] Zudem handelt es sich auch bei der Entscheidung zum Beteiligungserwerb um eine Investitionsentscheidung des Vorstandes und eine Mittelverwendungskontrolle durch die Hauptversammlung ist im Aktiengesetz nicht vorgesehen.[670] Die Gegenmeinung stellt hingegen auf den Einzelfall ab, in dem auch trotz einer Satzungsermächtigung zum Beteiligungserwerb bei Entscheidungen von besonderer Tragweite für die Gesellschaft und die Aktionäre eine ungeschriebene Hauptversammlungskompetenz gegeben sein kann.[671]

Es entspräche nicht dem Konzept eines SPAC, dass die Satzung den Vorstand dazu ermächtigt, eine Beteiligung ohne vorherige Zustimmung der Hauptversammlung zu erwerben. Genau das Gegenteil ist der Fall: Die Hauptversammlung soll über den Beteiligungserwerb entscheiden und eben nicht der Vorstand. Insofern kann nicht von vornherein die Schutzbedürftigkeit der Aktionäre aufgrund einer entsprechenden Satzungsklausel bei SPACs ausgeschlossen werden. Letztlich ist der Einzelfall und insbesondere die Höhe der angestrebten Beteiligung dafür entscheidend, ob eine ungeschriebene Hauptversammlungskompetenz vorliegt. In der Regel wird es jedoch so sein, dass die Zielgesellschaft durch eine Strukturmaßnahme in den „Mantel" des SPAC transferiert wird, damit sie in den Genuss der Börsennotierung kommt. Soll

141, 143; außer in extremen Ausnahmefällen *Weber* in Hölters AktG, § 76 Rn. 44; *Werner*, ZHR 147 (1983), 429, 447; *Wollburg/Gehling* in FS Lieberknecht, S. 133, 152. **Für die Anwendbarkeit:** LG Frankfurt a.M., Urteil v. 15.09.2010, Az.: 35 O 239/09; LG Stuttgart AG 1992, 236, 237 f. (obiter); *Gessler* in FS Stimpel, S. 771, 786 f.; *Goette*, AG 2006, 522, 527; *Henze* in FS Ulmer, S. 211, 229 f.; *Hofmeister*, NZG 2008, 47, 51; *Liebscher*, ZGR 2005, 1, 23 f. Zuletzt entschied das LG Frankfurt a. M. dass eine ungeschriebene Hauptversammlungskompetenz nach den Holzmüller/Gelatine-Grundsätzen bei der Übernahme der Dresdner Bank durch die Commerzbank zugunsten der Aktionäre der Commerzbank bestanden hätte. Allerdings stützt das Gericht seine Argumentation in diesem konkreten Fall auf den später notwendig werdenden Einstieg des Finanzfonds SoFFin, durch den die Rechte der Aktionäre beschnitten wurden. Verallgemeinern lässt sich dieser Fall für andere Beteiligungserwerbe somit nicht, vgl. LG Frankfurt a.M., Urteil v. 15.09.2010, Az.: 35 O 239/09. Kritisch zu dem Urteil des LG Frankfurt *Gubitz/Nikoleyczik*, NZG 2010, 539, 541. In der nächsten Instanz lehnte wiederum das OLG Frankfurt eine ungeschriebene Hauptversammlungskompetenz mit der Begründung ab, dass es sich bei der Maßnahme um eine vorstandsautonome Geschäftsführungsangelegenheit handele, vgl. OLG Frankfurt a. M., Urteil v. 07.12.2010, Az. 5 U 29/10. Kritisch hierzu *Priester*, AG 2011, 654.

669 So *Mertens/Cahn* in KK-AktG, § 76 Rn. 61; *Hofmeister*, NZG 2008, 47, 51; *Joost*, ZHR 163 (1999) 164, 183; *Krieger* in Münch. Hdb. AG § 69 Rn. 10; *Werner*, ZHR 147 (1983), 429, 441.

670 Vgl. *Bungert*, BB 2004, 1345, 1350; *Kubis* in: MüKo-AktG, § 119 Rn. 67; *Renner*, NZG 2002, 1091, 1093; *Werner*, ZHR 147 (1983), 429, 447; *Groß*, AG 1994, 266, 273.

671 OLG Frankfurt a.M., NZG 2005, 558, 560; *Habersack* in Emmerich/Habersack, Vor § 311 Rn. 42.

nur eine Minderheit an dem Zielunternehmen erworben werden, wird in der Regel eine Kapitalerhöhung des SPAC erforderlich, bei dem die Gesellschafter der Zielgesellschaft einen Teil ihrer Anteile als Sacheinlage in den SPAC einbringen und im Gegenzug Anteile am SPAC erhalten, während die übrigen Anteile der Altgesellschafter gegen Zahlung des Emissionserlöses von dem Treuhandkonto an die SPAC-Gesellschaft veräußert werden.[672] Die Folge wäre eine Verwässerung der Investorenanteile am SPAC und eine qualitative Verschlechterung der Stimmrechte, sofern die Bezugsrechte ausgeschlossen oder nicht wahrgenommen werden. Dennoch ist eine ungeschriebene Hauptversammlungskompetenz hier nicht vorschnell zu bejahen, da der beschriebene Effekt eben nicht durch die Entscheidung für das Zielunternehmen eintritt, sondern vielmehr durch die folgende Kapitalmaßnahme, die den Unternehmenszusammenschluss umsetzt. In diesem Zusammenhang greifen aber die geschriebenen Schutzmechanismen des Aktiengesetzes, das eine Hauptversammlungskompetenz und eine Dreiviertel-Mehrheit für die erforderliche Sachkapitalerhöhung mit Bezugsrechtausschluss, nach den §§ 119 Abs. 1 Nr. 6, 182 Abs. 1 S. 1, 183 Abs. 1, 186 Abs. 3 AktG vorsieht. Der Schutz der Aktionäre ist auf diese Weise gewährleistet.

In der Regel wird keine ungeschriebene Hauptversammlungskompetenz nach den Holzmüller/Gelatine-Grundsätzen bezüglich der Transaktionsentscheidung vorliegen. Sollte man dennoch die Ansicht vertreten, dass die Transaktionsentscheidung eine ungeschriebene Hauptversammlungskompetenz begründet, so dürfte die Grundlage hierfür aus Perspektive der Investoren keine ausreichende Rechtssicherheit bieten und am Markt nicht akzeptiert werden.

3. Hauptversammlungskompetenz aus § 119 Abs. 2 AktG

Allerdings hat der Vorstand nach § 119 Abs. 2 AktG die Möglichkeit, der Hauptversammlung Fragen der Geschäftsführung vorzulegen.[673] Entscheidet die Hauptversammlung über die vorgelegte Frage der Geschäftsführung, so ist der Vorstand an diese Entscheidung gebunden (§ 83 Abs. 2 AktG) und muss sie umsetzen.[674] Dem Wortlaut nach könnte der Vorstand so auch die Frage einer Unternehmensakquisition der Hauptversammlung vorlegen. Jedoch darf der Vorstand seine Vorlagemöglichkeit nicht in der Form missbrauchen, dass er die gesamte Geschäftsführung, wenn auch nur für bestimmte

672 Siehe bereits oben unter B.IV.6.

673 Diese Möglichkeit ziehen auch *Harrer/Jansen* in Betracht, ohne jedoch auf die Problematik der zwingenden Kompetenzverteilung bei der AG einzugehen, vgl. FB 2009, 46, 48. Differenzierter zu dieser Problematik *Just*, ZIP 2009, 1698, 1702.

674 *Göhmann* in Henn/Frodermann/Jannott, Kap. 9 Rn. 11; *Semler* in Münch. Hdb. AG, § 34 Rn. 18; *Hüffer*, § 119 Rn. 15.

Bereiche, faktisch ausgliedert und sich so der Verantwortung entzieht.[675] Zu berücksichtigen ist zudem, dass der Vorschrift ein Ausnahmecharakter zukommt.[676] Eine prinzipielle Verschiebung der innergesellschaftlichen Zuständigkeitsverteilung soll gerade nicht ermöglicht werden und es muss gewährleistet werden, dass der Vorstand die Geschäfte der Gesellschaft weiter unter eigener Verantwortung gemäß § 76 Abs. 1 AktG führt.[677]

Die Kernaufgabe des Management-Teams eines SPACs besteht darin, ein geeignetes Zielunternehmen ausfindig zu machen und mit diesem einen Unternehmenszusammenschluss zu vollziehen. Diese Entscheidung fällt nach der zwingenden aktienrechtlichen Kompetenzordnung in die Geschäftsführungskompetenz des Vorstandes und nicht der Hauptversammlung, da es sich im Ergebnis um eine Maßnahme der Mittelverwendung handelt.[678] Muss jedoch nun die entscheidende Frage, ob das vorgeschlagene Unternehmen geeignet für einen De-SPAC ist, der Hauptversammlung zwingend vorgelegt werden, so kommt dies einer Ausgliederung der Primärkompetenz des Vorstandes für einen Kernbereich der Geschäftsführung gleich.[679] Bei der Suche nach einer geeigneten Zielgesellschaft wird das Management-Team aus einer größeren Anzahl potenziell geeigneter Unternehmen in der Regel schließlich eines auswählen, um es den Aktionären vorzuschlagen. Zwar ist bereits die Auswahl mit einem nicht unerheblichen Arbeitsaufwand verbunden, einziges Ziel dieses Aufwandes ist es jedoch schließlich die Entscheidung für ein Unternehmen zu treffen, mit dem die Transaktion durchgeführt werden soll. Auch wenn der Vorstand zunächst entscheidet, welches Unternehmen er der Hauptversammlung vorschlägt, so wird die tatsächliche und verbindliche Entscheidung als letzter und wichtigster Schritt des Selektionsprozesses doch von der Hauptversammlung getroffen. Die Frage, ob das vorgeschlagene Unternehmen übernommen werden soll, ist entscheidend für die weitere Entwicklung der SPAC-Gesellschaft und insbesondere das später aufzunehmende operative Geschäft. Es handelt sich hierbei um die wichtigste Geschäftsführungsmaßnahme vor dem De-SPAC. Wird diese Maßnahme aus dem Kompetenzbereich der Geschäftsführung ausgegliedert, reduziert sich dieser Bereich nahezu ausschließlich darauf, der Hauptversammlung ein Zielunternehmen vorzuschlagen. Der

675 *Kubis* in MüKo-AktG, § 119 Rn. 22; *Mülbert* in GroßKomm AktG, §119 Rn. 47; *Spindler* in Schmidt/Lutter, § 119 Rn. 17; *Seibt* in FS Schmidt, 1463, 1484; *Göhmann* in Henn/Frodermann/Jannott, Kap. 9 Rn. 8.

676 *Göhmann* in Henn/Frodermann/Jannott, Kap. 9 Rn. 10; *Hüffer*, § 119 Rn. 13. Sollte jedoch eine ungeschriebene Hauptversammlungskompetenz nach den Holzmüller/Gelatine-Grundsätzen vorliegen, so ist der Vorstand verpflichtet diese Entscheidung nach § 119 Abs. 2 AktG der Hauptversammlung zur Entscheidung vorzulegen, dazu jedoch im Folgenden, vgl. *Semler* in Münch. Hdb. AG, § 34 Rn. 35.

677 *Mülbert* in GroßKomm AktG, §119 Rn. 47.

678 Vgl. OLG Frankfurt, AG 2008, 862, 864; *Habersack* in Emmerich/Habersack, § 311 Rn. 42; *Henze* in FS Ulmer, 211, 229 f.; *Wagner*, DStR 2004, 141, 143.

679 *Thiergart/Olbertz* sehen hier sogar eine vollständige Verlagerung der Geschäftsführungskompetenz des Leitungsorgans auf die Hauptversammlung, vgl. *Thiergart/Olbertz*, BB 2010, 1547, 1550.

Vorstand überließe missbräuchlicher Weise einen vollständigen Bereich seiner Geschäftsführung der Hauptversammlung.[680] Die entscheidende Geschäftsführungsbefugnis zur Übernahme einer Zielgesellschaft wird entgegen der Konzeption des Aktiengesetzes vom Vorstand auf die Hauptversammlung verlagert.

Darüber hinaus ist fraglich, wie der Vorstand mit ausreichender Rechtssicherheit aus Sicht der Investoren verbindlich dazu verpflichtet werden kann, diese Frage auch nach § 119 Abs. 2 AktG der Hauptversammlung vorzulegen.[681] Grundsätzlich steht die Entscheidung, ob eine Frage der Hauptversammlung nach § 119 Abs. 2 AktG der Hauptversammlung vorgelegt werden soll, im freien Ermessen des Vorstandes und es gibt keine ermessensbindenden Kriterien.[682]

Die kategorische Vorlage der Entscheidung über das Zielunternehmen würde eine sinnwidrige Verlagerung der aktienrechtlichen Kompetenzverteilung bedeuten, die einen missbräuchlichen Einsatz des § 119 Abs. 2 AktG darstellen würde.[683] Im Ergebnis darf somit die Transaktionsentscheidung nicht der Hauptversammlung nach § 119 Abs. 2 AktG vorgelegt werden.

4. Hauptversammlungskompetenz auf Grundlage einer Satzungsregelung

Eine Hauptversammlungskompetenz kann möglicherweise auch auf Grundlage einer Satzungsregelung geschaffen werden. So könnte die Satzung die Abstimmung der Hauptversammlung über das Zielunternehmen ausdrücklich vorschreiben. Denkbar ist auch, dass der Unternehmensgegenstand so eng gefasst wird, dass die Hauptversammlung über die Satzungsänderung hinsichtlich des Unternehmensgegenstandes abstimmen müsste, weil die Übernahme der Zielgesellschaft nicht mehr von dem Unternehmensgegenstand gedeckt wäre. Schließlich muss die Hauptversammlung regelmäßig einen Kapitalerhöhungsbeschluss fassen, um die Transaktion umzusetzen. Möglicherweise kann durch eine Anpassung der erforderlichen Mehrheiten im Rahmen einer Satzungsregelung dieser Hauptversammlungsbeschluss indirekt auch der Entscheidung über das Zielunternehmen dienen.

---

680 Vgl. *Mülbert* in GroßKomm AktG, §119 Rn. 47.

681 Hierzu später unter D.IV.4.a.

682 *Kubis* in MüKo-AktG, § 119 Rn. 22.

683 Ebenso *Thiergart/Olbertz*, BB 2010, 1547, 1550. Das Ergebnis offenlassend, aber ebenfalls mit Tendenz zur Unzulässigkeit, *Just*, ZIP 2009, 1698, 1702. Offensichtlich ohne Bedenken, *Harrer/Janssen*, FB 2009, 46, 48.

a. Ausdrücklicher Zustimmungsvorbehalt als Satzungsregelung

Möglicherweise könnte eine Hauptversammlungskompetenz für die Entscheidung über die Unternehmenszusammenführung durch eine Satzungsregelung begründet sein. Begrenzt wird die Gestaltungsfreiheit in der Satzung durch den aus § 23 Abs. 5 AktG abgeleiteten Grundsatz der Satzungsstrenge: Die Satzung darf nur in solchen Fällen vom Aktiengesetz abweichen, in denen das Gesetz diese Abweichung ausdrücklich erlaubt oder nicht abschließend ist.[684] Die Zuständigkeitsordnung der Aktiengesellschaft ist im Aktiengesetz geregelt und als weitgehend zwingend anzusehen.[685] Zwar erlaubt das Aktiengesetz ausdrücklich aus der Satzung resultierende Hauptversammlungszuständigkeiten (§ 119 Abs. 1 AktG), doch dürfen hierdurch nicht die aktienrechtlich festgeschriebenen Kompetenzen des Vorstandes beschnitten werden, es sei denn die betreffende Norm im Aktiengesetz hat einen dispositiven Charakter. Die Kompetenzen des Vorstandes richten sich unter anderem nach den §§ 76 ff. AktG, wonach der Vorstand die Gesellschaft unter eigener Verantwortung zu leiten hat (§ 76 Abs. 1 AktG). Hiernach entscheidet der Vorstand auch über die Verwendung der Mittel und Geschäftsführungsaufgaben.[686] Zu diesen Geschäftsführungsaufgaben zählen auch die Akquisition und der Kauf von Unternehmen im Rahmen der Geschäftstätigkeit, da es sich hier um Maßnahmen der Mittelverwendung handelt.[687] Gleiches muss auch für SPAC-Gesellschaften gelten, so dass auch bei ihnen die Entscheidung über die Unternehmensübernahme als Geschäftsführungsmaßnahme einzuordnen ist.[688] So würde eine Satzungsregelung, welche die Entscheidung über den Kauf beziehungsweise den Zusammenschluss mit einem anderen Unternehmen in den Kompetenzbereich der Hauptversammlung verschieben würde, gegen die zwingende aktienrechtliche Kompetenzordnung verstoßen und somit gegen den Grundsatz der Satzungsstrenge nach § 23 Abs. 5 AktG. Eine Satzungsregelung eines SPAC in der Rechtsform einer deutschen AG, welche die Entscheidung über den Beteiligungserwerb oder den Zusammenschluss mit einer vom Vorstand vorgeschlagenen Zielgesellschaft der Hauptversammlung überließe, wäre demnach nicht mit dem Aktiengesetz vereinbar. Eine solche Satzungsbestimmung wäre in der Folge nach § 241 Nr. 3 AktG nichtig.[689]

684 *Grunewald*, 2. C. 18; *Würz* in Henn/Frodermann/Janott, 4. Kap. Rn. 57; *Hüffer*, § 23 Rn. 34.

685 Vgl. *Mülbert* in GroßKomm AktG, § 119 Rn. 36; *Wiesner* in Münch. Hdb. AG, § 22 Rn. 1; *Hüffer*, § 23 Rn. 36.

686 Die Geschäftsführungsbefugnis wird in § 77 AktG vorausgesetzt und ergibt sich aus dem gedanklichen Zusammenhang zwischen den §§ 76 Abs. 1, 78, 82 Abs. 2 AktG, vgl. nur *Hüffer*, § 76 Rn. 7 und § 77 Rn. 3 ff.

687 Vgl. auch OLG Frankfurt, AG 2008, 862, 864; *Habersack* in Emmerich/Habersack, § 311 Rn. 42; *Henze* in FS Ulmer, 211, 229 f.; *Wagner*, DStR 2004, 141, 143.

688 So auch *Selzner*, ZHR 174 (2010), 318, 334.

689 BGH NZG 2004, 1109; *Würz* in Henn/Frodermann/Janott, 4. Kap. Rn. 60; *Pentz* in MüKo-AktG, § 23 Rn. 162; *Röhricht* in GroßKomm AktG, § 23 Rn. 202; *Wiesner* in Münch. Hdb. AG, § 6 Rn. 12.

b. Hauptversammlungskompetenz bei Änderung des Unternehmensgegenstandes

Nach einer in der Literatur vertretenen Auffassung soll die Hauptversammlungskompetenz über die Änderung des Unternehmensgegenstandes in der Satzung begründet werden.[690] Demnach sollte der Unternehmensgegenstand des SPAC so gefasst werden,[691] dass er lediglich die Akquisitionsphase einschließlich des Börsengangs, die Suche nach einem Zielunternehmen, aber nicht den Vollzug des Unternehmenszusammenschlusses und das aufzunehmende operative Geschäft deckt.[692] Der Vorstand wäre in seiner Geschäftsführungsbefugnis nach § 82 Abs. 2 AktG an die Grenzen des Unternehmensgegenstandes gebunden,[693] bei einer Überschreitung dieser Grenzen drohte eine Schadensersatzpflicht nach § 93 Abs. 1 S. 2 AktG.[694] Der Unternehmenszusammenschluss könnte vom Vorstand soweit vorangetrieben werden, dass bereits ein Kaufvertrag unter der aufschiebenden Bedingung der Änderung des Unternehmensgegenstandes geschlossen werden könnte.[695] Um den Unternehmensgegenstand dahingehend zu erweitern, dass auch die Durchführung der Transaktion und das aufzunehmende operative Geschäft von ihm gedeckt wird, bedürfte es einer Satzungsänderung, die nach § 179 Abs. 1 S. 1 AktG nur die Hauptversammlung mit einer Dreiviertel-Mehrheit (§ 179 Abs. 2 S. 1 AktG) beschließen kann.[696] Insoweit ergibt sich kein gestalterischer Spielraum für eine Mehrheit unterhalb dieser Grenze.[697] Erst nachdem die Hauptversammlung der Änderung des Unternehmensgegenstandes zugestimmt hätte, könnte die Unternehmenstransaktion vom Vorstand durchgeführt werden.

Bei diesem Ansatz entscheidet die Hauptversammlung nur vordergründig über die Satzungsänderung bezüglich des Unternehmensgegenstandes, faktisch entscheiden die Aktionäre über Annahme oder Ablehnung des vom Management-Team vorgeschlagenen Unternehmens. Der Beschluss über die Änderung des Unternehmensgegenstandes müsste ohnehin gefasst werden, sobald das operative Geschäft der Zielgesellschaft fortgeführt werden soll. Der Hauptversammlungsbeschluss wird bei diesem Ansatz auf einen Zeitpunkt

---

690 So *Selzner*, ZHR 174 (2010), 318, 336 f.

691 Nach der Rechtsprechung des BGH ist die sogenannte offene Vorrats- oder Mantelgründung bei der AG unproblematisch und zulässig. Einziger Unternehmensgegenstand kann demnach auch die Erhaltung und Verwaltung des eigenen, durch Einlagen gebildeten Vermögens sein. Vgl. BGHZ 117, 323. 325 f.; *Hüffer*, § 23 Rn. 16; *Röhricht* in GroßKomm AktG, § 23 Rn. 121 ff.; *Mayer*, NJW 2000, 175, 177.

692 *Selzner*, ZHR 174 (2010), 318, 336.

693 *Hüffer*, § 23 Rn. 21 und § 82 Rn. 9.; *Pentz* in MüKo-AktG, § 23 Rn. 78.

694 *Hüffer*, § 82 Rn. 14; *Pentz* in MüKo-AktG, § 23 Rn. 86.

695 *Selzner*, ZHR 174 (2010), 318, 336 f.

696 *Selzner*, ZHR 174 (2010), 318, 336 f.

697 Nach § 179 Abs. 2 S. 2 AktG kann die Satzung für die Änderung des Unternehmensgegenstandes nur eine größere Mehrheit bestimmen, vgl. auch *Stein* in MüKo-AktG, § 179 Rn. 100.

vorverlegt, zu dem noch nicht feststeht, ob die Transaktion überhaupt durchgeführt werden soll, anstatt im Rahmen einer Strukturmaßnahme bei der Umsetzung der Transaktion stattzufinden. Schließlich muss regelmäßig der Satzungsgegenstand geändert werden, wenn der SPAC erstmal einem operativen Geschäft nachggeht.

c. Hauptversammlungskompetenz bezüglich einer Kapitalerhöhung

Alternativ kann auch eine andere bei der Transaktion notwendig werdende Hauptversammlungsentscheidung stellvertretend für die initiale Transaktionsentscheidung herangezogen werden: Bei der Übernahme der Zielgesellschaft durch den SPAC wird in aller Regel eine Kapitalerhöhung erforderlich, bei der die Gesellschafter der Zielgesellschaft ihre Gesellschaftsanteile als Sacheinlage in die SPAC-Gesellschaft einbringen.[698] Hieraus würde sich eine Hauptversammlungskompetenz bezogen auf den Kapitalerhöhungsbeschluss nach § 119 Abs. 1 Nr. 6 AktG i. V. m. § 182 Abs. 1 S. 1 AktG i. V. m. § 183 AktG ergeben. Eine Mehrheit von drei Vierteln des bei der Beschlussfassung vertretenen Grundkapitals muss für die Kapitalerhöhung stimmen.[699] Um die Eingliederung der Zielgesellschaft technisch zu realisieren, muss unter den gleichen Mehrheitserfordernissen zudem das Bezugsrecht der Altaktionäre nach § 186 Abs. 3 AktG ausgeschlossen werden. Die für den Bezugsrechtausschluss nach der Rechtsprechung erforderliche sachliche Rechtfertigung[700] liegt beim Beteiligungserwerb regelmäßig vor, sofern die Gesellschaft ein hinreichendes Interesse an dem Erwerb der Beteiligung hat.[701] Hiervon kann bei dem Beteiligungserwerb einer SPAC-Gesellschaft ausgegangen werden, da die Gesellschaft keinen anderen Zweck verfolgt. Zudem wäre es nach § 182 Abs. 1 S. 3 AktG und § 186 Abs. 3 S. 3 AktG denkbar, durch eine Satzungsregelung die erforderliche Mehrheit für den Beschluss den SPAC-spezifischen Vorgaben anzupassen.[702] Dies setzt allerdings voraus, dass das Bezugsrecht nicht ausgeschlossen werden soll. Lediglich in dem eher unwahrscheinlichen Fall, dass die auf dem Treuhandkonto gehaltenen Emissionserlöse den gesamten Kaufpreis decken, wäre eine Kapitalerhöhung entbehrlich.

---

698 Siehe bereits oben unter B.IV.6.

699 *Hüffer*, § 183, Rn. 8 f.; *Marsch-Barner* in Bürgers/Körber, § 183, Rn. 13 f.

700 Grundlegend BGHZ 71, 40, 43 ff. („Kali + Salz").

701 BGHZ 71, 40, 46 („Kali + Salz"); *Hüffer*, § 186 Rn. 34.

702 Allerdings darf die Satzung keine Mehrheit bestimmen, die unterhalb der einfachen Stimmenmehrheit liegt (was allerdings bei SPACs ohnehin nicht der Fall wäre): *Hüffer*, § 182 Rn. 8; *Marsch-Barner* in Bürgers/Körber, § 182 Rn. 14; *Pfeifer* in MüKo-AktG, § 182 Rn. 18 f.; *Servatius* in Spindler/Stilz § 182 Rn. 16 ff.; *Veil* in Schmidt/Lutter, § 182 Rn. 29.

d. Stellungnahme

Eine ausdrückliche Satzungsregelung, welche die Entscheidung über das Zielunternehmen der Hauptversammlung zuweist, scheitert bereits am Grundsatz der Satzungsstrenge und ist unzulässig.

Die anderen beiden Varianten basieren auf der Strategie, einen ohnehin für die Transaktion notwendig werdenden Hauptversammlungsbeschluss an den Anfang der beabsichtigten Übernahme zu ziehen, um so indirekt eine Abstimmung der Aktionäre über das vorgeschlagene Zielunternehmen zu ermöglichen. Der Vorteil bei der Änderung des Unternehmensgegenstandes liegt darin, dass die Hauptversammlungskompetenz nicht von der tatsächlichen Größe der Transaktion und ihrer technischen Umsetzung abhängig ist.[703] Dem lässt sich jedoch entgegenhalten, dass häufig eine Mehrheitsbeteiligung, wie beispielsweise bei der Helikos SE oder der ECT SE,[704] gar nicht zwingend angestrebt wird. Der Kapitalerhöhungsbeschluss würde aber nur in den Fällen entfallen, in denen die beim Börsengang eingenommenen Mittel, gegebenenfalls kombiniert mit einem Fremdkapitalanteil, ausreichen würden, um die Zielgesellschaften vollständig zu übernehmen. Wird aber nur ein Minderheitsanteil erworben, muss eine entsprechende Kapitalerhöhung beim SPAC durchgeführt werden, damit die Gesellschafter der Zielgesellschaft nach dem De-SPAC die entsprechende Mehrheit der Aktien des SPAC halten. Würde der SPAC den Gesellschaftern der Zielgesellschaft nur einen Teil ihrer Gesellschaftsanteile abkaufen, wären ihre übrigen Anteile an der Zielgesellschaft auch nach dem De-SPAC nicht börsennotiert. Dennoch dürfte in allen Fällen, in denen das Zielunternehmen vollständig übernommen werden soll, ein Kapitalerhöhungsbeschluss entbehrlich und die erste Variante von Vorteil sein.[705]

Für die zweite Variante spricht hingegen, dass die erforderliche Mehrheit für den Kapitalerhöhungsbeschluss an die individuellen Maßgaben des jeweiligen SPAC angepasst werden kann: Es kann ein beliebiges Mehrheitserfordernis für den Kapitalerhöhungsbeschluss und somit die Transaktionsentscheidung festgesetzt werden, solange mindestens die einfache Mehrheit des bei der Beschlussfassung anwesenden Grundkapitals die Untergrenze bildet. Bei dem

703 Diesen Vorteil für seine Variante hervorhebend, *Selzner*, ZHR 174 (2010), 318, 337.

704 Vgl. Wertpapierprospekt der Helikos SE vom 11.01.2010, S. 67 und Wertpapierprospekt der European CleanTech I SE vom 01.10.2010, S. 79.

705 Diese Fälle dürften schon deshalb die Ausnahme bleiben, da hier alle Altgesellschafter der Zielgesellschaft ihre Anteile vollständig aufgeben, ohne im Gegenzug aus einer Kapitalerhöhung stammende junge Aktien des SPAC zu erhalten. Der Ausstieg der Altgesellschafter dürfte wiederum eine negative Wirkung auf die Transaktionsentscheidung der SPAC-Aktionäre haben, da der Eindruck vermittelt wird, dass die Altgesellschafter kein Vertrauen in den zukünftigen geschäftlichen Erfolg des Zielunternehmens haben. Die Situation ist vergleichbar mit der eines Börsengangs, bei dem nur existierende Aktien angeboten werden und die Altgesellschafter auf diese Weise aus der Gesellschaft scheiden. Dieses Emissionskonzept wird in der Regel nicht vom Markt akzeptiert. Vgl. hierzu nur *Ries* in Grunewald/Schlitt, S. 26 f.

satzungsändernden Beschluss hinsichtlich des Unternehmensgegenstandes ist die Flexibilität aufgrund der zwingend erforderlichen qualifizierten Mehrheit demgegenüber deutlich eingeschränkt. Allerdings gilt nach § 186 Abs. 3 AktG das Gleiche für den Kapitalerhöhungsbeschluss, sofern das Bezugsrecht für die SPAC-Aktionäre ausgeschlossen werden soll, was in der Regel beim Beteiligungserwerb erforderlich ist – unter diesen Umständen relativiert sich das Argument.[706] Für den Ausschluss des Bezugsrechts ist nach § 161 Abs. 3 S. 2 AktG eine Mehrheit von drei Vierteln des bei der Hauptversammlung vertretenen Grundkapitals. Die Satzung kann gemäß § 161 Abs. 3 S. 3 AktG lediglich eine größere Kapitalmehrheit vorschlagen, jedoch keine geringere.

Der Nachteil beider Varianten dürfte sein, dass den Investoren im Rahmen des SPAC-Konzeptes vor dem Börsengang zugesichert wird, dass sie über ein vom Vorstand vorgeschlagenes Zielunternehmen abstimmen können. Letztlich können sie aber nur indirekt diese Entscheidung treffen. Bei einem noch weitgehend unbekannten Anlagemodell dürfte dies das Vertrauen der Anleger stark beanspruchen. Ein noch gewichtigerer Nachteil einer solch indirekten Transaktionsentscheidung ist jedoch, dass an den jeweiligen Hauptversammlungsbeschluss unmittelbare gesellschaftrechtliche Folgen geknüpft sind. Das heißt, vor der jeweiligen Entscheidung der Aktionäre muss der Akquisitionsprozess bereits so weit vorangetrieben worden sein, dass es nur noch der Zustimmung der Aktionäre bedarf, um die Transaktion umzusetzen. Für die Zielgesellschaft bedeutet dies aber Rechtsunsicherheit bis „zur letzten Sekunde", die sich nachteilig auf die Übernahmeverhandlungen und insbesondere den Kaufpreis auswirken dürfte. Dennoch handelt es sich bei beiden Varianten um theoretisch gangbare Wege, die allerdings aus praktischer Sicht auf wenig Zustimmung bei Investoren treffen dürften.

5. Zwischenergebnis

Das Aktiengesetz kennt keine Norm, die eine Hauptversammlungskompetenz für die Entscheidung über das vom Vorstand vorgeschlagene Zielunternehmen begründet. Auch eine ungeschriebene Hauptversammlungskompetenz nach den Holzmüller/Gelatine-Grundsätzen im Rahmen des Beteiligungserwerbs ist abzulehnen und würde überdies keine ausreichende Rechtssicherheit für die Investoren bieten. Gleichfalls scheitert eine Verpflichtung des Vorstandes, die Transaktionsfrage der Hauptversammlung nach § 119 Abs. 2 AktG zur Entscheidung vorzulegen, an der zwingenden Kompetenzordnung des Aktiengesetzes.

---

706 In der Praxis spielen bezugsrechtsfreie Emissionen ansonsten aufgrund des hohen Anfechtungsrisikos eine nur untergeordnete Rolle. Grund hierfür ist die Konturlosigkeit des vom BGH geforderten ungeschriebenen Tatbestandmerkmals der sachlichen Rechtfertigung des Bezugsrechtausschlusses, vgl. BGHZ 71, 40, 46 („Kali + Salz"); BGHZ 83, 319, 321 („Holzmann"); BGHZ 125, 239, 241 („Deutsche Bank"); *Ries* in Grunewald/Schlitt, S. 52 ff.; *Schlitt/Schäfer*, AG 2005, 67.

Eine Regelung in der Satzung, wonach die Hauptversammlung und nicht der Vorstand über das Zielunternehmen entscheiden soll, scheitert am Grundsatz der Satzungsstrenge nach § 23 Abs. 5 AktG, da es sich bei der Entscheidung um eine Geschäftsführungsmaßnahme handelt. Es besteht jedoch die Möglichkeit, entweder über eine Satzungsänderung bezüglich des Unternehmensgegenstandes oder über den in der Regel erforderlichen Kapitalerhöhungsbeschluss, die Hauptversammlung indirekt, aber verbindlich, über das vom Vorstand favorisierte Zielunternehmen abstimmen zu lassen. Hierbei muss jedoch beachtet werden, dass dieser Weg Nachteile bei den Verhandlungen mit der Zielgesellschaft birgt und das Vertrauen der Aktionäre strapaziert.

V. Management-Beteiligung in Aktien – Gründeraktien

In der Regel soll das Management-Team nach dem De-SPAC einen Aktienanteil halten, der ca. 20 Prozent der beim Börsengang ausgegebenen Aktien entspricht.[707] Diesen Anteil erwerben die Sponsoren im Rahmen einer Privatplatzierung bereits vor dem öffenlichen Angebot und zu einem sehr niedrigen Nominalpreis. Die sogenannten Gründeraktien sollen zudem keine Rechte hinsichtlich der Transaktionsentscheidung vermitteln, im Liquidationsfall nicht zur Teilnahme am Erlös berechtigen und dennoch nach der Unternehmenszusammenführung gleichberechtigt zu den Publikumsaktien sein. Zum einen stellt sich die Frage, ob das Management-Team diese Aktien zu einem Preis erwerben kann, der deutlich unter dem für die Publikumsaktien liegt, zum anderen bedarf es einer Untersuchung, welche Möglichkeiten das Aktienrecht bietet, Gründer- und Publikumsaktien mit unterschiedlichen Rechten auszustatten.

1. Erwerb der Gründeraktien

Regelmäßig liegt der Erwerbspreis pro Gründeraktie im Cent- beziehungsweise Penny-Bereich.[708] Die Festsetzung der niedrigen Gegenleistung liegt darin begründet, dass die Gründeraktien sowie die Gründeroptionsscheine die Vergütung des Management-Teams darstellen: Nach einem erfolgreichen Unternehmenszusammenschluss steigt der Wert der Gründeraktien erheblich. Dafür sollen die Gründeraktien im Falle des Scheiterns eines SPAC entweder gar

707 Zur Management-Beteiligung siehe bereits oben unter B.IV.10.

708 So lag bei Germany1 der Preis pro Gründeraktie bei 0,0013 €, bei der Helikos lag der Preis für eine Gründeraktie bei 0,0152 € und die Gründeraktie der ECT SE kostete 0,024 Euro, vgl. Wertpapierprospekt der Germany1 Acquisition Limited vom 02.07.2008, S. 75 f.; Wertpapierprospekt der Helikos SE vom 11.01.2010, S. 94; Wertpapierprospekt der European CleanTech I SE vom 01.10.2010, S. 111. Zudem bereits oben unter B.IV.10.

nicht oder lediglich in Höhe des geringen Erwerbspreises zur Teilnahme am Erlös des Treuhandkontos berechtigen.[709]

a. Penny Stocks

Bei ausländischen Gesellschaften besteht häufig die Möglichkeit, die gewünschte Management-Beteiligung durch sogenannte Penny-Stock-Aktien,[710] die zu einem sehr geringen Ausgabepreis dem Management angeboten werden, zu erreichen.[711]

b. Penny Stocks bei der AG

Das Aktiengesetz trifft keine Regelung zu Penny-Stock-Aktien. Die Mindestausgabebeträge für Aktien nach deutschem Recht sind in § 8 AktG geregelt. Nach deutschem Recht besteht für Nennbetragsaktien gemäß § 8 Abs. 2 S. 1 AktG ein zwingender Mindestausgabebetrag von 1 Euro. Dieser Mindestausgabebetrag gilt nach § 8 Abs. 3 S. 3 AktG gleichfalls für Stückaktien.[712] Der Gesetzgeber positioniert sich hier bewusst gegen die Ausgabe von Penny-Stock-Aktien, um die Möglichkeit des unbegrenzten Aktiensplittings zu vermeiden.[713] Hiermit soll wiederum eine mögliche Irreführung der Anleger verhindert werden, da als Penny Stocks geschaffene Stückaktien mangels Nennbetrag zunächst nicht als Penny Stocks zu erkennen wären.[714] Zudem seien an ausländischen Kapitalmärkten, die Penny Stocks erlauben, Gegenbewegungen zu beobachten, wonach Penny Stocks nur in größeren Paketen zugelassen werden.[715]

Demnach muss zwingend auch für die Gründeraktien ein Mindestanteil von einem Euro pro Aktie auf das Grundkapital eingezahlt werden. Selbst bei diesem im Verhältnis zu den Publikumsaktien niedrigen Grundkapitalanteil, ist eine nach dem De-SPAC angestrebte Beteiligung in der üblichen Höhe von

---

709 Siehe hierzu bereits oben unter B.IV.10.

710 Die SEC ordnet Aktien deren Ausgabepreis unter 5 US$ liegen als Penny Stocks ein. Der Handel mit solchen Wertpapieren ist an besondere Voraussetzungen geknüpft, vgl. „http://www.sec.gov/answers/penny.htm". Zuletzt abgerufen am 31.10.2011.

711 Vgl. auch *Harrer/Janssen*, FB 2009, 46, 48. Bei den hier relevanten Penny Stocks handelt es sich um Aktien mit einem entsprechend niedrigen Ausgabepreis. Nicht gemeint sind die vom LG Frankfurt a.M. ebenfalls als Penny Stocks bezeichneten Aktien, deren Kurs für einen bestimmten Zeitraum durchgehend unter einem Euro lag, vgl. hierzu LG Frankfurt a.M. BKR 2001, 109 und *Römermann/Schröder*, BKR 2001, 83.

712 *Heider* in MüKo-AktG, § 8 Rn. 85; *Hüffer*, § 8 Rn. 21. Zu den Vorteilen der Stückaktie gegenüber der Nennbetragsaktie *Ries* in Grunewald/Schlitt, S. 24 f.; *Singhof/Weber* in Habersack/Mülbert/Schlitt, § 3 Rn. 13.

713 *Heider* in MüKo-AktG, § 8 Rn.85; *Hüffer*, § 8 Rn. 21; so auch BegrRegE zum StückAG, BT-Drucks. 13/9573, S. 14 f.

714 BegrRegE zum StückAG, BT-Drucks. 13/9573, S. 11. Kritisch hierzu *Hüffer*, § 8 Rn. 21.

715 BegrRegE zum StückAG, BT-Drucks. 13/9573, S. 11.

etwa 20 Prozent der beim Börsengang ausgegeben Publikumsaktien nur mit einem erheblichen finanziellen Aufwand der Sponsoren zu erreichen.[716] Hinzu tritt aus Sicht der Sponsoren der Kapitalaufwand im Zusammenhang mit der Privatplatzierung zum Erwerb der Gründeroptionsscheine, dessen Umfang sich regelmäßig im Millionenbereich abspielt.[717] Da bei einem Scheitern des SPAC der Totalverlust beider Investitionen droht, kann in der Praxis nicht damit gerechnet werden, dass die Sponsoren auch für die Gründeraktien eine Investition in derartiger Höhe tätigen wollen.

Das Aktienrecht sieht eine ähnlich variable Vergütungsstruktur bei den bereits angesprochenen Aktienoptionsplänen vor. Insbesondere ist es möglich, die Ausübbarkeit der Optionsrechte an bestimmte Kursziele zu knüpfen.[718] Eine ähnliche Struktur weist die *staggered promote structure* der Helikos SE und der ECT SE auf, bei der die Umwandlung der Gründeraktien in Publikumsaktien ebenfalls an bestimmte Kursziele geknüpft ist.[719] Im Ergebnis lässt sich feststellen, dass das Management die Gründeraktien in einer sonst bei SPACs üblichen Höhe nur mit einem erheblichen Kapitalaufwand erlangen kann. Fraglich ist, ob die Gründer bereit wären, sowohl für die Gründeraktien als auch für die Gründeroptionsscheine Millionenbeträge zu investieren. Hierfür spräche die Aussicht auf eine überdurchschnittlich hohe Rendite beziehungsweise Vergütung. Um die Struktur dennoch aufrecht zu erhalten, bestünde die Möglichkeit, entweder auf die Gründeroptionsscheine oder auf die Gründeraktien zu verzichten. In jedem Fall wäre nach dem deutschen Aktienrecht eine derart große Gewinnspanne durch die Kombination aus Gründeroptionsscheinen und Gründeraktien wie bei der Germany1 Ltd., der Helikos SE oder der ECT SE nicht möglich.

---

716 Auf dieser Grundlage hätten die Sponsoren von Germany1 7,5 Millionen Euro anstatt nur 10.000 Euro bei der Privatplatzierung der Gründungaktien investieren müssen (7.500.000 Gründeraktien á 1 Euro), vgl. Wertpapierprospekt der Germany1 Acquisition Limited vom 02.07.2008, S. 75 f. Bei der Helikos SE hätte das Management-Team sogar 9.473.684 Euro anstelle von 144.000 Euro aufbringen müssen (9.473.684 Gründeraktien á 1 Euro), vgl. Wertpapierprospekt der Helikos SE vom 11.01.2010, S. 94. Die Gründer der ECT SE hätten 5.156.250 Euro anstatt 123.750 Euro investieren müssen (5.156.250 Gründeraktien á 1 Euro), vgl. Wertpapierprospekt der European CleanTech I SE vom 01.10.2010, S. 111.

717 Die Sponsoren von Germany1 investierten 6 Millionen Euro für 6 Millionen Gründeroptionsscheine, vgl. Wertpapierprospekt der Germany1 Acquisition Limited vom 02.07.2008, S. 77. Die Sponsoren der Helikos SE wendeten 10 Millionen Euro für 10 Millionen Gründeroptionsscheine auf, vgl. Wertpapierprospekt der Helikos SE vom 11.01.2010, S. 102. Die Sponsoren der ECT SE wendeten 4,97 Millionen Euro für den Erwerb von 4,97 Millionen Gründeroptionsscheinen auf, vgl. Ad-hoc-Mitteilung der ECT SE vom 18.10.2010 (Fn. 111).

718 Hüffer, § 193 Rn. 9; *Kort* in GroßKomm AktG, § 87 Rn. 164.

719 Vgl. *Simmat/Siebert*, CFL 2010, 13, 16; Wertpapierprospekt der Helikos SE vom 11.01.2010, S. 94; Wertpapierprospekt der European CleanTech I SE vom 01.10.2010, S. 111. Siehe auch bereits oben unter B.IV.10.

2. Eingeschränkte Rechte der Gründeraktien

Gründeraktien und Publikumsaktien sollen in den Rechten, die sie vermitteln, zunächst differieren. Die Inhaber der Gründeraktien sollen nicht berechtigt sein, an der Transaktionsentscheidung teilzunehmen und, falls der SPAC scheitert, nicht am Liquidationserlös partizipieren. Zudem soll ihnen kein Umtauschrecht im Zusammenhang mit der Transaktionsentscheidung eingeräumt werden.[720] Erst nach einer erfolgreichen Unternehmenszusammenführung sollen Gründer- und Publikumsaktien gleichberechtigt sein.

a. Unterschiedliche Aktiengattungen

Um Gründer- und Publikumsaktien mit unterschiedlichen Rechten auszustatten, könnten nach dem Aktienrecht unterschiedliche Aktiengattungen geschaffen werden. Wie bereits im Zusammenhang mit dem Grundsatz der Zulassung aller Wertpapiere (§ 7 Abs. 1 S. 1 BörsZulV)[721] geprüft, bestehen verschiedene Möglichkeiten, unterschiedliche Aktiengattungen nach § 11 AktG zu begründen. Insbesondere werden unterschiedliche Aktiengattungen durch ungleiche Rechte bei der Verteilung des Gewinns und des Liquidationserlöses begründet. Im Gründungsstadium ist die Schaffung verschiedener Aktiengattungen unproblematisch, da hierbei innerhalb der Grenzen der Satzungsstrenge (§ 23 Abs. 5 AktG) Gestaltungsfreiheit herrscht und Verstöße gegen den Gleichbehandlungsgrundsatz (§ 53a AktG) bei Zustimmung aller Gründer ausgeschlossen sind.[722] Ebenfalls unproblematisch ist die Schaffung von Aktiengattungen bei einer Kapitalerhöhung, sofern zuvor keine unterschiedlichen Aktiengattungen bestanden.[723]

Als geeignetes Differenzierungsmerkmal zwischen der Gattung der Gründer- und der Gattung der Publikumsaktien bietet sich die unterschiedliche Verteilung des Liquidationserlöses an, da bereits nach dem Wortlaut des § 11 AktG dieser Anknüpfungspunkt exemplarisch als gattungsbegründend genannt wird. Darüber hinaus sollte die Gattung der Gründeraktien so ausgestaltet werden, dass den Gründern bei einer bevorstehenden Unternehmenszusammenführung keine Rückgaberechte zustehen. Dieses Recht soll alleine den Publikumsaktionären zustehen und somit nur für die Inhaber der Aktiengattung gelten, der die Publikumsaktien angehören. Auch besteht, wie bereits im Zusammenhang mit den kapitalmarktrechtlichen Anforderungen erörtert, bei unterschiedlichen Aktiengattungen die Option, nur die Aktiengattung der Publikumsaktien zum Börsenhandel zuzulassen. Schließlich gilt der Grundsatz der Zulassung aller Wertpapiere aus § 7 Abs. 1 S. 1 BörsZulV nur für alle

---

720 Zudem ist denkbar, dass die Gründeraktien zunächst nicht zum Börsenhandel zugelassen werden sollen, vgl. hierzu bereits oben unter C.III.4.

721 Siehe bereits oben unter C.III.4.

722 *Dauner-Lieb* in KK-AktG, § 11 Rn. 27; *Vatter* in Spindler/Stilz, § 11 Rn. 22.

723 *Dauner-Lieb* in KK-AktG, § 11 Rn. 28; *Vatter* in Spindler/Stilz, § 11 Rn. 23.

Aktien der gleichen Gattung.[724] So ist gewährleistet, dass kein Börsenhandel mit den Gründeraktien möglich ist und die Sponsoren ihre Anteile zumindest nicht über die Börse vorzeitig veräußern können.[725]

Problematisch ist jedoch die Begründung unterschiedlicher Stimmrechte: Bei SPACs sollen die Gründeraktien keine Stimmrechte in Bezug auf die Transaktionsentscheidung vermitteln. Die einzige Möglichkeit, nach dem deutschen Aktienrecht Aktiengattungen mit unterschiedlichen Stimmrechten zu begründen, ist die Schaffung stimmrechtloser Vorzugsaktien.[726] Diese Aktien vermitteln zwar keine Stimmrechte, sind aber dafür zwingend mit einem Vorzug bei der Verteilung des Bilanzgewinnes auszustatten, wie aus § 139 Abs. 1 S. 1 AktG folgt.[727] Demnach ist der Bilanzgewinn an die Inhaber stimmrechtloser Vorzugsaktien auszuschütten, bevor eine Ausschüttung an die anderen Aktionäre erfolgen darf.[728]

Wären die Gründeraktien als stimmrechtlose Vorzugsaktien ausgestaltet, wäre den Gründern bei der Verteilung des Bilanzgewinns zwingend Priorität zu gewähren. Erst nachdem die Gründer ihren Anteil an der Dividende erhalten hätten, würde der übrige Bilanzgewinn an die Publikumsaktionäre ausgeschüttet. Dies mag zwar vor dem Hintergrund, dass der SPAC bis zu einer Unternehmenszusammenführung ohnehin ausschließlich Zinsgewinne machen wird, als unproblematisch erscheinen, doch dürfte es nicht dem Interesse der Anleger entsprechen, den Gründern einen solchen Vorrang einzuräumen.[729] Auch eine spätere Gleichstellung der Dividendenrechte nach dem De-SPAC und nach einer möglichen Aufhebung der unterschiedlichen Aktiengattungen dürfte dem potenziellen Misstrauen der Anleger nicht vorbeugen. Die Gattung der Gründeraktien als stimmrechtlose Vorzugsaktien auszugestalten, entspricht demnach nicht den Praxisanforderungen. Unproblematisch können jedoch die Gründeraktien als eigene Aktiengattung im Sinne von § 11 AktG derart strukturiert werden, dass sie nicht am Liquidationserlös teilnehmen und den Gründern als Inhaber der Aktien dieser Gattung nicht die Möglichkeit eingeräumt wird, die Aktien vor dem Unternehmenszusammenschluss umzutauschen.

b. Ausschluss des Stimmrechtes bei der Transaktionsentscheidung

Fraglich ist, ob auf andere Weise sicher gestellt werden könnte, dass nur die Publikumsaktionäre bei der Transaktionsentscheidung stimmberechtigt sind. Da es sich bei dieser Entscheidung einer deutschen Aktiengesellschaft entwe-

724 Siehe bereits oben unter C.III.4.

725 Alternativ kann dies auch durch schuldrechtliche *Lock-up*-Vereinbarungen sichergestellt werden, hierzu bereits oben unter C.III.4.

726 *Dauner-Lieb* in KK-AktG, § 11 Rn. 15; *Vatter* in Spindler/Stilz, § 11 Rn. 13.

727 *Hüffer*, § 139 Rn. 5; *Spindler* in Schmidt/Lutter, § 139 Rn. 10.

728 BGHZ 7, 263, 264; *Hüffer*, § 139 Rn. 6; *Volhard* in MüKo-AktG, § 139 Rn. 8.

729 Ebenso *Selzner*, ZHR 174 (2010), 318, 340.

der um den Hauptversammlungsbeschluss über eine Kapitalerhöhung nach § 119 Abs. 1 Nr. 6 AktG i. V. m. § 182 Abs. 1 S. 1 AktG i. V. m. § 183 AktG oder aber um einen Hauptversammlungsbeschluss über die Satzungsänderung hinsichtlich des Unternehmensgegenstandes nach § 179 Abs. 1 S. 1 AktG handelt,[730] wären die Gründeraktien, obwohl sie einer anderen Gattung angehören, voll stimmberechtigt. Möglicherweise könnten diese Hauptversammlungsbeschlüsse aber nur durch einen zusätzlichen Sonderbeschluss der Publikumsaktionäre nach § 138 AktG wirksam werden.[731]

Sonderbeschlüsse nach § 138 AktG können ihre Grundlage im Gesetz finden oder durch eine Satzungsregelung begründet werden. Solche Sonderbeschlüsse lassen sich in zwei Fallgruppen teilen: nämlich zum einen in Sonderbeschlüsse, die zu einer Hauptversammlungsentscheidung hinzutreten müssen, um diese wirksam werden zu lassen, und zum anderen in Sonderbeschlüsse, die einer in den Zuständigkeitsbereich der Verwaltung fallende Maßnahme die Zustimmung erteilen.[732] Materiellrechtlich handelt es sich bei dem Sonderbeschluss um eine Zustimmungserklärung nach § 182 BGB.[733] Da für die Entscheidung über die Satzungsänderung hinsichtlich des Unternehmensgegenstandes in § 179 AktG kein gesetzlicher Sonderbeschluss vorgesehen ist, bedürfte es bei SPACs einer Satzungsregelung, die das Erfordernis eines solchen Sonderbeschlusses für die genannte Entscheidung vorschreibt.[734] Voraussetzung für die Zulässigkeit einer solchen Satzungsregelung ist jedoch, dass erstens das Aktiengesetz nicht zwingend die einfache Mehrheit für die Beschlussfassung ausreichen lässt, dass zweitens die Regelung kein ein bestimmtes Quorum verlangendes Minderheitsverlangen erschwert und drittens die Beschlussfassung nicht von der Zustimmung eines einzelnen Aktionärs abhängig gemacht wird, da diesem so quasi ein Vetorecht eingeräumt würde.[735] Der Kreis der Aktionäre, die an dem Sonderbeschluss teilnehmen dürfen, muss abstrakt umschrieben sein, wobei die Einschränkung auf eine bestimmte Aktiengattung ausreichen soll.[736]

---

730 Vgl. oben unter D.IV.

731 So der Vorschlag von *Selzner*, ZHR 174 (2010), 318, 341 f.

732 *Hüffer*, § 138 Rn. 2; *Spindler* in Schmidt/Lutter, § 138 Rn. 20; *Rieckers* in Spindler/Stilz, § 138 Rn. 3.

733 Die Zustimmungsentscheidung kann hierbei vor der Hauptversammlung beziehungsweise Geschäftsführungsmaßnahme als Einwilligung (§ 183 BGB) oder nachträglich als Einwilligung (§ 184 BGB) gefasst werden, vgl. *Spindler* in Schmidt/Lutter, § 138 Rn. 20; *Volhard* in MüKo-AktG, § 138 Rn. 3; *Rieckers* in Spindler/Stilz, § 139 Rn. 4.

734 Ein Sonderbeschluss aller Aktionäre einer Gattung ist in § 179 Abs. 3 AktG lediglich für den Fall vorgesehen, dass der Hauptversammlungsbeschluss das Verhältnis mehrerer Gattungen von Aktien zum Nachteil einer Gattung ändert, vgl. auch *Hüffer*, § 179 Rn. 41 ff.

735 *Volhard* in MüKo-AktG, § 138 Rn. 18. Aufgrund dieser engen Schranken und der grundsätzlich abschließenden gesetzlichen Kompetenzordnung nach § 23 Abs. 5 AktG ist die praktische Relevanz solcher Sonderbeschlüsse sehr gering, vgl. *Hüffer*, § 138 Rn. 3; *Spindler* in Schmidt/Lutter, § 138 Rn. 8.

736 *Volhard* in MüKo-AktG, § 138 Rn. 18; *Spindler* in Schmidt/Lutter, § 138 Rn. 8.

Soll die Wirksamkeit des satzungsändernden Hauptversammlungsbeschlusses zum Unternehmensgegenstand von einem Sonderbeschluss der Publikumsaktionäre abhängen, bedürfte dies einer entsprechenden Satzungsregelung. Gehören die Publikumsaktien und die Gründeraktien unterschiedlichen Aktiengattungen an, wäre der Kreis der zum Sonderbeschluss Berechtigten mit der Beschränkung auf die Publikumsaktionäre klar begrenzt. Auch sieht das Aktiengesetz für den Hauptversammlungsbeschluss zur Änderung der Satzung hinsichtlich des Unternehmensgegenstandes nicht zwingend eine einfache Mehrheit vor, sondern verlangt vielmehr (mindestens) eine Dreiviertel-Mehrheit (§ 179 Abs. 2 S. 1 AktG), wobei die Satzung eine größere Mehrheit vorschreiben kann (§ 179 Abs. 2 S. 2 AktG). Da das Gesetz somit ausdrücklich eine strengere Regelung für die Zustimmung zulässt, kann auch ein Sonderbeschluss als Wirksamkeitsvoraussetzung für den genannten Hauptversammlungsbeschluss in der Satzung vorgeschrieben werden.[737]

Die zweite in Betracht gezogene Möglichkeit, die Hauptversammlung über das Zielunternehmen abstimmen zu lassen, ist eine indirekte Abstimmung im Rahmen des in der Regel erforderlichen Kapitalerhöhungsbeschlusses. Auch hier wäre eine Gestaltung denkbar, bei welcher der Kapitalerhöhungsbeschluss unter den Zustimmungsvorbehalt eines Sonderbeschlusses der Publikumsaktionäre gestellt würde. Hier sieht das Aktiengesetz allerdings ohnehin ein Sonderbeschlusserfordernis für den Fall vor, das verschiedene Aktiengattungen bestehen: Nach § 182 Abs. 2 bedarf es eines zustimmenden Sonderbeschlusses der Aktionäre jeder Aktiengattung für die Wirksamkeit des Kapitalerhöhungsbeschlusses.[738] Dies gilt auch, wenn keiner Aktiengattung durch den Kapitalerhöhungsbeschluss eine Benachteiligung droht.[739] Sollen bei einem SPAC für Gründer- und Publikumsaktien unterschiedliche Aktiengattungen begründet werden, müssten einem Kapitalerhöhungsbeschluss sowohl ein zustimmender Sonderbeschluss der Publikumsaktionäre als auch der Gründeraktionäre folgen. Eine gesonderte Satzungsregelung, die einen Sonderbeschluss für die Publikumsaktionäre regelt, ist nicht erforderlich, da das Sonderbeschlusserfordernis bereits aus § 182 Abs. 2 AktG folgt. Für die Fassung des Sonderbeschlusses bedarf es sowohl nach § 182 Abs. 2 S. 3 AktG i. V. m. §182 Abs. 1 AktG einer Kapitalmehrheit von drei Vierteln, als auch nach § 138 S. 2 AktG i. V. m. § 133 Abs. 1 AktG einer einfachen Stimmenmehrheit.[740]

Der ebenfalls erforderliche Sonderbeschluss der Gründer mag zwar überflüssig erscheinen, weil die Gründer selbst die Kapitalerhöhung zur Übernahme

737 *Selzner*, ZHR 174 (2010), 318, 341 f. Vgl. auch *Hüffer*, § 179 Rn. 23; *Zöllner* in KK-AktG, § 179 Rn. 169.

738 *Hüffer*, § 182 Rn. 18; *Veil* in Schmidt/Lutter, § 182 Rn. 33; *Herfs* in Habersack/Mülbert/Schlitt, § 4 Rn. 64.

739 *Hüffer*, § 182 Rn. 18; *Veil* in Schmidt/Lutter, § 182 Rn. 33.

740 *Hüffer*, § 182 Rn. 20; *Veil* in Schmidt/Lutter, § 182 Rn. 34; *Herfs* in Habersack/Mülbert/Schlitt, § 4 Rn. 64.

der Zielgesellschaft vorschlagen, ist bei dieser Variante aber zwingend zu fassen. Vor dem Hintergrund, dass bei beiden Varianten sowohl die Gründer- als auch die Publikumsaktionäre bereits an einem Hauptversammlungsbeschluss teilgenommen haben, dürfte es unproblematisch sein, einen zusätzlichen Sonderbeschluss lediglich der Gründeraktionäre einzuholen. Da diese ohnehin das Zielunternehmen ausgewählt haben, um das es letztlich bei der Entscheidung geht, werden sie weder im Hauptversammlungsbeschluss noch in einem Sonderbeschluss eine entscheidende Rolle im Hinblick auf die Transaktionsentscheidung einnehmen.

Somit kann das Stimmrecht der Gründeraktionäre für den Hauptversammlungsbeschluss hinsichtlich der Änderung des Unternehmensgegenstandes oder alternativ hinsichtlich einer Kapitalerhöhung zwar nicht in einer für die Publikumsaktionäre akzeptierbaren Form ausgeschlossen werden, allerdings kann die Wirksamkeit der Hauptversammlungsentscheidungen an einen positiven Sonderbeschluss der Publikumsaktionäre geknüpft werden, sofern das Aktiengesetz dies nicht ohnehin schon zwingend vorsieht.

c. Gleichstellung der Aktiengattungen nach dem De-SPAC

Nach dem De-SPAC sollen Publikumsaktien und Gründeraktien gleichberechtigt nebeneinander stehen und gleiche Rechte vermitteln. Bei einer erfolgreichen Unternehmenszusammenführung besteht kein Bedürfnis mehr, die Differenzierung in unterschiedliche Aktiengattungen aufrecht zu erhalten. Um eine Gleichstellung zu erreichen, könnten die gattungsbegründenden Rechte zeitlich mit Hilfe einer auflösenden Bedingung beseitigt werden.[741] Der Vorteil einer auflösenden Bedingung wäre, dass die Gleichstellung der Aktiengattungen ohne einen gesonderten Hauptversammlungsbeschluss eintreten würde. Voraussetzung ist jedoch, dass der Zeitpunkt des Eintritts der Bedingung nicht der Bestimmung des Vorstandes überlassen wird, da ansonsten der Fortbestand von Aktionärsrechten entgegen § 179 Abs. 3 AktG i. V. m. § 23 Abs. 5 AktG in die Hand des Vorstandes gelegt würde.[742]

Die Gattung der Gründeraktien könnte unter die auflösende Bedingung einer erfolgreichen Unternehmensakquisition gestellt werden.[743] Die Unternehmenszusammenführung kann nach den vorgestellten Sicherungsmaßnahmen nicht ohne die Zustimmung der Publikumsaktionäre erfolgen, so dass der Eintritt der Bedingung nicht in den Händen des Vorstandes läge, sondern viel-

741 So der Vorschlag *Selzners*, vgl. *Selzner*, ZHR 174 (2010), 318, 342 f. Ebenfalls die Möglichkeit einer aufschiebenden Bedingung für Aktiengattungen anführend: *Kraft* in KK-AktG, 2. Aufl. 1988; § 11 Rn. 27; *Vatter* in Spindler/Stilz, § 11 Rn. 35; *Brändel* in GroßKomm AktG, § 11 Rn. 43; *Polte*, S. 133 ff.

742 *Brändel* in Groß-Komm. AktG; § 11 Rn. 43.

743 *Selzner* will auch hier weiter an die Änderung des Unternehmensgegenstandes anknüpfen und den diesbezüglichen Sonderbeschluss als Bedingung aufnehmen, *Selzner*, ZHR 174 (2010), 318, 342.

mehr von der Zustimmung der Investoren zu dem vorgeschlagenen Zielunternehmen abhinge. Durch eine solche auflösende Bedingung wäre sowohl das Interesse der Gründer gewahrt, die nach einer erfolgreichen Unternehmenszusammenführung gleichberechtigte Aktionäre sein wollen, als auch das der Investoren, die sichergestellt wissen wollen, dass die Beschränkungen der Rechte der Gründeraktien aufrechterhalten bleiben, bis ein Unternehmen erfolgreich akquiriert wurde.

d. Ergebnis

Da der deutsche Gesetzgeber sich bewusst von den im Ausland häufig üblichen Penny Stocks abgekehrt hat, kann das Management-Team den bei SPACs üblichen Anteil von Gründeraktien in Höhe von ca. 20 Prozent des Aktienanteils zum Zeitpunkt des Börsengangs nur mit einem entsprechenden Kapitalaufwand von mindestens einem Euro pro Aktie erreichen. Eine Privatplatzierung vor dem Börsengang, bei der pro Aktie nur ein Cent-Betrag anfällt ist, ist mit dem deutschen Aktienrecht nicht verneinbar.

Das deutsche Aktienrecht bietet aber die Möglichkeit, die Publikumsaktien als eigene Aktiengattung auszugestalten. Auf diese Weise kann sichergestellt werden, dass bei einem Scheitern des SPAC die Gründer nicht an der Verteilung des Liquidationserlöses teilnehmen. Auch kann ausschließlich den Publikumsaktionären ein individuelles Umtauschrecht eingeräumt werden, von dem diejenigen Aktionäre Gebrauch machen können, welche die bevorstehende Unternehmenszusammenführung ablehnen. Sofern die Entscheidung über die Akquisition des Zielunternehmens im Rahmen der Entscheidung über eine Änderung des Unternehmensgegenstandes getroffen werden soll, kann die Satzung einen Sonderbeschluss der Publikumsaktionäre vorsehen. So würde gewährleistet, dass die Transaktionsentscheidung letztlich von den Investoren getroffen wird. Wird die Transaktionsentscheidung hingegen stellvertretend durch den in der Regel notwendigen Kapitalerhöhungsbeschluss getroffen, schreibt das Aktiengesetz ohnehin Sonderbeschlüsse der einzelnen Aktiengattungen zwingend vor, ohne dass es einer gesonderten Regelung in der Satzung bedarf. Eine spätere Gleichstellung der Gründer- und Publikumsaktien kann dadurch erreicht werden, dass die Gattung der Gründeraktien unter die auflösende Bedingung einer erfolgreichen Unternehmenszusammenführung gestellt wird.

VI. Umtauschrechte für das Zielunternehmen ablehnende Aktionäre

Bei der typischen Ausgestaltung eines SPAC haben die Publikumsaktionäre, welche die Akquisition abgelehnt haben, das Recht, nach der Übernahme der Zielgesellschaft ihre Bareinlage gegen Rückgabe ihrer Publikumsaktien zurückzufordern.[744] Auf diese Weise haben Investoren, die nicht vom wirtschaftlichen Erfolg der Unternehmenszusammenführung überzeugt sind, die Möglichkeit ihre Investition verlustfrei rückgängig zu machen, ohne gleichzeitig verpflichtet zu sein, ihre Publikumsoptionsscheine ebenfalls zurückzugeben.[745] Diese Ausstiegsoption dürfte wesentlichen Einfluss auf die Anlageentscheidung der Anleger haben, denen auf diese Weise eine zusätzliche Exit-Möglichkeit neben der Anteilsveräußerung am Sekundärmarkt eingeräumt wird. Insbesondere bietet diese Ausstiegsmöglichkeit den Vorteil, dass ein verlustfreier Ausstieg unabhängig von möglichen Kursschwankungen die Investition kalkulierbar macht.

Aktien können im Gründungsstadium auf Grundlage der Satzung mit unterschiedlichen Rechten ausgestattet werden, sofern der Grundsatz der Satzungsstrenge aus § 23 Abs. 5 AktG nicht verletzt wird.[746] Wie bereits erörtert bietet es sich bei SPACs an, für Publikums- und Gründeraktien unterschiedliche Aktiengattungen zu schaffen.[747] Fraglich ist, ob ein Umtauschrecht für dissentierende Publikumsaktionäre mit dem Aktienrecht vereinbar ist und der Grundsatz der Satzungsstrenge bei dieser Struktur nicht verletzt würde. Grundsätzlich gilt im Aktienrecht das Verbot der Einlagenrückgewähr nach § 57 Abs. 1 S. 1 AktG. Der zulässige Erwerb eigener Aktien bildet nach § 57 Abs. 1 S. 2 AktG i. V. m. § 71 AktG eine Ausnahme von diesem Verbot.[748] Bei SPACs bietet sich entweder die Herabsetzung des Grundkapitals nach § 71 Abs. 1 Nr. 6 AktG oder eine Ermächtigung durch die Hauptversammlung nach § 71 Abs. 1 Nr. 8 AktG zur Bedienung der Umtauschrechte an.[749] Grundsätzlich besteht neben diesen Kapitalmaßnahmen auch die Möglichkeit, dass den Gründern

---

744 Siehe oben unter B.IV.8.

745 Wenngleich neuere Entwicklungen zu beobachten sein sollen, wonach die Publikumsaktionäre auch verpflichtet werden sollen, eine Anzahl ihrer Optionsscheine zurückzugeben, vgl. *Simmat/Siebert*, CFL 2010, 13, 16. Dies würde allerdings den Handel mit den Optionsscheinen vor dem De-SPAC beeinträchtigen, da die Investoren bei einer Veräußerung Gefahr liefen, im Falle der Ausübung ihres Umtauschrechtes, sich die Optionsscheine erneut am Sekundärmarkt beschaffen zu müssen.

746 *Dauner-Lieb* in KK-AktG, § 11 Rn. 27; *Hüffer*, § 11 Rn. 3; *Heider* in MüKo-AktG, § 11 Rn. 35.

747 Siehe bereits oben unter D.V.2.

748 Zum Ausnahme-Verhältnis von § 71 AktG zu §57 AktG: *Bayer* in MüKo-AktG, § 57 Rn. 134; *Cahn* in Spindler/Stilz, § 71, Rn. 45 f.; *Fleischer* in Schmidt/Lutter, § 57, Rn. 34; *Hüffer*, § 57, Rn. 20.

749 Ebenfalls diese beiden Möglichkeiten in Betracht ziehend: *Just*, ZIP 2009, 1698, 1702; *Selzner*, ZHR 174 (2010), 318, 337 ff.; *Thiergart/Olbertz*, BB 2010, 1547, 1550; *Simmat/Siebert*, CFL 2010, 13, 21 f.; *Zanner/Siebert*, CFL 2010, 224 228; *Harrer/Janssen*, FB 2009, 46, 48.

eine Kaufoption auf die zurückzugegebenen Aktien in der Satzung eingeräumt wurde und die dissentierenden Publikumsaktionäre ihren Anteil als Kaufpreis von den Gründern erhalten.[750] Diese Möglichkeit gewährt den Publikumsaktionären jedoch keinen Anspruch auf die Rückgewähr ihrer Einlage gegenüber der Gesellschaft und bietet so keine ausreichende Sicherheit aus Sicht der Anleger.[751]

1. Kapitalherabsetzung nach § 71 Abs. 1 Nr. 6 AktG i. V. m. § 237 ff. AktG

Eine Ausnahme vom grundsätzlichen Erwerbsverbot eigener Aktien bildet die Einziehung eigener Aktien im Rahmen einer ordentlichen Kapitalherabsetzung nach § 71 Abs. 1 Nr. 6 AktG i. V. m. §§ 237 ff. AktG. Die Ausnahme gilt für den Erwerb eigener Aktien durch die Gesellschaft nach § 237 Abs. 1 S. 1 Alt. 2 AktG und nicht für die zwangsweise Einziehung nach § 237 Abs. 1 S. 1 Alt. 1 AktG.[752] Eine zwangsweise Einziehung wäre für SPACs jedoch wenig sinnvoll, soll es doch in der Hand der Aktionäre liegen, von ihrem Umtauschrecht Gebrauch zu machen. Voraussetzung ist zunächst, dass die Hauptversammlung noch vor dem Erwerb der Aktien einen Kapitalherabsetzungs- und Einziehungsbeschluss nach § 237 AktG fasst.[753] Da für den Einziehungsbeschluss die gleichen Voraussetzungen wie für den Kapitalherabsetzungsbeschluss gelten, ist eine Mehrheit von mindestens drei Vierteln des bei der Beschlussfassung vertretenen Grundkapitals erforderlich (§ 222 Abs. 1 S. 2 AktG).[754] Dieser Beschluss gibt den Umfang vor, in dem eigene Aktien erworben werden dürfen. Es besteht entweder die Möglichkeit der Einziehung nach den Regeln einer ordentlichen Kapitalherabsetzung nach § 237 Abs. 2 AktG i. V. m. §§ 222 ff. AktG, oder die Einziehung erfolgt nach den Regeln des vereinfachten Einziehungsverfahrens nach § 237 Abs. 3 bis 5 AktG.[755] Das vereinfachte Verfahren setzt wiederum voraus, dass die Einlagen auf die Aktien voll eingezahlt wurden und die AG die Aktien unentgeltlich erwirbt oder entgeltlich, sofern das Entgelt aus Gewinnrücklagen stammt.[756] Bei SPACs sollte die Einziehung in jedem Fall entgeltlich erfolgen, wobei ausgeschlossen sein dürf-

---

750 Siehe bereits oben unter B.III.2.b.

751 Zumal diese sogenannte *„Founders' Purchase Option"* bei der Helikos SE den Gründern als *Call*-Option und nicht den Anlegern als *Put*-Option eingeräumt wird, vgl. Wertpapierprospekt der Helikos SE vom 11.01.2010, S. 76. Eine *Put*-Option der Anleger gegenüber den Gründern birgt die Gefahr, dass mehr *Put*-Optionen ausgeübt werden, als die Gründer finanziell bedienen können. Zu Call- und *Put*-Optionen siehe bereits Fn. 348.

752 Vgl. *Hüffer*, § 71 Rn. 19; *Lutter/Drygala* in KK-AktG, § 71 Rn. 231; *Merkt* in GroßKomm AktG, § 71 Rn. 233; *Arnold* in Habersack/Mülbert/Schlitt, § 7 Rn. 26.

753 *Lutter/Drygala* in KK-AktG, § 71 Rn. 232; *Krieger* in Münch. Hdb. AG, § 62 Rn. 15b.

754 Vgl. *Krieger* in Münch. Hdb. AG, § 62 Rn. 17 und § 60 Rn. 21.

755 *Lutter/Drygala* in KK-AktG, § 71 Rn. 233 f.

756 *Hüffer*, § 237 Rn. 30.

te, dass dieses Entgelt aus Gewinnrücklagen stammt: Vor der Unternehmenszusammenführung können mangels operativer Tätigkeit ausschließlich Zinsgewinne entstehen, die in der Regel nicht ausreichen werden, um den ablehnenden Aktionären ihre Einlagen zu erstatten. Insofern scheidet das vereinfachte Verfahren aus und es kommt nur eine ordentliche Kapitalherabsetzung bei SPACs in diesem Zusammenhang in Frage. In jedem Fall muss jedoch die Satzung der Gesellschaft eine entsprechende Regelung enthalten, welche die Übernahme der Aktien zulässt (§ 237 Abs. 1 S. 2 AktG).[757]

Im Rahmen der ordentlichen Kapitalherabsetzung nach §§ 222 ff. AktG ist neben dem bereits angesprochenen Kapitalherabsetzungsbeschluss nach § 222 Abs. 2 AktG ein weiterer Sonderbeschluss der jeweiligen Aktiengattungen erforderlich, sofern mehrere Gattungen bestehen.[758] Bei diesen Sonderbeschlüssen gilt das zweifache Mehrheitserfordernis: Drei Viertel des bei der Beschlussfassung vertretenen Grundkapitals (§ 222 Abs. 2 S. 3 AktG i. V. m. § 222 Abs. 1 S. 1 AktG) und die einfache Mehrheit der bei Beschlussfassung anwesenden Stimmrechte (§ 138 S. 2 AktG i. V. m. § 133 Abs. 1 AktG) müssen für den jeweiligen Sonderbeschluss votieren.[759] Zudem muss bereits im Kapitalherabsetzungsbeschluss der Betrag angegeben werden, um den das Kapital herabgesetzt werden soll, wobei auch ein Höchstbetrag zulässig ist, wenn der Herabsetzungsbetrag zumindest bestimmbar ist.[760] Schließlich muss der Beschluss noch den konkreten Zweck der Kapitalherabsetzung enthalten (§ 222 Abs. 3 AktG), wobei jedoch jeder Zweck zulässig ist.[761]

Nach der zutreffenden herrschenden Meinung besteht auch nicht das Erfordernis einer sachlichen Rechtfertigung für die Kapitalherabsetzung,[762] wie dies bei Beschlussfassungen zum Bezugsrechtsausschluss bei Kapitalerhöhungen der Fall ist. Allerdings muss die Kapitalherabsetzung alle Aktionäre gleichermaßen treffen und der Kapitalherabsetzungsbeschluss darf nicht gegen das Gleichbehandlungsverbot (§ 53a AktG) verstoßen.[763] Der Gleichbehandlungsgrundsatz ist gleichermaßen bei dem Erwerb der Aktien zum Zweck der Ein-

---

757 *Hüffer*, § 237 Rn. 6.

758 Dies gilt unabhängig davon, ob durch den Beschluss eine Gattung benachteiligt werden könnte, vgl. *Hüffer*, § 222 Rn. 18.

759 *Hüffer*, § 222 Rn. 18; *Veil* in Schmidt/Lutter, § 222 Rn. 23 f.

760 *Hüffer*, § 222 Rn. 12; *Veil* in Schmidt/Lutter, § 222 Rn. 10.

761 *Hüffer*, § 222 Rn. 20; *Veil* in Schmidt/Lutter, § 222 Rn. 26; *Krieger* in Münch. Hdb. AG, § 60 Rn. 26.

762 BGHZ 138, 71, 76; OLG Schleswig AG 2004, 155, 156 f.; *Hüffer*, § 222 Rn.14; *Oechsler* in MüKo-AktG, § 222 Rn. 25; *Veil* in Schmidt/Lutter, § 222 Rn. 19; *Krieger* in Münch. Hdb. AG, § 60 Rn. 15. Die Gegenmeinung will eine solche Maßnahme nicht in das Belieben der Mehrheit stellen und verlangt eine sachliche Rechtfertigung für die Kapitalherabsetzung, sofern diese nicht dem Zweck der Teil-Liquidation des gebundenen Vermögens dient, vgl. *Lutter* in KK-AktG, § 222 Rn. 44 ff., 48; *Grunewald*, Der Ausschluss aus Gesellschaft und Verein, S. 296 f.

763 *Hüffer*, § 222 Rn. 15; *Veil* in Schmidt/Lutter, § 222 Rn. 19; *Krieger* in Münch. Hdb. AG, § 60 Rn. 17.

ziehung nach § 71 Abs. 1 Nr. 6 AktG zu beachten. Daher wird der Vorstand die Aktien in der Regel entweder über die Börse oder durch ein an alle Aktionäre gerichtetes Rückkaufangebot erwerben müssen.[764] Weiter ist zu beachten, dass nach § 237 Abs. 2 S. 3 AktG i. V. m. § 225 Abs. 2 AktG der Erwerbspreis für die eigenen Aktien erst ausgezahlt werden darf, wenn sechs Monate verstrichen sind und Sicherheiten an die dies verlangenden Gläubiger geleistet wurden.[765]

Soll das Umtauschrecht über eine Kapitalherabsetzung realisiert werden, würde dies bedeuten, dass die SPAC-Gesellschaft zunächst die Aktien der veräußernden Aktionäre erwirbt, um sie im zweiten Schritt einzuziehen und das Grundkapital herabzusetzen. Eine Höchstgrenze von Aktien, die von der Gesellschaft auf Grundlage von § 71 Abs. 1 Nr. 6 AktG erworben werden dürfen, besteht nicht. Um eine solche Kapitalherabsetzung durchführen zu können, sollte bereits bei der Gründung des SPAC eine Satzungsregelung aufgenommen werden, welche die Übernahme der Aktien zum Zweck der Kapitalherabsetzung erlaubt (§ 237 Abs. 1 S. 2 AktG). So kann verhindert werden, dass später eine Satzungsänderung erforderlich wird. Insbesondere kann in der Satzung bereits angeordnet werden, dass die Aktien auf Verlangen des dissentierenden Aktionärs einzuziehen sind.[766] Die Hauptversammlung des SPACs könnte zeitgleich oder unmittelbar nach der Entscheidung über das Zielunternehmen einen Kapitalherabsetzungs- und Einziehungsbeschluss fassen. Gehören die Gründer- und Publikumsaktien unterschiedlichen Aktiengattungen an, müssten jeweils zusätzlich Sonderbeschlüsse gefasst werden. Sollte wegen des engen zeitlichen Zusammenhangs zur Transaktionsentscheidung noch nicht feststehen, wie viele Aktionäre exakt von ihren Umtauschrechten Gebrauch machen, könnte der Kapitalherabsetzungsbeschluss auf einen Höchstbetrag von 25 Prozent des Grundkapitals lauten, da mindestens 75 Prozent der Aktionäre für die Kapitalerhöhung beziehungsweise die Änderung des Unternehmensgegenstandes votieren müssen und so kein Umtauschrecht geltend machen können. Um eine hinreichende Bestimmbarkeit zu gewährleisten, kann der Betrag im Kapitalherabsetzungsbeschluss auf den Kapitalanteil der Aktionäre beschränkt werden, die ihr Umtauschrecht nutzen. Entscheidend für die Bestimmbarkeit ist, dass der Verwaltung bei der endgültigen Bestimmung des Umfangs der Kapitalherabsetzung kein eigenes Ermessen eingeräumt wird.[767] Dies wäre bei einer entsprechenden Eingrenzung des

---

764 *Lutter/Drygala* in KK-AktG, § 71 Rn. 235; *Merkt* in GroßKomm AktG, § 71 Rn. 235; *Oechsler* in MüKo-AktG, § 71 Rn. 179.

765 *Hüffer*, § 237 Rn. 28; *Krieger* in Münch. Hdb. AG, § 62 Rn. 15b.

766 Die Einziehung auf Verlangen des jeweiligen Aktionärs ist bei einer entsprechenden Satzungsregelung unstreitig möglich, sofern die aktienrechtlichen Vorausetzungen einer Kapitalherabsetzung eingehalten werden, vgl. *Oechsler* in MüKo-AktG, § 237 Rn. 33; *Hüffer*, § 237 Rn. 12. Ebenfalls diese Vorgehensweise favorisierend *Selzner*, ZHR 174 (2010), 318, 339.

767 *Hüffer*, § 71 Rn. 19; *Lutter* in KK-AktG, § 222 Rn. 14 f.; *Oechsler* in MüKo-AktG, § 222 Rn. 20; *Krieger* in Münch. Hdb. AG, § 60 Rn. 25.

Höchstbetrages nicht der Fall, die Höhe hinge alleine von der Anzahl „aussteigender" Aktionäre ab.

Da der Zweck der Kapitalherabsetzung nur hinreichend konkret sein muss, dürfte es ausreichen, als Zweck die Einräumung der Ausstiegsmöglichkeit für Aktionäre zu nennen, die ein wesentliches Element der SPAC-Struktur ist. Nachteilig könnte sich jedoch das aus dem Gleichbehandlungsgrundsatz (§ 53a AktG) folgende Andienungsrecht auswirken, da bei SPACs nur den Aktionären die Ausstiegsmöglichkeit eingeräumt werden soll,[768] die sich gegen den bevorstehenden Unternehmenszusammenschluss ausgesprochen haben. Das Andienungsrecht kann aber, unter der Voraussetzung, dass eine qualifizierte Mehrheit der Hauptversammlung dieser Einschränkung zustimmt, ausgeschlossen und auf bestimmte Aktionäre begrenzt werden.[769] Da ohnehin der Kapitalherabsetzungsbeschluss eine qualifizierte Mehrheit verlangt (§ 222 Abs. 1 S. 1 AktG), stellt sich dieses Erfordernis als unproblematisch dar.[770] Der Ausschluss des Andienungsrechts kann bereits bei dem Einziehungs- und Kapitalherabsetzungsbeschluss mit beschlossen werden.[771] In diesem Fall wäre der Vorstand auch nicht verpflichtet, die Aktien über die Börse zu erwerben und nur die Aktionäre, die gegen die Zielgesellschaft votiert haben, hätten die Möglichkeit, ihre Aktien der Gesellschaft anzudienen. Unter diesen Voraussetzungen kämen lediglich die Publikumsaktionäre in den Genuss des Umtauschrechts, die (indirekt) gegen die Unternehmenszusammenführung votieren.

Problematischer für die SPAC-Struktur stellt sich jedoch das Auszahlungsverbot nach § 237 Abs. 2 S. 3 AktG i. V. m. § 225 Abs. 2 AktG dar, wonach die Auszahlung an die aussteigenden Aktionäre frühestens nach Ablauf von sechs Monaten erfolgen darf und die Befriedigung beziehungsweise Sicherung der dies verlangenden Gläubiger erfolgt ist. Diese Regelung gilt nur in den Fällen nicht, in denen das vereinfachte Einziehungsverfahren angewandt wird,[772] welches aber, wie bereits erörtert, bei SPACs regelmäßig keine Anwendung finden wird. Demnach sind die sechs Monate Auszahlungssperre zwingend einzuhalten und bedeuten für die Publikumsaktionäre, die von ihrer Exit-Option Gebrauch gemacht haben, dass sie sechs Monate keinen Zugriff auf die investierten Mittel haben und gleichfalls auch nicht von einer möglicherweise positiven Entwicklung des SPAC profitieren.

---

768 *Lutter/Drygala* in KK-AktG, § 71 Rn. 235; *Merkt* in GroßKomm AktG, § 71 Rn. 69; *Kalss* in MüKo-AktG, § 71 Rn. 402; *Hüffer*, § 71 Rn. 19k; ausführlich *Habersack*, ZIP 2004, 1121.

769 *Lutter/Drygala* in KK-AktG, § 71 Rn. 235; *Merkt* in GroßKomm AktG, § 71 Rn. 233.

770 Vgl. *Merkt* in GroßKomm AktG, § 71 Rn. 235.

771 *Lutter/Drygala* in KK-AktG, § 71 Rn. 235; *Merkt* in GroßKomm AktG, § 71 Rn. 235.

772 *Krieger* in Münch. Hdb. AG, § 62 Rn. 15b.

2. Hauptversammlungsermächtigung zum Erwerb eigener Aktien (§ 71 Abs. 1 Nr. 8 AktG)

Die Gesellschaft kann eigene Aktien von ihren Aktionären erwerben, sofern die Hauptversammlung den Vorstand zum Erwerb dieser eigenen Aktien nach § 71 Abs. 1 Nr. 8 AktG ermächtigt hat. In erster Linie zielt die gesetzliche Ausnahme vom Verbot der Einlagenrückgewähr darauf ab, den Börsenhandel zu beleben, die Akzeptanz der Aktie als Anlageform zu steigern und die Emissionsneigung der Gesellschaft zu fördern.[773] Es besteht ein weiter Gestaltungsspielraum bei der Festlegung des Erwerbszweckes. Einzig der Handel in eigenen Aktien bildet für die Gesellschaft einen unzulässigen Erwerbszweck (§ 71 Abs. 1 Nr. 8 S. 2 AktG).[774] Auch hier bedarf es eines Hauptversammlungsbeschlusses, der allerdings die einfache Mehrheit ausreichen lässt (§ 133 Abs. 1 AktG).[775] Außerdem muss der Beschluss einen höchsten und niedrigsten Gegenwert festlegen, für den der Vorstand Aktien erwerben darf (§ 71 Abs. 1 Nr. 8 S. 1 AktG). Hierbei bedarf es nicht zwingend der Festsetzung eines konkreten Betrages, vielmehr reicht es aus, dass der Umfang hinreichend bestimmbar ist.[776] Gleichfalls muss der Gleichbehandlungsgrundsatz nach § 53a AktG Berücksichtigung finden (§ 71 Abs. 1 Nr. 8 S. 3 AktG).[777] Der Erwerb und die Veräußerung der eigenen Aktien über die Börse wird ausdrücklich als dem Gleichbehandlungsgrundsatz genügend angesehen (§ 71 Abs. 1 Nr. 8 S. 4 AktG). Zudem ist die Ermächtigung der Hauptversammlung auf maximal fünf Jahre beschränkt[778] und darf maximal auf 10 Prozent des Grundkapitals lauten.[779]

Zunächst erscheint diese Variante angesichts ihres weiten Spielraumes bei der Festlegung des Erwerbszweckes geeignet, um auf dieser Grundlage die Aktien der aussteigenden Aktionäre durch den Vorstand zu erwerben. Dennoch gibt es auch hier Vorgaben, die sich nicht ohne weiteres mit dem SPAC-Modell vereinbaren lassen. Insbesondere führt die Berücksichtigung des Gleichbehandlungsgrundsatzes zu Problemen, nach dem allen Aktionären ein Andienungsrecht einzuräumen ist, oder der Erwerb der eigenen Aktien über die

---

773 Vgl. RegBegr. BT-Drucks. 13/9712, S. 13; *Lutter/Drygala* in KK-AktG, § 71 Rn. 118.

774 *Lutter/Drygala* in KK-AktG, § 71 Rn. 141.

775 *Hüffer*, § 71 Rn. 19d; *Lutter/Drygala* in KK-AktG, § 71 Rn. 124; *Oechsler* in MüKo-AktG, § 71 Rn. 193. Differenzierend *Merkt* in GroßKomm AktG, § 71 Rn. 298.

776 *Lutter/Drygala* in KK-AktG, § 71 Rn. 127 f.

777 *Hüffer*, § 71 Rn. 19j; *Lutter/Drygala* in KK-AktG, § 71 Rn. 157.

778 Mit dem ARUG wurde die Befristung der Ermächtigung von maximal 18 Monaten auf fünf Jahre erhöht; Vgl. BT-Drucks. 16/13098, S. 10.

779 Art. 19 Abs. 1 lit. b) der zweiten Gesellschaftsrechtsrichtlinie (RL 77/91 EWG) wurde durch die RL 2006/68/EG, S. 3 dahingehend geändert, dass dem nationalen Gesetzgeber hier die Festlegung einer höheren Grenze erlaubt ist, wovon in Deutschland aber im Rahmen des ARUG kein Gebrauch gemacht worden ist und in der Richtlinie der vorgesehene Mindestanteil von 10 Prozent beibehalten wurde. Vgl. hierzu *Arnold* in Habersack/Mülbert/Schlitt, § 7 Rn. 19; *Cahn* in Spindler/Stilz, § 71 Rn. 34.

Börse erfolgen muss. Ein Erwerb der eigenen Aktien über die Börse führt für eine SPAC-Gesellschaft nicht zu dem gewünschten Ziel, nur die Aktien derjenigen Aktionäre zu erwerben, die sich gegen die Unternehmenszusammenführung ausgesprochen haben und von ihrem Umtauschrecht Gebrauch machen. Somit kann dieser Weg für SPACs von vornherein ausgeschlossen werden. Erwirbt die Gesellschaft die eigenen Aktien nicht über die Börse, so muss allen Aktionären auf der Basis des Gleichbehandlungsgrundsatzes die Möglichkeit eingeräumt werden, ihre Aktien der Gesellschaft anzubieten. Dies kann über ein öffentliches Rückkaufangebot[780] oder die Begebung von Verkaufsrechten[781] geschehen. Beide Möglichkeiten eignen sich jedoch ebenfalls nicht für SPACs, da bei diesen Varianten alle Aktionäre die Gelegenheit haben sollen, ihre Aktien der Gesellschaft anzubieten. Für SPACs bedürfte es einer Gestaltung, bei der nur die Aktionäre ihre Anteile der Gesellschaft zum Rückkauf anbieten können, die sich gegen die Transaktion ausgesprochen haben. Ob jedoch solche individuellen Rückkaufvereinbarungen (*negotiated repurchase*)[782] zulässig und mit dem Gleichbehandlungsgrundsatz vereinbar sind, ist umstritten.

Zum Teil wird vertreten, dass sich solche Rückkaufvereinbarungen grundsätzlich nicht mit dem Gleichbehandlungsgebot vereinbaren lassen und demnach unzulässig sind.[783] Andere Stimmen erlauben eine Ausnahme für kleinere, nicht börsennotierte (geschlossene) Gesellschaften, da die Gesetzesbegründung zum KonTraG eine Ausnahme für solche Gesellschaften für möglich hält und sie aus sachlichen Gründen im Interesse der Gesellschaft gerechtfertigt sein kann.[784]

Nach der herrschenden Meinung hingegen steht jedem Aktionär ein dem Bezugsrecht gleichendes Andienungsrecht zu.[785] Dieses berechtigt ihn, seine Aktien an die Gesellschaft zu veräußern. Schließlich besteht gleichfalls ein Er-

780 Hierbei stehen der Gesellschaft im Wesentlichen zwei Verfahren zur Verfügung: Beim sogenannten *Tender-Offer-Verfahren* bietet die Gesellschaft allen Aktionären den Erwerb ihrer Aktien zum Festpreis an. Beim sogenannten *Dutch-Auction-Offer-Verfahren* gibt die Gesellschaft lediglich eine Preisspanne vor und fordert die Aktionäre auf, innerhalb dieser Preisspanne einen Preis zu nennen, zu dem sie ihre Aktien an die Gesellschaft veräußern würden. In der Folge gibt die Gesellschaft Annahmeerklärungen, mit dem niedrigsten Angebot beginnend, ab, bis das Kontingent der zu erwerbenden eigenen Aktien erschöpft ist. Vgl. zu beiden Verfahren, *Leuering*, AG 2007, 435, 437 ff.; *Kindl*, DStR 1999, 1276, 1279; *Lutter/Drygala* in KK-AktG, § 71 Rn. 162 ff.

781 Hierbei werden den Aktionären übertragbare Verkaufsrechte (*transferable put rights*) eingeräumt, vgl. *Lutter/Drygala* in KK-AktG, § 71 Rn. 166 f.

782 Vgl. auch *Hüffer*, § 71 Rn. 19k; *Lutter/Drygala* in KK-AktG, § 71 Rn. 168; *Oechsler* in MüKo-AktG, § 71 Rn. 242 ff.

783 So *Huber* in FS Kropff, S. 102, 116; *von Rosen/Helm*, AG 1996, 434, 439; *Peltzer*, WM 1998, 322, 329; *Hüffer*, § 71 Rn. 19k.

784 Vgl. RegBegr. BT-Drucks. 13/9712, S. 13; *Cahn* in Spindler/Stilz, § 71 Rn. 127; *Bosse*, NZG 2000, 16, 18.

785 Vgl. *Habersack*, ZIP 2004, 1121, 1125; *Paefgen*, AG 1999, 67, 68 f.; *derselbe*, ZIP 2002, 1509, 1511; *Lutter/Drygala* in KK-AktG, § 71 Rn. 174; *Oechsler* in MüKo-AktG, § 71 Rn. 223.

werbsrecht des Aktionärs bei der späteren Veräußerung der eigenen Aktien durch die AG und das Andienungsrecht würde den Schutz, den das Gesetz bei der Veräußerung vorsieht (§ 71 Abs. 1 Nr. 8 S. 5 AktG), auf den Erwerb ausdehnen.[786] Zudem wird noch vertreten, dass das Gleichbehandlungsgebot für den Schutz der Aktionäre ausreichen soll[787] und bei einer Ungleichbehandlung das Vorliegen sachlicher Gründe diese rechtfertigen kann.[788]

Mit den beiden ersten Ansichten ließe sich das SPAC-Modell nicht vereinbaren, da bei SPACs nur einem Teil der Aktionäre die Andienung ihrer Aktien ermöglicht werden soll und die Börsennotierung zu den Grundcharakteristika eines SPAC gehört. Die Zweckdienlichkeit eines Andienungsrechtes für die Strukturierung eines SPACs in der Rechtsform einer AG hängt wiederum von der Folgefrage ab, ob es gleich dem Bezugsrecht unter bestimmten Voraussetzungen ausgeschlossen werden kann. Nach der letzten Ansicht dürfte hingegen regelmäßig die erforderliche sachliche Rechtfertigung für eine Ungleichbehandlung in der Form vorliegen, dass es das Grundkonzept eines SPAC gebietet, bestimmten Aktionären ein Umtauschrecht einzuräumen, um ihnen eine zusätzliche Sicherheit als Korrelat zu dem Vertrauen, welches sie dem Management bei ihrer Investitionsentscheidung entgegen bringen, zu stellen.

Die beiden ersten Ansichten sind zu eng gefasst und schränken den Anwendungsbereich des § 71 Abs. 1 Nr. 8 AktG erheblich ein. Trotz des Vorliegens von sachlich rechtfertigenden Gründen wäre der Paketerwerb für börsennotierte Aktiengesellschaften nicht möglich. Für die Einräumung eines Andienungsrechtes spricht hingegen, dass die Situation bei dem Erwerb eigener Aktien von den Aktionären der Situation der Veräußerung eigener Aktien stark ähnelt. In beiden Situationen gilt es, den Gleichbehandlungsgrundsatz zu wahren, auf dem das Bezugsrecht gründet. Konsequenterweise muss den Aktionären im umgekehrten Fall ein Andienungsrecht eingeräumt werden, um sicherzustellen, dass keine Benachteiligung einzelner Aktionäre oder Aktionärsgruppen zu befürchten ist. Sollte man mit der letztgenannten Meinung lediglich das Vorliegen eines sachlichen Grundes verlangen, um eine Ungleichbehandlung (§ 53a AktG) zu legitimieren, läge es alleine in der Hand des Vorstandes über das Vorliegen eines solchen Grundes zu befinden. Bevorzugt man hingegen, wie hier, die Lösung über ein Andienungsrecht, so wäre ein Abweichen vom Gleichbehandlungsgrundsatz nur unter den gleichen strengen Voraussetzungen wie der Bezugsrechtsausschluss möglich, nämlich bei der Zustimmung einer qualifizierten Hauptversammlungsmehrheit (vgl. § 186

---

786 *Lutter/Drygala* in KK-AktG, § 71 Rn. 174.

787 Vgl. *Kindl*, DStR 1999, 1276, 1279.; *Wastl*, DB 1997, 461, 463.

788 Vgl. *Baum*, ZHR 167 (2003), 580, 595 f.; *Wastl*, DB 1997, 461, 463; nach *Bezzenberger* muss zusätzlich ein Ermächtigungsbeschluss mit der Bezeichnung der begünstigten Aktionäre von der Hauptversammlung gefasst werden, dem alle nicht begünstigten Aktionäre zustimmen. Vgl. *Bezzenberger* in Schmidt/Lutter, § 71 Rn. 70. *Cahn* sieht die Wahrscheinlichkeit für das Vorliegen solcher Gründe eher bei nicht börsennotierten Gesellschaften als gegeben an, vgl. *Cahn* in Spindler/Stilz, § 71 Rn. 127.

Abs. 3 AktG)[789] und dem zusätzlichen Vorliegen einer sachlichen Rechtfertigung, über die allerdings hier die Hauptversammlung und nicht der Vorstand entscheidet.[790]

Dieser Ansicht folgend müsste auch bei einem SPAC zunächst allen Aktionären ein Andienungsrecht zugebilligt werden, es sei denn dieses würde wirksam ausgeschlossen. Hierfür bedürfte es im Wesentlichen einer entsprechenden Mehrheit der Hauptversammlung und einer sachlichen Rechtfertigung. Ersteres könnte einheitlich mit den anderen bereits genannten für die Unternehmenszusammenführung erforderlichen Hauptversammlungsbeschlüssen gefasst werden. Eine sachliche Rechtfertigung dürfte regelmäßig vorliegen, da lediglich diejenigen Aktionäre ein Interesse an der Desinvestition haben, die auch gegen die Unternehmenszusammenführung gestimmt haben. Würde das Andienungsrecht nicht wirksam ausgeschlossen, bestünde die Gefahr, dass sich ein Teil der Aktionäre nach der eigentlichen Transaktionsentscheidung „in letzter Sekunde" anders entscheidet und doch von der Exit-Option Gebrauch macht. Gleichfalls ist denkbar, dass die Aktionäre, die zwar nicht aussteigen wollen, aber dennoch ein Andienungsrecht erhalten, dieses weiter veräußern und so die Situation für die Gesellschaft nicht mehr kalkulierbar ist.[791] Schließlich könnte die gesamte Transaktion scheitern, wenn mehr Andienungsrechte ausgeübt werden als ursprünglich beabsichtigt. Bei SPACs könnte demnach das Andienungsrecht unter den Voraussetzungen einer entsprechenden Hauptversammlungsmehrheit und dem Vorliegen der oben genannten sachlichen Rechtfertigung wirksam ausgeschlossen werden.

Gegen die Schaffung eines Umtauschrechtes über den Ermächtigungsbeschluss ohne positive gesetzliche Zweckvorgabe nach § 71 Abs. 1 Nr. 8 AktG spricht jedoch ein anderer Grund: Die Ermächtigung zum Erwerb eigener Aktien ist nach § 71 Abs. 2 S. 1 AktG auf maximal 10 Prozent des Grundkapitals beschränkt. Bei einem SPAC sollen regelmäßig ein größerer Anteil der Aktionäre gegen die Transaktion stimmen können, ohne dass diese scheitert.[792] Folgt man dem Ansatz, dass die Transaktionsentscheidung indirekt über einen Ka-

---

789 Vgl. *Lutter/Drygala* in KK-AktG, § 71 Rn. 175. **A.A.:** *Habersack*, ZIP 2004, 1121, 1126; *Oechsler* in MüKo-AktG, § 71 Rn. 224, die eine einfache Hauptversammlungsmehrheit ausreichen lassen.

790 So kommen hinsichtlich der sachlichen Rechtfertigung die Grundsätze des BGH zum Bezugsrechtsauschluss aus seiner Siemens/Nold-Entscheidung (BGHZ 136, 133) zur Anwendung. Vgl. *Habersack*, ZIP 2004, 1121, 1126; *Lutter/Drygala* in KK-AktG, § 71 Rn. 175; *Oechsler* in MüKo-AktG, § 71 Rn. 224.

791 Bei dem konkreten Andienungsrecht handelt es sich um ein Forderungsrecht, welches mit der Beschlussfassung des Vorstandes zum Erwerb eigener Aktien entsteht. Da es sich bei diesem Recht um ein gewöhnliches Forderungsrecht handelt, ist es als solches auch nach § 398 BGB übertragbar und kann gehandelt werden. Dennoch ist im Gegensatz zu dem Börsenhandel mit Bezugsrechten der Handel mit Andienungsrechten bisher eher selten geblieben. Trotzdem ist ihnen ein hoher wirtschaftlicher Wert zuzuschreiben. Vgl. hierzu nur *Habersack*, ZIP 2004, 1121, 1125 ff.

792 Zu den bisher typischen Schwellen siehe bereits oben unter B.IV.6.

pitalerhöhungsbeschluss oder einen Hauptversammlungsbeschluss über die Änderung des Unternehmensgegenstandes gefasst wird, wäre für die Durchführung der Transaktion eine Mehrheit von drei Vierteln des bei der Versammlung vertretenen Grundkapitals erforderlich. Soll den gegen den jeweiligen Beschluss stimmenden Aktionären ein Umtauschrecht eingeräumt werden, kann dies maximal einen Aktionärsanteil betreffen, der 25 Prozent des Grundkapitals entspricht, wenn alle Aktionäre an dem betreffenden Hauptversammlungsbeschluss teilnehmen. Da aber nach § 71 Abs. 2 S. 1 AktG die Grenze für die Ermächtigung zum Erwerb eigener Aktien nach § 71 Abs. 1 Nr. 8 AktG auf 10 Prozent festgelegt ist, bietet diese Variante bei einem SPAC nicht ausreichend Gestaltungsspielraum, um die erforderlichen Umtauschrechte zu gewährleisten.[793]

3. Verbindung der Ermächtigung zum Erwerb eigener Aktien mit dem Kapitalerhöhungsbeschluss

Um einen Ermächtigungsbeschluss ohne positive gesetzliche Zweckvorgabe nach § 71 Abs. 1 Nr. 8 AktG trotz des begrenzten Umfanges für die Strukturierung der Umtauschrechte eines SPAC fruchtbar zu machen, wird folgender Vorschlag ins Feld geführt: Die Ermächtigung zum Erwerb eigener Aktien soll zeitgleich mit dem Kapitalerhöhungsbeschluss gefasst werden, um auf diese Weise die Ermächtigung auf 10 Prozent des bereits erhöhten Kapitals auszudehnen.[794]

Grundsätzlich ist für die Zehnprozentgrenze das Grundkapital zum Zeitpunkt der Beschlussfassung entscheidend, es besteht jedoch die Möglichkeit, den Ermächtigungsbeschluss zum Erwerb eigener Aktien dergestalt mit einem Kapitalerhöhungsbeschluss zu verbinden, dass ersterer aufschiebend bedingt durch die Eintragung der Kapitalerhöhung in das Handelsregister gefasst wird.[795] Alternativ kann auch die Ermächtigung zum Erwerb eigener Aktien nach § 71 Abs. 1 Nr. 8 AktG zunächst auf die alte Grundkapitalziffer gefasst

793 Im Ergebnis ebenso hinsichtlich der 10-Prozent-Schwelle: *Selzner*, ZHR 174 (2010), 318, 338; *Just*, ZIP 2009, 1698, 1702; *Harrer/Janssen*, FB 2009, 46, 48; *Simmat/Siebert*, CFL 2010, 13, 22; *Thiergart/Olbertz*, BB 2010, 1547, 1550; *Zanner/Siebert*, CFL 2010, 224, 228.

794 Diese Möglichkeit in Erwägung ziehend, *Simmat/Siebert*, CFL 2010, 13, 22.

795 *Möllers*, Rn. 61; *Oechsler* in MüKo-AktG, § 71 Rn. 204; *Cahn* in Spindler/Stilz, § 71 Rn. 103. Ferner auch *Merkt*, der als Bezugsgröße für das im Beschluss festgelegte Erwerbsvolumen den Zeitpunkt des tatsächlichen Erwerbes der eigenen Aktien und nicht den Zeitpunkt der Beschlussfassung hierüber ansieht. Demnach müsste der Beschluss nicht bedingt gefasst werden, wenn der tatsächliche Erwerb der eigenen Aktien erst nach der Eintragung der Kapitalerhöhung erfolgte. Vgl. *Merkt* in GroßKomm AktG, § 71 Rn. 265; ebenso *Lutter/Drygala* in KK-AktG, § 71 Rn. 134.

werden, kombiniert mit der aufschiebend bedingten Erweiterung im Falle des Wirksamwerdens der Kapitalerhöhung.[796]

Abhängig von der Anzahl tatsächlich dissentierender Aktionäre können so gegebenenfalls 10 Prozent des bereits erhöhten Grundkapitals ausreichen, um allen Aktionären, die sich gegen die Transaktion ausgesprochen haben, ein Umtauschrecht einzuräumen.[797] Bei einem SPAC in der Rechtsform einer AG stünde regelmäßig die Fassung eines Hauptversammlungsbeschlusses zur Erhöhung des Grundkapitals in direktem zeitlichen Zusammenhang mit dem Ermächtigungsbeschluss der Hauptversammlung zum Erwerb eigener Aktien. Der Kapitalerhöhungsbeschluss ist bei der typischen Übernahme durch einen SPAC erforderlich, damit die Altgesellschafter der Zielgesellschaft im Rahmen einer Sachkapitalerhöhung ihre Gesellschaftsanteile in den SPAC einbringen können.[798] Der Ermächtigungsbeschluss zum Erwerb eigener Aktien dient zeitgleich dazu, die Umtauschrechte der die Übernahme ablehnenden Aktionäre in aktienrechtlich zulässiger Weise bedienen zu können. Rechnerisch müsste das Grundkapital soweit erhöht werden, dass im Ergebnis 10 Prozent des erhöhten Grundkapitals dem Kapitalanteil der Aktionäre entspricht, die nicht der Unternehmenszusammenführung zustimmen. Würde es sich hierbei um 20 Prozent der Aktionäre handeln, denen potenziell Umtauschrechte eingeräumt werden müssten, wäre bereits eine Kapitalerhöhung in Höhe von 100 Prozent des ursprünglichen Grundkapitals erforderlich. Schließlich müsste sich der Kapitalerhöhungsbeschluss an der Anzahl der Aktionäre ausrichten, denen Umtauschrechte eingeräumt werden sollen.

4. Praktische Erwägungen

In der Praxis scheitert die Absicherung der Umtauschrechte durch eine Kapitalherabsetzung nach § 71 Abs. 1 Nr. 6 AktG i. V. m. § 237 ff. AktG an dem zwingenden sechsmonatigen Auszahlungsverbot (§ 237 Abs. 2 S. 3 AktG i. V. m. § 225 Abs. 2 AktG). Insbesondere für institutionelle Investoren hat diese Aussicht eine abschreckende Wirkung und trägt nicht zu einer positiven Anlageentscheidung bei. Selbst eine Veräußerung der Anteile über die Börse zu einem niedrigeren Preis als beim Umtausch dürfte für die Investoren attraktiver sein, da sie auf diese Weise zügig wieder auf die investieren Mittel Zugriff hätten und anderweitige Investitionen tätigen könnten. Dieser Negativeffekt wird noch verstärkt durch die Tatsache, dass statistisch gesehen der durchschnittliche Börsenkurs des SPAC vor der Umsetzung, aber nach der Ankündigung des bevorstehenden De-SPAC, am höchsten ist. Vor diesem Hintergrund lässt sich festhalten, dass sich über den Erwerb eigener Aktien zur Durchführung einer Kapitalherabsetzung zwar theoretisch ein Umtausch-

---

796 Ohne Bedenken *Oechsler* in MüKo-AktG, § 71 Rn. 204; ferner *Cahn* in Spindler/Stilz, § 71 Rn. 103.

797 So *Simmat/Siebert*, CFL 2010, 13, 22.

798 Siehe bereits oben unter B.IV.6.

recht für die die Akquisition ablehnenden Aktionäre begründen lässt, in der Praxis werden die Investoren dieses aber entweder bereits bei der Investitionsentscheidung nicht akzeptieren werden oder später den Ausstieg über eine Veräußerung ihrer Anteile am Sekundärmarkt vorziehen. Auch die regelmäßig mit der Akquisition der Zielgesellschaft einhergehende und zur gleichen Zeit erforderliche Kapitalerhöhung dürfte auf Anleger widersprüchlich wirken.

Die Schaffung eines (isolierten) Ermächtigungsbeschlusses ohne positive Zweckvorgabe zum Erwerb eigener Aktien nach § 71 Abs. 1 Nr. 8 AktG ist aus praktischer Sicht ungeeignet, die Umtauschrechte aller dissentierender Publikumsaktionäre abzusichern, da die Ermächtigung auf höchstens 10 Prozent des Grundkapitals begrenzt wird. Bei einem SPAC sollen aber regelmäßig bis zu 40 Prozent der Publikumsaktionäre Umtauschrechte geltend machen können, ohne dass die Übernahme der Zielgesellschaft scheitert.[799]

Auch die Verbindung der Ermächtigung zum Erwerb eigener Aktien mit dem Kapitalerhöhungsbeschluss ist kaum praktikabel, da erst unmittelbar vor oder erst mit dem Ergebnis des Hauptversammlungsbeschlusses feststeht, wie viele Aktionäre sich für das Zielunternehmen ausgesprochen haben.[800] Der Kapitalerhöhungsbeschluss sollte sich auch im Interesse der übrigen Aktionäre und der Gesellschaft in erster Linie an der angestrebten Beteiligungshöhe hinsichtlich des Zielunternehmens orientieren und nicht an der Zahl der Aktionäre, die ihre Anteile zurückgeben wollen. Eine negative Wirkung auf die Verhandlungen mit der Zielgesellschaft dürfte sich zudem daraus ergeben, dass die Beteiligungshöhe bis zuletzt unklar bliebe. Schließlich lässt sich gegen diese Variante noch anführen, dass es auch nicht im Interesse der Investoren liegen dürfte, ohne Sicherheiten im Vorfeld auf die Möglichkeit der Rückgabe ihrer Anteile zu vertrauen.[801] Aus praktischer Sicht ist diese Variante somit keine Alternative zur Schaffung der erforderlichen Umtauschrechte.

---

799 Siehe bereits oben unter B.IV.7.

800 Schließlich wird nach den hier vorgeschlagenen Lösungen zur Hauptversammlungskompetenz hinsichtlich der Entscheidung über ein Zielunternehmen entweder auf einen Hauptversammlungsbeschluss zur Änderung des Unternehmensgegenstandes oder der Erhöhung des Grundkapitals abgestellt. Vor diesen Hauptversammlungsbeschlüssen steht die genaue Zahl der die Akquisition ablehnenden Aktionäre noch nicht fest. Vgl. hierzu bereits oben unter D.IV.

801 Im Ergebnis diese Variante auch unter ähnlichen Gesichtspunkten verwerfend, *Simmat/Siebert*, CFL 2010, 13, 22.

5. Zwischenergebnis

Es besteht mit Einschränkungen die Möglichkeit, Umtauschrechte trotz des Verbotes der Einlagenrückgewähr aus § 57 Abs. 1 S. 1 AktG für die Aktionäre zu schaffen, die sich gegen das Zielunternehmen ausgesprochen haben. Hierfür bietet das Aktienrecht zwei Möglichkeiten, nämlich zum einen den Erwerb eigener Aktien der Gesellschaft zum Zwecke der Kapitalherabsetzung (§ 71 Abs. 1 Nr. 6 AktG) und zum anderen einen Ermächtigungsbeschluss ohne positive gesetzliche Beschlussvorgabe zum Erwerb eigener Aktien (§ 71 Abs. 1 Nr. 8 AktG).

Bei der ersten Variante müssten zunächst die gesellschaftsrechtlichen Voraussetzungen geschaffen werden, die jedoch bei der Berücksichtigung der Besonderheiten eines SPAC durchaus rechtsgestalterisch umsetzbar sind. Entscheidender Nachteil dieser Variante ist jedoch, dass die Einlagen nach der Kapitalherabsetzung erst ausgezahlt werden dürfen, wenn sechs Monate verstrichen sind und den Gläubigern, die Sicherheiten verlangt haben, diese auch gestellt worden sind. Dies widerspricht der Vorstellung der Investoren, die in der Regel den weniger zeitaufwendigen Ausstieg über die Veräußerung ihrer Anteile am Sekundärmarkt vorziehen würden. In der Praxis entspricht diese Gestaltung nicht den Interessen der Investoren.

Die Anwendbarkeit der zweiten Variante (§ 71 Abs. 1 Nr. 8 AktG) setzt voraus, dass man richtigerweise der Ansicht folgt, die bei dem Erwerb eigener Aktien der Gesellschaft von einem (ausschließbaren) Andienungsrecht aller Aktionäre ausgeht. Auch hier lässt sich durch entsprechende Maßnahmen ein Umtauschrecht realisieren, allerdings mit der Einschränkung der Begrenzung auf 10 Prozent des Grundkapitals. Diese Begrenzung erlaubt es nicht, Umtauschrechte in der für SPACs entsprechenden Höhe von mindestens 25 Prozent des Grundkapitals zu schaffen. Da regelmäßig im Rahmen der Transaktion ein Kapitalerhöhungsbeschluss erforderlich wird, wäre überdies denkbar, die Ermächtigung zum Erwerb eigener Aktien aufschiebend bedingt an die eingetragene erhöhte Grundkapitalziffer zu knüpfen. Praktisch ist diese Variante jedoch unattraktiv, da eine sehr umfangreiche Kapitalerhöhung erforderlich würde und diese sich in erster Linie an der angestrebten Beteiligungshöhe orientieren sollte. Zudem wäre die Variante in der Praxis kaum mit der hier vorgeschlagenen indirekten Hauptversammlungskompetenz zur Entscheidung über das Zielunternehmen kombinierbar.

Demnach können nach dem deutschen Aktienrecht aufgrund des Verbotes der Einlagenrückgewähr nach § 57 Abs. 1 S. 1 AktG und der zu engen Ausnahmen nicht die für SPACs typischen Umtauschrechte in ausreichendem Umfang geschaffen werden.

VII. Liquidation der SPAC-Gesellschaft bei Scheitern

Gelingt es den Gründern innerhalb einer Frist, die regelmäßig zwischen 18 und 36 Monaten liegt (Liquidationsfrist),[802] nicht ein Zielunternehmen vorzuschlagen, das die erforderliche Zustimmung der Aktionäre erhält, soll der SPAC liquidiert werden. In diesem Fall sollen die Investoren ihre Einlagen vom Treuhandkonto zu nahezu 100 Prozent zurückerhalten. Bei einem SPAC in der Rechtsform einer Aktiengesellschaft, würde sich die Liquidation des SPAC nach den entsprechenden aktienrechtlichen Vorschriften richten (§§ 262 ff.).[803] Zunächst soll untersucht werden, welcher Auflösungsgrund für die Auflösung eines gescheiterten SPAC in der Rechtsform einer AG in Frage käme. Die Aufzählung der Auflösungsgründe in § 262 Abs. 1 AktG ist nicht abschließend. Sollten allerdings die Tatbestandsvoraussetzungen eines der genannten Auflösungsgründe vorliegen, tritt die Auflösung der Gesellschaft per Gesetz ein.[804] Dieser Umstand erhöht die Rechtssicherheit für die Investoren. Im zweiten Schritt gilt es, die Frage zu klären, ob das Aktienrecht bei der Abwicklung einer AG die Möglichkeit einer zügigen und unkomplizierten Auszahlung der geleisteten Einlagen vom Treuhandkonto an die Investoren bietet.

1. Auflösung der AG durch Fristablauf nach § 262 Abs. 1 Nr. 1 AktG

Als Auflösungsgründe kommen für SPACs zum einen die Befristung (§ 262 Abs. 1 Nr. 1 AktG) und zum anderen die Auflösung durch Hauptversammlungsbeschluss (§ 262 Abs. 1 Nr. 2 AktG) in Frage.[805] Um die AG zeitlich zu befristen, kann in der Satzung eine bestimmte Zeit vorgesehen sein, nach deren Ablauf die AG aufzulösen ist. Hierbei soll es ausreichen, wenn die Zeit bestimmbar ist und das auflösende Ereignis klar fixiert und zeitlich fassbar ist.[806] Nach § 39 Abs. 2 AktG muss die zeitliche Befristung ins Handelsregister eingetragen werden, wobei die Eintragung nicht konstitutiv ist und auch bei

802 Siehe hierzu bereits oben unter B.IV.9.

803 Es bestehen zwei Möglichkeiten, nach denen eine Aktiengesellschaft aus dem Rechtsleben scheiden kann. Zum einen kann sie aufgelöst werden (§§ 262-271 AktG) und zum anderen kann sie durch ein richterliches Gestaltungsurteil für nichtig erklärt werden (§§ 275-277 AktG). Vgl. *Leithaus/Specht-Jonen* in Henn/Frodermann/Jannott, Kap. 16 Rn. 1 ff. Da die Nich-tigkeitserklärung durch das Gericht eine Klage voraussetzt, welche die Nichtigkeit der AG zum Gegenstand hat, eignet sich dieser Weg nicht zur Liquidation eines SPAC.

804 Vgl. *Leithaus/Specht-Jonen* in Henn/Frodermann/Jannott, Kap. 16 Rn. 39.

805 Vgl. ebenso *Selzner*, ZHR 174 (2010), 318, 345. Wohl vorrangig auf die Befristung abstellend, *Harrer/Janssen*, FB 2009, 46, 48.

806 Vgl. *Hüffer*, § 262 Rn. 8; *Riesenhuber* in Schmidt/Lutter, § 262 Rn. 4; *Leithaus/Specht-Jonen* in Henn/Frodermann/Jannott, Kap. 16 Rn. 40.

fehlender Eintragung die Auflösung eintritt.[807] Die Befristung kann jederzeit durch eine Satzungsänderung aufgehoben werden, was allerdings einen Hauptversammlungsbeschluss mit einer Mehrheit von drei Vierteln des bei der Beschlussfassung anwesenden Grundkapitals (§ 179 Abs. 2 AktG) oder einer in der Satzung vorgeschriebenen Mehrheit (§ 179 AktG)[808] und der Eintragung in das Handelsregister (§ 181 Abs. 3 AktG) bedarf.[809]

Somit könnte ein fester kalendarischer Termin je nach Ablauf der individuell gewählten Liquidationsfrist gewählt werden, bei dessen Erreichen der SPAC liquidiert werden soll. Nachteil dieser Regelung wäre jedoch, dass regelmäßig die Liquidationsfrist um bis zu sechs Monate verlängert werden soll, sofern das Management innerhalb der ursprünglichen Frist eine Absichtserklärung (*letter of intent*) vorweisen kann.[810] Auch soll die Gesellschaft trotz des Zeitablaufs nicht liquidiert werden, wenn eine Unternehmenszusammenführung zustande kommt. Sollte dies der Fall sein und der SPAC nicht aufgelöst werden, müsste in der Konsequenz ein weiterer Hauptversammlungsbeschluss gefasst werden, der die Befristung wieder aufhebt beziehungsweise verlängert. Es liegt weder im Interesse der Gründer noch der Investoren sich der Gefahr auszusetzen, dass die Auflösung der Gesellschaft per Gesetz, wegen der Befristung nach § 262 Abs. 1 Nr. 1 AktG, trotz einer unmittelbar bevorstehenden oder bereits erfolgten Unternehmenszusammenführung eintritt. Dies ist nämlich der Fall, wenn der die Befristung aufhebende Hauptversammlungsbeschluss fehlerhaft war, nicht mehr fristgemäß erfolgen konnte oder wider Erwarten nicht die erforderlichen Mehrheiten erreichte.

Ob hingegen eine an die positive Transaktionsentscheidung geknüpfte Auflösungsbedingung den Anforderungen des § 262 Abs. 1 Nr. 1 AktG genügt, ist äußerst zweifelhaft.[811] Insbesondere der Aspekt, dass die Transaktionsentscheidung nach der hier vorgezogenen Variante nur indirekt über einen Kapitalerhöhungsbeschluss oder einem Hauptversammlungsbeschluss zur Änderung des Unternehmensgegenstandes getroffen wird,[812] spricht gegen eine hinreichende Bestimmbarkeit einer solchen Regelung. Aus Gesichtspunkten der Sicherheit und Vorhersehbarkeit der Auflösung der Gesellschaft ist eine Auflösungsbedingung (§ 158 BGB) nicht mit § 262 Abs. 1 Nr. 1 AktG vereinbar.[813] Eine zeitliche Befristung des SPAC im Sinne von § 262 Abs. 1 Nr. 1 AktG eignet sich nur beschränkt und nicht in einer praxistauglichen Weise.

---

807 *Hüffer* in MüKo-AktG, § 262 Rn. 26; *Pentz* in MüKo-AktG, § 39 Rn. 27; *Leithaus/Specht-Jonen* in Henn/Frodermann/Jannott, Kap. 16 Rn. 40.

808 So *Hüffer*, § 262 Rn. 9; *Riesenhuber* in Schmidt/Lutter, § 262 Rn. 6. Die einfache Mehrheit hingegen ausreichen lassend, *Leithaus/Specht-Jonen* in Henn/Frodermann/Jannott, Kap. 16 Rn. 44.

809 *Leithaus/Specht-Jonen* in Henn/Frodermann/Jannott, Kap. 16 Rn. 44.

810 Siehe bereits oben unter B.IV.9.

811 Vgl. auch *Selzner*, ZHR 174 (2010), 318, 345.

812 Siehe hierzu bereits oben unter D.IV.5.

813 *Riesenhuber* in Schmidt/Lutter, § 262 Rn. 4; *Bachmann* in Spindler/Stilz, § 262 Rn. 22; *Selzner*, ZHR 174 (2010), 318, 345. **A.A.**: *Kraft* in KK-AktG, § 262 Rn. 8.

2. Auflösung der AG durch Hauptversammlungsbeschluss nach § 262 Abs. 1 Nr. 2 AktG

Eine Aktiengesellschaft kann auch durch einen Auflösungsbeschluss der Hauptversammlung aufgelöst werden (§ 262 Abs. 1 Nr. 2 AktG). Dieser Beschluss bedarf mindestens einer Mehrheit von drei Vierteln des bei der Beschlussfassung vertretenen Grundkapitals und zusätzlich der einfachen Stimmenmehrheit (§ 133 AktG).[814] Der Beschluss bedarf keiner sachlichen Rechtfertigung und unterliegt somit auch keiner gerichtlichen Inhaltskontrolle.[815] Unzulässig ist jedoch ein Auflösungsbeschluss, bei dem die qualifizierte Mehrheit den Beschluss dazu missbraucht, sich Sondervorteile auf Kosten der Minderheitsaktionäre zu verschaffen.[816]

Sollte das Management darin scheitern, eine Zielgesellschaft, die den Ansprüchen der Aktionäre genügt, in dem vorgegebenen Zeitraum zu finden, wäre zur Auflösung der Gesellschaft ein auflösender Hauptversammlungsbeschluss erforderlich. Die Auflösung träte demnach nicht „automatisch" mit dem Verstreichen der Liquidationsfrist ein, sondern verlangte ein zusätzliches Aktivwerden der Hauptversammlung, die den Auflösungsbeschluss mit der entsprechenden Mehrheit fassen müsste, um eine Verteilung des Gesellschaftsvermögens an die Aktionäre zu ermöglichen. Man darf davon ausgehen, dass die erforderliche Mehrheit der Aktionäre sich für die Auflösung der Gesellschaft bei Beschlussfassung aussprechen wird, da die Investoren die eingesetzten Mittel wohl möglichst zeitnah anderweitig investieren wollen. Das SPAC-Modell verlangt jedoch zwingend die Liquidation nach Fristablauf und auch die Investoren dürften ein starkes Interesse an der rechtssicheren, zeitnahen und kalkulierbaren Desinvestition bei einem Scheitern des SPAC haben. Fraglich ist, wie sichergestellt werden kann, dass tatsächlich durch die Hauptversammlung ein Auflösungsbeschluss nach Ablauf der Liquidationsfrist gefasst wird.[817] Vorgeschlagen werden hier schuldrechtliche Stimmbindungsvereinbarungen, die als formelle oder fakultativ-materielle Bestandteile in die Satzung aufgenommen werden können.[818] Derartige Stimmbindungsvereinbarungen sind aktienrechtlich zulässig, vorausgesetzt sie entfalten keine Außenwir-

---

814 *Hüffer*, § 262 Rn. 11; *Riesenhuber* in Schmidt/Lutter, § 262 Rn. 10; *Leithaus/Specht-Jonen* in Henn/Frodermann/Jannott, Kap. 16 Rn. 46.

815 BGHZ 76, 352, 353; BGHZ 103, 184, 190; *Henze*, ZIP 1995, 1473, 1475 f.; *Friedrich*, BB 1994, 89, 93; *Hüffer*, § 243 Rn. 28; *derselbe* in MüKo-AktG, § 262 Rn. 47; *Riesenhuber* in Schmidt/Lutter, § 262 Rn. 11; *Hoffmann-Becking*, Münch. Hdb. AG, § 65 Rn. 5.

816 *Hüffer* in MüKo-AktG, § 262 Rn. 47. Ein solcher Sondervorteil kann gegeben sein, wenn der Mehrheitsaktionär vor dem Auflösungsbeschluss die Übernahme der Gesellschaft mit dem Vorstand fest verabredet hat und der Erwerb durch einen Dritten rechtlich oder tatsächlich ausgeschlossen ist, vgl. *Hoffmann-Becking*, Münch. Hdb. AG, § 65 Rn. 5.

817 Diese Frage ebenfalls aufwerfend *Selzner*, ZHR 174 (2010), 318, 345.

818 So der Vorschlag von *Selzner*, ZHR 174 (2010), 318, 345.

kung.[819] Sollten Aktionäre also vertragswidrig entgegen der Vereinbarung ihr Stimmrecht ausüben, darf dies nicht zur Ungültigkeit der jeweiligen Stimme führen. Derartige wirksame Stimmbindungsvereinbarungen begründen nach herrschender Meinung einen einklagbaren Erfüllungsanspruch.[820] Daher bliebe ein Rest Rechtsunsicherheit für den Fall bestehen, dass Aktionäre ihre Stimmbindungsabreden nicht einhalten und die für den Auflösungsbeschluss erforderliche Mehrheit nicht erreicht wird. Diese Rechtsunsicherheit müsste in Kauf genommen werden.

Somit könnten sämtliche Aktionäre des SPAC eine Stimmbindungsabrede eingehen, die darauf abzielt, nach Ablauf der gegebenenfalls verlängerten Liquidationsfrist für eine Auflösung der Gesellschaft zu stimmen. Sofern alle Aktionäre sich an dieser Abrede beteiligen, könnte die Abrede auch als materieller Bestandteil in die Satzung aufgenommen werden.[821] Da die Regelung letztlich der Rechtssicherheit der Aktionäre dient, liegt es nahe, dass sich alle Aktionäre freiwillig an dieser Abrede beteiligen. Mit letzter Sicherheit kann hiervon jedoch nicht ausgegangen werden: Alle Aktionäre von der Notwendigkeit dieser Regelung zu überzeugen und die Zustimmung zu der Regelung auch einzuholen, ist mit einem nicht unerheblichen Aufwand verbunden.

Auf den ersten Blick könnte zudem durch die Abstimmung des Stimmverhaltens im Liquidationsfall möglicherweise die Verpflichtung zur Abgabe eines Pflichtangebotes (§ 35 WpÜG) für den Hauptaktionär entstehen:[822] Durch Stimmbindungsabreden wird regelmäßig der Tatbestand des abgestimmten Verhaltens (*acting in concert*) nach § 30 Abs. 2 WpÜG verwirklicht, der eine gegenseitige Zurechnung der Stimmrechte zur Folge hat.[823] Erreichen die Stimmrechte in der Summe mehr als 30 Prozent aller Stimmrechte der Gesellschaft (§ 29 Abs. 2 WpÜG), wird ein Pflichtangebot an die übrigen Aktionäre nach § 35 Abs. 2 WpÜG erforderlich. Dies gilt jedoch nicht, wenn es sich nur um eine Vereinbarung im Einzelfall handelt (§ 30 Abs. 2 S. 1 a. E. WpÜG).[824] Streitig ist, ob die Einzelfallausnahme formell[825] oder materiell[826] auszulegen ist.

---

819 *Hüffer*, § 133 Rn. 26; *Pentz* in MüKo-AktG, § 23 Rn. 195; *Spindler* in Schmidt/Lutter, § 136 Rn. 49.

820 BGHZ 48, 163, 169 ff.; *Semler* in Münch Hdb. AG, § 38 Rn. 48 ff.; *Noack*, S. 68 ff.; *Zöllner*, ZHR 155 (1991), 168, 185 f.; *Hüffer*, § 133 Rn. 29; *Schröer* in MüKo-AktG, § 136 Rn. 85.

821 Praktisch ist eine Qualifizierung als materieller Satzungsbestandteil nur möglich, wenn sich sämtliche Gesellschafter binden oder zusätzliche Auslegungsfaktoren für eine materielle Regelung sprechen, vgl. hierzu *Hüffer* in Ulmer/Habersack/Winter, § 47 Rn. 70.

822 Vgl. *Selzner*, ZHR 174 (2010), 318, 345, dort Fn. 117.

823 *Süßmann* in Geibel/Süßmann, § 30 Rn. 29; *Steinmeyer* in Steinmeyer/Häger, § 30 Rn. 58.

824 Im Rahmen des Risikobegrenzungsgesetzes wurde erwogen, die Einzelfallausnahme abzuschaffen, vgl. RegE BT-Drucks. 16/7438, S. 11. Letztlich wurde sie jedoch beibehalten, so dass auch in Zukunft einzelne Stimmabsprachen nicht zwangsläufig zu einer Angebotspflicht führen.

825 So OLG Frankfurt a.M., ZIP 2004, 1309, 1314 („*Pixelpark*"); *von Bülow/Bücker*, ZGR 2004, 669, 714.

826 Hierfür OLG München, ZIP 2005, 856, 857; *Halász/Kloster*, WM 2006, 2152, 2155f.; *Hamann*, ZIP 2007, 1088, 1094.

Aus materieller Sichtweise ist darauf abzustellen, ob sich die vermeintliche Absprache inhaltlich auf einen Einzelfall bezieht, während aus formeller Perspektive entscheidend ist, ob die Aktionäre erstmalig den Tatbestand des *acting in concert*, unabhängig vom Inhalt der Entscheidung, erfüllen. Da der BGH allerdings bislang zu einer formellen Betrachtung tendierte, muss davon ausgegangen werden, dass auch weiterhin die erstmalige Stimmabsprache privilegiert wird und unter die Einzelfallausnahme des § 30 Abs. 2 S. 1 a. E. WpÜG fällt.[827] Da sich die Abrede ausschließlich auf den Hauptversammlungsbeschluss zur Auflösung der Gesellschaft bezieht, kann davon ausgegangen werden, dass die Einzelfallausnahme hier greift und kein Pflichtangebot erforderlich wird. Sowohl in materieller als auch in formeller Hinsicht handelt es sich bei der Entscheidung über die Liquidation eines SPAC um einen Einzelfall. Die Auflösung des SPAC mittels eines Hauptversammlungsbeschlusses bei dessen Scheitern, kann mit Hilfe von Stimmbindungsvereinbarungen sicher gestellt werden.

3. Liquidationsjahr nach § 272 Abs. 1 AktG

Sollte der Auflösungsbeschluss wirksam gefasst worden sein, erfolgt die Abwicklung der Gesellschaft nach den §§ 264 ff. AktG. Unter anderem schreiben die Regeln zur Abwicklung einer Aktiengesellschaft vor, dass das Gesellschaftsvermögen erst nach Ablauf eines Jahres, nachdem der Aufruf der Gläubiger bekannt gemacht worden ist, verteilt werden darf (§ 272 Abs. 1 AktG).[828] Die Abwickler sind nach § 267 AktG verpflichtet, die Gläubiger der Gesellschaft zur Anmeldung ihrer Ansprüche aufzufordern und diese Aufforderung in den Gesellschaftsblättern zu veröffentlichen.[829]

Die Sperrfrist von einem Jahr lässt sich kaum mit dem Erwartungshorizont der SPAC-Investoren vereinbaren.[830] Sollten die Investoren ein Jahr lang keinen Zugriff auf die in die SPAC-Gesellschaft investierten Mittel im Falle eines Scheiterns haben, so wäre die Entscheidung für eine von dem Management-Team vorgeschlagene Zielgesellschaft wirtschaftlich immer zu bevorzugen. Fraglich ist, ob das Liquidationsjahr zwingend ist oder aufgrund der atypischen Situation bei der Liquidation eines SPACs umgangen werden kann.

---

827 BGHZ 169, 98, 107 f. („WMF").

828 Die Regelung erfuhr zuletzt eine Änderung durch das Gesetz zur Umsetzung der Aktionärsrichtlinie (ARUG, Gesetz vom 30.07.2009, BGBl. I S. 2479), nach der nun nicht mehr das dreimalige Bekanntmachen des Aufrufes der Gläubiger erforderlich ist.

829 *Hüffer*, § 267 Rn. 1 f.; *ders.* in MüKo-AktG, § 267 Rn. 4 ff.; *Riesenhuber* in Schmidt/Lutter, § 267 Rn. 2.

830 Ebenso *Just*, ZIP 2009, 1698, 1703; *Zanner/Siebert*, CFL 2010, 224, 229; *Thiergart/Olbertz*, BB 2010, 1547, 1550 f.; *Harrer/Janssen*, FB 2009, 46, 48; *Selzner*, ZHR 174 (2010), 318, 346; *Simmat/Siebert*, CFL 2010, 13, 22.

Nach ganz herrschender Auffassung ist das Liquidationsjahr jedoch zwingend und kann nicht umgangen werden.[831] Lediglich eine Mindermeinung in der älteren Literatur geht von einer Disponibilität des Liquidationsjahres aus, sofern alle bekannten Gläubiger auf die Einhaltung der Sperrfrist verzichten.[832] Die herrschende Meinung legt hingegen ihren Schwerpunkt auf den Schutz der unbekannten Gläubiger, denen ein Jahr Zeit gegeben werden soll, ihre Ansprüche geltend zu machen, und auf den grundlegenden Vorrang der Gläubigerbefriedigung.[833] Diesem gefestigten Standpunkt ist beizutreten und dem Schutz der (unbekannten) Gläubiger Vorrang einzuräumen. Es vermag nicht zu überzeugen, entgegen dem Wortlaut des § 272 Abs. 1 AktG von einer Disponibilität der Sperrfrist auszugehen und den Schutz der unbekannten Gläubiger aufgrund der Zustimmung der bekannten Gläubiger zu vernachlässigen.

Da die Sperrfrist des Liquidationsjahres zwingend einzuhalten ist, würden die Investoren bei einer Auflösung des SPAC ihre Mittel erst nach Ablauf eines Jahres nach Bekanntmachung des Gläubigeraufrufes zurückerhalten. Insbesondere institutionelle Investoren dürfte diese Aussicht abschrecken.

4. Zwischenergebnis

Es gibt verschiedene Möglichkeiten, einen gescheiterten SPAC in der Rechtsform einer deutschen AG aufzulösen. Die zeitliche Befristung einer SPAC-Gesellschaft (§ 262 Abs. 1 Nr. 1 AktG) durch eine Satzungsregelung ist zwar technisch möglich, bringt jedoch Rechtsunsicherheiten für die Investoren und eine mangelnde Flexibilität bei der Transaktionsentscheidung mit sich. Ein weiterer, mit den üblichen Unsicherheiten behafteter Hauptversammlungsbeschluss würde notwendig, um die Befristung wieder aufzuheben und die Liquidation zu verhindern. Die Befristung der SPAC-Gesellschaft auf Grundlage einer in die Satzung aufzunehmenden Bedingung, bei deren Eintritt die Gesellschaft aufzulösen wäre, scheitert wegen der mangelnden Bestimmbarkeit des Auflösungsgrundes an den Anforderungen des § 262 Abs. 1 Nr. 1 AktG.

Geeigneter ist die Auflösung des SPAC über einen entsprechenden Hauptversammlungsbeschluss (§ 262 Abs. 1 Nr. 2 AktG). Um die erforderliche Rechtssicherheit und die tatsächliche Auflösung durch den Beschluss zu gewährleisten, können Stimmbindungsvereinbarungen mit sämtlichen Aktionären geschlossen werden. Sofern alle Aktionäre sich an der Abrede beteiligen, kann deren Inhalt als materieller Bestandteil in die Satzung aufgenommen werden. Da es sich bei dieser Absprache um einen Einzelfall handelt, wird auf Grund-

---

831 *Hüffer*, § 272 Rn. 1; *ders.* in Müko-AktG, § 272, Rn. 3; *Kraft* in KK-AktG, § 272, Rn. 2; *Bachmann* in Spindler/Stilz, § 272, Rn. 1; *Riesenhuber* in Schmidt/Lutter, §§ 271, 272 Rn. 2.

832 So *Wiedemann* in GroßKomm AktG, 3. Auflage 1973, § 272 Anm. 8. Sollten sich unbekannte Gläubiger vor Ablauf des Sperrjahres noch melden, soll die vorzeitige Verteilung des Gesellschaftsvermögens auf die Gefahr der Abwickler gehen.

833 *Hüffer* in Müko-AktG, § 272 Rn. 3; *Riesenhuber* in Schmidt/Lutter, § 267 Rn. 1 f.

lage des abgestimmten Stimmverhaltens auch kein Pflichtangebot aus übernahmerechtlichen Gesichtspunkten erforderlich.

Unumgänglich ist allerdings die Sperrfrist von einem Jahr ab der Bekanntmachung des Gläubigeraufrufs, vor deren Ablauf das Treuhandvermögen nicht an die Investoren verteilt werden darf. Einer vereinzelten Ansicht in der Literatur, wonach die Vorschrift nicht zwingend sei, kann nicht gefolgt werden. Das Liquidationsjahr wird regelmäßig nicht im Interesse der Investoren liegen und die Attraktivität der Anlage erheblich schmälern, wenn nicht gar unattraktiv machen.

VIII. Übernahmerechtliche Aspekte bei einer Sachkapitalerhöhung

Ist schließlich die Entscheidung für ein Zielunternehmen gefallen und die erforderliche Mehrheit der Publikumsaktionäre hat per Beschluss der Übernahme der Zielgesellschaft zugestimmt, wird in der Regel eine Sachkapitalerhöhung mit Bezugsrechtsausschluss erforderlich.[834] Der Beschluss über diese Kapitalerhöhung kann ebenfalls in der Hauptversammlung gefasst werden, die zur Abstimmung über das Zielunternehmen einberufen wurde. Die Altgesellschafter der Zielgesellschaft bringen die Gesellschaftsanteile der Zielgesellschaft, welche der SPAC nicht gegen Zahlung eines Kaufpreises vom Treuhandkonto erwirbt, als Sacheinlage in die SPAC-Gesellschaft ein.[835] Im Gegenzug erhalten sie junge Aktien des SPAC, um weiterhin an „ihrem" Unternehmen beteiligt zu sein. Die Höhe der Sachkapitalerhöhung hängt somit von der angestrebten Beteiligungsstruktur und dem Volumen des SPAC im Einzelfall ab.

Junge Aktien aus genehmigten Kapital können ebenfalls als Akquisitionswährung genutzt werden, allerdings nur bis zu einer Höhe von 50 Prozent des Grundkapitals der SPAC-Gesellschaft (§ 202 Abs. 3 S. 1 AktG).[836] Diese Möglichkeit kann jedoch außer Betracht gelassen werden, da ein etwaiges geneh-

834 Es sei denn die Mittel auf dem Treuhandkonto reichen kombiniert mit möglichem Fremdkapital zur Übernahme der Zielgesellschaft aus und deren Altgesellschafter streben keine weitere Beteiligung an dem zusammengeschlossenen Unternehmen an. Vgl. hierzu bereits oben unter B.IV.6. Bei der oben vorgestellten Struktur erfolgte kein gesonderter Beschluss über die Übernahme der Zielgesellschaft und der positive Beschluss über die Sachkapitalerhöhung spiegelt die Zustimmung der Publikumsaktionäre wider, hierzu oben unter D.IV.4.c.

835 Hierbei finden nach § 183 Abs. 3 AktG die Vorschriften zur Bewertung von Sacheinlagen Anwendungen, was im Ergebnis die Bewertung des Zielunternehmens durch einen Wirtschaftsprüfer erforderlich machen wird, vgl. hierzu *Zanner/Siebert*, CFL 2010, 224, 229.

836 Zu diesem Vorschlag *Zanner/Siebert*, CFL 2010, 224, 228. *Zanner/Siebert* berücksichtigen jedoch nicht, dass mögliches bedingtes oder genehmigtes Kapital in der Regel zur Absicherung der Gründer- und Publikumsoptionsrechte benötigt wird und somit nicht als Akquisitionswährung dienen sollte.

migtes Kapital regelmäßig für die Absicherung der zahlreichen Optionsscheine benötigt wird.[837]

Probleme im Zusammenhang mit der Sachkapitalerhöhung können dann entstehen, wenn der oder die Altgesellschafter der Zielgesellschaft nach der Sachkapitalerhöhung so viele Anteile der SPAC-Gesellschaft halten, dass sie möglicherweise ein Pflichtangebot (§ 35 WpÜG) gegenüber den SPAC-Aktionären abgeben müssen.[838]

1. Mögliche Konstellationen für ein Pflichtangebot nach § 35 WpÜG

Die Verpflichtung zur Abgabe eines Übernahmeangebotes setzt voraus, dass der verpflichtete Gesellschafter die Kontrolle über die Gesellschaft erlangt. Die Kontrolle erwirbt ein Gesellschafter nach § 29 Abs. 2 WpÜG, wenn er mindestens 30 Prozent der Stimmrechte auf sich vereint.[839] Darüber hinaus können in bestimmten Fällen die Stimmrechte verschiedener Gesellschafter ihnen gegenseitig nach § 30 WpÜG zugerechnet werden. Grundsätzlich liegen bei der Unternehmenszusammenführung mit einer SPAC-Gesellschaft zwei Konstellationen nahe, bei deren Vorliegen die Pflicht zur Abgabe eines Übernahmeangebotes entstehen könnte.

Ist die Zielgesellschaft (des SPAC) bisher nur in der Hand eines Gesellschafters oder hält ein Gesellschafter einen Großteil der Gesellschaftsanteile,[840] so könnte es dazu kommen, dass bei einer entsprechenden Größe des Zielunternehmens, dieser Gesellschafter mehr als 30 Prozent der Aktien des SPACs als Akquisitionswährung aus der Sachkapitalerhöhung erhält.[841] Diese Konstellation kann beispielsweise vorliegen, wenn es sich bei der Zielgesellschaft um

---

837 Siehe hierzu bereits oben unter D.I.3.

838 Auch in den Prospekten der Helikos SE und der ECT SE wird (im Rahmen der Risikofaktoren) auf die Risiken, die in Zusammenhang mit einem möglicherweise erforderlichen Pflichtangebot und der Gewährung einer Ausnahme hiervon verbunden sind, hingewiesen, vgl. Wertpapierprospekt der Helikos SE vom 11.01.2010, S. 49 und Wertpapierprospekt der European CleanTech I SE vom 01.10.2010, S. 38. Zum Pflichtangebot siehe auch bereits oben unter D.VII.2.

839 Zum Kontrollerwerb durch eine Kapitalerhöhung: *Schlitt/Ries* in MüKo-AktG, § 35 WpÜG, Rn. 70; *Krause/Pötzsch* in Assmann/Pötzsch/Schneider, § 35 Rn. 80; *Hasselbach* in KK-WpÜG, § 35 Rn. 131; *Hommelhoff/Witt* in Ff-Komm WpÜG, § 35 Rn. 34; *Steinmeyer* in Steinmeyer/Häger, § 35 Rn. 56.

840 So lag der Fall bei der Übernahme der exceet Group AG durch die Helikos SE: Kurz nach der Durchführung des De-SPAC hielt der ehemalige Großaktionär der exceet Group AG, die Ventizz Holding GmbH & Co. KG, über eine Tochtergesellschaft mehr als 30 Prozent der Stimmrechte, vgl. Stimmrechtmitteilung der exceet Group SE vom 02.08.2011, abrufbar unter: http://www.exceet.ch/fileadmin/exceet/downloads/ir/stimmrecht/2011_08_10_D_Ventizz___26_WpHG_Stimmrechtsmitteilung_110810_Korrektur.pdf. Zuletzt abgerufen am 31.10.2011.

841 Vgl. auch *Simmat/Siebert*, CFL 2010, 13, 20; *dieselben*, Corporate Finance spezial 1/2010, 8, 9.

ein Familienunternehmen handelt und die Anteile der Gesellschaft, die das operative Geschäft betreibt, wiederum vollständig von einer Familien-Holding-Gesellschaft gehalten werden.[842] So wäre die Holding-Gesellschaft verpflichtet, ein betreffendes Angebot abzugeben.

Zum anderen lässt sich an den Fall denken, bei dem das Zielunternehmen in der Hand mehrerer Gesellschafter ist, die ihre Anteile wiederum im Rahmen der Sachkapitalerhöhung der SPAC-Gesellschaft als Sacheinlage einbringen. Sollte hier kein einzelner Altgesellschafter die Schwelle von 30 Prozent überschreiten, so könnten die Altgesellschafter möglicherweise im Rahmen der gegenseitigen Stimmrechtzurechnung in der Summe diese Schwelle überschreiten und so ein Pflichtangebot abgeben müssen. Dies setzt jedoch voraus, dass der Tatbestand des *acting in concert* nach § 30 Abs. 2 WpÜG erfüllt ist, was wiederum erfordert, dass die Altgesellschafter sich über die Ausübung ihrer Stimmrechte hinsichtlich des SPACs abstimmen (§ 30 Abs. 2 S. 2 Alt. 1 WpÜG) oder in sonstiger Weise zusammenwirken, mit dem Ziel einer dauerhaften und erheblichen Änderung der unternehmerischen Ausrichtung der SPAC-Gesellschaft (§ 30 Abs. 2 S. 2 Alt. 2 WpÜG).[843] Der Abstimmungsgegenstand muss einen gesellschaftsrechtlichen Bezug aufweisen. Es werden nur Vorgänge erfasst, welche die koordinierte Ausübung gesellschaftsrechtlich vermittelter Einflussmöglichkeiten zum Gegenstand haben.[844] In der vorliegenden Konstellation liegt zum Zeitpunkt der Sachkapitalerhöhung jedoch lediglich ein gemeinsamer Stimmenerwerb der Altgesellschafter vor. Der Parallelerwerb von Aktien ist aber nicht notwendigerweise gleichbedeutend mit einer gemeinsamen Ausübung der erworbenen Stimmrechte.[845] Demnach erfüllt der gemeinsame Aktienerwerb der Altgesellschafter der Zielgesellschaft nicht den Tatbestand des *acting in concert* nach § 30 Abs. 2 WpÜG, solange kein abgestimmter, konkreter Einfluss auf die SPAC-Gesellschaft ausgeübt wird.[846] Zwar kann nicht ausgeschlossen werden, dass zu einem späteren Zeitpunkt ein koordiniertes Abstimmungsverhalten auftritt, da einzig die Altgesellschafter mit dem operativen Geschäft vertraut sind. Doch steht dieses Abstim-

---

842 Vgl. zu den Vorteilen solcher Familien-Holdings, *Hübner* in Sudhoff, § 75 Rn. 1 ff.

843 Mit den Änderungen durch das Risikobegrenzungsgesetz wurde die Legaldefinition für ein „abgestimmtes Verhalten" eingefügt, vgl. hierzu *von Bülow* in KK-WpÜG, § 30 Rn. 207.

844 OLG Frankfurt a.M., WM 2004, 1638, 1642; OLG München, ZIP 2005, 856, 857; *von Bülow* in KK-WpÜG, § 30 Rn. 216; *Drinkuth* in Marsch-Barner/F. Schäfer, § 60 Rn. 208; *Saenger/Kessler* ZIP 2006, 837, 839. **A.A.:** *Berger/Filgut*, AG 2004, 592, 596; *Oechlser* in Ehricke/Eckenga/Oechsler, § 30 Rn. 23.

845 Bericht des Finanzausschusses zum Risikobegrenzungsgesetz, BT-Drucks. 16/9821, S. 15; *von Bülow* in KK-WpÜG, § 30 Rn. 278.

846 Der Regierungsentwurf zum Risikobegrenzungsgesetz nahm den abgestimmten Parallelerwerb noch ausdrücklich als Fall des *acting in concert* auf, allerdings wurde der Vorschlag im Laufe des Gesetzgebungsverfahrens wieder fallen gelassen. Der abgestimmte Parallelerwerb hat zwar Einfluss auf die Stimmrecht- und Beteiligungsverhältnisse, aber nicht zwingend auf Abstimmung bei der Ausübung. Vgl. hierzu RegE Risikobegrenzungsgesetz, BT-Drucks. 16/7438, S. 11 und *von Bülow* in KK-WpÜG, § 30 Rn. 278.

mungsverhalten nicht in direktem Zusammenhang mit der technischen Unternehmenszusammenführung durch eine Sachkapitalerhöhung.

Sollte ein Übernahmeangebot erforderlich werden, ist es zwar unwahrscheinlich, dass die Investoren, die sich unmittelbar vorher gegen die Rückgabe ihrer Anteile entschieden haben, dieses annehmen, doch wäre gleichwohl ein solches Angebot für die Altgesellschafter der Zielgesellschaft äußerst aufwendig und kostenintensiv.[847]

2. Ausnahme vom Pflichtangebot

Da ein solches Pflichtangebot den oder die Eigentümer der Zielgesellschaft von dem Zusammenschluss mit einer SPAC-Gesellschaft abhalten könnte, stellt sich die Frage, ob die Möglichkeit der Befreiung von einem solchen Pflichtangebot besteht.[848] Nach § 37 Abs. 1 WpÜG besteht die Möglichkeit, einen Antrag zur Befreiung von dem Pflichtangebot an die BaFin zu stellen.[849] Hierbei kann nach dem Wortlaut des § 37 Abs. 1 WpÜG die Befreiung erfolgen, sofern diese im Hinblick auf die Art der Erlangung der Stimmrechte, die damit verbundenen Zielsetzungen, die nachfolgende Unterschreitung der Kontrollschwelle, die Beteiligungsverhältnisse der Zielgesellschaft oder die mangelnde Möglichkeit zur Ausübung der Kontrolle gerechtfertigt erscheint. Bei der Entscheidung über die Befreiung handelt es sich um eine Ermessenentscheidung im Einzelfall.[850] Eine Konkretisierung der abstrakten Befreiungsgründe aus § 37 Abs. 1 WpÜG ist in § 9 WpÜG-AngebotsVO zu finden, der beispielhaft Fälle aufzählt, in denen eine Befreiung erteilt werden könnte.[851] Eine explizite Befreiungsmöglichkeit für Aktionäre, die erst im Rahmen einer Kapitalerhöhung die Kontrollschwelle überschreiten, ist nicht aufgeführt. Allerdings ist die Aufzählung des § 9 WpÜG-AngebotsVO nicht abschließend.[852]

Bei einer ordentlichen Kapitalerhöhung mit Bezugsrechtsausschluss könnten die Aktionäre mit dem Hauptversammlungsbeschluss neben der Kapitalerhö-

---

847 Überdies dürften die Veräußerer, die mit dem Pflichtangebot verbundenen Verzögerungen und Unwägbarkeiten nicht akzeptieren, wie *Zanner/Siebert* zutreffend bemerken. Vgl. zur Problematik *Zanner/Siebert*, CFL 2010, 224, 228.

848 Bei dem De-SPAC der Helikos SE wurde bereits vor dem De-SPAC davon ausgegangen, dass eine Ausnahme von dem Pflichtangebot nach dem Luxemburger Übernahmerecht (Article 4(5) Takeover Law) gewährt wird, vgl. Proxy Statement der Helikos SE vom 07.06.2011, S. 8.

849 *Schlitt/Ries* in MüKo-AktG, § 37 WpÜG Rn. 56; *H. Meyer* in Geibel/Süßmann, § 37 Rn. 6.

850 *H. Meyer* in Geibel/Süßmann, § 37 Rn. 6; *Krause/Pötzsch* in Assmann/Pötzsch/Schneider, § 37 Rn. 1; *Drinkuth* in Marsch-Barner/F. Schäfer, § 60 Rn. 236.

851 *Drinkuth* in Marsch-Barner/F. Schäfer, § 60 Rn. 237.

852 Deutlich wird dies durch die Einleitung des Katalogs in § 9 Abs. 1 S. 1 WpÜG-AngebotsVO mit „insbesondere", vgl. *Schlitt/Ries* in MüKo-AktG, Anh. § 37 Rn. 3. Zudem *Hommelhoff/Witt* in Haarmann/Schüppen, § 37 Rn. 2; *Thaeter* in *Thaeter/Brandi,* Teil 2 Rn. 618; *Versteegen* in KK-WpÜG, Anh. § 37-§ 9 Rn. 4; *Hopt,* ZHR 166 (2002), 383, 418; *Ekkenga* in *Ehricke/Ekkenga/Oechsler*, § 37 Rn. 16.

hung für einen Verzicht auf das Pflichtangebot stimmen. Als Vorbild für eine Befreiung vom Pflichtangebot könnte der im Vereinigten Königreich zulässige *„white wash"*-Beschluss dienen, der es erlaubt, dass die Aktionäre der betroffenen Gesellschaft auf das Pflichtangebot verzichten, sofern die dies auslösenden Aktien aus einer gleichzeitig beschlossenen Kapitalerhöhung stammen.[853] So fordert eine beachtliche Meinung in der Literatur, die Altaktionäre als nicht mehr schutzbedürftig einzustufen und die Befreiung nach § 37 Abs. 1 WpÜG in diesem Fall zu erteilen.[854] Wird bereits bei der Beschlussfassung über die Kapitalerhöhung auch über den Verzicht auf das Übernahmeangebot abgestimmt,[855] wären die Aktionäre nicht mehr schutzbedürftig, da sie selbst sowohl der Kapitalerhöhung als auch dem Kontrollübergang sehenden Auges zugestimmt haben.[856]

Die Gegenansicht lehnt eine Befreiung im Zusammenhang mit einer ordentlichen Kapitalerhöhung ab, da die Schutzbedürftigkeit der Minderheitsaktionäre unvermindert fortbesteht.[857] Zum Teil wird darauf abgestellt, dass bereits bei der Abstimmung zur Kapitalerhöhung die Minderheitsaktionäre dem Mehrheitsaktionär und späteren Kontrollinhaber unterlegen sind.[858]

Gerade für SPACs ist der eine Befreiungsmöglichkeit befürwortenden Ansicht zuzustimmen. Bereits bei Gründung des SPAC strebt dieser (in der Regel) nur eine Minderheitsbeteiligung am Zielunternehmen an und ist zunächst nur auf eine Akquisition ausgerichtet. Ein Pflichtangebot ist in diesem Zusammenhang wenig sinnvoll: Die Aktionäre sind ausreichend geschützt, da sie über die Akquisition abstimmen können und eine außerordentliche Exit-Möglichkeit haben. Demnach sollte die Möglichkeit einer Befreiung durch die BaFin nach § 37 Abs. 1 WpÜG grundsätzlich bestehen und auch erteilt wer-

---

853 So nach dem City Code, Notes on Dispensations from Rule 9 (1); vgl. hierzu nur *Schlitt/Ries* in MüKo-AktG, § 37 WpÜG, Rn. 15.

854 *Schlitt/Ries* in MüKo-AktG, § 37 WpÜG, Rn. 27; *Hommelhoff/Witt* in Ff-Komm WpÜG, § 37 Rn. 15; *Versteegen* in KK-WpÜG, § 37 Rn. 44 f.; *von Bülow* in KK-WpÜG, 1. Auflage 2003 § 35 Rn. 86; *Hecker* in Baums/Thoma § 37 Rn. 89. Ebenfalls offen für die Übertragbarkeit des *„white wash"*–Beschlusses: *Steinmeyer* in Steinmeyer/Häger, § 35 Rn. 12.

855 Für eine Aufnahme des Befreiungsbegehrens in die Beschlussfassung: *Schlitt/Ries* in MüKo-AktG, § 37 WpÜG, Rn. 27; *Bernau*, WM 2004, 809, 814 dort Fn. 67; *Hommelhoff/Witt* in Ff-Komm WpÜG, § 37 Rn. 15. Da es sich bei dem Befreiungsbegehren um keinen aktienrechtlich tauglichen oder geeigneten Gegenstand handele, solle dieser auch nicht in die Beschlussfassung aufgenommen werden, da die Zustimmung zur Kapitalerhöhung bereits die Zustimmung der Aktionäre signalisiere, so *Versteegen* in KK-WpÜG, § 37 Rn. 45.

856 *Schlitt/Ries* in MüKo-AktG, § 37 WpÜG, Rn. 27; *Versteegen* in KK-WpÜG, § 37 Rn. 44 f.; *von Bülow* in KK-WpÜG, 1. Auflage 2003, § 35 Rn. 86.

857 Gegen eine Befreiung: *Krause/Pötzsch* in Assmann/Pötzsch/Schneider, § 37 Rn. 35; *Hasselbach* in KK-WpÜG, § 35 Rn. 124; *Meyer* in Geibel/Süßmann, § 37 Rn. 37; *Ekkenga* in Ehricke/Ekkenga/Oechsler, § 37 Rn. 22.; *Klepsch* in Steinmeyer/Häger, § 37 Rn. 48; *Bernau*, WM 2004, 809, 814; *Süßmann*, WM 2003, 1453, 1454.

858 So *Meyer* in Geibel/Süßmann, § 37 Rn. 37.

den.[859] Das Befreiungsbegehren sollte aus Klarstellungsgründen ausdrücklich in die Beschlussfassung aufgenommen werden, auch um gegenüber der BaFin zu verdeutlichen, dass bei einer Befreiung der Aktionärsschutz nicht vernachlässigt wird. Dass die Aufzählung der in § 9 WpÜG AngebotsVO genannten Fälle nicht abschließend ist,[860] kann auch als Argument dafür herangezogen werden, dass eine extensivere Auslegung der Einzelfallausnahme des § 37 Abs. 1 WpÜG in Fällen des Kontrollerwerbs durch eine Kapitalerhöhung möglich ist.[861] Bei SPACs bietet sich insbesondere die Anknüpfung an die Merkmale „Art der Erlangung" der Stimmrechte (§ 37 Abs. 1 Var. 1 WpÜG) und „die mit der Erlangung der Kontrolle beabsichtigte Zielsetzung" (§ 37 Abs. 1 Var. 2 WpÜG) an. Bei der Art der Erlangung haben alle Aktionäre ein Mitspracherecht und eine Ausstiegsmöglichkeit. Das Ziel des Kontrollerwerbs ist die Realisierung der Unternehmenszusammenführung und somit der Erfolg des SPAC. Diese Aspekte sprechen gegen eine weitergehende Schutzbedürftigkeit der SPAC-Aktionäre und mithin dafür, dass ein Pflichtangebot in diesem Zusammenhang fehl am Platze und der Ausschluss gerechtfertigt wäre.

Unsicherheit bleibt jedoch bestehen, da es sich um eine Ermessensentscheidung der Behörde handelt und ungewiss ist, ob die BaFin hier der Ausnahmegewährung zustimmt.[862] Auch die Stimmen, die sich gegen den „*white wash*"-Beschluss aussprechen, müssen jedoch anerkennen, dass das Pflichtangebot in der beschriebenen Konstellation bei SPACs seinen Schutzzweck verfehlt und die BaFin im Rahmen ihres Ermessens aus § 9 Abs. 1 S. 1 WpÜG AngebotsVO berücksichtigen muss, dass ein Pflichtangebot allen Beteiligten mehr Schaden als Nutzen bringen würde. Die besseren Gründe sprechen somit für die wünschenswerte Ausnahmegenehmigung durch die BaFin, welche an einen „*white wash*"-Beschluss anknüpfen kann, aber nicht muss.

3. Zwischenergebnis

Die Verpflichtung, ein Übernahmeangebot abgeben zu müssen, trifft vorrangig die Eigentümer von Zielgesellschaften, die Alleingesellschafter oder Mehrheitsgesellschafter sind und nach der Unternehmenszusammenführung mindestens 30 Prozent am zusammengeschlossenen Unternehmen halten wollen. Bei mehreren Gesellschaftern ist die Gefahr des Kontrollerwerbs niedriger, es sei denn eine gegenseitige Stimmrechtzurechnung nach den *acting in concert*-

859 Ebenso *Simmat/Siebert*, CFL 2010, 16, 20.

860 *Schlitt/Ries* in MüKo-AktG, § 37 WpÜG, Rn. 27; *Meyer* in Geibel/Süßmann, § 37 Rn. 29; *Klepsch* in Steinmeyer/Häger, § 37 Rn. 22.

861 *Hasselbach* lehnt zwar die Zulässigkeit eines „*white wash*"-Beschlusses ab, schließt aber dennoch nicht aus, dass in Fällen der Kontrollerlangung durch eine Kapitalerhöhung durchaus ein Einzelfall vorliegen kann, nach dessen Prüfung die BaFin eine Befreiung nach § 37 WpÜG erteilen könnte, vgl. *Hasselbach* in KK-WpÜG, § 35 Rn. 124 a. E.

862 Aus Vorsichtsgründen von einer restriktiven Haltung der BaFin ausgehend, *Simmat/Siebert*, CFL 2010, 16, 20.

Grundsätzen ist einschlägig, was jedoch in der Regel mangels des konkreten Einflusses auf die Ausrichtung der Gesellschaft nicht der Fall sein wird. In Anlehnung an den aus dem Vereinigten Königreich bekannten *„white wash"*-Beschluss könnte die Hauptversammlung neben dem Beschluss zur Sachkapitalerhöhung einen weiteren Beschluss über die Befreiung des kontrollierenden Aktionärs von der Angebotspflicht fassen. Den dies als zulässig einstufenden Stimmen ist zu folgen. Insbesondere bei SPAC-Gesellschaften wäre ein Pflichtangebot weder im Interesse der Gesellschafter der Zielgesellschaft noch der Aktionäre des SPACs. Vielmehr würde ein solches Pflichtangebot dem Gesellschaftszweck eines SPAC widersprechen. Die Aktionäre sind zum einen durch ihr Mitspracherecht bei der Entscheidung über den Verzicht auf das Pflichtangebot, und zum anderen durch ihr für SPACs typisches Umtauschrecht, doppelt geschützt. Eine Befreiung vom Pflichtangebot durch die BaFin nach § 37 Abs. 1 WpÜG, gegebenenfalls in Anknüpfung an einen *„white-wash"*-Beschluss, ist deshalb zu befürworten.

IX. Maßnahmen zur Verbesserung der Transaktionssicherheit

Auf das hohe Interesse der Gründer an einer erfolgreichen Transaktion wurde bereits hingewiesen.[863] Da im Rahmen der Verhandlungen mit der Zielgesellschaft regelmäßig eine Kündigungsklausel (für den Fall der Ablehnung der Zielgesellschaft durch die Hauptversammlung) in die Vertragsdokumentation aufgenommen werden muss, könnte sowohl die Transaktionssicherheit wie auch die Transaktionsgeschwindigkeit erheblich beeinträchtigt werden.[864] Auch die potenziellen Veräußerer der Zielgesellschaft haben, je weiter der Transaktionsprozess voranschreitet, ein stärker werdendes Interesse daran, dass die Transaktion nicht kurz vor ihrem Vollzug an dem Votum der SPAC-Investoren scheitert und die mitunter aufwendigen Verhandlungen vergebens waren. Fraglich ist, wie ein erhöhtes Maß an Transaktionssicherheit erreicht werden kann.

1. Stimmbindungsvereinbarungen bei SPACs

In der Praxis könnte eine erhöhte Transaktionssicherheit dadurch erreicht werden, dass bereits vor der Transaktionsentscheidung bestimmte Großaktionäre und institutionelle Investoren mit dem Ziel angesprochen werden, eine Stimmbindungsvereinbarung einzugehen.[865] So stünde schon vor der tatsächlichen Abstimmung möglicherweise fest, dass die Transaktion nicht scheitern

863 Siehe bereits oben unter B.V.2.d. und e.

864 Vgl. *Selzner*, ZHR 174 (2010), 318, 349 f. und dort Fn. 120.

865 Siehe hierzu und zur damit möglicherweise entstehenden Verpflichtung, eine Ad-hoc-Mitteilung zu veröffentlichen, mit der Möglichkeit zur Selbstbefreiung bereits oben unter C.X.2. und 3.

wird.[866] In welcher Form solche Stimmbindungsverträge mit dem deutschen Aktienrecht vereinbar sind, soll Gegenstand der weiteren Untersuchung sein.

a. Stimmbindungsverträge zwischen Investoren und Gründern

Denkbar wäre, dass der Vorstand des SPAC bestimmten Großaktionären ein favorisiertes Zielunternehmen bereits vor der Transaktionsentscheidung vorstellt. [867] Kann der Investor von dem Zielunternehmen überzeugt werden, könnte das Management darauf drängen, dass eine Stimmbindungsvereinbarung unterzeichnet wird und der Investor sich verpflichtet, bei der betreffenden Abstimmung für den Erwerb des vom Vorstand vorgeschlagenen Zielunternehmens zu stimmen. Fraglich ist, ob solche Stimmbindungsverträge aktien- und insiderrechtlich zulässig sind.

Nach ganz herrschender Meinung sind Stimmbindungsverträge aktienrechtlich grundsätzlich zulässig, allerdings nur in den engen Grenzen des § 136 Abs. 2 AktG.[868] Von vornherein scheiden Vorgehensweisen aus, bei denen dem jeweiligen Aktionär für die Abgabe seines Stimmrechtes in einer bestimmten Weise ein Vorteil als Gegenleistung angeboten wird. Solche Angebote stellen nach § 405 Abs. 3 Nr. 7 AktG eine Ordnungswidrigkeit dar und Stimmbindungsabreden sind in dieser Form verboten und wären so nach § 134 BGB nichtig.[869] Der umgekehrte Fall, in dem der Aktionär eine für ihn vorteilhafte Gegenleistung für die Abgabe seines Stimmrechtes in einem bestimmten Sinne fordert (sogenanntes *greenmailing*),[870] ist ebenfalls verboten und erfüllt einen Ordnungswidrigkeitstatbestand (§ 405 Abs. 3 Nr. 6 AktG).

---

866 Nach der Pressemitteilung der Germany1 Ltd. vom 23. 07.2009 ist die Gesellschaft bereits vor der offiziellen Abstimmung über die Transaktion mit verschiedenen Anteilseignern Stimmbindungsvereinbarungen und ähnliche Vereinbarungen eingegangen, in denen sich die Anteilseigner verpflichtet haben, für den Unternehmenszusammenschluss mit der AEG Power Solutions B.V. zu stimmen. Die auf diese Weise gebundenen Stimmrechte sollen einem Anteil von 70,1 Prozent aller Stimmrechte entsprochen haben und so bereits die erforderliche Mehrheit für die Transaktionsentscheidung gesichert haben, selbst wenn sich die übrigen Investoren gegen die Transaktion aussprechen sollten. Die Pressemitteilung ist abrufbar unter: „http://www.aegps.de/aeg/export/sites/aegpowersolutions/en/investor/investor_news/downloads/090723-sapphire_press_release-german.pdf". Zuletzt abgerufen am 31.10.2011. Vgl. auch Börsenzeitung vom 24.07.2010, Nr. 139, S. 18: „AEG Power Solutions kommt Huckepack an die Börse; SPAC Germany1 kauft Mittelständler von Ripplewood".

867 Da hier eine Ad-hoc-Pflicht entstehen kann, sollten die angesprochenen Großaktionäre sich vertraglich zur Verschwiegenheit verpflichten, um die Vertraulichkeit dieser Information im Sinne von § 15 Abs. 3 S. 1 WpHG zu gewährleisten. Hierzu bereits oben unter C.X.4.

868 Vgl. *Spindler* in Schmidt/Lutter, § 136 Rn. 36 ff.; *Hüffer*, § 133 Rn. 27 ff.; *Grunewald*, 2. C. 124f. Insbesondere zu Stimmbindungsvereinbarungen bei Kapitalerhöhungen *Noack*, S. 319 ff.

869 *Hüffer*, § 133 Rn. 28; *Schröer* in MüKo-AktG, § 136 Rn. 63; *Spindler* in Schmidt/Lutter, § 136 Rn. 38.

870 Siehe bereits oben unter B.V.2.e.

Somit scheiden alle Stimmbindungsabreden bereits aus, bei denen der Vorstand dem Investor Sondervorteile dafür anbietet, dass er für die vorgeschlagene Zielgesellschaft stimmt.

Fraglich ist aber, ob solche Stimmbindungsabreden zwischen dem Vorstand und einzelnen Aktionären zulässig wären, falls dem betreffenden Aktionär keine Sondervorteile gewährt oder versprochen werden. Hiergegen spricht der klare Wortlaut des § 136 Abs. 2 S. 2 AktG, wonach ein Vertrag nichtig ist, in dem sich der Aktionär verpflichtet, für einen Vorschlag des Vorstandes der Gesellschaft zu stimmen. Hierbei sollen nicht nur die abstrakten Verpflichtungen, für die Vorschläge des Vorstandes zu stimmen, vermieden werden, sondern auch konkrete Vereinbarungen über die Festlegung des Stimmrechts im Sinne des Vorstandes hinsichtlich eines bestimmten Tagesordnungspunktes.[871] Dies gilt auch, wenn der konkrete Vorschlag des Vorstandes vor der Abrede bereits feststeht.[872] Die Regelung will die innergesellschaftliche Kompetenzordnung sichern und vermeiden, dass die Verwaltung unerwünschten Einfluss auf das kapitalgebende Beschlussorgan nimmt.[873] Nichts anderes wäre jedoch Inhalt einer unentgeltlichen Stimmbindungsabrede zwischen dem Vorstand und einzelnen Investoren: Das Zielunternehmen wurde vom Vorstand ausgewählt und die Unternehmenszusammenführung ist ein Vorschlag des Vorstandes. Verpflichten sich einzelne Aktionäre bereits vor der Transaktionsentscheidung diesem Vorschlag zu folgen, wäre die Stimmbindungsvereinbarung nichtig, da sie gegen das Verbot des § 136 Abs. 2 S. 2 AktG verstößt.[874] Für derartige Stimmbindungsabreden bietet das Aktienrecht keinen Raum.

Möglicherweise verstößt zudem die Ansprache bestimmter Großaktionäre bereits gegen das Verbot des § 14 Abs. 1 Nr. 2 WpHG, Insiderinformationen unbefugt weiterzugeben. Grundsätzlich ist die Weitergabe von Insiderinformationen an einzelne Aktionäre oder Aktionärsgruppen „unbefugt" im Sinne von § 14 Abs. 1 Nr. 2 WpHG und damit unzulässig.[875] Nur in Ausnahmefällen kann die Weitergabe an bestimmte Aktionäre mit wesentlichen Beteiligungen

---

871 *Hüffer*, § 136 Rn. 27; *Schröer* in MüKo-AktG, § 136 Rn. 77; *Spindler* in Schmidt/Lutter, § 136 Rn. 43; *Otto*, AG 1991, 369, 376 f. Alternativ schlägt *Selzner* abstrakte Stimmbindungsabreden mit allen Investoren vor, die bereits in die Satzungsurkunde aufgenommen werden und die Verpflichtung beinhalten, für das später vom Vorstand vorgeschlagene Zielunternehmen zu stimmen. Allerdings würde dies eine Transaktionsentscheidung der Aktionäre vollends überflüssig machen und das SPAC-Modell unterlaufen, vgl. *Selzner*, ZHR 174 (2010), 318, 350. Hierzu lässt sich noch anmerken, dass auch und gerade eine solche Abrede, die sich „blind" am Vorschlag des Vorstandes orientiert, nicht mit § 136 Abs. 2 S. 2 AktG vereinbar und somit nach § 134 BGB nichtig sein dürfte.

872 Vgl. nur *Grunewald*, 2. C. 124.

873 *Hüffer*, § 136 Rn. 2; *Schröer* in MüKo-AktG, § 136 Rn. 77; *Spindler* in Schmidt/Lutter, § 136 Rn. 2.

874 Auch wenn die Stimmabgabe an sich nicht ungültig wäre, vgl. *Hüffer*, § 136 Rn. 29; *Schröer* in MüKo-AktG, § 136 Rn. 78; *Spindler* in Schmidt/Lutter, § 137 Rn. 47 f.

875 *Mennicke* in Fuchs, § 14 Rn. 285; *Assmann* in Assmann/Schneider, § 14 Rn. 92; *Pawlik* in KK-WpHG, § 14 Rn. 53.

„befugt" sein, sofern das Interesse der Gesellschaft an einer Weitergabe der Information die Interessen des Kapitalmarktes und der Marktteilnehmer übersteigt.[876] Ein solcher Ausnahmefall kann vorliegen, wenn die Information zur Vorbereitung einer Hauptversammlung durch den Vorstand dient und unerlässlich ist, damit die Großaktionäre einer angestrebten Kapitalerhöhung in der Hauptversammlung zustimmen.[877] Allerdings bedarf es für solche Ausnahmen stets einer Entscheidung im Einzelfall, die mit einer nicht unerheblichen Rechtsunsicherheit behaftet ist.[878]

In der Regel liegt zu dem Zeitpunkt, in dem die Großaktionäre angesprochen werden, keine Insiderinformation vor. Der Vorstand wird der Hauptversammlung die Zielgesellschaft nur vorschlagen, wenn die Mehrheit der Großaktionäre positiv reagiert und Stimmbindungsabreden eingeht.[879] Demnach kann die Entscheidung für die Zielgesellschaft in diesem Stadium des Transaktionsprozesses noch jederzeit scheitern. Ein etwaiges insiderrechtliches Weitergabeverbot setzt jedoch zunächst voraus, dass überhaupt eine Insiderinformation in dem Umstand zu sehen ist, dass bestimmten Großaktionären vor der Hauptversammlung eine potenzielle Zielgesellschaft vorgeschlagen wird. Eine Insiderinformation ist aber erst in dem Zustand zu sehen, dass sich der Vorstand endgültig für die betreffende Zielgesellschaft entschieden hat und es somit gemäß § 13 Abs. 1 S. 3 WpHG hinreichend wahrscheinlich ist, dass die Hauptversammlung des SPAC über das betreffende Zielunternehmen tatsächlich abstimmt.[880] Vorher ist die Information über die fokussierte Zielgesellschaft nicht als Insiderinformation zu qualifizieren und die Weitergabe an Großaktionäre nicht von § 14 Abs. Nr. 2 WpHG erfasst.

Sollte dennoch im Einzelfall eine Insiderinformation entstehen, weil sich der Vorstand während der Ansprache der Großaktionäre entschlossen hat, die Zielgesellschaft der Hauptversammlung vorzuschlagen und dies einzelnen Aktionären auch mitteilt bzw. sich dies während den Verhandlungen mit den Großaktionären ergibt, stellt sich die Frage, ob hier eine ausnahmsweise die Weitergabe dieser Insiderinformation an die angesprochenen Aktionäre zulässig ist. Für diese Ausnahme spricht die Bedeutung der Transaktion für die SPAC-Gesellschaft und die Struktur eines SPAC der nur auf diese Transaktion abzielt.[881] Die Annahme der Ausnahme birgt aber erhebliche Rechtsunsicherheit, da in jedem Einzelfall und zu jedem Zeitpunkt untersucht werden muss, ob tatsächlich das Interesse der Gesellschaft an der Weitergabe der Insiderin-

876 *Mennicke* in Fuchs, § 14 Rn. 293.

877 *Mennicke* in Fuchs, § 14 Rn. 293; *Assmann* in Assmann/Schneider, § 14 Rn. 84.

878 So ist bereits umstritten, ab welchen Schwellenwerten von einer wesentlichen Beteiligung an der Gesellschaft ausgegangen werden kann, die eine Vorabinformation rechtfertigen, vgl. nur *Mennicke* in Fuchs, § 14 Rn. 294.

879 Hierzu bereits ausführlich oben unter IX.2.a.

880 Siehe bereits oben unter IX.2.a.

881 Bejahend wegen der SPAC-Besonderheit des Zustimmungserfordernisses zu der Akquisition, *Zanner/Siebert*, CFL 2010, 227, 231.

formation gegenüber dem Interesse des Kapitalmarktes und seiner Marktteilnehmer überwiegt. Auch ist fraglich, ob die vorherige Ansprache wirklich „unerlässlich" für die spätere Zustimmung der Hauptversammlung ist.[882] Zudem ist die Frage, wann im Stadium des Akquisitionsprozesses, in dem bestimmte Großaktionäre angesprochen werden, tatsächlich eine Insiderinformation vorliegen könnte, sehr schwierig zu beurteilen.[883]

Letztlich wird es aber auf diese Fragen nicht ankommen, da die Stimmbindungsvereinbarungen bereits gegen § 136 Abs. 2 S. 2 AktG verstoßen und in diesem Stadium des Transaktionsprozesses der Vorstand sich noch nicht endgültig für eine Zielgesellschaft entschieden hat und somit keine Insiderinformation in dieser Hinsicht vorliegt.

b. Stimmbindungsverträge zwischen den Eigentümern des Zielunternehmens und einzelnen Aktionären der SPAC-Gesellschaft

Eine andere Möglichkeit zur frühzeitigen Sicherung der erforderlichen Mehrheiten für die Transaktionsentscheidungen wären Stimmbindungsverträge zwischen bestimmten Großaktionären und dem oder den Eigentümern der Zielgesellschaft, die darauf abzielen, bei der Transaktionsentscheidung für den Unternehmenszusammenschluss zu votieren.[884] Dies setzt voraus, dass die angesprochenen Aktionäre über ausreichend große Aktienpakete verfügen, die in der Summe die erforderliche Mehrheit repräsentieren.[885] Da, wie bereits beschrieben, die Investoren sich nicht gegenüber dem Management verpflichten dürfen für dessen Vorschläge zu stimmen (§ 136 Abs. 2 AktG), dürfte der Vorstand hier nur als Vermittler zwischen dem Altgesellschafter oder den Altgesellschaftern der Zielgesellschaft und den eigenen Aktionäre auftreten. Zudem muss gewährleistet werden, dass im Rahmen der Vermittlung keine Insiderinformationen an die Großaktionäre weitergegeben werden. Solange jedoch aus der Sicht des Vorstandes noch nicht feststeht, dass die Zielgesellschaft tatsächlich der Hauptversammlung vorgeschlagen wird, liegt auch keine Insiderinforation hinsichtlich dieser vor.[886] Bei der Vermittlung könnte den Investoren bereits das Zielunternehmen, ähnlich einer *Roadshow*,[887] vor einem Börsengang

---

882 Bloße Zweckmäßigkeitserwägungen sollen hier nicht ausreichen, vgl. *Assmann* in Assmann/Schneider, § 14 Rn. 84.

883 Vgl. *Zanner/Siebert*, CFL 2010, 227, 231 und oben IX.2.a.

884 Vgl. hierzu auch *Selzner*, ZHR 174 (2010), 318, 351.

885 Je größer die einzelnen Aktienpakete sind, desto weniger Aufwand wäre erforderlich, eine ausreichende Anzahl von Aktionären von der Transaktion zu überzeugen. Eine entsprechende Zusammensetzung des Aktionärskreises wurde auch von der Helikos SE gewählt, bei deren Börseneinführung 64 überwiegend institutionelle Investoren und *Family Offices* Anteile gezeichnet haben. Vgl. *Simon*, CFL 2010, 219, 222.

886 Hierzu bereits oben unter IX.2.a.

887 Vgl. zur Bedeutung der *Roadshow* für den Emittenten *Schlitt/Schäfer* in FS Hopt, 2469, 2483 f.

„schmackhaft" gemacht werden und die ausgehandelten Beteiligungsquoten erläutert werden.

Da es sich bei den Altgesellschaftern der Zielgesellschaft um (noch) Nicht-Aktionäre der SPAC-Gesellschaft handelt, muss die Frage beantwortet werden, ob Stimmbindungsverträge mit Nicht-Aktionären im Rahmen des § 136 AktG zulässig sind. In der Literatur werden zum Teil solche Stimmbindungsverpflichtungen gegenüber Dritten für unzulässig gehalten seit der BGH[888] die Vollstreckbarkeit von Stimmbindungsabreden anerkannt hat.[889] Insbesondere verstoße eine solche Abrede gegen die Wertungen des Abspaltungsverbotes, wonach kein Stimmrecht ohne Aktie bestehen darf.[890] Hinzu komme, dass eine solche Abrede den notwendigen Zusammenhang zwischen der Ausübung des Stimmrechtes und der Treuepflicht des Aktionärs gegenüber der AG auflösen würde.[891] Nach dieser Ansicht wäre auch die Verpflichtung bestimmter Investoren gegenüber dem oder den Altgesellschaftern der Zielgesellschaft unzulässig.

Die herrschende Meinung geht jedoch von einer Zulässigkeit solcher Stimmbindungsabreden mit Nicht-Aktionären aus und sieht hier keinen Verstoß gegen das Abspaltungsverbot.[892] Schließlich wachse dem Nicht-Aktionär kein eigenes Stimmrecht zu, sondern lediglich der Einfluss auf die Ausübung des Stimmrechtes des betreffenden Aktionärs.[893] Auch bestünde keine erhöhte Gefahr, dass der Aktionär seine Treuepflicht vernachlässigt, da ein Stimmbindungsvertrag, der zu einem treuwidrigen Abstimmungsverhalten führt, ohnehin nichtig ist und der Aktionär somit frei wäre, anderweitig abzustimmen.[894] Allerdings muss bei der Verpflichtung, für einen Vorschlag der Verwaltung zu stimmen, bereits vor dem Abschluss der Stimmbindungsabrede feststehen, was der konkrete Inhalt des Vorschlages ist, da sonst ein Verstoß gegen § 136 Abs. 2 S. 2 AktG vorliegt.[895] Unter diesen Voraussetzungen wäre eine vom Vorstand der SPAC-Gesellschaft vermittelte Stimmbindungsabrede

---

888 BGHZ 48, 163, 169 ff.

889 *Hüffer*, § 136 Rn. 29; *derselbe* in Ulmer/Habersack/Winter, § 47 Rn. 75; *Priester* in FS Werner, S. 657, 671 ff.; *Habersack* ZHR 164 (2000), 1, 12.

890 *Hüffer*, § 136 Rn. 29; *derselbe* in Ulmer/Habersack/Winter, § 47 Rn. 75.

891 *Hüffer*, § 136 Rn. 29; *derselbe* in Ulmer/Habersack/Winter, § 47 Rn. 75.

892 *Grunewald*, 2. C. 125; *Janberg/Schlaus*, AG 1967, 33 f.; *Noack*, S. 149 ff.; *Zöllner*, ZHR 155 (1991), 168, 180 f.; *derselbe* in Baumbach/Hueck, § 47 Rn. 113; *Bayer* in Lutter/Hommelhoff, GmbHG, § 47 Rn. 15; *Schröer* in MüKo-AktG, § 136 Rn. 68.

893 Da der Aktionär nach wie vor sein Stimmrecht selbst ausübt, bleibt auch die institutionelle Ordnung der Aktiengesellschaft gewahrt, vgl. *Schröer* in MüKo-AktG, § 136 Rn. 68.

894 *Schröer* in MüKo-AktG, § 136 Rn. 68.

895 Vgl. nur *Grunewald*, 2. C. 124.

zwischen dem Altgesellschafter oder den Altgesellschaftern der Zielgesellschaft und einzelnen SPAC-Aktionären zulässig.[896]

Mit der herrschenden Meinung sind Stimmbindungsvereinbarungen zwischen Aktionären und Nichtgesellschaftern als zulässig anzuerkennen. Dies macht insbesondere die beschriebene Situation eines SPAC vor dem De-SPAC deutlich. Der SPAC-Aktionär ist frei, eine solche Vereinbarung überhaupt einzugehen und hat sogar alternativ die Möglichkeit, seine Anteile an der Gesellschaft „zurückzugeben". Zudem handelt es sich um eine Einzelfallentscheidung, so dass eine dauerhafte Abspaltung des Stimmrechtes nicht zu befürchten ist. Genauso wenig besteht die Gefahr einer „blinden" Stimmrechtausübung, die einer externen Weisung folgt. Bei Abschluss der Stimmbindungsabrede steht bereits fest, welches Zielunternehmen der Vorstand vorschlagen wird. Ein Verstoß gegen die Treuepflichten gegenüber der Gesellschaft würde ohnehin die Nichtigkeit der Stimmabgabe nach sich ziehen und insofern in diesem Zusammenhang auch keine verstärkte Gefahr darstellen. Dennoch bleibt auch hier zu beachten, dass die Gewährung von Vorteilen, die an die Unterzeichnung einer solchen Stimmbindungsvereinbarung geknüpft werden, den Tatbestand des § 405 Abs. 3 Nr. 7 AktG erfüllt und gleichsam zur Nichtigkeit der Vereinbarung führt.

c. Zwischenergebnis

Wie bereits in der Praxis beobachtet werden konnte, haben sowohl die Gründer eines SPAC als auch der oder die Altgesellschafter des Zielunternehmens ein großes Interesse daran, bereits vor der eigentlichen Transaktionsentscheidung Gewissheit über deren Ausgang zu haben. Stimmbindungsvereinbarungen, bei denen den Aktionären für die Eingehung einer solchen Vereinbarung Vorteile angeboten werden, scheitern von vornherein an § 405 Abs. 3 Nr. 7 AktG und sind unzulässig. Ebenfalls unzulässig, da nicht mit § 136 Abs. 2 AktG vereinbar, sind Stimmbindungsvereinbarungen zwischen den Leitungsorganen des SPAC und den Investoren, in denen sich die Aktionäre verpflichten, für einen Vorschlag des Vorstandes zu stimmen. Aus insiderrechtlichen Gesichtspunkten bestehen hier weniger Bedenken, da in der Regel in dem relevanten Stadium des Transaktionsprozesses noch keine Insiderinformation hinsichtlich der Zielgesellschaft vorliegt.

Da nach der zustimmungswürdigen herrschenden Meinung aber Stimmbindungsvereinbarungen zwischen Aktionären und Nichtgesellschaftern zulässig sind, können solche Vereinbarungen zwischen dem Altgesellschafter oder den Altgesellschaftern der Zielgesellschaft und einzelnen SPAC-Aktionären geschlossen werden. Hierbei können sich die SPAC-Aktionäre verpflichten, bei

896 Hiervon ausgehend wohl auch *Selzner*, der das Problem der Zulässigkeit von Stimmbindungsvereinbarungen von Aktionären mit Nicht-Gesellschaftern jedoch nicht aufwirft, vgl. *Selzner*, ZHR 174 (2010), 318, 351.

der späteren Transaktionsentscheidung für eine Unternehmenszusammenführung mit der Zielgesellschaft zu stimmen. Sofern ausreichend Stimmen auf diese Weise gebunden werden können, kann von einer erhöhten Transaktionssicherheit ausgegangen werden. Aus Sicht der Gründer wäre es hier hilfreich, bereits bei der Wahl der Investoren den Schwerpunkt auf institutionelle Investoren und andere mögliche Großaktionäre zu legen. Dem Vorstand könnte hier eine Vermittlerrolle zukommen, in der er die Entscheidungsgründe für die spezielle Zielgesellschaft offenlegen kann.

2. *Break-Fee*-Vereinbarungen

In der M&A-Praxis werden häufig sogenannte *Break-Fee*-Vereinbarungen zwischen den an einer Transaktion beteiligten Parteien geschlossen. Durch solche Vereinbarungen verpflichtet sich eine oder beide Vertragsparteien zur Leistung einer bestimmten Geldsumme an die jeweils andere Partei, sofern die avisierte Transaktion scheitert.[897] Zweck solcher Vereinbarungen kann zum einen die Kostenerstattung für die vergeblich gewordenen Vorbereitungsmaßnahmen der Transaktion einer oder beider Parteien sein, zum anderen aber auch die Schaffung eines Instrumentes zur Transaktionssicherung.[898] Bei einer SPAC-Transaktion dürfte insbesondere ein erhöhtes Interesse der Zielgesellschaft sowohl an der Erstattung der in Zusammenhang mit der Transaktionsvorbereitung entstandenen Kosten bestehen, als auch an der Erhöhung der Transaktionssicherheit hinsichtlich der an die Investorenentscheidung geknüpfte Vollzugsbedingung. Hierbei stellt sich zum einen die Frage, in welchen Schranken solche *Break-Fee*-Vereinbarungen generell mit dem Aktienrecht vereinbar sind[899] und zum anderen, ob solche Klauseln konkret für die Sicherung eines SPAC-Transaktionsprozesses praktikabel sind. Denkbar ist ein Interesse des SPAC an einer zu seinen Gunsten ausgestalteten *Break-Fee,* falls auf Seiten des SPAC alle Voraussetzungen für den Erwerb geschaffen wurden und die Eigentümer der Zielgesellschaft dennoch kurz vor Vertragsschluss ihre Verkaufsabsicht aufgeben.

---

897 Vgl. zur Herkunft von *Break-Fee*-Vereinbarungen und deren Entwicklung im angloamerikanischen Rechtsraum *Fleischer,* AG 2009, 345, 347 f.

898 Vgl. *Fleischer,* AG 2009, 345, 346 und die dort genannten Praxisbeispiele für die Verwendung von *Break-Fee*-Vereinbarungen, insbesondere *Hoechst/Rhône Poulenc, Pro Sieben/Sat 1. 1* und *Techem/BC Partners.*

899 Aus kapitalmarktrechtlicher Sicht kann davon ausgegangen werden, dass *Break-Fee*-Vereinbarungen in der Regel zeitlich nicht in den Anwendungsbereich des § 33 Abs. 1 S. 1 WpÜG fallen und auch faktisch in einer moderaten Größenordnung den Erfolg eines Übernahmeangebotes nicht vereiteln. Auch erstreckt sich das kapitalmarktrechtliche Gebot der Bietergleichbehandlung nicht auf *Break-Fee*-Vereinbarungen, mit dem Ergebnis, dass mit jedem Bieter eine solche Vereinbarung getroffen werden müsste. Vgl. hierzu nur *Fleischer,* AG 2009, 345, 354 ff.

a. Schranken von *Break-Fee*-Vereinbarungen nach deutschem Recht

Schranken für die Zulässigkeit von *Break-Fee*-Vereinbarungen bilden die aktienrechtlichen Vorschriften zur Wahrung des Gesellschaftsinteresses (§§ 76 Abs. 1, 93 Abs. 1 AktG), zum Verbot der Einlagenrückgewähr (§ 57 Abs. 1 AktG), zur Beachtung der verbandsinternen Kompetenzordnung (§ 82 Abs. 2 AktG) und zu der finanziellen Unterstützung des Aktienerwerbs (§ 71a Abs. 1 AktG).[900]

Das Zahlungsversprechen muss im wohlverstandenen Interesse der Zielgesellschaft liegen, wobei der Vorstand der Zielgesellschaft im Rahmen dieser Entscheidung die Sorgfalt eines ordentlichen und gewissenhaften Geschäftsmannes anzuwenden hat (§ 93 Abs. 1 S. 1 AktG).[901] Zudem muss die Zahlung in ihrer Höhe angemessen sein,[902] was nicht der Fall ist, wenn die Gesellschaft keine adäquate Gegenleistung erhält[903] oder durch die Zahlung die Überlebensfähigkeit der Zielgesellschaft gefährdet würde.[904]

Auch das Verbot der Einlagenrückgewähr aus § 57 Abs. 1 AktG kann bei solchen Zahlungsversprechen aus zwei Gründen relevant werden: Zum einen erfasst das Verbot nicht nur offene Barzahlungen der Gesellschaft, sondern auch verdeckte Zuwendungen durch andere Rechtsgeschäfte.[905] Zum anderen gilt das Verbot nicht nur für Leistungen an gegenwärtige, sondern auch für Leistungen an zukünftige Aktionäre.[906] Nach der überwiegenden Auffassung sind demnach solche Zahlungsversprechen in Form von *Break-Fee*-Vereinbarungen nur zulässig, sofern sie im wohlverstandenen Interesse der Gesellschaft liegen und nicht über eine angemessene Kostenerstattung hinausgehen.[907]

Der Vorstand muss bei der Eingehung einer *Break-Fee*-Vereinbarung darüber hinaus die aktienrechtliche Kompetenzordnung nach § 82 Abs. 2 AktG berücksichtigen. Hiernach dürfen Entscheidungen, bei denen der Vorstand in seinen Geschäftsführungsbefugnissen durch das Gesetz, die Satzung, den Aufsichtsrat, die Hauptversammlung, die Geschäftsordnung oder den Anstellungsvertrag beschränkt ist, auch nicht tatsächlich in den alleinigen Kompe-

---

900 *Fleischer*, AG 2009, 345, 349 ff.

901 *Banerjea*, DB 2003, 1489, 1490 f.; *Drygala*, WM 2004, 1457, 1460 f.; *Fleischer*, AG 2009, 345, 350; *Hilgard*, BB 2008, 286, 291 dort Fn. 44; *Hopt*, ZGR 2002, 333, 361 f.; *Sieger/Hasselbach*, BB 2000, 625, 628; *Drinkuth* in Marsch-Barner/F. Schäfer, § 60 Rn. 174.

902 Vergleiche hierzu nur *Fleischer*, der zu Recht der Orientierung an festen Prozentzahlen, bezogen auf das Transaktionsvolumen, eine Absage erteilt und eine Beurteilung im Einzelfall für erforderlich hält, vgl. *Fleischer*, AG 2009, 345, 350 f.

903 *Fleischer*, AG 2009, 345, 350; *Hilgard*, BB 2008, 286, 291 dort Fn. 44.

904 *Drygala*, WM 2004, 1457, 1461; *Fleischer*, AG 2009, 345, 350.

905 BGH NJW 1992, 2821; *Fleischer*, AG 2009, 345, 351; *Hüffer*, § 57 Rn. 8.

906 BGH NZG 2008, 106 Tz. 13; *Bayer* in MüKo-AktG, § 57 Rn. 57; *Hüffer*, § 57 Rn. 14; *Johannsen-Roth/Goslar*, AG 2007, 573, 580; *Nodoushani*, NZG 2008, 291 f.

907 *Fleischer*, AG 2009, 345, 351 f. m. w. N.

tenzbereich des Vorstandes verschoben werden.[908] So darf der Vorstand die Entscheidungsfreiheit des jeweiligen Organs nicht durch ein exzessives Kostenerstattungsversprechen faktisch beschneiden.[909]

Außerdem darf die Aktiengesellschaft durch Finanzierungs- oder Hilfsmittelgeschäfte Dritten nicht ermöglichen, ihre eigenen Aktien zu erwerben (§ 71a AktG).[910] Daher könnte daran gedacht werden, dass eine *Break-Fee*-Vereinbarung eine Sicherheitsleistung darstellt, die den Erwerb der eigenen Aktien der Gesellschaft durch einen Dritten erleichtern soll. Dennoch verstoßen kostenersetzende *Break-Fee*-Vereinbarungen nach der herrschenden Meinung in der Literatur nicht gegen § 71a AktG.[911] Schließlich kommt es nur in dem Fall zu einer Zahlung auf Grundlage der *Break-Fee*-Vereinbarung, bei dem der Aktienerwerb scheitert und gerade nicht stattfindet.[912]

In den vorgenannten aktienrechtlichen Schranken sind *Break-Fee*-Vereinbarungen als zulässig anzuerkennen.

b. Vereinbarkeit von *Break-Fee*-Vereinbarungen mit dem SPAC-Modell

Fraglich ist, wie eine *Break-Fee*-Vereinbarung in den oben genannten Schranken zur Absicherung der Altgesellschafter der Zielgesellschaft in Erwartung einer SPAC-Transaktion zu gestalten ist. Zunächst müsste der Vorstand eine im Rahmen der §§ 76 Abs. 1, 93 Abs. 1 AktG angemessene Höhe für die *Break-Fee*-Zahlung festsetzen, für den Fall, dass die Transaktion aufgrund des Votums der SPAC-Investoren scheitert. Wegen des persönlichen Erfolgsinteresses der Vorstandsmitglieder an der Transaktion sollte das Zahlungsversprechen sich hier auf die Erstattung der im Zusammenhang mit der Transaktion für die Zielgesellschaft angefallenen Kosten beschränken. Dies würde von vornherein den Verdacht zerstreuen, dass der Vorstand unter Vernachlässigung des Gesellschaftsinteresses eine für die Aktionäre nachteilige Verbind-

---

908 Vgl. *Hüffer*, § 82 Rn. 9; *Habersack* in GroßKomm AktG, § 82 Rn. 20 f.; *Spindler* in MüKo-AktG, § 82 Rn. 30 f.

909 *Banerjea*, DB 2003, 1489, 1491; *Drygala*, WM 2004, 1457, 1460; *Fleischer*, AG 2009, 345, 351; *Hilgard*, BB 2008, 286, 293; *Schlitt* in Semler/Volhard, § 6 Rn. 83.

910 *Hüffer*, §71a Rn. 1. Der Normzweck der Regelung ist jedoch umstritten: Nach der traditionellen Auffassung soll die Norm die Umgehung des Verbots eigener Aktien nach § 71 AktG verhindern. Nach neuerer Auffassung liegt der Normzweck aber in der Vermeidung der Heranziehung des Gesellschaftsvermögens zur Erwerbsfinanzierung außerhalb der legalen Gewinnausschüttung. Vgl. hierzu *Oechsler* in MüKo-AktG, § 71a Rn. 3 f.

911 *Banerjea*, DB 2003, 1489, 1493; *Drinkuth* in Marsch-Barner/F. Schäfer, § 60 Rn. 176; *Drygala*, WM 2004, 1457, 1461; *Fleischer*, AG 2009, 345, 353; für Einzelfälle die Unzulässigkeit jedoch nicht ausschließend, vgl. *Schlitt* in Semler/Volhard, § 6 Rn. 83; *Sieger/Hasselbach*, BB 2000, 625, 628 f.; *Bezzenberger* in Schmidt/Lutter, § 71a Rn. 13. **A.A.:** *Merkt* in GroßKomm AktG, § 71a Rn. 39; *Oechsler* in MüKo-AktG, § 71a Rn. 29.

912 So insbesondere *Fleischer* mit umfassender, rechtsvergleichender und weitergehender Argumentation, vgl. *Fleischer*, AG 2009, 345, 353 f.

lichkeit eingegangen ist. Auch vor dem Hintergrund der unsicheren Einzelfallbetrachtung bei der Beurteilung der Angemessenheit der Höhe der *Break-Fee* kann mit der Beschränkung derselben auf die Kostenerstattung die Transaktionssicherheit erhöht werden.[913]

Das SPAC-Modell zeichnet sich gerade dadurch aus, dass in letzter Konsequenz die Aktionäre über die Transaktion entscheiden. So kommt der Wahrung der Kompetenzordnung (§ 82 Abs. 2 AktG) hier ein besonderes Gewicht zu. Erfolgt die Transaktionsentscheidung, wie hier vorgeschlagen, indirekt über den Sachkapitalerhöhungsbeschluss oder einen Änderungsbeschluss in Bezug auf den Unternehmensgegenstand,[914] so ergäbe sich die Kompetenz der Hauptversammlung bereits aus dem Gesetz.[915] Auf der einen Seite darf diese Entscheidung nicht durch die Höhe der *Break-Fee* beeinflusst werden, da so die Entscheidungskompetenz der Investoren als wesentliches Charakteristikum eines SPACs unterlaufen würde. Auf der anderen Seite wird jedoch die Zielgesellschaft ein nur geringes Interesse an der Erstattung ihrer im Vorfeld der Transaktion entstandenen Kosten haben, da diese nur gering ausfallen dürften. Ein erheblich höherer Kostenaufwand fällt bei der SPAC-Gesellschaft an, die im Rahmen einer *Due Diligence* die Werthaltigkeit der Zielgesellschaft überprüft, während die Zielgesellschaft sich darauf beschränken kann, die erforderlichen Unterlagen zur Verfügung zu stellen und Transaktionsverhandlungen zu führen. Das wesentliche Interesse der Zielgesellschaft wird darin liegen, durch eine *Break-Fee* mit einem eher poenalen Charakter den Abschluss der Transaktion und somit die Zustimmung der SPAC-Investoren sicher zu stellen. Eine *Break-Fee,* die aufgrund ihrer Höhe den Unternehmenszusammenschluss nahezu sicherstellt, ist jedoch mit den oben genannten Grundsätzen nicht vereinbar, so dass der Vorstand pflichtwidrig gegen die Kompetenzordnung der Gesellschaft (§ 82 Abs. 2 AktG) verstieße.[916]

Sollte dennoch eine solche *Break-Fee*-Vereinbarung, beschränkt auf die Erstattung der für die Zielgesellschaft im Zusammenhang mit der gescheiterten Transaktion entstandenen Kosten, geschlossen werden, stellt sich die Frage, aus welchen Mitteln der SPAC-Gesellschaft dieser Anspruch befriedigt werden könnte. Da der Kostenerstattungsanspruch der Zielgesellschaft, wie bereits beschrieben, keine exorbitante Höhe erreichen wird, würden in der Regel bereits Mittel aus den Privatplatzierungen zum Erwerb der Gründeraktien und der Gründeroptionsscheine durch die Gründer zur Befriedigung der Ziel-

913 Aus diesem Grund ebenfalls die Beschränkung auf eine Kostenerstattung empfehlend: *Fleischer*, AG 2009, 345, 350; *Krause* in Assmann/Pötzsch/Schneider, § 22 Rn. 83.

914 Siehe bereits oben unter D.IV.5.a. und b.

915 Für die Sachkapitalerhöhung aus 119 Abs. 1 Nr. 6 AktG i. V. m. § 182 Abs. 1 S. 1 AktG i. V. m. § 183 AktG; für die Änderung des Unternehmensgegenstandes aus § 179 Abs. 1 S. 1 AktG.

916 Allgemeiner, aber ähnlich *Selzner*, ZHR 174 (2010), 318, 356 f.

gesellschaft ausreichen.[917] Dies hängt zum einen von dem Umfang der Management-Beteiligung ab und zum anderen von der Höhe der tatsächlich angefallenen Gründungskosten und laufenden Kosten, die ebenfalls häufig aus dieser Quelle beglichen werden.[918]

Grundsätzlich ist das sonstige Kapital des SPAC auf dem Treuhandkonto gebündelt und ein Zugriff ist nur im Liquidationsfall oder bei einer Unternehmenszusammenführung möglich. Ein Rückgriff auf das Treuhandkapital dürfte auch nur in dem Fall notwendig sein, in dem eine sehr hohe, mit dem deutschen Recht nicht zu vereinbarende *Break-Fee* festgesetzt wird. Bei einem Scheitern der Transaktion könnte erst nach Auflösung des Treuhandkontos auf diese Mittel zurückgegriffen werden, wobei sich die Vollstreckung in die Auszahlungsansprüche schwierig gestaltet.[919] Zudem liefe der Rückgriff auf das Treuhandkonto zu diesem Zweck dem Prinzip eines SPAC zuwider, da die Mittel der Investoren bei einer Liquidation ausschließlich an diese zurückgezahlt werden sollen. Gerade die Sicherung der Einlagen auf einem Treuhandkonto soll das Investment für die SPAC-Aktionäre kalkulierbar machen und den Liquidationsfall zu einer nicht zwingend negativen Option werden lassen. Sollten das Treuhandkonto oder die Auszahlungsansprüche der Investoren in irgendeiner Form angegriffen werden können, ginge dies auf Kosten des Vertrauens der Publikumsaktionäre. Verlangt die Zielgesellschaft die Vereinbarung einer *Break-Fee* im Vorfeld der Transaktion, muss diese darauf beschränkt bleiben, den Gesellschaftern der Zielgesellschaft ihre in Verbindung mit der Transaktionsvorbereitung angefallenen Kosten zu erstatten.

Unter den genannten Voraussetzungen und unter Beachtung des von der Rechtsform der Zielgesellschaft abhängigen rechtlichen Rahmens muss es ebenso möglich sein, eine *Break-Fee* zugunsten des SPAC zu vereinbaren.

c. Zwischenergebnis

Die Zulässigkeit von *Break-Fee*-Vereinbarungen ist anzuerkennen, sofern sich diese Vereinbarungen in den aktienrechtlich zulässigen Schranken bewegen.

---

917 Schließlich investierten beispielsweise die Gründer von Germany1 6 Millionen Euro, die der ECT SE 4,97 Millionen Euro und die Gründer der Helikos SE sogar 10 Millionen Euro nur für den Erwerb der Gründeroptionsscheine, vgl. Wertpapierprospekt der Germany1 Acquisition Limited vom 02.07.2008, S. 77 f.; Ad-hoc-Mitteilung der ECT SE vom 18.10.2010 (Fn. 111); Wertpapierprospekt der Helikos SE vom 11.01.2010, S. 102.

918 Siehe hierzu bereits oben unter B.IV.5 und 11.

919 Zu den sich hier bietenden Schwierigkeiten bei der Vollstreckung vgl. *Selzner*, der insbesondere darauf hinweist, dass der Auszahlungsanspruch den Investoren zustehe und nicht der SPAC-Gesellschaft als Schuldnerin aus der *Break-Fee*-Vereinbarung. Selbst bei einer Auszahlung der Mittel an die SPAC-Gesellschaft als Treuhänder der Investoren, hätten diese beispielsweise mit einer Drittwiderspruchsklage (§ 771 ZPO) ausreichende rechtliche Mittel an der Hand, um eine Vollstreckung der ehemaligen Zielgesellschaft in ihre Auszahlungsansprüche gegenüber der SPAC-Gesellschaft zu verhindern, so *Selzner*, ZHR 174 (2010), 318, 357 f.

Dies ist nicht der Fall bei Vereinbarungen, die den Interessen der Aktionäre widersprechen oder in ihrer Höhe nicht angemessen sind. Vereinbarungen, die jedoch lediglich eine Erstattung der im Vertrauen auf das Zustandekommen der Transaktion angefallenen Kosten für die Zielgesellschaft zum Gegenstand haben, sind in der Regel angemessen. Bei solchen Vereinbarungen besteht auch nicht die Gefahr, dass das zuständige Entscheidungsorgan der verpflichteten Gesellschaft durch die Höhe der *Break-Fee* unzulässig in seiner Entscheidungsfreiheit eingeschränkt wird. Sollte im Vorfeld einer SPAC-Transaktion die potenzielle Zielgesellschaft auf eine *Break-Fee*-Vereinbarung bestehen, müsste sich die Vereinbarung aus den genannten Gründen auf eine Kostenerstattung der tatsächlich angefallenen Kosten zugunsten der Zielgesellschaft beschränken. Eine darüber hinaus gehende Vereinbarung legt den Verdacht nahe, dass der Vorstand in unzulässiger Weise Einfluss auf die Transaktionsentscheidung der Hauptversammlung nimmt. Da diese Entscheidung bei einem SPAC in der Rechtsform einer deutschen Aktiengesellschaft über einen Sachkapitalerhöhungsbeschluss oder Änderungsbeschluss zum Unternehmensgegenstand erfolgen muss,[920] würde der Vorstand durch die Unterzeichnung einer solchen Vereinbarung seine Geschäftsführungskompetenz in nicht zulässiger Weise entgegen § 82 Abs. 2 AktG überschreiten. Eine Zahlung im Rahmen eines Kostenerstattungsanspruches dürfte regelmäßig noch von dem durch die Gründer eingebrachten Kapital (*working capital*) zu decken sein. Der Rückgriff auf das Treuhandkonto zwecks Begleichung von *Break-Fees* scheitert in erster Linie am Grundprinzip des SPAC-Modells, dürfte aber auch in der Durchsetzung kaum praktikabel sein.

X. SPACs in der Rechtsform einer Investmentaktiengesellschaft

Das Investmentgesetz ist insbesondere auf inländische Investmentvermögen anwendbar, die nach dem Grundsatz der Risikomischung aus bestimmten Vermögensgegenständen zusammengesetzt und als Investmentfonds (§ 2 Abs. 1 InvG) oder Investmentaktiengesellschaften (§ 2 Abs. 5 InvG) gebildet werden.[921] Das für die Investmentaktiengesellschaft anwendbare Investmentgesetz bietet verschiedene Erleichterungen insbesondere hinsichtlich der aktienrechtlichen Vorschriften zur Kapitalbeschaffung und der Kapitalherabsetzung an, die möglicherweise die Ausgestaltung eines SPAC in der Rechtsform einer deutschen Aktiengesellschaft begünstigen. Wie diese Vorteile aussehen und ob die Struktur eines SPAC sich für eine Investmentaktiengesellschaft eignet, soll im Folgenden untersucht werden.

920 Siehe bereits oben unter D.IV.d.

921 Vgl. *Schlitt* in Grunewald/Schlitt, S. 8; *Buck-Heeb*, Rn. 634.

1. Mögliche Vorteile des InvG für SPACs

Organisationsrechtlich handelt es sich bei einer Investmentaktiengesellschaft um einen Investmentfond.[922] Die Investmentaktiengesellschaft (InvAG) ist in den §§ 96 ff. InvG geregelt. Diese Vorschriften sehen unter anderem vor, dass bestimmte Regelungen des Aktiengesetzes keine Anwendung finden (§ 99 Abs. 1 InvG). Hiervon erfasst ist sowohl der Grundsatz der Satzungsstrenge (§ 23 Abs. 5 AktG) als auch die Vorschriften zur Kapitalherauf- und Kapitalherabsetzung (§§ 182 bis 240 AktG). An die Stelle der auf diese Weise ausgeschlossenen aktienrechtlichen Schutzvorschriften treten die speziellen Schutzvorschriften des InvG.[923]

Eine Besonderheit der InvAG besteht darin, dass sie jederzeit in bestimmten Grenzen nach § 105 Abs. 1 InvG neue Aktien ausgeben kann und ebenso Aktien zurücknehmen kann, da sie mit veränderlichem Kapital (sogenanntes „Gesellschaftskapital" nach § 96 Abs. 1 S. 4 InvG) ausgestattet wird.[924] Bei veränderlichem Kapital ist der Vorstand ermächtigt, wiederholt bis zu einem in der Satzung festgelegten Höchstbetrag das Kapital durch die Ausgabe neuer Aktien gegen Einlagen zu erhöhen.[925] Dafür bedarf es keines Hauptversammlungsbeschlusses und es bestehen keine Bezugsrechte für die übrigen Aktionäre (§ 104 InvG).[926] Außerdem steht den Anlegern gegenüber der InvAG das Recht zu, von der InvAG verlangen zu können, dass die Gesellschaft ihre Anteile zurückerwirbt.[927] Hierbei kann der Anleger die Zahlung des Inventarwertes, abzüglich eines in der Satzung festgesetzten Abschlages, für die Transaktionskosten verlangen (§ 105 Abs. 3 S. 1 InvG).[928]

Es liegt nahe, dass ein derart veränderbares Grundkapital der SPAC-Struktur entgegenkäme: Zum einen bestünden die Probleme beim Erwerb eigener Aktien von den die Transaktion negierenden Aktionären nicht, zum anderen könnte der rechtlichen Unsicherheit hinsichtlich der Absicherung der Publikums- und Gründeroptionsscheine mit bedingtem oder genehmigten Kapital begegnet werden. Solange das Grundkapital gedeckt ist, darf die Gesellschaft jederzeit eigene Aktien erwerben.[929] Die übliche Grenze für den Erwerb eige-

---

922 Begr. RegE InvG, BT-Drucks. 15/1553, S. 104; *Buck-Heeb*, Rn. 643.

923 Vgl. *Buck-Heeb*, Rn. 643.

924 *Habersack* in MüKo-AktG, Einl. Rn. 179; *Buck-Heeb*, Rn. 644.

925 Es handelt sich um sogenanntes „statuarisch genehmigtes Kapital", vgl. *Pluskat*, WM 2005, 772, 774 f.; *Fischer/Steck* in Berger/Steck/Lübbehausen, § 105 Rn. 1; *Baur* in Assmann/Schütze, § 20 Rn. 187; *Krafka/Kühn* in Krafka/Willer/Kühn, Rn. 1744b; *Köndgen/Schmies* in Schimansky/Bunte/Lwowski, § 113 Rn. 146b.

926 *Baur* in Assmann/Schütze, § 20 Rn. 187; *Habersack* in MüKo-AktG, Einl. Rn. 179.

927 *Fischer/Steck* in Berger/Steck/Lübbehausen, § 105 Rn. 3; *Baur* in Assmann/Schütze, § 20 Rn. 188; *Habersack* in MüKo-AktG, Einl. Rn. 179; *Köndgen/Schmies* in Schimansky/Bunte/Lwowski, § 113 Rn. 146b.

928 *Baur* in Assmann/Schütze, § 20 Rn. 188; *Habersack* in MüKo-AktG, Einl. Rn. 179.

929 Vgl. *Pluskat*, WM 2005, 772, 775; *Fischer/Steck* in Berger/Steck/Lübbehausen, § 105 Rn. 5.

ner Aktien aus § 71 Abs. 1 Nr. 8 AktG gilt hier nicht, sondern die speziellere Regelung des § 105 InvG.[930]

Die variable Ausgestaltung bei der Ausgabe neuer Aktien scheint die angesprochenen Probleme hinsichtlich des nicht ausreichenden Umfanges von bedingtem und genehmigtem Kapital zur Bedienung aller auszugebenden Optionsscheine bei der AG lösen zu können.[931] Ähnlich wie bei dem bedingten Kapital der AG ist bei der InvAG mit der Ausgabe der neuen Aktien das Kapital erhöht (§ 104 S. 2 InvG).[932] Allerdings besteht keine anteils- oder zahlenmäßige Beschränkung für die in die Satzung aufzunehmende Höchstgrenze, bis zu der das Kapital erhöht werden darf.[933] Demnach könnte daran gedacht werden, die Höchstgrenze in der Satzung so zu fassen, dass alle Gründer- und Publikumsoptionsscheine abgesichert werden könnten. Damit wäre diese Lösung im Vorteil gegenüber der Kombination aus bedingtem und genehmigtem Kapital bei der AG.[934]

Zumindest hinsichtlich dieser beiden Punkte scheint die Investmentaktiengesellschaft die geradezu prädestinierte Rechtsform für einen SPAC zu sein, da sie aus Sicht der Gründer eines SPACs die vermeintlichen Schwächen des Aktienrechts für diese Anlageform außer Kraft setzt. Die statischen Vorschriften des Aktienrechtes hinsichtlich der Kapitalerhöhungen und Kapitalherabsetzungen sind bei einer SPAC-Struktur gegenüber den variableren Gestaltungsmöglichkeiten des Investmentgesetzes im Nachteil.

2. SPACs als Investmentaktiengesellschaften

Allerdings sprechen bei einer genaueren Untersuchung gewichtige Gründe dafür, dass eine Investmentaktiengesellschaft trotz ihrer partiellen Vorteile nicht als Rechtsform für einen SPAC geeignet ist.

Die Variabilität einer InvAG bei der Rücknahme der eigenen Aktien kommt der SPAC-Struktur nur scheinbar entgegen. Schließlich ist zu berücksichtigen, dass bei SPACs nur die Aktionäre einen Anspruch auf die Rückgabe ihrer Anteile haben sollen, die sich gegen das Zielunternehmen aussprechen. Bei der InvAG haben jedoch alle Anleger einen Anspruch auf Rückgabe ihrer Anteile und das zu jeder Zeit. Die Rücknahmepflicht der Gesellschaft ist grundsätzlich zwingend und darf nur in den gesetzlichen Schranken eingegrenzt werden.[935]

---

930 Allerdings darf das Grundkapital der InvAG hierbei die Marke von 1,25 Millionen Euro nach § 105 Abs. 2 S. 2 InvG nicht unterschreiten. Die 10-Prozent-Grenze des § 71 Abs. 1 Nr. 8 AktG gilt hier hingegen nicht, vgl. *Pluskat*, WM 2005, 772, 775; *Fischer/Steck* in Berger/Steck/Lübbehausen, § 105 Rn. 5.

931 Vgl. hierzu oben unter D.I.3.

932 Vgl. auch *Köndgen/Schmies* in Schimansky/Bunte/Lwowski, § 113 Rn. 146b.

933 Vgl. *Krafka/Kühn* in Krafka/Willer/Kühn, Rn. 1744b.

934 Vgl. hierzu oben unter D.I.4.

935 *Fischer/Steck* in Berger/Steck/Lübbehausen, § 105 Rn. 4.

Dies ist dann der Fall, wenn außergewöhnliche Umstände nach § 99 Abs. 3 InvG i. V. m. § 37 Abs. 2 InvG vorliegen.[936] Bei einer SPAC-Gesellschaft hingegen müsste von einem dauerhaften Vorliegen außergewöhnlicher Umstände ausgegangen werden, um den Rückgabeanspruch aller Anleger auch vor der Unternehmenszusammenführung auszuschließen. Das widerspricht bereits dem Wortlaut des § 37 Abs. 2 S. 1 InvG, der explizit „außergewöhnlicher Umstände" verlangt. Ein dauerhafter Ausschluss des Rückgaberechts, mit Ausnahme für die gegen die Unternehmenszusammenführung stimmenden Aktionäre, bei einem SPAC in der Rechtsform einer InvAG wäre contra legem und ist nicht strukturierbar.

Eine Besonderheit der InvAG gegenüber der klassischen AG liegt darin, dass bei einer InvAG keine Sacheinlagen gestattet sind (§ 103 InvG).[937] Dieses Verbot würde die Gestaltungsmöglichkeiten eines SPAC bei einer Unternehmenszusammenführung erheblich einschränken. Der Regelfall einer Unternehmenszusammenführung mit einem SPAC ist eine Sachkapitalerhöhung, bei der die Altgesellschafter der Zielgesellschaft ihre Gesellschaftsanteile als Sacheinlage in die SPAC-Gesellschaft einbringen und im Gegenzug junge Aktien der SPAC-Gesellschaft erhalten.[938] Mit einer InvAG wäre diese Transaktionsform wegen des Verbotes von Sacheinlagen nicht zulässig. Zwar könnten dennoch eine Zielgesellschaft oder mehrere Zielgesellschaften mit einer InvAG als SPAC übernommen werden. Doch würden die Altgesellschafter keine Anteile am SPAC in direktem Gegenzug zu der Veräußerung der Gesellschaftsanteile ihrer Gesellschaft erhalten, da die eigenen Aktien des SPAC als Akquisitionswährung ausscheiden. Wird dennoch eine Beteiligung der Altgesellschafter angestrebt, würde eine zusätzliche Barkapitalerhöhung mit Bezugsrechtausschluss erforderlich. Abhängig von der Größe des Zielunternehmens würde sich zudem die Wahrscheinlichkeit erhöhen, bei der Akquisition auf eine Fremdkapitalaufnahme angewiesen zu sein, sollte das Treuhandkapital nicht ausreichen. Dieser Umstand macht das SPAC-Modell für Investoren weniger attraktiv und für die Gesellschafter potenzieller Zielgesellschaften dürfte der Zusammenschluss mit einer SPAC-Gesellschaft gleichfalls an Attraktivität einbüßen.

Aus einem anderen Grund scheidet die Investmentaktiengesellschaft aber auch als Rechtsform an sich für SPAC-Gesellschaften aus: Der Unternehmensgegenstand einer InvAG muss nach der Satzung auf die Anlage und Verwaltung ihrer Mittel nach dem Grundsatz der Risikomischung zur gemeinschaft-

936 Als außergewöhnliche Umstände gelten hier beispielsweise die Schließung maßgeblicher Börsen und Devisenmärkte oder die Ausübung des Andienungsrechts durch eine so große Anzahl von Aktionären, dass die InvAG gezwungen wäre, ihre Finanzinstrumente weit unter Wert zu veräußern, vgl. *Fischer/Steck* in Berger/Steck/Lübbehausen, § 105 Rn. 6.

937 Vgl. auch *Pluskat*, WM 2005, 772, 773; *Buck-Heeb*, Rn. 643; *Fischer/Steck* in Berger/Steck/Lübbehausen, § 103 Rn. 2.

938 Vgl. hierzu oben unter B.IV.6.

lichen Kapitalanlage in bestimmte Vermögensgegenstände beschränkt sein (§ 96 Abs. 2 und § 2 Abs. 5 S. 1 InvG).[939] Hierbei ist insbesondere aus Anlegerschutzgesichtspunkten auf eine Diversifizierung durch Risikostreuung und Risikomischung zu achten.[940] Bei dem SPAC-Modell konzentrieren sich die Gründer jedoch regelmäßig lediglich auf eine Unternehmensbeteiligung oder Unternehmensübernahme.[941] Eine InvAG muss jedoch darauf ausgerichtet sein, ihr Investmentvermögen in verschiedenen Vermögensgegenständen, nach dem Grundsatz der Risikomischung, anzulegen und nicht einseitig in (meist) eine Unternehmensbeteiligung.[942] Der satzungsmäßige Unternehmensgegenstand einer SPAC-Gesellschaft genügt regelmäßig nicht den Anforderungen an den Unternehmensgegenstand einer InvAG hinsichtlich des Kriteriums der Risikomischung nach § 96 Abs. 5 InvG.[943] Mangels eines entsprechenden Unternehmensgegenstandes ist ein SPAC nicht als Investmentaktiengesellschaft strukturierbar.

3. Ergebnis

Auf den ersten Blick scheint die Investmentaktiengesellschaft aufgrund ihrer vereinfachten Regeln zur Kapitalherauf- und Kapitalherabsetzung besonders geeignet für die speziellen Anforderungen einer SPAC-Gesellschaft an ihre Rechtsform zu sein. Aber die im Aktienrecht festgestellten Schwierigkeiten hinsichtlich der gesellschaftsrechtlichen Umsetzung der Umtauschrechte für die gegen eine Transaktion votierenden Aktionäre können auch durch die Wahl einer InvAG als Rechtsform nicht befriedigend gelöst werden. Stets

939 *Schlitt* in Grunewald/Schlitt, S. 8 f.; *Buck-Heeb*, Rn. 647a; *Pluskat*, WM 2005, 772, 773; *Fischer/Steck* in Berger/Steck/Lübbehausen, § 96 Rn. 25. Gleiches gilt auch für den Unternehmensgegenstand einer Kapitalanlagegesellschaft (KAG) nach § 2 Abs. 6 InvG, vgl. *Buck-Heeb*, Rn. 637; *Köndgen* in Berger/Steck/Lübbehausen, § 1 Rn. 23.

940 *Köndgen* in Berger/Steck/Lübbehausen, § 1 Rn. 26.

941 Grundsätzlich ist die Investition in Unternehmensbeteiligungen für die InvAG nach § 96 Abs. 2 InvG i. V. m. § 2 Abs. 4 Nr. 10 InvG jedoch möglich. Voraussetzung ist hier, dass der Wert der Beteiligungen nach anerkannten Methoden der Unternehmensbewertung ermittelt werden kann und ermittelt werden muss. Vgl. hierzu *Köndgen* in Berger/Steck/Lübbehausen, § 2 Rn. 31 f.

942 Zwar kann im Prospekt auch die Möglichkeit aufgenommen werden, dass mehrere Unternehmenserwerbe oder Unternehmensbeteiligungen möglich sind, so zum Beispiel auch bei der Germany1 Ltd, vgl. Wertpapierprospekt der Germany1 Acquisition Limited vom 02.07.2008, S. 47. Aufgrund der kurzen Zeitspanne und der mit der Unternehmenszusammenführung aufwendigen Strukturmaßnahmen sowie der erforderlichen Zustimmung der Aktionäre und den Einschränkungen hinsichtlich des Treuhandkontos, wird der Erwerb eines Zielunternehmens oder die Beteiligung an einem Zielunternehmen jedoch die Regel bleiben. Auch bei der Absicht mehrere Zielgesellschaften zu akquirieren, kann nicht von einer Risikomischung ausgegangen werden, da nur in Unternehmen als Vermögensgegenstände investiert wird. Vgl. auch oben unter B.IV.3.

943 Ebenfalls dieser Auffassung mit knapper Begründung *Simmat/Siebert*, CFL 2010, 13, 23.

müsste allen Aktionären zu nahezu jeder Zeit ein Umtauschrecht eingeräumt werden. Die Besicherung der Gründer- und Publikumsoptionsscheine hätten bei der Wahl einer Investmentaktiengesellschaft als Vehikel möglicherweise gelöst werden können. Aber eine InvAG scheidet als Rechtsform für einen SPAC im Wesentlichen deswegen aus, weil der Unternehmensgegenstand bei dieser Rechtsform zwingend darauf lauten muss, dass das Investitionsvermögen nach dem Grundsatz der Risikomischung angelegt wird. Bei einer SPAC-Gesellschaft, die ihre gesamten Mittel auf einem Treuhandkonto anlegt, um später regelmäßig nur ein Zielunternehmen zu akquirieren, liegt keine Risikomischung vor. Auch der Umstand dass bei Investmentaktiengesellschaften keine Sacheinlagen möglich sind, würde die Möglichkeiten bei der Strukturierung der Unternehmenszusammenführung derart einschränken, dass sich dies nachteilig für Investoren und Altgesellschafter der Zielgesellschaft auswirkt. Das Investmentgesetz bietet keine wirklichen Alternativen zur Strukturierung einer deutschen Rechtsform für eine SPAC-Gesellschaft.

XI. Die SE mit Sitz in Deutschland als Rechtsform für eine SPAC-Gesellschaft

Es stellt sich die Frage, ob nicht eine SE mit Sitz in Deutschland eine geeignetere Rechtsform gegenüber einer deutschen Aktiengesellschaft für einen deutschen SPAC darstellen würde.[944] Sowohl die Helikos SE als auch die European CleanTech I SE wurden als SE mit Sitz in Luxemburg gegründet.

1. Regelungsrahmen

Die in der Europäischen Union geltende SE-Verordnung regelt nur die wesentlichen Punkte zur Rechtsform der SE und verweist darüber hinaus auf das nationale Recht der jeweiligen Mitgliedsstaaten.[945] Insbesondere enthält Art. 9 Abs. 1 c SE-VO eine Generalverweisung auf das Recht des Mitgliedsstaates, in dem die SE ihren Sitz hat.[946] Nach § 9 SE-VO sind jedoch immer die Vorschriften der SE-VO beziehungsweise die auf Grundlage der SE-VO erlassenen Satzungsregelungen vorrangig und für nicht geregelte Fälle die von den Mit-

---

944 Die andere europäische, supranationale Rechtsform der Societas Privata Europea (SPE), deren gesetzlicher Rahmen noch in der Entwicklung ist, scheidet von vornherein mangels der Möglichkeit einer Börsennotierung als Rechtsform für einen SPAC aus. Die SPE ist vielmehr als Pendant zur deutschen GmbH zu sehen, zumal nach derzeitigem Stand das GmbHG zumindest teilweise auf sie Anwendung finden soll, vgl. *Salomon*, S. 24 ff.

945 *Schröder* in Manz/Mayer/Schröder, Art. 9 SE-VO Rn. 6.

946 Vgl. *Wagner*, NZG 2002, 985, 986; *Schröder* in Manz/Mayer/Schröder, Art. 9 SE-VO Rn. 6; *Hommelhoff/Teichmann* in Lutter/Hommelhoff SE-Komm., Art. 9 Rn. 7; *Drinhausen/Teichmann* in Van Hulle/Maul/Drinhausen, S. 44 f.

gliedsstaaten erlassenen Ausführungsgesetze.[947] Sollte die rechtliche Fragestellung auch hier nicht geklärt werden können, wird auf das Aktienrecht des jeweiligen Sitzstaates zurückgegriffen, sofern nicht ohnehin diese Vorschriften aufgrund einer Sachnorm- oder Gesamtnormverweisung anwendbar sind.[948]

2. Relevante Normen für eine SPAC-Gesellschaft mit Sitz in Deutschland

Ob eine SE mit Sitz in Deutschland als Rechtsform für eine SPAC-Gesellschaft geeignet ist, hängt somit im Wesentlichen davon ab, ob das deutsche Aktienrecht in den bereits untersuchten „kritischen" Bereichen anwendbar ist. Dies gilt insbesondere für die Fragen, ob auf eine SE mit Sitz in Deutschland auch die Kapitalvorschriften und Liquidationsvorschriften des deutschen Aktienrechts anwendbar sind.

In der vorangegangenen Prüfung wurde bereits erläutert, dass das deutsche Aktienrecht nicht ausreichende Möglichkeiten zur Absicherung aller Optionsrechte einer SPAC-Gesellschaft, die als Teil der Units beim Börsengang ausgegeben werden, bietet.[949] Weder bedingtes noch genehmigtes Kapital bieten ausreichende Kapazitäten, um eine verlässliche Absicherung der Optionsrechte gegenüber den Investoren garantieren zu können. Die SE-VO stellt weder eigene Regeln für das Kapital hinsichtlich dessen Aufbringung, Erhaltung oder Änderung auf, noch trifft sie Regelungen diesbezüglich für die von der SE auszugebenden Wertpapiere, wie beispielsweise Optionsscheine.[950] Vielmehr verweist hier Art. 5 SE-VO auf das Landesrecht und somit das deutsche Aktienrecht.[951] Daher sind insbesondere die deutschen Vorschriften zum bedingten Kapital nach §§ 192 ff. AktG[952] und zum genehmigten Kapital nach §§ 202 ff. AktG[953] anwendbar. Das bedeutet, dass sich hier die gleichen Probleme stellen wie bei der Rechtsformwahl einer deutschen AG: Auch bei der Wahl einer SE mit Sitz in Deutschland können nicht alle Publikumsoptions-

---

947 *Schröder* in Manz/Mayer/Schröder, Art. 9 SE-VO Rn. 7; *Hommelhoff/Teichmann* in Lutter/Hommelhoff SE-Komm., Art. 9 Rn. 52; *Drinhausen/Teichmann* in Van Hulle/Maul/Drinhausen, S. 44.

948 *Schröder* in Manz/Mayer/Schröder, Art. 9 SE-VO Rn. 7; *Hommelhoff/Teichmann* in Lutter/Hommelhoff SE-Komm., Art. 9 Rn. 54 f.; *Drinhausen/Teichmann* in Van Hulle/Maul/Drinhausen, S. 44 f.

949 Siehe bereits oben unter D.I.3.

950 *Mayer* in Manz/Mayer/Schröder, Art. 5 SE-VO Rn. 1; *Fleischer* in Lutter/Hommelhoff SE-Komm., Art. 5 Rn. 1.

951 Anderes gilt nur für das Mindestkapital, das nach Art. 4 Abs. 1 SE-VO mindestens 120.000 Euro betragen muss. Vgl. *Mayer* in Manz/Mayer/Schröder, Art. 5 SE-VO Rn. 8 ff.

952 *Mayer* in Manz/Mayer/Schröder, Art. 5 SE-VO Rn. 64; *Fleischer* in Lutter/Hommelhoff SE-Komm., Art. 5 Rn. 8.

953 *Mayer* in Manz/Mayer/Schröder, Art. 5 SE-VO Rn. 65 ff.; *Fleischer* in Lutter/Hommelhoff SE-Komm., Art. 5 Rn. 8.

scheine abgesichert werden. Die Rechtsunsicherheit bei der Ausgabe von Huckepack-Optionen besteht gleichfalls.[954]

Auch der Erwerb eigener Aktien als Kapitalmaßnahme richtet sich, nach dem Verweis aus Art. 5 SE-VO, nach den deutschen, aktienrechtlichen Vorschriften, insbesondere sind die § 57 AktG und 71 AktG hier anzuwenden.[955] Gleiches gilt für die Vorschriften zur Kapitalherabsetzung nach den §§ 222 ff. AktG.[956] Somit kann auch hier auf die obigen Ausführungen zu den Möglichkeiten einer deutschen Aktiengesellschaft zum Erwerb eigener Aktien verwiesen werden:[957] Aufgrund des Verbotes des Erwerbes eigener Aktien und der zu engen Ausnahmen des Aktienrechts, könnte auch eine SE mit dem Sitz in Deutschland nicht genügend eigene Aktien erwerben, um die bei einer SPAC-Gesellschaft üblichen Umtauschrechte zu gewährleisten.

Ein weiterer wesentlicher Faktor, der die deutsche AG für die Strukturierung einer SPAC-Gesellschaft unattraktiv macht, ist der Umstand, dass im Liquidationsfall aus Gläubigerschutzgesichtspunkten zwingend die Sperrfrist von einem Jahr nach § 272 Abs. 1 AktG einzuhalten ist, bevor das Treuhandvermögen an die Investoren ausgezahlt werden darf.[958] Auch für den Liquidationsfall einer SE erklärt die SE-VO in Art. 63 das nationale Recht dies betreffend für anwendbar.[959] Demnach sind für die SE mit Sitz in Deutschland die §§ 264 ff. AktG[960] anwendbar und das Liquidationsjahr nach § 272 Abs. 1 AktG ist zwingend einzuhalten.[961] Daher gilt auch hier, dass die Rechtsformwahl einer SE mit Sitz in Deutschland hinsichtlich des zwingend einzuhaltenden Liquidationsjahres keine Vorteile verspricht und gleichfalls unattraktiv erscheint.[962]

---

954 Siehe bereits oben unter D.I.2.

955 Vgl. *Mayer* in Manz/Mayer/Schröder, Art. 5 SE-VO Rn. 55 f.; *Fleischer* in Lutter/Hommelhoff SE-Komm., Art. 5 Rn. 6 f. Insbesondere zu einer SPAC-SE vgl. auch *Thiergart/Olbertz*, BB 2010, 1547, 1550.

956 *Mayer* in Manz/Mayer/Schröder, Art. 5 SE-VO Rn. 72 ff.; *Fleischer* in Lutter/Hommelhoff SE-Komm., Art. 5 Rn. 9.

957 Siehe bereits oben unter D.VI.

958 Siehe bereits oben unter D.VIII.

959 *Schröder* in Manz/Mayer/Schröder, Art. 63 SE-VO Rn. 1. Vgl. zum Streit, ob es sich hierbei um eine Sachnorm- oder Gesamtnormverweisung handelt: *Ehricke* in Lutter/Hommelhoff SE-Komm., Art. 63 Rn. 14 ff.

960 *Schröder* in Manz/Mayer/Schröder, Art. 63 SE-VO Rn. 25 ff.; *Ehricke* in Lutter/Hommelhoff SE-Komm., Art. 63 Rn. 21.

961 *Schröder* in Manz/Mayer/Schröder, Art. 63 SE-VO Rn. 28; *Ehricke* in Lutter/Hommelhoff SE-Komm., Art. 63 Rn. 40.

962 Vgl. auch *Thiergart/Olbertz*, BB 2010, 1547, 1550 f.

3. Ergebnis

Im Ergebnis ist festzuhalten, dass die Rechtsformwahl einer SE mit Sitz in Deutschland für eine SPAC-Gesellschaft im Wesentlichen die gleichen Kollisionen des starren Aktienrechts mit der aufwendigen Struktur eines SPACs provoziert wie die Rechtsformwahl einer AG. Insbesondere die anzuwendenden deutschen Vorschriften des Aktiengesetzes zur Kapitalerhaltung und –erhöhung lassen die Rechtsform einer SE mit Sitz in Deutschland für einen SPAC-Börsengang wenig attraktiv erscheinen. Die in Deutschland notierten SPACs wählten die Rechtsform der Luxemburger SE zum einen, weil über die genannten Verweise der SE-Verordnung der Rückgriff auf das deutlich flexiblere Luxemburger Aktienrecht möglich ist, und zum anderen, weil die SE bei Investoren als neue und fortschrittliche Rechtsform nicht zuletzt aufgrund ihrer internationalen Ausrichtung einen guten Ruf genießt. Diese Rechtsform dürfte bei den Investoren auf mehr Vertrauen stoßen als eine Limited nach dem Recht Guernseys. Eine SE mit Sitz in Deutschland eignet sich jedoch genauso wenig wie eine deutsche Aktiengesellschaft als Rechtsform für einen SPAC.

XII. Ergebnis

Die Rechtsform einer deutschen Aktiengesellschaft eignet sich nicht für die Strukturierung eines SPACs mit den in dieser Arbeit herausgearbeiteten typischen Parametern.

Zunächst ist die Ausgabe von Units beim Börsengang eines SPAC als eine sogenannte Huckepack-Emission, bei der jede Aktie gekoppelt mit in der Regel einem selbstständig ausübbaren Optionsschein ausgegeben wird, einzuordnen. Die Zulässigkeit solcher Emissionen ist im deutschen Recht unter den gleichen Gesichtspunkten umstritten wie die Ausgabe selbstständiger Optionsscheine (*naked warrants*). Entgegen einiger Stimmen in der Literatur ist die Zulässigkeit einer Huckepack-Emission jedoch anzuerkennen, da die Nähe zur zulässigen und am Markt üblichen Optionsanleihe auf der Hand liegt. Einer analogen Anwendung des § 221 Abs. 1 AktG ist zuzustimmen. Insbesondere lassen sich Argumente finden, die auf der typischen SPAC-Struktur basieren, schließlich soll der Optionsschein die Attraktivität der SPAC-Aktie steigern. Aufgrund der unsicheren Rechtslage ist die Strukturierung einer solchen Emission jedoch mit erheblicher Rechtsunsicherheit behaftet.

Konsequenterweise ist in der Folge auch einer analogen Anwendung der Vorschriften zur Schaffung eines bedingten Kapitals zur Absicherung dieser Optionsrechte zuzustimmen. Auch hier muss jedoch auf eine erhebliche Rechtsunsicherheit hingewiesen werden. Zusätzlich könnte noch ein genehmigtes Kapital geschaffen werden, auch wenn sich dieses aus Praktikabilitätsgründen weniger zur Absicherung der Optionsrechte eignet. Schließlich scheitert diese

Strukturierung in der Praxis, da das deutsche Aktienrecht nicht ausreichende Gestaltungsspielräume bietet, um die hohe Anzahl von Optionsscheinen abzusichern, die bei einem SPAC ausgegeben werden. Auch eine Alternativstruktur in Form einer Optionsanleihe scheitert in der Praxis an den unzureichenden Absicherungsmöglichkeiten für die Optionsrechte.

Für die Gründeroptionsscheine bietet sich die Strukturierung von Aktienoptionsplänen an, wenngleich der Umfang nach der gesetzlichen Regelung beschränkt ist und die Gründer es hinnehmen müssten, ihre Optionsrechte frühestens nach vier Jahren ausüben zu können. Auch die Zahlung der Emissionserlöse auf ein Treuhandkonto scheitert an aktienrechtlichen Vorgaben, da der Emissionserlös zur freien Verfügbarkeit des Vorstandes stehen muss. Bei der SPAC-Struktur entscheiden aber die Aktionäre mit ihrer Transaktionsentscheidung, wann der Vorstand Zugriff auf das Treuhandkonto haben soll.

Nach der aktienrechtlichen Kompetenzordnung besteht weder eine geschriebene noch eine ungeschriebene Hauptversammlungskompetenz für die Transaktionsentscheidung zugunsten der Investoren eines SPAC, da der Beteiligungserwerb in die Zuständigkeit des Vorstandes fällt. Es lässt sich jedoch eine Struktur gestalten, die eine indirekte Hauptversammlungszuständigkeit schafft und sich vordergründig auf eine Änderung des Unternehmensgegenstandes oder auf den Beschluss über die regelmäßig für den Unternehmenszusammenschluss erforderliche Sachkapitalerhöhung bezieht. Tatsächlich aber bildet dieser Beschluss die Entscheidung über das vom Vorstand vorgeschlagene Zielunternehmen ab. Somit ist es möglich, dass die Aktionäre zumindest indirekt über das Zielunternehmen abstimmen.

Nach dem Aktienrecht können die Gründeraktien, wie in anderen Rechtsordnungen üblich, nicht als sogenannte Penny-Stock-Aktien ausgestaltet werden. Die Gründer müssen wenigstens den gesetzlich vorgeschriebenen Mindestbetrag von 1 Euro pro Aktie leisten. Um sicherzustellen, dass die Gründeraktien nicht am Liquidationserlös beteiligt werden, kann für diese Aktien eine eigene Gattung geschaffen werden. Durch die Aufnahme einer Satzungsregelung, die einen Sonderbeschluss für die Transaktionsentscheidung verlangt, kann der Einfluss der Gründer auf diese Entscheidung verhindert werden. Unter der auflösenden Bedingung der Unternehmenszusammenführung können die Gründeraktien automatisch in Publikumsaktien gewandelt werden.

Ebenfalls gegen die Strukturierung eines SPAC in der Rechtsform einer Aktiengesellschaft spricht, dass sich die Umtauschrechte der aussteigenden Aktionäre aktienrechtlich entweder nicht zeitnah nach der Transaktionsentscheidung oder nicht in einem ausreichenden Umfang umsetzen lassen. Zieht die Gesellschaft die eigenen Aktien zum Zweck der Kapitalherabsetzung ein, ist dies mit dem Nachteil verbunden, dass die Mittel an die aussteigenden Aktionäre erst nach sechs Monaten ausgezahlt werden dürfen und möglicherweise Gläubigern Sicherheiten zu leisten sind. Alternativ besteht die Möglichkeit zur Ermächtigung des Vorstandes zum Erwerb eigener Aktien ohne positive

Zweckvorgabe. In diesem Fall darf die Ermächtigung jedoch maximal auf 10 Prozent des Grundkapitals lauten, wobei regelmäßig ein größerer Teil der Investoren die Möglichkeit zum Ausstieg haben soll. Das Aktienrecht bietet keine ausreichende Flexibilität, Ausnahmen vom Verbot der Einlagenrückgewähr zu nutzen, um die erforderlichen Umtauschrechte zu strukturieren.

Um die Liquidation des SPAC, für den Fall, dass kein Zielunternehmen eine Mehrheit findet, sicher zu stellen, bietet es sich an, einen dies betreffenden Hauptversammlungsbeschluss vorzusehen und mit allen Publikumsaktionären zulässige Stimmbindungsabreden in dieser Richtung zu treffen. Hinsichtlich der Liquidation stellt sich jedoch die zwingend einzuhaltende Sperrfrist von einem Jahr, vor deren Ablauf das Treuhandvermögen nicht an die Investoren verteilt werden darf, als Investitionshemmnis für die Anleger dar – und somit als eine weitere Regelung des Aktienrechtes, die der Strukturierung eines SPAC auf dieser Grundlage widerspricht.

Hinsichtlich der Unternehmenszusammenführung ist zu beachten, dass sich hier Konstellationen ergeben können, die nach dem deutschen Übernahmerecht ein Pflichtangebot der Altgesellschafter der Zielgesellschaft gegenüber den SPAC-Aktionären erforderlich machen können. Hier ist den Stimmen zu folgen, die für den Fall der Kontrollerlangung durch einen Kapitalerhöhungsbeschluss einen Verzicht auf das Pflichtangebot durch die Hauptversammlung („*white wash*"-Beschluss) als zulässig ansehen. Andernfalls bliebe noch die Möglichkeit der Befreiung durch die BaFin, die an dieser Stelle ebenfalls gerechtfertigt wäre.

Zur Erhöhung der Transaktionssicherheit können bereits vor der Transaktionsentscheidung im gesetzlich zulässigen Rahmen Stimmbindungsvereinbarungen zwischen den Gesellschaftern der Zielgesellschaft und den SPAC-Investoren geschlossen werden. Stimmbindungsvereinbarungen gegenüber den Gründern mit dem Inhalt, dass sich die Aktionäre verpflichten, für den Vorschlag der Gründer zu stimmen, sind regelmäßig unzulässig. Auch *Break-Fee*-Vereinbarungen können zur Transaktionssicherheit aus Perspektive der Zielgesellschaft beitragen. Deren Zulässigkeit ist anzuerkennen, solange sie lediglich auf eine Kostenerstattung gerichtet sind. Sollte zugunsten der Zielgesellschaft eine solche *Break-Fee* vereinbart werden, müsste sie vom *working capital* des SPAC gedeckt sein, da ein Rückgriff auf das Treuhandkonto hier nicht in Frage kommt.

Auch die im Investmentrecht beheimatete Investmentaktiengesellschaft eignet sich insbesondere deshalb nicht als Rechtsform für SPACs, da das Investitionsvermögen zwingend nach dem Grundsatz der Risikomischung angelegt werden muss. Ebenfalls ungeeignet ist eine SE mit Sitz in Deutschland, da bei den entscheidenden gesellschaftsrechtlichen Fragen das deutsche Aktienrecht Anwendung findet.

E. Bewertung des Ergebnisses

Der kapitalmarktrechtliche Rahmen in Deutschland bietet die Möglichkeit, SPACs an der Frankfurter Wertpapierbörse zu notieren. Der Geschäftsführung der Frankfurter Wertpapierbörse ist allerdings zu raten, die Marktaktivitäten dieser Akquisitionsvehikel genau zu beobachten, um etwaigen Missbräuchen, wie sie bei Blank Check Companies in den USA während der 1980er Jahren stattfanden, vorzubeugen, indem nach dem Vorbild der NASDAQ und der NYSE strenge Vorgaben an das Listing eines SPAC, hier im Rahmen einer Ausnahmegewährung (nach § 3 Abs. 2 BörsZulV), gestellt werden. Die in dieser Arbeit herausgearbeiteten Grundcharakteristika eines SPAC könnten nach dem US-Vorbild, soweit dies nicht ohnehin schon der Fall ist, als Grundlage für einen angemessenen Schutz der Investoren dienen.

In der Gesamtschau bietet das deutsche Aktienrecht nicht ausreichende Gestaltungsspielräume, um SPACs in der hier dargestellten Form zu strukturieren. Eine Anpassung der Merkmale eines SPAC ist insofern, dass beispielsweise den Investoren weniger Optionsscheine angeboten werden, kein Treuhandkonto eingerichtet wird und die Auszahlung der Einlagen erst nach Ablauf eines Jahres nach Liquidation erfolgt, bei den Investoren nicht durchsetzbar.

Konkurrierende Rechtsformen wie beispielsweise die niederländische Naamloze Venootschap (NV) oder eine SE mit Sitz in Luxemburg bieten potenziellen Gründern ausreichende Möglichkeiten einen SPAC im Ausland aufzulegen und anschließend mit Hilfe des Europäischen Passes eine Notierung an der, bei Anlegern geschätzten, Frankfurter Wertpapierbörse anzustreben. Letztlich stellen SPACs, welche die hier beschriebenen Grundcharakteristika aufweisen, keine Gefahr für den Markt dar. Auch die Eigentümer möglicher Zielgesellschaften können die freie unternehmerische Entscheidung treffen, ob sie ihre Anteile an einen SPAC oder eine andere Beteiligungsgesellschaft verkaufen. Das Interesse potenzieller Anleger ist durch die beschriebenen Schutzmechanismen und Ausstiegsmöglichkeiten ausreichend gewahrt. Daher wäre es wünschenswert, gesetzliche Sonderregelungen für SPACs zu schaffen, die auch die deutsche Aktiengesellschaft, möglicherweise in einer Sonderform, konkurrenzfähig gegenüber anderen europäischen Rechtsformen machen. Ob die Anleger in eine Gesellschaft investieren wollen, bei der die Gründer in solch überdurchschnittlichen Maßen von einer einzigen Akquisition profitieren, bleibt letztlich ihre eigene unternehmerische Anlageentscheidung, die einer Bevormundung durch den Gesetzgeber nicht zugänglich ist. Als börsennotierte Akquisitionsvehikel können SPACs gegenüber anderen Beteiligungsgesellschaften Vorteile bieten und insbesondere trotz eines schlechten Marktumfeldes mittelständischen Unternehmen den Weg an die Börsen ebnen – auch wenn sich die Gründer des SPACs die Gewährung dieser Vorteile gut bezahlen lassen.

F. Zusammenfassung der Ergebnisse in Thesen

1. SPACs sind eine Fortentwicklung der in den 1980er Jahren in den USA entstandenen Blank Check Companies, deren Regulierung mit Rule 419 großen Einfluss auf die heutigen SPAC-Strukturen hatte.

2. Insbesondere die von der NASDAQ und der NYSE verlangten und von der SEC gebilligten Zulassungsvoraussetzungen orientierten sich an Rule 419 und trugen ebenfalls zur Manifestierung der Grundmerkmale eines SPAC bei.

3. Die Grundmerkmale der typischen SPAC-Struktur lassen sich folgendermaßen zusammenfassen: Ein SPAC ist eine börsennotierte Mantelgesellschaft ohne eigenes operatives Geschäft, deren einziges Ziel darin besteht, ein oder mehrere nicht börsennotierte Unternehmen oder Beteiligungen an solchen Unternehmen zu erwerben. Potenzielle Zielunternehmen können u. a. nach Branche oder Unternehmenssitz eingegrenzt werden, zwingend ist i. d. R. jedoch lediglich, dass der Wert (*fair market value*) des Zielunternehmens mindestens 80 Prozent der auf dem Treuhandkonto gehaltenen Erlöse des öffentlichen Angebotes entspricht. SPACs emittieren Units, die in der Regel aus einer Aktie und einem gekoppelten Optionsschein bestehen. Der Emissionserlös ist auf ein festverzinsliches und den Gründern nicht zugängliches Treuhandkonto zu zahlen. Die Gründer erwerben im Rahmen von Privatplatzierungen vor dem öffentlichen Angebot i. d. R. Gründeraktien in Form von Penny Stocks sowie Gründeroptionsscheine. Erstere werden im Fall eines Unternehmenszusammenschlusses automatisch in Publikumsaktien gewandelt, die einem Anteil von circa 20 Prozent des SPAC-Volumens beim Börsengang entsprechen. Ob ein Unternehmenszusammenschluss mit dem von den Gründern vorgeschlagenen Zielunternehmen zustande kommt, entscheiden die Publikumsaktionäre. Hierbei muss mindestens die einfache Mehrheit der Publikumsaktionäre für das Zielunternehmen stimmen. Zusätzlich darf nur ein festgelegter Maximalprozentsatz gegen die Transaktion stimmen und von seinem Umtauschrecht Gebrauch machen. Dieses Umtauschrecht berechtigt jeden Aktionär seine Einlage zurückzufordern, falls er gegen das Zielunternehmen votiert, die Übernahme aber dennoch zustande kommt. Die Gründer dürfen auf das Treuhandkonto nur zum Zweck der genehmigten Unternehmenszusammenführung oder der Liquidation zugreifen. Wird innerhalb einer zuvor festgelegten Frist (i. d. R. 18-36 Monate) kein Zielunternehmen vorgeschlagen, dass die erforderliche Zustimmung der Publikumsaktionäre findet, wird der SPAC liquidiert und den Publikumsaktionären werden, im Gegensatz zu den Gründern, ihre Einlagen vom Treuhandkonto ausgezahlt.

4. SPACs haben aus der Perspektive der Zielgesellschaft und ihrer Aktionäre Vorteile gegenüber anderen Beteiligungsgesellschaften wie Private-Equity-Fonds, da das Zielunternehmen unabhängig vom Marktumfeld

und kostengünstig in den Genuss einer Börsennotierung kommt. Zudem muss die Übernahme nicht zwingend mit einem hohen Fremdkapitalanteil durchgeführt werden. Aus Sicht der SPAC-Investoren bieten sich vor allem Vorteile gegenüber den genannten Beteiligungsgesellschaften hinsichtlich der Liquidität ihrer Anteile durch einen funktionierenden Sekundärmarkt, dem Mitspracherecht bei der Transaktionsentscheidung und dem zusätzlichen Erhalt von Optionsscheinen, die eine nachträgliche Risikoanpassung der Investition ermöglichen.

5. Nachteile gegenüber anderen Beteiligungsgesellschaften bestehen vor allem in der mangelnden Risikostreuung bei nur einer Akquisition und langen Entscheidungsprozessen, da vor jeder Angebotsabgabe zunächst die Einberufung einer Hauptversammlung zur Abstimmung über das Zielunternehmen erforderlich wird. Im Rahmen eines Auktionsverfahrens wäre der SPAC gegenüber anderen Beteiligungsgesellschaften benachteiligt. Zudem besteht die Gefahr, dass eine Finanzierungslücke entsteht, wenn ein großer Teil der Publikumsaktionäre seine Umtauschrechte geltend macht.

6. Das Interesse der Gründer an einer erfolgreichen Unternehmenszusammenführung ist aufgrund der Management-Beteiligung deutlich höher als bei den Publikumsaktionären. Dies birgt Missbrauchsgefahren hinsichtlich des Stimmenkaufs. Zudem droht den Publikumsaktionären eine erhebliche Verwässerung ihrer Anteile, sobald die Gründeraktien in Publikumsaktien gewandelt werden. Dieser Effekt wird durch die hohe Zahl von Gründer- und Publikumsoptionsscheinen noch verstärkt.

7. Den Prospektanforderungen bezogen auf die historischen Finanzinformationen können durch die Aufnahme der geprüften Eröffnungs- oder Zwischenbilanz genügt werden. Die Informationen zur nicht vorhandenen operativen Historie können im Rahmen der Blankoklausel ausgespart bleiben.

8. SPACs sind als Start-up-Unternehmen im Sinne der ProspektVO einzuordnen.

9. Durch die Qualifizierung als Start-up muss dem Prospekt des SPAC ein Geschäftsplan beigefügt werden. Dieser beschränkt sich im Wesentlichen auf die Erläuterung der Strategie und Ausgestaltung eines SPAC. Auch Angaben zur Qualifikation der Gründer sollten hier aufgenommen werden.

10. Die Risikofaktoren des Wertpapierprospektes sollten neben dem Hinweis auf die beschriebenen Nachteile der SPAC-Struktur insbesondere Verweise darauf enthalten, dass der Erfolg des SPACs hauptsächlich von der Qualität des Management-Teams abhängt.

11. SPACs können auch als erst unmittelbar vor dem Börsengang gegründete Unternehmen den Anforderungen des anwendbaren Wertpapierpros-

pektgesetzes und der EU-Prospektverordnung gerecht werden. Aus kapitalmarktrechtlicher Sicht ist eine Emission von Aktien, Optionsscheinen und Units eines SPAC in Deutschland möglich.

12. Die Geschäftsführung der Deutschen Börse gewährt im Rahmen der Börsenzulassungsvoraussetzungen bei dem Vorliegen bestimmter für SPACs typischer Merkmale eine Ausnahme vom gesetzlichen Erfordernis des dreijährigen Bestehens des Antragstellers. Als eine weitere Voraussetzung sollte gelten, dass die Satzung des SPACs vorsieht, dass nur ein Unternehmen oder eine Beteiligung erworben werden darf, die einem Volumen von mindestens 80 Prozent der Erlöse des öffentlichen Angebotes entspricht. So kann etwaigen Missbräuchen durch die Gründer vorgebeugt werden.

13. Die Einbeziehung in den Freiverkehr stellt keine ernst zu nehmende Alternative für SPACs dar.

14. Vor der Unternehmenszusammenführung wird regelmäßig eine Ad-hoc-Pflicht entstehen, sobald ein Zielunternehmen feststeht, welches den Publikumsaktionären zu Abstimmung vorgeschlagen werden soll. Regelmäßig liegen hier die Voraussetzungen für eine Selbstbefreiung vor. Auch das Ergebnis der Abstimmung über eine Zielgesellschaft löst in aller Regel eine Ad-hoc-Pflicht aus.

15. Bei der Ausgabe von Units handelt es sich um eine sogenannte Huckepack-Emission, die unter den gleichen Gesichtspunkten umstritten ist wie die Zulässigkeit der Ausgabe selbstständiger Optionsscheine (*naked warrants*).

16. Sowohl die aktienrechtliche Zulässigkeit selbstständiger Optionsscheine als auch die einer Huckepack-Emission sind anzuerkennen. Selbstständige Optionsscheine sind als Genussrechte im Sinne des § 221 Abs. 3 AktG zu qualifizieren. Die Zulässigkeit einer Huckepack-Emission gründet auf einer analogen Anwendung des § 221 Abs. 1 AktG, der den vermeintlich entgegenstehenden § 187 AktG verdrängt. Die Struktur eines SPAC weist besonders deutliche Parallelen zu der Situation bei einer Optionsanleihe auf und legt die analoge Anwendung des § 221 AktG nahe. Durch das mediatisierte Bezugsrecht aus dem ebenfalls analog anzuwendenden § 221 Abs. 4 AktG sind die Anleger ausreichend geschützt. Aufgrund der unklaren Rechtslage besteht jedoch in der Praxis eine erhebliche Rechtsunsicherheit bei der Wahl einer solchen Struktur.

17. Konsequenterweise ist § 192 Abs. 2 Nr. 1 AktG ebenfalls analog anzuwenden. Somit ist eine zumindest teilweise Absicherung der im Rahmen einer Huckepack-Emission ausgegebenen Optionsrechte mit bedingtem Kapital möglich.

18. Selbst bei einer Kombination aus bedingtem (§ 192 Abs. 2 Nr. 1 AktG analog) und genehmigten Kapital (§ 202 AktG) sowie der Ermächtigung des

Vorstandes zum Erwerb eigener Aktien ohne positive Zweckvorgabe (§71 Abs. 1 Nr. 8 AktG) bietet das Aktiengesetz keine ausreichende Gestaltungsfreiheit, um alle von einem SPAC üblicherweise ausgegebenen Publikums- und Gründeroptionsscheine abzusichern.

19. Auch für die Alternativstruktur einer Optionsanleihe, bei der kurz nach der Begebung das Anleihe-Element von den Optionsscheinen getrennt wird, kann die Absicherung aller Publikums- und Gründeroptionsscheine nicht sichergestellt werden.

20. Aktienoptionspläne (§§ 192 Abs. 2 Nr. 3, 193 Abs. 4 AktG) eignen sich nur bedingt zur Strukturierung der Gründeroptionsscheine. Die Gründer müssten entgegen der üblichen SPAC-Praxis in Kauf nehmen, dass ihre Optionsscheine frühestens nach vier Jahre ausgeübt werden können. Zudem dürfte das bedingte Kapital zur Absicherung dieser Optionsrechte auf maximal 10 Prozent des Grundkapitals lauten. In der Regel erwerben die Gründer jedoch eine größere Anzahl von Optionsscheinen.

21. Nach dem deutschen Aktienrecht muss der Emissionserlös zur freien Verfügbarkeit des Vorstandes stehen (§ 36 Abs. 2, 2. Halbsatz AktG), damit die Erfüllungswirkung der Einlageleistung eintritt. Dies ist bei der Einzahlung der Emissionserlöse auf ein für SPACs typisches Treuhandkonto nicht der Fall. Insbesondere die Ausstiegsmöglichkeit der Investoren stellt einen Mittelrückfluss dar und ist nicht mit den Wertungen des § 36 Abs. 2 AktG vereinbar.

22. Es besteht weder eine geschriebene noch eine ungeschrieben Hauptversammlungskompetenz für die Entscheidung über das vom Vorstand vorgeschlagene Zielunternehmen. Eine Verpflichtung des Vorstandes, die Entscheidung über das Zielunternehmen zwingend der Hauptversammlung nach § 119 Abs. 2 AktG vorzulegen, scheitert an der zwingenden Kompetenzordnung des Aktiengesetzes.

23. Um dennoch die Hauptversammlung faktisch aber indirekt über das Zielunternehmen abstimmen zu lassen, können Hauptversammlungsbeschlüsse zur Änderung des Unternehmensgegenstandes oder zur in der Regel erforderlichen Sachkapitalerhöhung stellvertretend für die Entscheidung über das Zielunternehmen gefasst werden.

24. Die bei SPACs übliche Strukturierung der Gründeraktien als sogenannte Penny Stocks ist im deutschen Recht nicht möglich. Auch die Gründer müssten den Mindestausgabebetrag von 1 Euro pro Aktie (§ 8 Abs. 2 S. 1 AktG) aufwenden. Wird die beschriebene Beteiligung von 20 Prozent durch die Gründer angestrebt, ist dies nur mit einem entsprechend erhöhten Kapitalaufwand möglich.

25. Gründer- und Publikumsaktien können als unterschiedliche Aktiengattungen ausgestaltet werden. Durch eine entsprechende Strukturierung kann gewährleistet werden, dass das Votum der Publikumsaktien für die

Transaktionsentscheidung letztentscheidend ist. Die Gründeraktien können so später durch eine an die erfolgreiche Unternehmenszusammenführung geknüpfte auflösende Bedingung automatisch den Publikumsaktien gleichgestellt werden.

26. Grundsätzlich steht bei SPACs das Verbot der Einlagenrückgewähr nach § 57 Abs. 1 S. 1 AktG dem Rückerwerb der eigenen Aktien von den dissentierenden Aktionären entgegen. Mit den Möglichkeiten zum Erwerb eigener Aktien zum Zweck der Kapitalherabsetzung (§ 71 Abs. 1 Nr. 6 AktG) und der Ermächtigung des Vorstandes zum Erwerb eigener Aktien ohne positive Zweckvorgabe (§ 71 Abs. 1 Nr. 8 AktG) lassen sich jedoch theoretisch aktienrechtliche Ausnahmetatbestände für die Gestaltung eines SPACs fruchtbar machen. Praktisch sind diese Ausnahmen jedoch zu eng gefasst, da bei der Kapitalherabsetzung gegebenenfalls Gläubigern Sicherheiten geleistet werden müssen und zudem eine Auszahlung an den aussteigenden Aktionär erst nach Ablauf von sechs Monaten möglich ist. Eine Begrenzung der Rückerwerbsmöglichkeiten auf 10 Prozent des Grundkapitals wie § 71 Abs. 1 Nr. 8 AktG vorschreibt, widerspricht ebenfalls der SPAC-Struktur, bei der deutlich mehr Aktionären ein Umtauschrecht eingeräumt werden soll. Die bei SPACs üblichen Umtauschrechte sind aktienrechtlich nicht umsetzbar.

27. Die am ehesten geeignete Möglichkeit, einen gescheiterten SPAC als Aktiengesellschaft zu liquidieren, erfordert einen Hauptversammlungsbeschluss (§ 262 Abs. 1 Nr. 2 AktG). Hierbei kann aus Gründen der Rechtssicherheit von Beginn an eine Stimmbindungsabrede entsprechenden Inhalts mit allen Aktionären geschlossen werden und als materieller Bestandteil in die Satzung aufgenommen werden. Zu beachten ist jedoch, dass die Stimmbindungsabreden keine Außenwirkung und somit keinen einklagbaren Erfüllungsanspruch begründen.

28. Praktisch stellt das zwingend einzuhaltende Liquidationsjahr (§ 272 Abs. 1 AktG), vor dessen Ablauf der Liquidationserlös nicht an die Gesellschafter verteilt werden darf, ein Investitionshemmnis für potenzielle SPAC-Investoren dar. Eine rasche Liquidation und Auszahlung des Liquidationserlöses eines SPACs in der Rechtsform einer AG ist aktienrechtlich nicht möglich.

29. Möglicherweise könnte im Rahmen der Transaktion für die Altgesellschafter die Verpflichtung entstehen, ein Pflichtangebot nach § 35 WpÜG abzugeben, sofern diese mindestens 30 Prozent der Stimmrechte des SPAC nach der Unternehmenszusammenführung halten sollten. Stimmen die Publikumsaktionäre jedoch für die Sachkapitalerhöhung, durch welche die Veräußerer die SPAC-Anteile erhalten, stimmen sie diesem Kontrollerwerb zu und könnten gleichzeitig auf ein Pflichtangebot verzichten. Dieser aus dem Vereinigten Königreich bekannte *„white wash"*-Beschluss ist als zulässig einzuordnen. Darüber hinaus wäre eine Befrei-

ung durch die BaFin nach § 37 Abs. 1 WpÜG, auch in Anlehnung an einen solchen „*white-wash*"-Beschluss, regelmäßig zu befürworten.

30. Zur Verbesserung der Transaktionssicherheit können vor der Abstimmung über ein Zielunternehmen Stimmbindungsvereinbarungen geschlossen werden. Unzulässig sind jedoch Stimmbindungsabreden zwischen dem Vorstand der SPAC-Gesellschaft und den Publikumsaktionären, bei denen sich diese verpflichten für den entsprechenden Vorschlag des Managements zu stimmen. Zulässig und möglich sind hingegen Stimmbindungsabreden, die zwischen den Publikumsaktionären und den Altgesellschaftern der Zielgesellschaft geschlossen werden. Hilfreich ist hier eine Aktionärsstruktur, deren Schwerpunkt auf institutionellen Investoren liegt.

31. Zusätzlich können *Break-Fee*-Vereinbarungen zur Transaktionssicherheit aus der Perspektive der Zielgesellschaften beitragen. Zulässig sind solche Vereinbarungen, wenn sie lediglich darauf abzielen, der anderen Partei die im Vertrauen auf die Transaktion entstandenen Kosten zu erstatten. Insbesondere darf die *Break-Fee* keinen Einfluss auf die Transaktionsentscheidung der Publikumsaktionäre haben. Praktisch müsste eine möglicherweise anfallende *Break-Fee* noch vom *working capital* des SPAC gedeckt sein, da ein Rückgriff auf das Treuhandkonto ausscheidet.

32. Die Investmentaktiengesellschaft eignet sich nicht als Rechtsform für einen SPAC, da die Mittel nicht nach dem Grundsatz der Risikomischung angelegt werden und Sacheinlagen unzulässig sind.

33. Die Strukturierung eines SPAC in der Rechtsform einer SE mit Sitz in Deutschland bringt aus rechtlicher Sicht keine Vorteile gegenüber der Strukturierung als deutsche Aktiengesellschaft. Die aktienrechtlichen Probleme bestehen hier in gleicher Weise.

34. Die deutsche Aktiengesellschaft ist nicht als Rechtsform für einen SPAC in der typischen und in dieser Arbeit abstrahierten Struktur geeignet.

Literaturverzeichnis

Ahlers, Martin — Megatrend oder Eintagsfliege – Mit SPACs schwappt ein neues Investmentvehikel nach Europa herüber, Going Public Sonderbeilage „Special Purpose Acquisition Companies (SPACs)", Oktober 2008, 6, 7

Aktiengesetz Großkommentar — Erster Band: Einleitung; §§ 1-53; Hopt, Klaus J. [Hrsg.], Wiedemann, Herbert [Hrsg.], 4. Auflage, Berlin 2004
Zweiter Band: §§ 53a-75; Hopt, Klaus J. [Hrsg.], Wiedemann, Herbert [Hrsg.], 4. Auflage, Berlin 2008
Dritter Band: §§ 76–94; Hopt, Klaus J. [Hrsg.], Wiedemann, Herbert [Hrsg.], 4. Auflage, Berlin 2008
Dritter Band: §§ 179-290; Hopt, Klaus J. [Hrsg.], Wiedemann, Herbert [Hrsg.], 3. Auflage; Berlin 1973
Fünfter Band: §§ 118–149; Hopt, Klaus J. [Hrsg.], Wiedemann, Herbert [Hrsg.], 4. Auflage, Berlin 2008
Sechster Band: §§ 150-220; Hopt, Klaus J. [Hrsg.], Wiedemann, Herbert [Hrsg.], 4. Auflage, Berlin 2006
(Zitiert: *Bearbeiter* in GroßKomm AktG)

Arnold, Michael — Mitwirkungsbefugnisse der Aktionäre nach Gelatine und Macroton, ZIP 2005, 1573, 1579

Assmann, Heinz-Dieter
Schütze, Rolf A. — Handbuch des Kapitalanlagerechts, 3. Auflage, München 2007
(zitiert: *Bearbeiter* in Assmann/Schütze)

Assmann, Heinz-Dieter [Hrsg.]
Pötzsch, Thorsten [Hrsg.]
Schneider, Uwe H. [Hrsg.] — Wertpapiererwerbs- und Übernahmegesetz, Kommentar, Köln 2005
(Zitiert: *Bearbeiter* in Assmann/Pötzsch/Schneider)

Assmann, Heinz-Dieter [Hrsg.]
Schneider, Uwe H. [Hrsg.] — Wertpapierhandelsgesetz – Kommentar, 6. Auflage, Köln 2012
(Zitiert: *Bearbeiter* in Assmann/Schneider)

Assmann, Heinz-Dieter [Hrsg.]
Schlitt, Michael [Hrsg.]
Kopp-Colomb, Wolf von [Hrsg.] — Wertpapierprospektgesetz Verkaufsprospektgesetz Kommentar, 2. Auflage, Köln 2010
(Zitiert: *Bearbeiter* in Assmann/Schlitt/von Kopp-Colomb)

Banerjea, Nirmal Robert — Der Schutz von Übernahme- und Fusionsplänen – Überlegungen zur Zulässigkeit und Gestaltung von Deal-Protection-Abreden, DB 2003, 1489, 1498

Baum, Harald — Rückerwerbsangebote für eigene Aktien: übernahmerechtlicher Handlungsbedarf?, ZHR 167 (2003), 580, 610

Baumbach, Adolf [Begr.]
Hueck, Alfred [Hrsg.] — GmbHG, Beck'sche Kurz-Kommentare, 19. Auflage, München 2010
(Zitiert: *Bearbeiter* in Baumbach/Hueck)

Baums, Theodor [Hrsg.]
Thoma, Georg F. [Hrsg.]
Wertpapiererwerbs- und Übernahmegesetz, Kommentar, Loseblattsammlung Stand: 01/2011, München
(Zitiert: *Bearbeiter* in Baums/Thoma)

Beisel, Daniel
Klumpp, Hans-Hermann
Der Unternehmenskauf – Gesamtdarstellung der zivil- und steuerrechtlichen Vorgänge, 6. Auflage, München 2009
(zitiert: *Bearbeiter* in Beisel/Klumpp)

Benz, Nadja
Wulf, Raimund
Wie viel SPAC darf's denn sein? – Erfolgsfaktoren für Emissionen an europäischen Börsen, Going Public Sonderbeilage „Special Purpose Acquisition Companies (SPACs)", Oktober 2008, 14, 15

Berger, Hanno [Hrsg.]
Steck, Kai-Uwe [Hrsg.]
Lübbehüsen, Dieter [Hrsg.]
Investmentgesetz Investmentsteuergesetz, Kommentar, München 2010
(Zitiert: *Bearbeiter* in Berger/Steck/Lübbehüsen)

Berger, Klaus
Filgut, Esther
„Acting in Concert" nach § 30 Abs. 2 WpÜG, AG 2004, 592, 603

Berger, Robert
SPACs: An Alternative Way To Access To The Public Markets, Journal Of Applied Corporate Finance 2008, Volume 20, Number 3, 68, 75

Berliner Kommentar zum WpPG
Holzborn, Timo [Hrsg.], Berlin 2008
(Zitiert: *Bearbeiter* in Berl. Komm. WpPG)

Bernau, Timo
Die Befreiung vom Pflichtangebot nach § 37 WpÜG, WM 2004, 809, 856

Berrar, Carsten [Hrsg.]
Meyer, Andreas [Hrsg.]
Müller, Cordula [Hrsg.]
Schnorbus, York [Hrsg.]
Singhof, Bernd [Hrsg.]
Wolf, Christoph [Hrsg.]
Frankfurter Kommentar zum WpPG und zur EU-ProspektVO, Frankfurt am Main 2011
(Zitiert: *Bearbeiter* in Ff-Komm WpPG)

Bitter, Georg
Rauhut, Tilman
Grundzüge zivilrechtlicher Methodik – Schlüssel zu einer gelungenen Fallbearbeitung, JuS 2009, 289, 298

Bosse, Christian
Zulässigkeit des individuell ausgehandelten Rückkaufs eigener Aktien („Negotiated repurchase") in Deutschland, NZG 2000, 16, 20

Bozicevic, Falko
Wider der historischen Evidenz – Können SPACs den Kapitalmarkt überlisten?, GP 2/2010, 17

Bozicevic, Falko
Kopf statt Zahl – Akquisitionsvehikel Helikos will die IPO-Starre knacken, GP 2/2010, 16, 20

Bozicevic, Falko
Bönig, Oliver
SPACs fassen nur langsam Fuß, AG 2010, R457, R458

Buck-Heeb, Petra	Kapitalmarktrecht, 5. Auflage, Heidelberg 2011 (zitiert: *Buck-Heeb*)
Bülow, Christoph von **Bücker, Thomas**	Abgestimmtes Verhalten im Kapitalmarkt- und Gesellschaftsrecht, ZGR 2004, 669, 720
Bungert, Hartwig	Festschreibung der ungeschriebenen „Holzmüller"-Hauptversammlungszuständigkeiten bei der Aktiengesellschaft, BB 2004, 1345, 1352
Bürgers, Tobias **Körber, Torsten**	Heidelberger Kommentar zum Aktiengesetz, 2. Auflage, Heidelberg 2011 (Zitiert: *Bearbeiter* in Bürgers/Körber)
Castelli, Tim	Not Guilty By Association: Why The Taint Off Their „Blank Check" Predecessors Should Not Stunt The Growth Of Modern Special Purpose Acquisition Companies, Boston College Law Review, January 2009, 237, 275
Davidoff, Steven M.	Black Market Capital, Columbia Business Law Review 2008, 172, 267
Diem, Andreas	Akquisitionsfinanzierungen – Konsortialkredite für Unternehmenskäufe, 2. Auflage, München 2009 (Zitiert: *Diems*)
Dierks, Silke	Die Zulässigkeit von „naked warrants", Berlin 1998 (Zitiert: *Dierks*)
Dorenbos, Monique T.A. **Struycken, Teun H.D.**	Listing Of The First SPAC In Mainland Europe, Butterworths Journal Of International Banking And Financial Law 2007, 618, 620
Drinhausen, Florian [Hrsg.] **Hulle, Karel Van [Hrsg.]** **Maul, Silja [Hrsg.]**	Handbuch zur Europäischen Gesellschaft (SE), München 2007 (Zitiert: *Bearbeiter* in Van Hulle/Maul/Drinhausen)
Drygala, Tim	Deal Protection in Verschmelzungs- und Unternehmenskaufverträgen – eine amerikanische Vertragsgestaltung auf dem Weg ins deutsche Recht – Teil II, WM 2000, 1457, 1467
Ebenroth, Carsten Thomas **Daum, Thomas**	Die Kompetenzen des Vorstandes einer Aktiengesellschaft bei der Durchführung und Abwehr unkoordinierter Übernahmen (Teil 1), DB 1991, 1105, 1111
Ehricke, Ulrich [Hrsg.] **Ekkenga, Jens [Hrsg.]** **Oechsler, Jürgen [Hrsg.]**	Wertpapiererwerbs- und Übernahmegesetz, Kommentar, München 2003 (Zitiert: *Bearbeiter* in Ehricke/Ekkenga/Oechsler)
Eidenmüller, Horst	Regulierung von Finanzinvestoren, DStR 2007, 2116, 2121

Emmerich, Volker
Habersack, Mathias
Aktien- und GmbH-Konzernrecht, 6. Auflage, München 2010
(Zitiert: *Bearbeiter* in Emmerich/Habersack)

Feldhaus, Heiner [Hrsg.]
Veith, Amos [Hrsg.]
Frankfurter Kommentar zum Private Equity, Frankfurt 2010
(Zitiert: *Bearbeiter* in Ff-Komm Private Equity)

Feldman, David N.
Reverse Mergers + PIPEs: The New Small-Cap IPO Reprinted And Updated From PIPEs – A Guide To Private Investments In Public Equity, Business Law Brief (Am. U.) 2007, 34, 44

Fleischer, Holger
Schmolke, Ulrich
Kapitalmarktrechtliche Beteiligungstransparenz nach §§ 21 ff. WpHG und „Hidden Ownership", ZIP 2008, 1501, 1512

Fleischer, Holger
Ungeschriebene Hauptversammlungszuständigkeiten im Aktienrecht: Von „Holzmüller" zu „Gelatine", NJW 2004, 2335, 2339

Fleischer, Holger
Zulässigkeit und Grenzen von *Break-Fee*-Vereinbarungen im Aktien- und Kapitalmarktrecht, AG 2009, 345, 356

Frankfurter Kommentar WpÜG
Haarmann, Wilhelm [Hrsg.]; Schüppen, Matthias [Hrsg.]; 3. Auflage, Frankfurt 2007
(Zitiert: *Bearbeiter* in Ff-Komm WpÜG)

Friedrich, Christopher V.
Auflösung einer Kapitalgesellschaft und Übernahme des Unternehmens durch einen Gesellschafter, BB 1994, 89, 94

Fuchs, Andreas
Selbstständige Optionsscheine als Finanzierungsinstrument der Aktiengesellschaft, AG 1995, 433, 451

Fuchs, Andreas [Hrsg.]
Wertpapierhandelsgesetz (WpHG) – Kommentar, München 2009
(Zitiert: *Bearbeiter* in Fuchs)

Gärtner, Mathias G.
Der Erwerb eigener Aktien durch die US-corporation, Münster 2001
(Zitiert: *Gärtner*)

Gätsch, Andreas
Theusinger, Ingo
Naked Warrants als zulässige Finanzierungsinstrumente für Aktiengesellschaften, WM 2005, 1256, 1265

Geibel, Stephan [Hrsg.]
Süßmann, Rainer [Hrsg.]
Wertpapiererwerbs- und Übernahmegesetz – Kommentar, 2. Auflage, München 2008
(Zitiert: *Bearbeiter* in Geibel/Süßmann)

Georgakopoulos, Leonidas N.
Zur Problematik der Wanderlschuldverschreibungen, ZHR 120 (1957), 84, 182

Gessler, Ernst	Einberufung und ungeschriebene Hauptversammlungszuständigkeiten, Festschrift für Walter Stimpel zum 68. Geburtstag, Berlin 1985, S. 771, 789 (Zitiert: *Gessler* in FS Stimpel)
Geßler, Ernst [Hrsg.] **Hefermehl, Wolfgang [Hrsg.]** **Eckardt, Ulrich [Hrsg.]** **Kropff, Bruno [Hrsg.]**	Aktiengesetz, Kommentar Band IV: §§ 179-240; 1. Auflage, München 1994 (Zitiert: *Bearbeiter* in Geßler/Hefermehl/Eckardt/Kropff)
Goette, Wulf	Organisation und Zuständigkeit im Konzern, AG 2006, 522, 527
Groß, Wolfgang	Kapitalmarktrecht, 4. Auflage, München 2009 (Zitiert: *Groß*)
Groß, Wolfgang	Zuständigkeit der Hauptversammlung bei Erwerb und Veräußerung von Unternehmensbeteiligungen, AG 1994, 266, 276
Grunewald, Barbara **Schlitt, Michael**	Einführung in das Kapitalmarktrecht, 2. Auflage, München 2009 (Zitiert: *Bearbeiter* in Grunewald/Schlitt)
Grunewald, Barbara	Gesellschaftsrecht, 8. Auflage, Tübingen 2011 (Zitiert: *Grunewald*)
Grunewald, Barbara	Der Ausschluß aus Gesellschaft und Verein, Bonn 1987 (Zitiert: *Grunewald*, Der Ausschluß aus Gesellschaft und Verein)
Gubitz, Daniel **Nikoleyczik, Tobias**	Erwerb der Dresdner Bank durch die Commerzbank: Ein „Holzmüller"-Fall?, NZG 2010, 539, 541
Habersack, Mathias	Anwendungsvoraussetzungen und –grenzen des § 221 AktG, dargestellt am Beispiel von Pflichtwandelanleihen, Aktienanleihen und „warrants", Festschrift für Gerd Nobbe zum 65. Geburtstag – Entwicklungslinien im Bank- und Kapitalmarktrecht, Köln 2009, S. 539, 563 (Zitiert: *Habersack* in FS Nobbe)
Habersack, Mathias	Das Andienungs- und Erwerbsrecht bei Erwerb und Veräußerung eigener Anteile, ZIP 2004, 1121, 1127
Habersack, Mathias	Mitwirkungsrechte der Aktionäre nach Macroton und Gelatine, AG 2005, 137, 149
Habersack, Mathias	Grenzen der Mehrheitsherrschaft in Stimmrechtskonsortien, ZHR 164 (2000), 1, 22

Habersack, Mathias [Hrsg.]
Mülbert, Peter O. [Hrsg.]
Schlitt, Michael [Hrsg.]
Handbuch der Kapitalmarktinformation, 1. Auflage, München 2008
(Zitiert: *Bearbeiter* in Habersack/Mülbert/Schlitt, Hdb. Kapitalmarktinf.)

Habersack, Mathias [Hrsg.]
Mülbert, Peter O. [Hrsg.]
Schlitt, Michael [Hrsg.]
Unternehmensfinanzierung am Kapitalmarkt, 2.Auflage, Köln 2008
(Zitiert: *Bearbeiter* in Habersack/Mülbert/Schlitt)

Halász, Christian
Kloster, Lars
Abgestimmtes Verhalten im Sinne des § 30 Abs. 2 WpÜG im Zusammenhang mit einem Debt-Equity Swap, WM 2006, 2152, 2160

Hale, Lola Miranda
SPAC: A Financial Tool with Something for Everyone, The Journal of Corporate Accounting & Finance, January/February 2007, 67, 74

Haltern, Ulrich
Europarecht – Dogmatik im Kontext, 2. Auflage, Tübingen 2007
(Zitiert: *Haltern*)

Hamann, Hanjo
In concert or not in concert?, ZIP 2007, 1088, 1095

Haratsch, Andreas
Koenig, Christian
Pechstein, Matthias
Europarecht, 7. Auflage, Tübingen 2010
(Zitiert: *Haratsch/Koenig/Pechstein*)

Harrer, Herbert
Janssen, Ulli
Rechtliche Aspekte von Special Purpose Acquisition Companies in Deutschland, FB 2009, 46, 48

Harrer, Herbert
Müller, Roger
Die Renaissance des Freiverkehrs – Eine aktuelle Analyse mit internationalem Vergleich, WM 2006, 653, 664

Hazen, Thomas Lee
The Law Of Securities Regulation, 5. Auflage
(Zitiert: *Hazen*)

Heidel, Thomas [Hrsg.]
Aktienrecht und Kapitalmarktrecht, Nomos Kommentar, 3. Auflage, Baden-Baden 2011
(Zitiert: *Bearbeiter* in Heidel)

Henn, Günter [Begr.]
Frodermann, Jürgen [Hrsg.]
Jannott, Dirk [Hrsg.]
Handbuch des Aktienrechts, 8. Auflage, Heidelberg 2009
(Zitiert: *Bearbeiter* in Henn/Frodermann/Jannott)

Henze, Hartwig
Holzmüller vollendet das 21. Lebensjahr, Festschrift für Peter Ulmer zum 70. Geburtstag, Berlin 2003, S. 211, 242
(Zitiert: *Henze* in FS Ulmer)

Henze, Hartwig
Auflösung einer Aktiengesellschaft und Erwerb ihres Vermögens durch den Mehrheitsgesellschafter, ZIP 1995, 1473, 1481

Heyman, Derek K. From Blank Check To SPAC: The Regulator's Response To The Market, And The Market's Response To The Regulation, Entrepreneurial Business Law Journal 2007, 531, 552

Hilgard, Mark C. Break-up Fees beim Unternehmenskauf, BB 2008, 286, 294

Hirschberg, Holger Asien im SPAC-Fokus – Börsenperspektive für Unternehmen aus dem Emerging Markets, Going Public Sonderbeilage „Special Purpose Acquisition Companies (SPACs)", Oktober 2008, 28, 29

Hirte, Heribert Kapitalgesellschaftsrecht, 6. Auflage, Köln 2009 (Zitiert: *Hirte*)

Hoffmann-Becking, Michael Gestaltungsmöglichkeiten bei Anreizsystemen, NZG 1999, 797, 804

Hofmeister, Holger Veräußerung und Erwerb von Beteiligungen bei der Aktiengesellschaft: Denkbare Anwendungsfälle der Gelatine-Rechtsprechung?, NZG 2008, 47, 52

Hölters, Wolfgang [Hrsg.] Aktiengesetz, Kommentar, München 2011 (zitiert: *Bearbeiter* in Hölters AktG)

Hölters, Wolfgang [Hrsg.] Handbuch Unternehmenskauf, 7. Auflage, Köln 2010 (Zitiert: *Bearbeiter* in Hölters)

Hopt, Klaus J. ECLR – Übernahmen, Geheimhaltung und Interessenkonflikte: Probleme für Vorstände, Aufsichtsräte und Banken, ZGR 2002, 333, 376

Hopt, Klaus J. Grundsatz- und Praxisprobleme nach dem Wertpapiererwerbs- und Übernahmegesetz, ZHR 166 (2002), 383, 432

Huber, Ulrich Rückkauf eigener Aktien, in FS für Bruno Kropff, Düsseldorf 2007, S. 101, 125 (Zitiert: *Huber* in FS Kropff)

Hüffer, Uwe Beck'sche Kurz-Kommentare – Aktiengesetz, 10. Auflage, München 2012 (Zitiert: *Hüffer*)

Ihrig, Hans-Christoph
Wagner, Jens Volumengrenzen für Kapitalmaßnahmen der AG – Zu den aktienrechtlichen Höchstgrenzen bei Kapitalmaßnahmen, NZG 2002, 657, 664

Ilberg, Philipp von
Neises, Michael Vorsicht Fallstricke – Schutzvorschriften im Rahmen eines SPAC sollten sorgfältig gestaltet werden, Going Public Sonderbeilage „Special Purpose Acquisiton Companies (SPACs)" Oktober 2008, 26, 27

Janberg, Hans
Schlaus, Wilhelm
Abstimmungsverträge nach neuem Aktienrecht unter Berücksichtigung des Rechts der verbundenen Unternehmen, AG 1967, 33, 39

Jenkinson, Tim
Sousa, Miguel
Why SPAC Investors Should Listen To The Market, Working Paper, Said Business School, Oxford University 2009
(Zitiert: *Jenkinson/Sousa*)

Jesch, Thomas A. [Hrsg.]
Striegel, Andreas [Hrsg.]
Boxberger, Lutz [Hrsg.]
Rechtshandbuch Private Equity, München 2010
(Zitiert: *Bearbeiter* in Jesch/Striegel/Boxberger)

Johannsen-Roth, Tim
Goslar, Sebastian
Rechtliche Rahmenbedingungen für Übernahmeprämien bei Misch- oder Tauschangeboten im Lichte von § 255 Abs. 2 Satz 1 AktG und § 57 AktG, AG 2007, 573, 580

Joost, Detlev
„Holzmüller 2000" vor dem Hintergrund des Umwandlungsgesetzes, ZHR 163 (1999), 164, 186

Just, Clemens
Special Purpose Acquisition Companies (SPACs) – Börsengang durch die Hintertür?, ZIP 2009, 1698, 1703

Just, Clemens [Hrsg.]
Voß, Thorsten [Hrsg.]
Ritz, Corinna [Hrsg.]
Zeising, Michael [Hrsg.]
Wertpapierprospektgesetz (WpPG) und EU-Prospektverordnung, München 2007
(Zitiert: *Bearbeiter* in Just/Voß/Ritz/Zeising)

Kerber, Markus C.
Eigenkapitalverwandte Finanzierungsinstrumente, Stuttgart 2002
(Zitiert: *Kerber*)

Kindl, Johann
Der Erwerb eigener Aktien nach dem KonTraG, DStR 1999, 1276, 1281

Kölner Kommentar AktG
Band 1: §§ 1-75; Zöllner, Wolfgang [Hrsg.], Noack, Ulrich [Hrsg.], 3. Auflage, Köln 2011
Band 2: §§ 76-117; Zöllner, Wolfgang [Hrsg.], 2. Auflage, Köln 2004
Band 2/1: §§ 76-94; Zöllner, Wolfgang [Hrsg.], Noack, Ulrich [Hrsg.], 3. Auflage, Köln 2010
Band 5/1: §§ 179-240 AktG; Zöllner, Wolfgang [Hrsg.], 2. Auflage, Köln 1995
Band 5/3: §§ 262-290 AktG; Zöllner, Wolfgang [Hrsg.], 2. Auflage, Köln 2004
(Zitiert: *Bearbeiter* in KK-AktG)

Kölner Kommentar WpHG
Hirte, Heribert [Hrsg.], Möllers, Thomas M. J. [Hrsg.], München 2007
(Zitiert: *Bearbeiter* in KK-WpHG)

Kölner Kommentar WpÜG
Hirte, Heribert [Hrsg.], von Bülow, Christoph [Hrsg.], 2. Auflage, Köln 2010
(Zitiert: *Bearbeiter* in KK-WpÜG)
Hirte, Heribert [Hrsg.], von Bülow, Christoph [Hrsg.], 1. Auflage, Köln 2003
(Zitiert: *Bearbeiter* in KK-WpÜG, 1. Auflage 2003)

Korzilius, Klaus Martin
Chance in der Krise – Die Entwicklung Von SPACs in den USA, Going Public Sonderbeilage „Special Purpose Acquisition Companies (SPACs)", Oktober 2008, 10, 11

Krafka, Alexander [Hrsg.]
Kühn, Ulrich [Hrsg.]
Registerrecht, 8. Auflage, München 2010
(Zitiert: *Bearbeiter* in Krafka/Willer/Kühn)

Kramer, Marc V.
Winkeler, Thilo
Low-Risk Investment Oder Fass Ohne Boden? – SPACs Verfügen Über Beachtliche Regelungen Zum Schutz Von Investoren, Going Public Sonderbeilage „Special Purpose Acquisition Companies (SPACs)", Oktober 2008, 22, 23

Kullmann, Walburga
Sester, Peter
Das Wertpapierprospektgesetz (WpPG) – Zentrale Punkte des neuen Regimes für Wertpapieremissionen, WM 2005, 1068, 1076

Kunold, Uta
Schlitt, Michael
Die neue EU-Prospektrichtlinie – Inhalt und Auswirkungen auf das deutsche Kapitalmarktrecht, BB 2004, 501, 512

Kuntz, Thilo
Die Zulässigkeit selbstständiger Aktienoptionen („naked warrants"), AG 2004, 480, 486

Langenbucher, Katja
Aktien- und Kapitalmarktrecht, 2. Auflage, München 2011
(Zitiert: *Langenbucher*)

Larenz, Karl [Begr.]
Canaris, Claus-Wilhelm
Methodenlehre der Rechtswissenschaft, 3. Auflage, Berlin 1995
(Zitiert: *Larenz/Canaris*)

Leuering, Dieter
Der Rückerwerb eigener Aktien im Auktionsverfahren, AG 2007, 435, 443

Lewellen, Stefan M.
SPACs As An Asset Class, Working Paper, Yale University 2009
(Zitiert: *Lewellen*)

Liebscher, Thomas
Ungeschriebene Hauptversammlungszuständigkeiten im Lichte von Holzmüller, Macroton und Gelatine, ZGR 2005, 1, 33

Lutter, Marcus
Aktienoptionen für Führungskräfte – de lege lata und de lege ferenda, ZIP 1997, 1, 9

Lutter, Marcus
Drygala, Tim
Die zweite Chance für Spekulanten? Zur nachträglichen Korrektur der Konditionen von Optionsschuldverschreibungen, in Festschrift für Carsten Peter Claussen, Köln 1997, S. 261, 278
(Zitiert: *Lutter/Drygala* in FS Claussen)

Lutter, Marcus
Der Letter of Intent – Zur rechtlichen Bedeutung von Absichtserklärungen, 3. Auflage, Bonn 1998
(Zitiert: *Lutter*)

Lutter, Marcus
Leinekugel, Rolf
Der Ermächtigungsbeschluss der Hauptversammlung zu grundlegenden Strukturmaßnahmen – zulässige Kompetenzübertragung oder unzulässige Selbstentmachtung?, ZIP 1998, 805, 817

Lutter, Marcus [Hrsg.]
Hirte, Heribert [Hrsg.]
Wandel- und Optionsanleihen in Deutschland und Europa, ZGR-Sonderheft Nr. 16, Berlin 2000
(Zitiert: *Bearbeiter* in Lutter/Hirte)

Lutter, Marcus [Hrsg.]
Hommelhoff, Peter [Hrsg.]
GmbH-Gesetz, Kommentar, 17. Auflage, Köln 2009
(Zitiert: *Bearbeiter* in Lutter/Hommelhoff, GmbHG)

Lutter, Marcus [Hrsg.]
Hommelhoff, Peter [Hrsg.]
SE-Kommentar, Köln 2008
(Zitiert: *Bearbeiter* in Lutter/Hommelhoff SE-Komm.)

Maier-Raimer,Georg
Bedingtes Kapital für Wandelanleihen in Gedächtnisschrift für Ulrich Bosch – Kapitalmarkt – Recht und Praxis, Kevelaer 2006, S. 85, 98
(Zitiert: *Maier-Raimer* in GS Bosch)

Manz, Gerhard [Hrsg.]
Mayer, Barbara [Hrsg.]
Schröder, Albert [Hrsg.]
Europäische Aktiengesellschaft – SE, Kommentar, 2. Auflage, Baden-Baden 2010
(Zitiert: *Bearbeiter* in Manz/Mayer/Schröder)

Marsch-Barner, Reinhard [Hrsg.]
Schäfer, Frank A.
Handbuch börsennotierte AG, 2. Auflage, Köln 2009
(Zitiert: *Bearbeiter* in Marsch-Barner/F. Schäfer)

Martens, Klaus-Peter
Die mit Optionsrechten gekoppelte Aktienemission, AG 1989, 69, 77

Mayer, Ulrich
Mantelkauf und Mantelverwendung – (k)ein Problem?, NJW 2000, 175, 179

Möller, Mirko
Rückerwerb eigener Aktien – Der Rückerwerb eigener Aktien ohne positive Zweckvorgabe, Köln 2005
(Zitiert: *Möllers*)

Müller, Welf [Hrsg.]
Rödder, Thomas [Hrsg.]
Beck'sches Handbuch der AG, 2. Auflage, München 2009
(Zitiert: *Bearbeiter* in Beck'sche Hdb. AG)

Münchener Handbuch des Gesellschaftsrecht
Band 4 –Aktiengesellschaft; Hoffmann-Becking, Michael [Hrsg.], 3. Auflage, München 2007
(Zitiert: *Bearbeiter* in Münch. Hdb. AG)

Münchener Kommentar zum Aktiengesetz
Band 1: §§ 1-75; Goette, Wulf [Hrsg.], Habersack, Mathias [Hrsg.], Kalss, Susanne [Hrsg.], 3. Auflage, München 2008
Band 4: §§ 118-147; Kropff, Bruno [Hrsg.], Semler, Johannes [Hrsg.], 2. Auflage, München 2004
Band 4: §§ 179-277; Goette, Wulf [Hrsg.], Habersack, Mathias [Hrsg.], 3. Auflage, München 2011
Band 6: §§ 329-410 AktG, WpÜG; Goette, Wulf [Hrsg.], Habersack, Mathias [Hrsg.], 3. Auflage, München 2011
(Zitiert: *Bearbeiter* in MüKo-AktG)

Noack, Ulrich
Gesellschaftervereinbarungen bei Kapitalgesellschaften, Tübingen 1994
(Zitiert: *Noack*)

Nodoushani, Manuel
Die Haftung des faktischen Aktionärs beim Empfang verbotener Leistungen, NZG 2008, 291, 293

Otto, Hans-Jochen
Gebundene Aktien: Vertragliche Beschränkungen der Ausübung und Übertragbarkeit von Mitgliedschaftsrechten zugunsten der AG, AG 1991, 369, 380

Paefgen, Walter G.
Eigenkapitalderivate bei Aktienrückkäufen und Managementbeteiligungsmodellen, AG 1999, 67, 74

Paefgen, Walter G.
Die Gleichbehandlung beim Aktienrückerwerb im Schnittfeld von Gesellschafts- und Übernahmerecht, ZIP 2002, 1509, 1520

Parmentier, Miriam
Ad-hoc-Publizität bei Börsengang und Aktienplatzierung, NZG 2007, 407, 416

Pavkov, Aden R.
Ghouls And Godsends? A Critique Of "Reverse Merger" Policy, Berkeley Business Law Journal 2006, 475, 513

Peltzer, Oliver
Die Neuregelung des Erwerbs eigener Aktien im Lichte der historischen Erfahrungen, WM 1998, 322, 331

Pluskat, Soria
Die Investmentaktiengesellschaft mit veränderlichem Kapital – Tot- oder Lebendgeburt?, WM 2005, 772, 777

Polte, Marcel
Aktiengattungen – Eine rechtsvergleichende Untersuchung zum deutschen, US-amerikanischen und englischen Recht, Frankfurt 2005
(Zitiert: *Polte*)

Priester, Hans-Joachim Drittbindung des Stimmrechts und Satzungsautonomie, in Festschrift für Winfried Werner zum 65. Geburtstag, Berlin 1984, S. 657, 679
(Zitiert: *Priester* in FS Werner)

Priester, Hans-Joachim Aktionärsentscheid zum Unternehmenserwerb, AG 2011, 654, 662

Reichert, Jochem Mitwirkungsrechte und Rechtsschutz der Aktionäre nach Macroton und Gelatine, AG 2005, 150, 160

Renner, Wolfgang Holzmüller-Kompetenz der Hauptversammlung beim Erwerb einer Unternehmensbeteiligung?, NZG 2002, 1091, 1094

Riemer, Daniel S. Special Purpose Acquisition Companies: SPAC And SPAN, Or Blank Check Redux?, Washington University Law Review 2007, 931, 967

Röder, Klaus
Walkshäusl, Christian SPACs: Struktur, Performance und Bewertung, FB 2008, 641, 645

Römermann, Volker
Schröder, Henning Der Ausschluss so genannter „Penny-Stocks" vom Neuen Markt, Zugleich Besprechung des Urteils des LG Frankfurt a.M. – Az. 3-13 O 110/01, BKR 2001, 83, 87

Rosen, Rüdiger von
Helm, Leonhard Der Erwerb eigener Aktien durch die Gesellschaft – Plädoyer für ein neues Instrument der Unternehmensfinanzierung in Deutschland und einen wichtigen Impuls für den deutschen Kapitalmarkt, AG 1996, 434, 442

Rosener, Wolfgang Aktienoptionen beim Börsengang, in Festschrift für Gerold Bezzenberger zum 70. Geburtstag, Berlin 2000, S. 745, 755
(Zitiert: *Rosener* in FS Bezzenberger)

Saenger, Ingo
Kessler, Nicholas Abgestimmtes Verhalten i. S. d. § 30 Abs. 2 WpÜG bei der Aufsichtsratswahl, ZIP 2006, 837, 842

Salomon, Pascal Alexander Regelungsaufträge in der Societas Privata Europea, Frankfurt a. M. 2010
(Zitiert: *Salomon*)

Schaefer, Franz W.
Eichner, Christian Abwehrmöglichkeiten des Vorstands von börsennotierten Aktiengesellschaften bei feindlichen Übernahmeversuchen – ein Rechtsvergleich zwischen Deutschland und den USA, NZG 2003, 150, 155

Schäfer, Frank A.
Hamann, Uwe Kapitalmarktgesetze, Kommentar, Loseblattsammlung, Band 2: 2. Auflage, Stuttgart 2008, Stand 5. Lieferung, Oktober 2010
(Zitiert: *Bearbeiter* in Schäfer/Hamann)

Schanz, Kay-Michael — Börseneinführung – Recht und Praxis des Börsengangs, 3. Auflage, München 2007 (Zitiert: *Schanz*)

Schimansky, Herbert [Hrsg.]
Bunte, Hermann-Josef [Hrsg.]
Lwowski, Hans-Jürgen [Hrsg.] — Bankrechts-Handbuch, Band II, 4. Auflage, München 2011 (Zitiert: *Bearbeiter* in Schimansky/Bunte/Lwowski)

Schlitt, Michael
Schäfer, Susanne — Auswirkungen des Prospektrichtlinie-Umsetzungsgesetzes auf Aktien- und Equity-linked Emissionen, AG 2005, 498, 511

Schlitt, Michael
Singhof, Bernd
Schäfer, Susanne — Aktuelle Rechtsfragen und neue Entwicklungen im Zusammenhang mit Börsengängen, BKR 2005, 251, 264

Schlitt, Michael
Löschner, Ramin — Abgetrennte Optionsrechte und Naked Warrants, BKR 2002, 150, 157

Schlitt, Michael
Smith, Philip D.
Werlen, Thomas — Die Going-Public-Grundsätze der deutschen Börse AG, AG 2002, 478, 489

Schlitt, Michael
Schäfer, Susanne — Wandel- und Optionsanleihen – Aktuelle Rechts- und Praxisfragen, CFL 2010, 252, 259

Schlitt, Michael
Ries, Christian — Preisbestimmungsverfahren bei Aktienemissionen, in Festschrift für Eberhard Schwark, S. 241-260, München 2009, S. 241, 260 (Zitiert: *Schlitt/Ries* in FS Schwark)

Schlitt, Michael
Schäfer, Susanne — Finanzmarktkommunikation anlässlich von Kapitalmarkttransaktionen, in Festschrift für Klaus J. Hopt zum 70. Geburtstag, Band 2, Berlin 2010, S. 2469, 2488 (Zitiert: *Schlitt/Schäfer* in FS Hopt)

Schlitt, Michael
Schäfer, Susanne — Auswirkungen der Umsetzung der Transparenzrichtlinie und der Finanzmarktrichtlinie auf Aktien- und Equity-Linked-Emissionen, AG 227, 236

Schlitt, Michael
Seiler, Oliver
Singhof, Bernd — Aktuelle Rechtsfragen und Gestaltungsmöglichkeiten im Zusammenhang mit Wandelschuldverschreibungen, AG 2003, 254, 268

Schlitt, Michael
Schäfer, Susanne — Alte und neue Fragen im Zusammenhang mit 10 %-Kapitalerhöhungen, AG 2005, 67, 77

Schmidt, Karsten [Hrsg.]
Lutter, Marcus [Hrsg.] — Aktiengesetz Kommentar
Band 1: §§ 1-149; 2. Auflage, Köln 2010
Band 2 §§ 150-410; 2. Auflage, Köln 2010
(Zitiert: *Bearbeiter* in Schmidt/Lutter)

Schneider, Uwe Missbräuchliches Verhalten durch Private Equity, NZG 2007, 888, 893

Schnorbus, York Prospektanforderungen für spezielle Emittenten („Specialist Issuers"), WM 2009, 249, 259

Schwark, Eberhard [Hrsg.]
Zimmer, Daniel [Hrsg.] Kapitalmarktrechtskommentar, 4. Auflage, München 2010
(Zitiert: *Bearbeiter* in Schwark/Zimmer)

Seibt, Christoph H. Dekonstruktion des Delegationsverbots bei der Unternehmensleitung, in Festschrift für Karsten Schmidt zum 70. Geburtstag, Köln 2009, S. 1463, 1487
(Zitiert: *Seibt* in FS Schmidt)

Seitz, Jochen Die Integration der europäischen Wertpapiermärkte und die Finanzmarktgesetzgebung in Deutschland, BKR 2002, 340, 347

Selzner, Harald SPAC Transaktionen in Deutschland – Unternehmensübernahmen durch Special Purpose Acquisition Companies, ZHR 174 (2010), 318, 362

Semler, Johannes [Hrsg.]
Volhard, Rüdiger [Hrsg.]
Reichert, Jochem Arbeitshandbuch für die Hauptversammlung, 3. Auflage, München 2011
(Zitiert: *Bearbeiter* in Semler/Volhard, Hdb. HV)

Semler, Johannes [Hrsg.]
Volhard, Rüdiger [Hrsg.] Arbeitshandbuch für Unternehmensübernahmen – Band 1, München 2001
(Zitiert: *Bearbeiter* in Semler/Volhard)

Semler, Johannes [Hrsg.]
Stengel, [Vorname] [Hrsg.] Umwandlungsgesetz, Kommentar, 3. Auflage, München 2012
(Zitiert: *Bearbeiter* in Semler/Stengel)

Sieger, Jürgen J.
Hasselbach, Kai Break Fee-Vereinbarungen bei Unternehmenskäufen, BB 2000, 625, 631

Simmat, Udo
Siebert, Jacob SPAC – Eine neue Asset-Klasse in Europa, CFL 2010, 13, 23

Simmat, Udo
Siebert, Jacob SPACs – Eine neue Klasse in Europa, Corporate Finance spezial 1/2010, 8, 10

Simon, Herman SPAC: Eine mittelstandsorientierte Innovation für Eigenkapitalstärkung und Börsengang, CFL 2010, 219, 223

Sjostrom, Wiliam K., Jr. The Truth About Reverse Mergers, Entrepreneurial Business Law Journal, Vol. 2:2 2008, 743, 759

Spiering, Christoph
Grabbe, Hartwig Bedingtes Kapital und Wandelschuldverschreibungen – Mindestausgabebetrag und Errechnungsgrundlagen im Rahmen des § 193 Abs. 2 Nr. 3 AktG, AG 2004, 91, 96

Spindler, Gerald [Hrsg.]
Stilz, Eberhard [Hrsg.]

Kommentar zum Aktiengesetz
Band 1: §§ 1–149; 2. Auflage, München 2010
Band 2: §§ 150–410, IntGesR, SpruchG, SE-VO; 2. Auflage, München 2010
(Zitiert: *Bearbeiter* in Spindler/Stilz)

Steinbach, Martin
Rieß, Michael

SPACs an der deutschen Börse, Going Public Sonderbeilage „Special Purpose Acquisition Companies (SPACs)", Oktober 2008, 12, 13

Steiner, Klaus

Zulässigkeit der Begebung von Optionsrechten auf Aktien ohne Optionsschuldverschreibung (naked warrants), WM 1990, 1776, 1780

Steinmeyer, Roland
Häger, Michael

Wertpapiererwerbs- und Übernahmegesetz, Kommentar, 2. Auflage, Berlin 2007
(Zitiert: *Bearbeiter* in Steinmeyer/Häger)

Sudhoff, Heinrich

Unternehmensnachfolge, 5. Auflage, München 2005
(Zitiert: *Bearbeiter* in Sudhoff)

Süßmann, Reiner

Anwendungsprobleme des WpÜG, WM 2003, 1453, 1465

Thaeter, Ralf
Brandi, Tim Oliver

Öffentliche Übernahmen – Recht und Praxis des Übernahme börsennotierter Unternehmen, München 2003
(Zitiert: *Bearbeiter* in Thaeter/Brandi)

Thiergart, Kirsten
Olbertz, Klaus

Börsengang leicht gemacht? – Übernahme und Verschmelzung eines Zielunternehmens auf die SPAC in der Rechtsform der SE, BB 2010, 1547, 1553

Thüsing, Gregor

ECLR – Auf der Suche nach dem iustum pretium der Vorstandstätigkeit – Überlegungen zur Angemessenheit im Sinne von § 87 Abs. 1 S. 1 AktG, ZGR 2003, 457, 507

Timm, Wolfram

Anmerkung zum Urteil des OLG Köln vom 24.11.1992 – (22 U 72/92) („Winterthur/Nordstern"), ZIP 1993, 114, 118

Ulmer, Peter [Hrsg.]
Habersack, Mathias [Hrsg.]
Winter, Martin [Hrsg.]

Gesetz betreffend die Gesellschaften mit beschränkter Haftung (GmbHG) – Großkommentar, Band 2 : §§ 29-52 GmbHG, Tübingen 2006
(Zitiert. *Bearbeiter* in Ulmer/Habersack/Winter)

Von Kopp-Colomb, Wolf
Lenz, Jürgen

Der europäische Pass für Emittenten, AG 2002, 24, 29

Wagner, Jens

Beteiligungserwerb ohne „Holzmüller-Hauptversammlung", DStR 2004, 141, 146

Wagner, Jens

Die Bestimmung des auf die SE anwendbaren Rechts, NZG 2002, 985, 991

Wastl, Ulrich — Erwerb eigener Aktien nach dem Referentenentwurf zur Änderung des AktG und des HGB, DB 1997, 461, 466

Weber, Ingo — Special Purpose Acquisition Companies aus Sicht der Bilanzierung nach IFRS, IRZ 2010, 71, 76

Weitnauer, Wolfgang [Hrsg.] — Venture Capital, 4. Auflage, München 2011 (Zitiert: *Bearbeiter* in Weitnauer)

Werner, Winfried — Zuständigkeitsverlagerungen in der Aktiengesellschaft durch Richterrecht? – Besprechung der Entscheidung BGHZ 83 S. 122 ff., ZHR 147 (1983), 429, 453

Wohlfarth, Jürgen
Brause, Christian — Die Emission kursorientierter Wertpapiere auf eigene Aktien – Zur Auslegung des § 221 AktG, WM 1997, 397, 405

Wolff, Lutz-Christian — Bedingtes Kapital für warrant-Anleihen, Huckepack-Emissionen und naked warrants?, WiB 1997, 505, 511

Wollburg, Ralph
Gehling, Christian — Umgestaltung des Konzerns – Wer entscheidet über die Veräußerung von Beteiligungen einer Aktiengesellschaft?, in Festschrift für Otfried Lieberknecht zum 70 Geburtstag, München 1997, S. 133, 161 (Zitiert: *Wollburg/Gehling* in FS Lieberknecht)

Zanner, Andreas
Siebert, Jacob — SPAC-Gesellschaften – Ein attraktives Akquisitionsmodell für den deutschen Markt – Erfahrungen und Anregungen aus rechtlicher Sicht, CFL 2010, 224, 233

Zimmer, Lutz — Die Ausgabe von Optionsrechten an Mitglieder des Aufsichtsrats und externe Berater, DB 1999, 999, 1003

Zöllner, Wolfgang — Zu Schranken und Wirkungen von Stimmbindungsverträgen, insbesondere bei der GmbH, ZHR 155 (1991), 168, 189

Abkürzungsverzeichnis

I. Für alle verwendeten Abkürzungen wird verwiesen auf:

Kirchner, Hildebert: Das Abkürzungsverzeichnis der Rechtssprache, 6. Auflage, Berlin 2008

II. Weitere Abkürzungen

BBLJ	Berkeley Business Law Journal
BCLR	Boston College Law Review
BJIBFL	Butterworths Journal Of International Banking And Financial Law
BLB	Business Law Brief (Am. U.)
CBLR	Columbia Business Law Review
CFL	Corporate Finance Law
EBLJ	Entrepreneurial Business Law Journal
EWR	Europäischer Wirtschaftsraum
GP	Going Public Magazin
GP-SB	Going Public Sonderbeilage „Special Purpose Acquisition Companies (SPACs)", Oktober 2008
JACF	Journal Of Applied Corporate Finance
JCAF	The Journal of Corporate Accounting & Finance
WULR	Washington University Law Review

Schriften zum Gesellschafts-, Bilanz- und Unternehmensteuerrecht

Herausgegeben von Joachim Hennrichs

Band 1 Moritz Pöschke: Eigenkapital mittelständischer Gesellschaften nach IAS/IFRS. 2009.

Band 2 Ulrike Lehmann: Gesellschaftsrechtliche Gestaltungen im Erbschaft- und Schenkungsteuerrecht. Eine Untersuchung der Erbschaft- und Schenkungsteuersubjektivität der Personengesellschaft sowie der mittelbaren Anteilsschenkung. 2009.

Band 3 Christian Graw: Das Konzept der Anteilseignerbesteuerung nach § 22 UmwStG 2006 – insbesondere im Vergleich zu § 21 UmwStG 1995. 2009.

Band 4 Christopher M. Picot: Die Rechte der Aktionäre beim Delisting börsennotierter Gesellschaften. 2009.

Band 5 Pascal Alexander Salomon: Regelungsaufträge in der Societas Privata Europea. Einführung in eine neue Rechtsform unter besonderer Berücksichtigung des Gesetzgebungsinstruments des Regelungsauftrages. 2010.

Band 6 Anna Sabrina Cryns: Gesellschafterfremdfinanzierung in Frankreich und Zinsschranke – ein Rechtsvergleich. 2011.

Band 7 Björn Karst: Das Marktmanipulationsverbot gem. § 20a WpHG. Unter besonderer Berücksichtigung der „Safe-Harbor"-Regelung. 2011.

Band 8 Ulrike Petig: Verdeckte Sacheinlagen im GmbH- und Aktienrecht. Die Veränderungen durch MoMiG und ARUG. 2012.

Band 9 Jochen Möller: Vorteilsanrechnung bei nützlichen Pflichtverletzungen im Kapitalgesellschafts- und Kartellrecht. 2012.

Band 10 Alexander Kersten: Zinsschranke und IFRS. Rechtssystematische Einordnung einer punktuellen Maßgeblichkeit der IFSR im Steuerrecht am Beispiel der Zinsschranke. 2012.

Band 11 Tobias Strohmeier: Special Purpose Acquisition Companies. SPACs im Spannungsfeld von deutschem Aktien- und Kapitalmarktrecht. 2012.

www.peterlang.de